安徽师范大学学术著作出版基金资助项目
安徽省高校振兴计划“省学术和技术带头人”资助项目
安徽师范大学特色优势研究领域“马克思主义中国化的理论与实践”项目

理解之路

诠释学论文选粹

LIJIEZHILU
QUANSHIXUE LUNWEN XUANCUI

彭启福　陆广品◎主编

安徽师范大学出版社
·芜湖·

责任编辑:郭行洲　郭　宇
装帧设计:陈　爽　王艺帆

图书在版编目(CIP)数据

理解之路:诠释学论文选粹/彭启福,陆广品主编 — 芜湖:安徽师范大学出版社,2015.11
ISBN 978-7-5676-2122-0

Ⅰ.①理… Ⅱ.①彭… ②陆… Ⅲ.①诠释学-文集Ⅳ.①B089.2-53

中国版本图书馆CIP数据核字(2015)第191988号

理解之路

——诠释学论文选粹

彭启福　陆广品　主编

出版发行:安徽师范大学出版社
芜湖市九华南路189号安徽师范大学花津校区　　邮政编码:241002
网　　址:http://www.ahnupress.com/
发 行 部:0553-3883578　5910327　5910310(传真)　E-mail:asdcbsfxb@126.com
经　　销:全国新华书店
印　　刷:虎彩印艺股份有限公司
版　　次:2015年11月第1版
印　　次:2015年11月第1次印刷
规　　格:700×1000　1/16
印　　张:29.5
字　　数:490千
书　　号:ISBN 978-7-5676-2122-0
定　　价:69.00元

前　言

人，需要理解；人类文化，更需要理解。然而，理解却是困难的。在古希腊神话中，由于神和人分别操持不同的语言，人类无法理解神的话语，唯有借助于信使神赫尔墨斯（Hermes）的口头转达和解释，诸神的旨意才能够被人类所理解和遵从。而“在世俗的使用中，Hermēneus（诠释）的任务却恰好在于把一种用陌生的或不可理解的方式表达的东西翻译成可理解的语言。”[①]从圣经诠释学等文本诠释技艺发展起来的西方诠释学，毫无疑问是指向理解的。无论是作为诠释技艺的圣经诠释学，还是作为“避免误解的艺术”的施莱尔马赫一般诠释学，或者作为语文科学方法论的伯艾克语文学诠释学，都是以理解为目标而以诠释为手段的。在这个意义上，古典诠释学亦可以视为“赫尔墨斯之学”。20世纪，在海德格尔的倡导下，伽达默尔最终完成了诠释学的本体论变革，但哲学诠释学并未游离于理解之外。伽达默尔在《真理与方法》导言中即申明，该书所要探讨的是诠释学问题，亦即“理解和对所理解东西的正确解释的现象”。[②]只不过与古典诠释学不同，哲学诠释学的视野从方法论转向了本体论。伽达默尔自己坦承：其目的“绝不是提供一种关于解释的一般理论和一种关于解释方法的独特学说，有如E.贝蒂卓越地做过的那样，而是要探寻一切理解方式的共同点，并要表明理解（Verstehen）从来就不是一种对于某个被给定‘对象’的主观行为，而是属于效果历史（Wirkungsgeschichte），这就是说，理解是属于被理解东西的存在（Sein）。”[③]诚如伽达默尔所点明的，诠释学所关注的乃是理解和解释问题，理解和解释问题是西方诠释学所共同关注的主题。

---

① 伽达默尔：《诠释学Ⅱ：真理与方法——补充和索引》，洪汉鼎译，商务印书馆2007年版，第109页。

② 伽达默尔：《诠释学Ⅰ：真理与方法——哲学诠释学的基本特征》，洪汉鼎译，商务印书馆2007年版，第3页。

③ 伽达默尔：《诠释学Ⅱ：真理与方法——补充和索引》，洪汉鼎译，商务印书馆2007年版，第535页。

有趣的是，作为一门理解和解释之学问的西方诠释学，从20世纪70年代末80年代初被引入到中国大陆起，便遭遇到理解和解释的问题。Hermeneutics一词分别被翻译为“阐释学”“释义学”“解释学”和“诠释学”，迄今未能统一。海德格尔有言：“存在在思中形成语言。语言是存在的家”①；伽达默尔也称：“能被理解的存在就是语言（Sein, das verstanden werden kann, ist Sprache）”②。显然，“语言”与“存在”之间，经由“思”构筑起紧密地联系，“语言”背后深藏着的是“存在”以及对“存在”的“思”与“领悟”。Hermeneutics的“一词多译”，以及西方诠释学在汉语语境中的多元化解读，恰恰折射出翻译者与解读者自身“存在”境况及“所思”的异质性。当中国人在追寻Hermeneutics的本意以及诸多西方诠释学理论本真要旨的时候，Hermeneutics实际上已经开启了它中国之行的“意义之旅”。

让我们感到欣慰并引以自豪的是，《安徽师范大学学报》（人文社会科学版）为西方诠释学的“中国行”率先做出了努力，丰富了其“意义之旅”。《安徽师范大学学报》“诠释学研究”专栏发轫于20世纪80年代末，正式开设于1996年5月，先后由潘德荣、彭启福作为主持人，陆广品、杨柏岭担任责编，30余年来刊发20多组百余篇诠释学专题文章，其作者既包括德国著名诠释学家伽达默尔、哈贝马斯、舒尔茨以及美国著名学者帕尔默、赫达、霍希曼等人，也包括海内外著名华人学者成中英、林安梧、潘德荣、张祥龙、张汝伦、郑湧等人，所刊论文不少被《新华文摘》《中国社会科学文摘》《高等学校文科学术文摘》《人大复印报刊资料》等转载或摘要介绍，2010年被评为“全国高校学报特色栏目”，在海内外学术界产生了广泛影响。

大约一年之前，《安徽师范大学学报》编辑部主任、文科学报副主编杨柏岭教授提出编辑《安徽师范大学学报》“诠释学论文选粹”的设想，当即引起了我们的共鸣；当他委托我们主编这本论文集时，我们也欣然应允。

本论文集取名为《理解之路——诠释学论文选粹》，有两点寓意：其一，西方诠释学的主题乃是理解以及与理解相关联的解释等问题，而本论文集收录的论文不仅包括了对西方诠释学理论的探赜，也涵盖了对西方诠释学发展历程的探究，在某种意义上，展现了西方诠释学探究理解以及解释问题

① 孙周兴选编：《海德格尔选集》（上），上海三联书店，第358页。

② 伽达默尔：《诠释学Ⅰ：真理与方法——哲学诠释学的基本特征》，洪汉鼎译，商务印书馆2007年版，第639页。

的历史足迹；其二，西方诠释学与中国本土文化的遭遇亦呈现为一种理解和解释展开的过程，本论文集收录的论文，既有西方诠释学名家著述的译文，也有对不同时期不同类型西方诠释学理论的探究和应用，更有基于不同文化传统基础上展开的诠释学对话，以及对建构中国本土诠释学的设想，在很大程度上，折射出中国学界探究西方诠释学所经历的“引进——解释——对话——创生”这样一条“理解之路”。

本论文集共设置五个板块：

第一编“经典之声”。选录了伽达默尔的《论倾听》《答谢与回忆》《友谊与团结》等3篇文章和哈贝马斯的《有根据的节制——对“正确生活”问题存在后形而上学的回答吗?》一文。伽达默尔是当代诠释学发展的标志性人物，哈贝马斯也是在诠释学乃至整个哲学领域卓有建树的哲学家，首次刊发于《安徽师范大学学报》的上述4篇论文的中文版，不仅让我们得以领略这两位诠释学大师的思想风采，也能使我们感受到诠释学中所蕴含的人文关怀。

第二编“历史追踪”。选录了潘德荣的《从叙事到隐喻:斐洛的诠释思想》和《走向理解之路——施莱尔马赫哲学述评》、梁工的《圣经诠释学早期历史论略》、德国著名学者舒尔茨的《诠释哲学》、美国著名学者帕尔默的《海德格尔的本体论和伽达默尔的哲学诠释学》以及彭启福的《西方诠释学诠释重心的转换及其合理走向》，这6篇论文以历史的眼光分别探究了圣经诠释学、施莱尔马赫的一般诠释学、狄尔泰的诠释哲学、海德格尔和伽达默尔的本体论诠释学，以及利科尔的文本诠释学，为我们勾画了一条西方诠释学历史发展的主线。

第三编“理论探赜与应用”。选录了帕尔默的《伽达默尔哲学的七个关键术语》《哲学诠释学的实用性》、张汝伦的《伽达默尔和哲学》、郑湧的《伽达默尔哲学解释学的基本思想》、彭启福的《哲学诠释学中的“问题意识”》、牛文君的《具体化:关联伽达默尔诠释学和实践哲学的重要概念》、戴兆国的《德性的可理解性与理解的道德性——伽达默尔诠释学的伦理意蕴》、丁怀超的《意义何以成为本体——意义哲学论纲》、艾伦·赫达的《语言、对话与想象:辩证诠释学的应用》、潘德荣的《回顾与反思:关于马克思主义诠释学的探索》、童世骏的《不同学术传统和观点的沟通何以可能——对哈贝马斯现代性理论的方法论分析》等11篇论文。前面8篇尽管论题不同、风格各异，但都是围绕着伽达默尔哲学诠释学来展开的，这也反映出伽达默尔哲学诠释学在我国诠释学研究中占据着核心地位；后面3篇侧重于诠释学的方法论思考，并力图将诠释学的理念和方法应用到人文社会科学其他领域的研究之中，彰显出诠释学理论的创生性意义。

第四编“文化对话与阐释”。选录了张祥龙的《边缘处的理解——中西思想对话的“印记”》、潘德荣的《从〈易经〉看中国诠释思想的辩证性》、周山的《〈周易〉诠释若干问题思考》、贤·霍希曼(Hyun Hochsmann)的《庄子与伽达默尔：忘己与体道》、林维杰的《宋明儒学之分系问题及其诠释学上的意涵》、王国良《朱熹理学的解构与中国哲学传统的再诠释》、彭启福的《陆九渊心学诠释学思想辨析——从“六经注我”和“我注六经”谈起》、刘学锴的《从纷歧走向触通——〈锦瑟〉阐释史显示的客观趋势》、陈文忠的《论文学意义——“意义整体”的动态生成和历史累积》、方汉文的《中国传统考据学与西方阐释学》等10篇论文。这些论文，有的侧重于探究中西文化对话与交流的理据，有的聚焦于中国诠释传统的梳理与思想的个案分析，有的则倾心于中西哲学之间的比较，但它们的共同之处是，对西方文化尤其是西方诠释学保持了一种开放的心态，倡导不同文化之间的交流与对话，并借鉴西方诠释学的视角来推进对中国传统文化的深层反思。

第五编“中国诠释学的建构”。选录了中国台湾学者林安梧的《关于中国哲学解释学的一些基础性理解——道、意、象、构、言》和美籍华裔哲学家成中英的《本体诠释学体系的建立：本体诠释与诠释本体》《诠释学中的存在接受性与意义创造性——从伽达默尔到本体诠释学》等3篇论文。林安梧的论文阐明了中国哲学解释学的五个层级：道、意、象、构、言，认为诠释乃是沿着“言、构、象、意、道”由低向高逐级把握的上升性过程，它代表了本土诠释学建构的一种思路和努力——借助于西方诠释学的一些基本理念，去发掘中国传统哲学中的诠释学思想，实现对中国本土诠释学的重构。而成中英的两篇论文，则代表了本土诠释学建构的另外一种思路和努力，即在一种中西诠释传统的比较视野中，考察中国本土诠释传统与西方诠释学的不同特点，建构一种带有中西合璧意味的本体诠释学理论体系。

出于论文集整体架构和布局的考虑，也因为篇幅的限制，我们仅仅从

《安徽师范大学学报》(人文社会科学版)所刊发的百余篇诠释学论文中遴选出上述篇目,尚有许多优秀的诠释学研究论文未能收录进来,虽不无遗憾,但实属无奈,在此谨向各位读者致歉,也向那些未选录进本论文集的论文作者致歉。

相信《理解之路——诠释学论文选粹》一书的出版,必将吸引更多有志于诠释学及相关领域研究的学者关注《安徽师范大学学报》"诠释学研究"栏目的建设,并形成合力,推进我国诠释学研究的发展。

彭启福　陆广品

2015年5月18日

目　录

第一编　经典之声

第二编　历史追踪

第三编　理论探赜与应用

第四编 文化对话与阐释

第五编 中国诠释学的建构

第一编

『经典之声』

论倾听

伽达默尔 著　潘德荣 译

作为一个哲学家，对于倾听这个主题应该说些什么？我在此提出被人们称为生活世界的思维着的理解。对此，我使用了胡塞尔的一个非常好的词，这个词已进入了一切可能的语言，尽管在其他语言中几乎没有与这个独特的词的联结点。对于德语听众来说，我们所要强调的是，我们在此并不想仅仅谈论科学。因此，在我看来，关于倾听这个主题，首先不是一个不同科学的方法论问题，也不是莱辛的“拉奥孔”。这是平常的日子，在那里应当并且正是目前当下的，须如耳朵于音乐；从根本上说，如同一切被称为我们精神上的清醒（geistige Wachweit）所处的那种当下性。如此，对我来说这已开始觉醒了。我也必须承认，关于这个主题，我们必须坚持首先要反对“观”（Sehen）的世界史上的优先性，这种优先性在哲学领域及其概念形成中起着主导作用。我们立刻想到了亚里士多德《形而上学》的开头几句话，它们强调了这一点，即“观”具有相对于其他一切感觉的优越性。这便是希腊人著名的视觉性。它所承载的概念性，在某种意义上为我们整个人文主义文化立下了遗嘱。从希腊出发，经由一切教育事业的拉丁化转向，直至近现代与近现代的民族语言，都继承了这一点。

这种“观”的优先性的对立面是什么呢？是语词亦或声音？然声音不正是其他什么东西？亚里士多德是在这里看出“观”的优先性：“观”使大多数的“区别”成为可见的。但亚里士多德在另一处提出，谁在倾听，也就随之而

本文原刊于《安徽师范大学学报》2001年第1期。

作者简介：伽达默尔（Hans-Georg Gadamer，1900—2002），男，马堡大学哲学博士，当代德国著名哲学家，撰有《真理与方法》等多种论著，《真理与方法》（1960）乃是哲学诠释学作为一个独立哲学派别的标志。

听到了更多的东西,即那些不可见的以及一切人们可以思考的东西,因为那里存在语言。这不仅是人们可以看到的世界,而且是人们试图去理解的宇宙。我的阐述是以这种与“观”的观点相反的论点为基础的,试图从中找出视觉与声音的对立。

很清楚,我在此并不是以人们谈论“观”的意义的方式来谈论倾听的。倾听是在某种功能中被思考的。如果倾听涵盖了人们可以想象的整个宇宙,它便意指语言。一种倾听哲学的背景主题因此是语言的宇宙。在语言与人的声音之间的亲密关系已使这一点一目了然。在另一方面,我们知道,由于存在着希腊人的概念性,人们在哲学领域中获得了基本的理解力,并以此为出发点,拉丁化紧随其后。如果我们这样理解声音——如同从《旧约》里发出的声音,或者从我们无声的、灵魂的经验世界的其他许多形式中发出的声音,那么这种声音真正是语言性的吗?它是一种灵魂的声息?或是琴弦的颤动?我们所说的是声带发出的声音,正如鸟叫声,其特殊之处恰恰在于它展示了这一点,即声音使语言得以实现。它被称为名称,ónoma是其希腊语的表达。然而这种表达已拥有了众多其他的意义域,正如将我们与“名称”这个词联系起来,在此“名称”下便有名字,姓或名。ónoma的意义远不止于此。它意指主词,因此它如同一种呼唤(Anruf),并且还是在这种意义上的呼唤,一如用名字呼唤某人。然而当我们使用这个词时,虽是言及某人,但我们所意指的,总是有其他的含义。除了名称在两个方面表示了呼唤这一事实外,首先还意味着,它明显指向某种清醒之呈现,即“在此”。声音在这里已说出了什么,并且不仅仅如同鸟的声音,鸟的歌唱,还是某种诱惑或警报。声音还说出了许多东西,通过言说,表明了某物“在此”。某物在此,但这个“在此”自己并不就是某物。

在复制的时代,“在此”已失去了某些效力,如果这个时代从早到晚都充塞着电视机的声音,以及闪烁变幻的画面的话。真正的言说首先是清醒与唤醒的。清醒是指人们不是简单的挤过来或听命于某人,而是倾听。此中存在着人的真正自由,它指向此或彼,倾听此或彼,或者恰恰忽略了此或彼。一切都在于语词的感召力。

如果我们弄清楚了这一点,我们才开始进入了真正的主题,我们便站在了倾听哲学(Philosophie des Höhrens)这一边。它关系到倾听,但也总是关系到理解。它是一种有声的言说。这里还潜藏着语言向我们传递的东西，或者说，展示在我们面前的东西。我们将此称为语言的形象性(Anschaulichkeit)，这种形象性，较之于“观”，更多的是倾听的内在关联性、倾听、理解以及对我所说。举例来说，如果人们在学术课堂上请一位学生朗读某一句子。难道我们不知道倾听与理解的不可分割性？如果这是一句难懂的话，他会复诵，甚至大声朗读。如果他不理解这句话，我们也就难以理解它。倾听与理解是不可分割的，以至于整个语言的发音也在一同说出什么。不仅是语音，而且还有言谈者的手势等等，都必须确定无疑的和谐一致，哪里缺少了这种一致性，人们就无法理解。

没有理解的纯粹倾听是不存在的。然显而易见，也不存在某种没有倾听的理解。这种在语言领域里的和谐一致，给我们留下了一个真正的哲学所思考的问题。在希腊哲学中就已经看到了这一问题，它清醒地用两种方式理解逻各斯：一方面是逻各斯，它如同尚未以某种语言形式说出的、内在的语言而被使用；另一方面是言谈，是真正语言性的表达。对此，柏拉图就已说过，思维是与语言等同的，并将言说理解为一种书写或刻画。在较晚时期的斯多葛哲学之转向，以及在此之后——约在奥古斯丁那里，已在内在的声音与说出的声音、内在的动词或与言语之间作出了区别。

这听起来很简单，然事实上却是一个基督教的最大秘密：道成肉身。而这并不是柏拉图所说的，也不像较晚时期的基督教神学，将内在的言说视为上帝的言说。如此神秘的道成肉身，事实上就是动词与言语的内在关联。现在，所有这些都因为思想与言说之关系变得复杂起来。我们业已看到内在的言语却未被纳入当时的语言中。这一点也同样适用于书写语言，不管怎样，它都缺少了口语的准确发音。我们惟通过音调里所说出的意义，才能理解言说的语言。然而最重要的是，言说语言已不再属于我自已的了，而是属于倾听。由于言说语言如泼水难收，言说承担了一个重大的责任。言说语言是属于对它的倾听。特别是由于柏拉图式的反思和真实的言说语言的清晰特征——口语是永恒地照亮这一切的一种方式——我们才理解了书写问题的全部难点。这便是倾听的本质：将言谈(Rede)的所有段落在一种新的统一方式中来理解，言谈就是被说出的语言，而不是语词。

因此，在讲演厅里演讲中的语言，因听众是在一种反思的对话中理解且与听众进行对话,便遭到了极大的歪曲。如果事实如此,那么听众总是会注意到这种区别:他到底是听着别人讲,还是参与了某个他自己也可以遣词造句的谈话。显然,言谈是召唤着听众自由地参与语词选择。

这里关系到倾听的实现方式。这并不像一架机器接受某物那么简单。言语是在他人的理解中实现的。这样的言语要求一种回答。因此,大庭广众之下的言谈自身就是一种伴随着多层面的、无声的回答之对话。如在每一次谈话时那样,人们是彼此相互接近或者向对方阐释清楚的。这是我们人类共同生活的基本经验:听者必须在倾听中理解,言说是在倾听的无声回答中被接受。如在言谈中一样,在此人们共同生活的基本经验对于相互理解也是有效的。这不仅是指人们合乎理性的说出或听到什么,而且双方都合乎理性的分享着什么。这并不意味着在这样一种相互理解中,人们必须永远统一起来。更多的则是,事实上这种倾听与理解的关系,是在他者的视域中自由开放的。我们尝试说明此类开放的几种形式。

显而易见,我们今天首先是生活在一个文献的世界里,在其中阅读占有一个很大的空间。无人知道这样的时代到底还能持续多久。文盲的人数在增加,但阅读仍起着决定性的作用。然什么是阅读?

阅读不是字母的拼读。谁仍必须拼读,他也就不能阅读。谁想理解阅读,也就必须理解另一个人应当并且能够理解的东西。因此,他作为阅读者,在他的理解中总是已经面对言说之整体。它并不是逐字的对单一语词的理解。这正好表明,人们在倾听中无法理解单一的语词。这意味着理解之整体被全然割裂了。只有人们修正了被误解的因素,理解中的裂隙被修复,我们才重新回到了整体,整体就是人们之间的交流,相互的理解。

究竟什么是阅读?

回答是:让人言说。即使人把一个讲演的听众称之为听众,这也并不是说,阅读就是倾听。惟有理解了所听之人,能够说出所听到的东西。因而存在着使用讽刺性的语言评论的情况。在那里,人们虽然听到了,然而当人们并未理解其中的讽刺意味时,就总是听错了。对于我来说,柏拉图的理想国是一个很好的例子。其中所说的一切都是当真的吗?到最后,只有这一点才是非常认真的:如果所有的人都学会排除他们自己的偏见与利益的话,将会出现一种理想的人际间共同生活方式。这是柏拉图最终采用的讽刺性方式:若想拥有理想的城市,乃取决于细小的事情。人们必须将十岁以上的儿童置于远离城市的地方,然后让所有的年青人全程跑完他那种整个宏大的教育过程,在其终点,国王乃是哲学家。

在日常生活中,可以从声调上或多或少地辨认出讽刺。当然,书写的形式也能使人们听出声调中的某种东西。这里又再次提出了一项创作的任务,它首先是指向读者的,他必须学会倾听向他所说的言语。如果我们想在明天的世界里不迷失方向,那么对于未来年青一代的人来说,这是至关重要的:不同文化与语言世界之紧密的共同生活,使相互理解成为可能。这意味着,人们必须尽可能的学习陌生的语言,并且要学到这样的程度,即人们的阅读不再是翻译或全然是翻译,而是人们自己在另一种语言中思维,以及在另一种语言中理解。这听上去犹如一种空想,但经验告诉我们,生活环境如同人们呼吸的空气,以听不见的语言一再讲述着什么。

在今日,欧洲人可寄予希望的只有两个国家,在那里所有的东西都能通过三种语言来理解。这就是瑞士与荷兰。人们偶尔也将会拉丁语的人计算在内,许多活语言形成的背景便是拉丁语。无论如何这是一个经验事实,这第四种语言是最简便的。如果人们走到一起,相互间是感到陌生的,若作为一个外国人在某一国家活动,此乃是一项未来的真正任务:即无论存在什么样的文化世界之差异性,也应相互承认其有效性。如果我们想从欧洲出发向着一个统一的世界迈进一步的话,就必须学会这一点。我并不认为,在那些经过漫长的文化传统、他们自己的习俗与生活经验之发展的地方,以某种统一的语言能解决这一问题,显然,存在的恰恰是不同的语言世界之间的相互接近。事情应当是这样,就如我们在学习阅读时所看到的。只有进入言谈才能理解书写的东西与印刷品。

众所周知,人们已在不小的程度上注意到,当今的通讯技术系统已使不同文化间的交往成为可能。请允许我暂时作为精神科学的辩护人,在这里对外语的理解时不时起着重要作用。从事精神科学研究的人喜欢提出这样一个问题:如果本文或语言的理解没有规范的话,那么精神科学在什么意义上是一种科学。对于自然科学以及技术的交往形式来说,这是确定无疑的,即它的理解手段保证了理解的单义性。然无可置疑的是,基于科学与技术而建立的文明机构,还远未设计出共同生活之整体。由于母语给每一个人打下了深深的烙印,直至方言色彩都保存了无法消解的区别,但由于相互理解的驱动,又总是会在人与人之间找到新的桥梁。

因此,最终要取决于普遍的成功对话以及语言上的交流。当然也会出现其他因素,不过在相互交流中,总是会找到能使人们互相理解的语言。

我们使用了对话概念,并将其作为一个基本结构的例证。这个基本结构开启了一种复杂的很大的游戏空间。如果我们注意到动物及其理解的可能性,可以这么说,对话就已拥有了一个前语言性的结构。毫无疑问,通过语词语言(Wortsprache)出现了一个由语言造成的世界范围内的差别。母亲与在学习语言年龄的孩子之间无声的理解,乃是儿童了解世界的第一印象,它使人类拥有了生存能力。如同儿童学习说话,乃是真正进入自己在世界之中的栖身地那样,我们还认识到相互理解的另一种形式,它向我们清晰的提供了一种基本结构。我这里指的是与他者同行。理解永远伴随着所说的东西,即使这并不意味着一定就是赞同。不过我们是在各种各样的形式中了解这种相伴而行的。

一种我们大家所熟悉的形式是与音乐的同行,它在根本上可以说是参与合唱。在演奏音乐的地方,必将引发一种共同性并且与倾听和谐一致。

音乐的例子明确地表明了人与人之间的基本力量统一的可能性。音乐所表明的正在于此:它接近语言,从而凸显了我们的相互理解在语词语言方面的困难性。我想举两个例子说明相互理解是如何实现的,对那些尚未知晓的重要背景,是在何处如在音乐中那样发生作用的。一个例子是修辞学方面的,另一个则是逻辑学方面的。我们将它们同称为两种形成古希腊教育方式特征的基本力量。这曾是围绕着青年教育的一场斗争:人们应当以言谈艺术,还是以科学及其逻辑,来教育在社会中成长起来的年青一代。在这两种形式中,同样也在人们日常生活所遇到的经验中,都是显而易见的:一方面是令人信服的言谈,另一方面则是无法反驳的推论。

在柏拉图式的对话"斐得罗"中,已叙述了苏格拉底是怎样碰到一位年轻朋友的。苏格拉底,这个灵魂的大师,立即看出了这个年青人内心中所充盈的东西,并在最后,要求年青人将他揣在长袍里的手稿取出来诵读。这是雅典最著名演讲者之一的一篇艺术性颇高的演说。演说试图证明,对于一个大男孩来说,让他做一个没有激情的求职者将会更好。苏格拉底随后则用了相反的、有利于真正爱的激情的论据反驳了上述观点，最终引出了心灵教养的全部魅力。在此之后，苏格拉底为言谈艺术作出辩护：言谈艺术同样是一种能够传达给他人的关于什么是真实和正确的知识。修辞学在用于真正的知识时具有很大的合理性，它使诗一般富有情趣的对话充满魅力。事实上，这一切都已透露出一种哲学，通过它，具有强烈激情的年青人之情感也能提升为真正的倾听，而不仅是一种吕希亚的年青仰慕者所热衷的雄辩术游戏。真正伟大的演说家不是技艺性的艺术家，在华美的书写性演说中庆祝自己的胜利，而是伟大的行动着的人，他们通过言谈艺术及其智慧使人们的生活井然有序，如伟大的政治家彭里刻勒，或雅典伟大的立法者梭伦。

在科学及其数学基础占优先地位的近现代世界里，言谈艺术正陷于声名狼藉的境地。这很可能是近现代文化的一个极大的秘密，这种文化认为，通过方法论的认知方式而达到对自然力的统治，并简单地建立社会的秩序。人们有理由说，是逻辑学最终使我们的技术成为可能。然我们还知道，这生命的世界，人与人的相互关系，与科学的确定性，或者与在论辩中常胜的自以为是是另一码事。在缠绕着人们的、被夸大地证明了的矛盾性之外，肯定还存在着另外一种对待人并与人和谐一致的方式。也存在小心谨慎地表达某种东西的可能性。人们可以间接地使人相信，人们所说出的思考中的东西，并不总是恰当的。举例来说，某人出于粗心而举止失当。对此人们应该怎么说？回答只能是：没什么可说。这是人们唯一能做的事，即对此不予理会，忽略这种举止。做其他任何事只能变的更糟。如此，这样的情况就一再重现：人们必须在相互交流中为互相理解而保持审慎与公正。此乃我们在共同生活中的问题：相互倾听，这也同样适用于单个的人，以及他与其他人的共同生活，适用于各族人民。

我还想用另一个例子来说明，人们的求知欲与固执是如何意识到自身界限的。柏拉图在一个著名的对话中，描述了他那个时代的雅典精神精英们在节日宴饮中，是如何尊崇爱之上帝——爱罗斯的。在那里，苏格拉底想寻求爱欲之激情的王国所真正追寻的东西，最终却与女预言家狄奥提玛进行了一场对话。这个善用逻辑导引对话的大师自己所能真正看出的东西，被这个睿智的女人远远地超越了。指向这一切的那个最高与最终的东西，在柏拉图的另一对话中被称为“善”，而在此处则在对爱罗斯的赞美声中被称为“美自身”。然如在追寻苏格拉底所云的真正的善时所表明的，他只通过比喻而使之清晰可见，这便是著名的洞穴比喻，使人们走出此在洞穴而升华到阳光下明亮的自由。同此，女预言家狄奥提玛也向我们展示了直至“美自身”的升华，这是唯有一个神圣的预言家才能指出的。因而，这对于我们大家都是适用的：在倾听那里，我们总还有什么东西是可学的。如同我们必须学习观看——可惜总的说来，我们在这方面的训练还不够——一样，我们也必须学习倾听。我们甚至必须学习去细细地听，以免忽略科学价值的轻微声音。也许听从也属此类，然对此每一个人都应自己去进一步反思。

答谢与回忆

伽达默尔 著　潘德荣 译

这个标题下讨论的，首先是我长期以来所研究的概念的多样性。因此，谈论这种多样性绝非偶然。在思维与答谢、思想与回忆及感谢之间的相似性中，语言的智慧向我们指明了某种特别难以理解的现象，即感谢、答谢与感激是如何对我们的生活与思维展现其意义的。如果我遵循语言的遭遇方式，我将在某种程度上遵照经典的现象学传统，在事物的生活世界里探寻事物本身。这意味着：一如其在语言中相遇。基于此，我因而追问来回往复于思维与答谢、感谢与思想之间的那种共同性。

如果我们把注意力投向荷尔德林与海德格尔之间的地方，投向荷尔德林关于"唯一的感谢"的言论，以及海德格尔为了他自己的思想而对荷尔德林文学创作的支持，那么我确信这一主题在当代德国哲学中有其现实性。不言而喻，这也同样在感激那里显示出来，对此我提请注意亨利希(Henrich)在"Oikeiosis"[①]中的一篇文章[②]。如果我将感谢与回忆排置在一起，那么在感

本文原刊于《安徽师范大学学报》2002年第3期。

①Oikeiosis: 这一概念源于伊壁鸠鲁学派与斯多葛学派提出的Oikeion。伊壁鸠鲁学派追随北非之西乐尼(Cyrenaica)的享乐主义传统而强调本能的冲动，斯多葛学派则主张将这种原始本能的冲动转化为自我保存。在西塞罗那里，Oikeiosis成了个人、家庭、最终是全人类的生活过程。这一思想乃斯多葛学派所强调的社会伦理之基础，但此伦理是基于自然本性而非基于社会习俗(参见：F.E.Peters.Greek Philosophical Terms: A Historical Lexion, New York 1967, Oikeiosis条目，P140—141)。伽达默尔认为："苏格拉底所提出的、不可翻译的希腊语词Oikeion，意思是家庭的(Häusliche)、故乡的(Heimatliche)。Oikos曾是指古希腊经济的基本结构，也就是家庭经济。即使是人们所提到的初期工业化，也并不直接就意味着"经济"(ökonomie)。经济这个我们今天所熟悉的词，事实上意味着处于其中而悠然自得的安宅(Zuhause)。"(参见伽达默尔：Hermeneutische Entwürfe, s .58)(注释为本文译者所加。)

②Dieter Henrich: Gedanken zur Dankbarkeit, in: ikeiosis: Festschrift für Robert Spaemann, Weinheim, 1987, s .69—86.

谢本质中的某种东西之过程就会显示出来。显然,在感谢中,还含有回顾以及与过去的事情之联结,过去的事情总是一同被发现的。我的目的是指出,在思想的本质中,某种类似的联系通过已过去的事情被创造出来。从这里出发,我想指出,对于神学有着特殊意义的感谢和感激,与哲学思维分享着同样的东西。

我们出发点是:对于我们来说,“存在”乃是在时间中的存在。我们无论作为思维者还是作为答谢者,都为时间之流所承载着。海德格尔以一种戏剧性的方式说出了这一点:由于我们是“被抛”于此的,这便意味着,我们在此想理解某种不可理解的东西,亦即我们存在于时间之中,在时间中了解世界与自己。若想从心理学中来学会这一切——如同我们在儿童时代获得时间与时间性的经验、以及通过学习语言学会理解世界那样——也不会有什么太大的帮助。哲学家的实质便在于探寻概念形成的框架,这是一切理论的灰色色调之根据。

此乃最重要的论断:我们所说的感谢,并非首先是指说出谢意,感谢要比说出的东西含有更多的意义,感谢同样要比说出谢意表达的更多,正如思维要比说出的语言包含的更多。尽管如此,我们仍将预期这双方在彼此间的相互澄明;思维与答谢双方是以这种方式联系在一起的,即它们都在自身中包含着时间性的维度。

然而人们必须注意到,关于感谢的日常经验,并未融入在很大程度上控制着人际关系的那种相互性。它可能更多的是感谢的本质,甚或最终是思想的本质:超越所有的相互性。出于这种理由,当我们在答谢时考虑如何说出谢意,就已经对提问作出了限定。谁在“谢谢”,显然就已学会了。当人们对他说“谢谢”时,他须还以“不客气”。连儿童都知道说这种回应式的话,似乎也没有什么其它原因促使他这么说。由此可见,我们从一开始就出于一种社会辩证法的关联之中,这种辩证法植根于相互性。感谢一个人,在某种意义上就是对他的认同。在我们的问候礼节中,也可看出这一点。我们所知道的一切不愉快的经历,也都与这种相互性及其缺失联系在一起。当某人向另一个人表示充满敬意的问候,而这个人却毫无反应时,就出现了这种情况。人们可能以为他完全变成了另外一个人,或者,他是否想与我“绝交”?这都是社会生活中令人不快的时刻,因为这意味着对认同的拒绝。

类似的问题也存在于对他人欠说感谢的概念。人们是否藉此走近了感激？或者它已是答谢与感激真正开始衰退的征兆？人们言及欠说感谢时，无论如何是遗漏了一个对立面，我指的是不知感谢。何谓不知感谢？这是一种被期待的感谢，并且，若在另一个人那里，对此仍是要表示感谢的。

由此，我到达了第一个命题：感谢是一种盈溢现象。它不因某种回报而得以清偿。人际间的关系尽管是通过习俗调整的，但并非是按照人的意愿塑造成的。与感谢相似的是礼物，在拉丁语中为"gratia"。人们在此已处于困难的神学问题之中。我们是从生活世界的日常经验中认识到这一点的。能够赠送不是很容易的，能够相互赠送也非易事。如果此处所指向的是相互性，就已经错过了不言自明的人性中的某种东西。交换礼物——和平保证的最古老的形式之一——意味着对威胁人际间关系敌对性与危险性之拒绝。

如果人们注意到另外一些道歉语，就已经接近了问题的实质。我们可以说，人们无须对某人因何事而感谢他。这里已包含了赞同，这种赞同并非通过言语、而是通过知识与存在表达出来。我们所使用的罢免一词也是非常奇特的。比如，如果某人在领导位置上被罢免，甚或——如在瑞士——在基督教徒的葬礼[①]上的措辞，在其表达中含有生者的答谢，以及更多的则可能是分担死者的感谢。我们在所有这些变化中发现了人类经验的相似之处，这些经验超越了纯粹的社会相互性，由此，使我们能从生活世界出发，理解我们与超验物或神性的关系。这是一个很好的神学上的古老习俗。奥古斯丁写了15本"论三位一体"的书，以此宣告了俗世的现象是与不可理解的神秘的基督教会同等的。如果我们从导引着我们的人类经验出发，才具有了合法性。

对于我们来说，首要的是致谢及对它的回应，如同一切表达感谢的其它形式，仍未进入它们自己的现象领域。感谢－存在乃置身于比表达更深的层次，人们是通过表达才感觉到他人的感谢的。由此，在与我们相关的课题中，我们抵达了这一领域。答谢永远是超验的经验。这意味着它通过建立彼此平衡的人际间相互关系，永远超越了人们的期待视界。我们并不反对社会习俗的意义与相互间的平衡——但这并不是说一切都井然有序了，如

---

①在瑞士，葬礼为Abdankung.

果人们接受某人的邀请,就应明白,他“必须”回请这个人。对我来说,这已经指出了存在于答谢、思维中的那种盈溢。在我们为科学所控制的哲学文化中,人们所发现的只有少量的是关于答谢现象学的。我们可以回想一下基尔凯郭尔的“致死的疾病”。答谢与思维的近邻关系也可帮助我们接近像亚里士多德那样的思想家。作为“分析之后”第二本书之结尾的第19章,如同一个证明与推理方式分析的附录,由于它,亚里士多德成了西方逻辑学的奠基人。推理是从已知的东西出发的,因此产生了这样一个问题,人们是怎样认识这“第一”——最初的东西、原则的。在逻辑学中,这一标题下讨论的大多是归纳法,这就是说,人们拥有各种单一的感觉,然后是丰富的感觉,并由此而形成了记忆力、记忆、记忆力与记住。这便是在某种稍纵即逝感觉之流中摄取某种东西之路。正因如此,最终的结论是:在经验中实现了普遍性。

我们探索着何谓感谢,并在感谢那里探求什么是思想。这样一种普遍性,在我们表象生活的时间之流中是如何形成的?如在思想中包含这样一种普遍性,它指示了一切经验的必然性与偶然性。这种普遍性,是怎样形成的?亚里士多德是一位伟大的比喻大师。植根于众多经验的普遍性是如何实现对听者与经验生活的制约的?这种控制是如何实现的?亚里士多德以一支逃窜着的军队来作比喻。每个人都在奔跑,希望能活命。终而有人回过头来,看看敌人是否还紧追不舍。他继续奔跑,当他看到敌人已在远处,便放慢了脚步。跟在后面的人也减缓了速度。终于有一个人停住了,可能也还有其他几个人站住了。但整支军队却未因此而停了下来。只是在长官的命令下,这支军队才转过头来前进。这在希腊语中称为:Archē,即命令或原则——这是证明内在于逃窜现象中的稳定性的绝好图景。

上述过程尤其出现在我们的语言中。比如我们说:“现在我有了一个想法”。这并不是说,我想起了随便什么东西,它更多的是指某种实质的东西。我的这种想法,是坚持这一点,即人们能返回到它,并从它出发学习或弄清楚很多东西。另外,在语言学习中也是这样。亚里士多德恰到好处的比喻,在注释者泰米士德斯(Themistius)那里,正是通过参照语言学习而得以解释。在儿童结结巴巴、口齿不清的发音中,毕竟保留了它某种固定的意义。其中含有不是“想起”、而是类似回忆的东西。这不是找出整个寻找过程都在寻找的什么东西,如同我们寻找某个遗忘的词。然而人们如何去真正地寻找还不知道的东西?这就是著名的柏拉图疑难。这一疑难事实上存在于思想中。思想总是具有多重可能的真实表述之潜力,并且亦非只有这样一种潜力。如同口齿不清的话也含有意义,这些话已经是某种普遍性的东西,它们指向了人们所能意想、指出与诉说的不确定领域。如讨论思想那样,我们现在来讨论感谢。对此,希腊人所说的Cháris是一个很好的例子。作为问候语,它的意思是"你好"。Cháris也可能是一个礼物,人们想用它来使另一个人"愉快"。然人们想要给予他人的,并不是礼物,而是愉快。我们在祈祷那里也可看出这一点,祈祷并非祈求得到我似乎已知道、或最好比我所祈祷的上帝更清楚地知道的东西。在此意义上,感谢也并不是一种能在赠送礼物或邀请中得到补偿的相互性关系。

由此而表明了本来意义上的感激。正如感谢并非是交易,感激也不是算计什么。它事实上几乎是向人们所"拥有"的语言学习。感激并非指人们所能明言或相互算清的某种东西。此种言谈方式表明了人们是"永无止境地感谢的"。因此,它可以当作一种使人们能够去感激的品德甚或美德。可以说,人们是将因某事而对某人的答谢或感谢常萦系于心的。与此相同,那个在自身中增长的东西,乃是人们对某人的感谢、亦即人们为某事而感谢。这也如同在为某个逃窜的人所带动的逃窜军队那里一样,若他停住了,其他所有的人也会跟着站住。在此,自我-聚集在起作用,其中也包括我们无法表达的东西。并且,感激也正在于此,即人们能在各个具体境况中,让他人感觉到自己的感激。这类现象在这一领域中是大量存在的,诸如宽恕、原谅,及另一方面,请求宽恕或者道歉。在人们的生活中,真实的过程不是人们必须说出什么,而是人们想请求原谅。因此,无声的宽恕或和解要比语言更好。此中人们重新获得了相互间的信任,这远比一句话或一个礼物更好。在最宽泛的意义上,还有对生命与此在的感激,并惟有再次从这里出发,才是指示着为宗教所束缚的文化中的那种宗教崇拜式的表达。

如果我们从上述思考更进一步,便是出于理性的理由,指出包含在一切宗教经验中的东西。这就是隐秘的上帝之教义,它的影响是无所不在的。我们须从中看出人类的任务。神性的经验与我们彼此相遇,不仅是在某些教堂、教派、传统——它们提出了正义信仰的要求——或者文化圈中,然这种神的经验却也未在一种模糊不清的世界宗教中成为事实。但它或许将这一切都引向了同一的基础，每个人都想愉快的生活，无论人们将它当作神的礼物而感谢神，或者喜欢将它视为纯粹自然的馈赠。因此，处在极大文化差异的家庭，都具有不可缺少的承受能力。今天的日本文明表明了这一点，死亡的奥秘通过世代绵延、或其他曾经存在并与此休戚相关的东西，而表现为联系所有成员的神性化了的习俗，不惟如此，家庭自身仍有能力承担合理的养老计划或公共福利。没有一个社会的控制系统能够长期取代感谢与回忆的有效形式。

友谊与团结

伽达默尔 著　林维杰 译

古代的哲学家几乎没有不在其理论、演说或著作中提到"友谊"这个概念。只有了解的人才会知道，大师亚里士多德在他的3本伦理学著作中，赋予友谊概念以核心的地位；而康德这位思想上值得吾人敬重的哲人，在其人类学演讲录中，却只给友谊一页的篇幅。尽管如此，他还是说出了值得我们深思的真理："真正的朋友稀少如黑色的天鹅。"

康德的话想要唤起人们关心友谊在我们社会中所扮演的角色、以及当今大众社会中缺乏天性上的团结。在此，回忆一下希腊人的智慧是很有帮助的。也许正是那富含深意的、处于友谊与团结之间的紧张状态（Spannung），才能够磨锐我们的思想、点明我们的任务。在我之前担任海德堡教授职位的卡尔·雅斯贝斯（Karl Jaspers），早在1930年便将我们的时代称为匿名责任的时代（das Zeitalter der anonymen Verantwortlichkeit）——一个高瞻远瞩的词，而且愈来愈真实地反映出时代的状况。例如现在的医院中，病人居然没有名字，而只有号码。由此我们得严肃对待这样一个问题：在工业革命及其影响下所形成的新生活方式中，人类如何能够维护与发展其自身幸福？我倒不敢要宣扬什么伟大的真理，而只是想提出对于[历史或社会][①]状况转变的一些想法与有助于思考的某些说明。人们从"友谊与团结"这个题目，立即可察觉到其中所蕴含的某种充满张力的真理。

本文原刊于《安徽师范大学学报》2002年第5期。德文标题为"Freundschaft und Solidarität"，首次出版于《经济与社会中的常数——瓦尔特·维茨尔曼纪念文集》（Konstanten für Wirtschaft und Gesellschaft, Festschrift für Walter Witzenmann），第三册，编者：Jolanda RothfuB及Hans-Eberhard Koch，Lahard-Ver-lag发行，1999年于康斯坦茨（Konstanz）出版，第178—190页，现收于Hermeneutische Entwürfe，Tübingen 2000，第56—65页。译者林维杰时为中国台湾南华大学科研所助教。

①这类方括号中的文字均为译者所加。

友谊这个概念包含了为某人所喜爱(lieb)的所有东西。Philia这个希腊词,如同德文里的友谊一般,具有其丰富的应用。真正的朋友,就像康德所谓的黑色天鹅一样,是很稀有的。然而,在语言的丰富光谱中,朋友这个词[随着结合其它字根]被使用得愈频繁,便愈丧失此词的根本意义。用来说话的语言,是人类经验的真正沉淀物,也永远存在于人类的思考中。比起过去的世纪——例如18世纪——对于真实的、同时也表现于诗形式中[毫不犹豫的]友谊崇拜(Freundschaftskult)的维护,如今我们也许更努力去重视关于自身的语言使用,以及更重视以语言去思考。由此也就凸显了"团结的"(solidarisch)这个词:在友谊与团结两个概念之间,存在着某种紧张状态。希腊生活中关于友谊的理想,使我们认识到,我们的人文传统其实完全为希腊的典范性人物所支配。谁不知道在阿齐力斯(Achilles)与帕脱克罗丝(Patroklos)之间的友谊统治着伊里亚斯(Ilias)呢?大家也都知道关于宙斯的两个儿子——卡司脱(Castor)与普罗克斯(Pollux)的故事,他们使我们在夜晚的苍穹中,回忆起那不可拆散的友谊。

回到我们必须提出的这个问题:什么是真实的友谊?在一个不断表现出共同努力与稳定秩序,却又表现出各式各样的冲突与达成共同行动之和解的世界中,什么是朋友?我们生活在一个匿名责任的时代,这个时代依据于它自身的组织技术,而衍生出某个[人与人之间]相互陌生性的世界。谁是与我们共同生活的邻居?

在这种情形下,我们必须自问:团结警示了什么?而某种所谓的宣称的团结(eine erklärte Solidarität)又应该是什么?我们必须好好想一想宣称的这个字眼所具有的某种特殊的双重意义。当然,首先应该说明(erklärt)一下,什么样的义务清楚到不须再加以说明?康德关于黑天鹅的质疑说法,事实上在当时并非凭空捏造。真正的朋友,以及使朋友之为朋友的朋友间的信实(Treue),在我们的社会结构中甚少受到考验。再者,也应当弄清楚:人们如何分享友谊与团结,同时捍卫友谊与团结之间的不可分离性。大家必须认识到,在我们的社会生活中,团体化(Gruppierung)是如何导致团结,以及如何对他人负责。另一方面,人们只能经历友谊,却不能定义它。作为概念定义之发明者的希腊人,特别是苏格拉底、柏拉图与亚里士多德,在友谊这个概念上运用了区分的[分析的]力量(Unterscheidungskraft)和定义上的精确。这些在柏拉图的对话录律希思(Lysis)篇中都可以读到。这是一篇苏格拉底与两个男孩的对话,故事发生在一个所谓Gymnasium的体育馆,依照希腊的教育制度,馆中伴随这些少年的就是体操教师、朋友以及爱的追寻者。在那儿,苏格拉底这般地问他们两人什么是友谊:“你们是好朋友么?”接着问:“谁的年纪较长?”男孩回答:“年纪大小我们还有得吵呢!”——在那个幸福的年代还不存在[登记出生的]户政局呢!——苏格拉底又问:“那么谁出身于较好的家庭呢?”两人穿得都很光鲜。他接着又问:“你们之中,谁长得较为好看?”这下子两人笑得可有些狼狈了。

对话的开头,我们便可以了解到,到底什么是友谊、为什么某两个人是好朋友以及什么是真正的朋友。当然我们也可以明显地察觉到,对话中的这两个男孩压根不知道什么是真正的朋友。他们所认识到的乃是孩童的友谊(Kinderfreundschaft):竞相吹嘘与夸大。当他们从与苏格拉底的对话中感受到思考的乐趣时,这两个成长中的孩童已踏出了生活的第一步,不管他们是否真的了解什么是友谊。

我们毋需讶异于苏格拉底的第一个问题:友谊是否基于条件相当。这个问题可以点醒他们,是否应在与自己条件相当的人中来择友。他们很快便明白这样择友的方式并不正确。相反来讲也许更为真实:择友经常都不是基于相等的条件,因为从他人身上可以发现到某些值得钦佩与让人爱慕的地方。根本上讲起来,孩子在善与恶、美和丑之间寻找他们的榜样时,经常举棋不定。榜样或许可以在朋友中发现,又或许榜样就表现为被人所喜爱而相互结交为朋友。

然而真正的答案实际上尚未出现。这两个男孩终将意识到,他们的尝试并不成功。答案并非显而易见,反而如同存在于云里雾中。苏格拉底所提出的、不可翻译的希腊字眼Oikeion,意思是家庭的(Häusliche)、故乡的(Heimatliche)。Oikos以往指的是古希腊经济的基本结构。经济就是家庭经济。即便是人们所提到的初期工业化,并不是直接就意味着经济(ökonomie)。经济这个如今为我们所熟稔的字眼,事实上意味着处于其中悠然自得的安宅(Zuhause)。在此所关系到的,并不是为某人喜爱的所有东西,也不是在他人的赞叹中某人了解到其自身的无可比拟、令人崇敬以及喜爱。这些都不是真的。但到底是怎么回事?或许我们可以如同柏拉图所思考的一般——苏格拉底最终将注意力放到男孩中的较长者。但男孩们随后便被[保护他们的人]召唤去了。他们有其保护者(Paidotriben)。或许是为了了解什么是真正的友谊,苏格拉底必须将注意力放在较长者身上。

苏格拉底与阿基比亚得斯(Alkibiades)[①]所进行的对话也许是柏拉图写的。阿基比亚得斯这个名字是以其俊美与精神而为人所知,在雅典与斯巴达的争霸中,他是个极具争议而又命途多舛的角色。我们手头上的对话录出自于柏拉图之手。然而即使柏拉图未曾写就这个对话,苏格拉底也是这个对话之作者所赞叹的对象,此作者[的态度]比起[这个对话有多大的比例是由柏拉图所写的]纯粹性(Echtheit)问题更值得我们重视。

在伯罗奔尼撒战役中扮演一定角色的阿基比亚得斯[②],在他与苏格拉底的对话中,被描述成一个苏格拉底所遇上的年轻的、成长中的男子,充满着虚荣心,但之后又克服了虚荣。在两人的谈话中,首先出现的声音来自一个年轻而又爱虚荣的现实主义者。这个年轻的阿基比亚得斯说:哎!你们老挂在嘴上的那些正义、胆量与勇气等等,都是闲扯,归根结底,都是追求权力而已。

然后,苏格拉底开始了一长串教育性的言语。他自然也感受到这个俊美、能力强而又大有前途的年轻人所散发出的非凡魅力。但苏格拉底也预见到某种阿基比亚得斯陶醉在虚荣心与权力欲中的危机。因而开始了那样的对话,在对话中,苏格拉底逐渐地、有步奏地引导他的对话伙伴去看清楚:什么是友谊与真实的友谊。与此相反,这年轻男子所梦想的权力斗争、以及影响力和财富的竞争等事物,却绝对衡量不出真正的朋友以及真实的友谊。

希腊哲人以其敏锐的洞察力指出了:实际上存在着友谊的不同面貌。就像我们已提到的孩童的友谊,充满着夸耀般的竞争,却又透露着温婉的腼腆。又好比初次情爱的友谊(Liebesfreundschaft),总是让成长中的男子体会到生命。这种友谊存在于每一个社会,尽管它们并不是希腊人的社会。这种情爱的友谊后来便发展出独立成熟男子间的友谊,与此相似,最后就是[由男子间的友谊]发展出根本性的友谊——生命的友谊(Lebensfreundschaft)。

①他是雅典的将军,生于450B.C.,卒于404B.C.,作为苏格拉底的学生,他也是雅典民主党派的领袖之一。他曾领导其家乡雅典对抗西西里岛(415B.C.)。

②在第二次伯罗奔尼撒战役(416—413B.C.),阿基比亚得斯领导雅典对抗斯巴达。

因此，在友谊的所有思考中，首先人们彷佛可察觉到，友谊并非某个抽象的概念，而是区分成不同的亚种。在亚里士多德[的著作中]似乎也是如此。依据他的区分，友谊可建立在欲望的、感官的愉悦（Glück）与建立在舒畅（Angenehmen）之上，人们并由此来择友。或者友谊可建立在利益（Vorteil）、好处（Gewinn）之上，也就是建立在我们称之为业务上的朋友（Geschäftsfreunde）或党派同志（Parteifreunde）[的关系]之上；又或者友谊可建立在我们于其它场合也称之为朋友[的关系]之上。所有的这些可能性当然都是友谊的形态。

然而事实上存在着真实的、完美的友谊。那是真正的友谊。这种友谊是什么呢？当友谊便是Oikeion时，意味着什么？言语所表达不出来的安宅就是这种Oikeion。当我们提到家园（Heim）与故乡（Heimat）时，我们藉由某种响亮与神秘的概念来倾听所有关于Oikeion的事物。但Oikeion到底是什么？

也许我讲的这些都无关紧要。你们此刻所在的普福尔次海姆（Pforzheim），它的市容最美，市郊最为壮观。而我们都知道，故乡是某个无法清楚地追忆的地方；是某个无法解释的地方——为什么它总是萦绕着我们的灵魂，又将人们联系在一起。故乡与出身（Herkunft）就表现出某种联系（Bindung）与共同性，某种真实的休戚相关（Solidarität），这些都毋需说明。人们就是这样，也不必知道究竟是怎么回事。

虽然希腊人的思考充分展现在所有公众生活的形态之中——例如团体的束缚、争斗、内战、具敌意的竞争，以及晚近的民主秩序成就——但这样的思考仍旧得面对这个问题：究竟什么是家庭的与故乡的、即什么是联系性的（Verbindende）？我们其实无法说明这样的联系性：在条件相当的人之间、或条件不相当的人之间的联系，或者在他们之间寻找榜样。真相到底是怎么一回事？这就是我们得好好琢磨的某个肇端于柏拉图、又由亚里士多德予以承续的伟大思想。

这儿存在着某个或许会令人吃惊、而希腊人做起来则毫不犹豫的词：Philautia，意思是爱自己（Selbstliebe）。这便带出了重点：所有与他人的可能联系以及对自己的责任，在此自爱中，都得到了真正的基础与条件。

关于团结，我必须再说几句话——在当时的希腊，还不存在团结这个词，人们对它自然也无须加以说明。那么Philautia意味着什么呢？当时就像现在一样，自爱（Eigenliebe）有着不好的名声——从希腊喜剧以及其它的文献可以证实这一点。当人们老想着自己而没有关心到别人，感觉上总有些奇怪，而且不道德。但柏拉图就是敢于说出这种不管是对自己、对我们或对全世界来讲，都具有普遍性的话语：不，真正的自爱是另一种东西。这种自爱意味着，人们必须持续地与自己取得一致。作为他人的朋友，即使是情人、业务上的友人或是同事，人们都必须与自己取得一致，如果不能，那么处于与他人的共同生活中，就会处处感到阻碍与陌生。

有一种情形是肯定的：家园与家（Haus）是共同生活的地方。但这并不意味着[成员之间有着]共同的信念，因而也不意味着[成员之间]在倾向和兴趣上的一致。正因为不是这样，因而我们才会询问：为什么他对你显得如此可爱（lieb）？是因为他与自己有着诸多共同之处，因而才显得可爱？是因为他很像我？不，并不是为着两人间的一致。那一对暴君的希腊友人，作为伟大的典范人物，在雅典的公众生活中扮演着重要的角色，他们像纪念碑、像典范、像榜样，有如我们以德文所说的年轻人的友谊，这种友谊就好象心与灵魂[的紧密关系一样]。希腊人对此的说法是mia psychē（一个灵魂）。

难道这就是真正的友谊吗？不，这还不是。[柏拉图所提出的]果决主题是：友谊首先就是人们与自己的一致。人们需要这样的前提，才能与他人联系在一起。这和一般所称呼的束缚（Verbindliches）相距甚远，因而我愿意与希腊思想一同迈向Philautia（自爱）。这种想法意味着离开自己而投向周遭世界，也意味着努力为自身的自由与生活方式而奋斗，有如希腊人在决定性的波斯战役中为我们[欧洲人]所做的一样。欧洲觉醒了——希腊生活所经历的真正团结以某种奇特的方式抵抗那不断进逼的东方。我们只要想一下公元前四世纪时父子告别的场景，这在考古博物馆中都可获得证实。

我们必须弄清楚：当我们继续进行这类思索时，应该朝哪个方向？我们得自问：什么是Oikos？什么是真正的安宅以及什么是真实的友谊？决不能因为对方的某些特征或某些方面为我们所喜爱，便因而认为对方是我们的朋友。当然我们也该持续思索在我们社会中的男女间的友谊，如同思索父子间的友谊。我们也应该把奠基于友谊的婚姻视为人类生活中的伟大考验之一，在这些考验中，人与人之间的差异——异己、他人、他人的不同特性

——一方面产生相互的联系,另一方面则趋向于互异的观点。

在关于阿基比亚得斯的对话录中,柏拉图使得对话的进行达不到苏格拉底所要的效果。他与阿基比亚得斯的谈话亦无助于阿基比亚得斯的日后生活。善于预感的苏格拉底在对话录的结尾暗示:这个年轻男子将会一直为权力与虚荣所摆布。苏格拉底曾尝试为他指出一条可走的路,然而正如每一个希腊读者所知道的,他后来并没有真的走上这条路。苏格拉底的有名故事——他说,我们必须学着认识自己。这句咒语般的名言"认识你自己!"反复地加深人们的印象。这句话的意思是:你得认识清楚,自己不过是个人,而不是天命的选民,也不是具备领袖魅力(Charisma)的加冕者,彷佛在所有人类受限制之处都享有特权、胜利与成果。这些你都不是。

亚里士多德对友谊也有所补充:我们在他人中认识自己,以及他人在我们中认识他自己。但[在他人中认识自己]并不是意指:他就是这样!而是:对他人存在的容忍,正如德罗伊森(Droysen)所说的:"因为我是这般地爱你,所以你才该是这样。"这是真正的友谊,亚里士多德称呼友谊为Arete。但什么是Arete?依据沃尔夫冈·沙德瓦尔特(Wolfgang Schadewald)的提议,Arete意思是完善(Bestheit)的德性。什么是完善?也许某种程度上可以将它理解为最高级(Superlativ)。这意味着,人们无法再超越它。这种超越当然不是人类所能具备。而这种自我认识的真正涵意就在于:即使人们自认为是他人的真正朋友,也不可能认识到本身自爱的偏颇。然而,能够作为真正朋友的能力如果也取决于正确的自我一致,则什么是朋友的能力?Oikeion奠基于何者?

Oikeion总是表现在友谊的不同形态之中:孩童的友谊、少年人情爱的友谊、职业上的友谊,以此类推,最终便是建立起家庭共同体,在这个过程中总是得有所放弃和获得。其中存在着喜爱的普遍概念吗?当然没有。希腊人在此具有某种相当决定性的看法。这便是模拟(Analogie)的思想,即模拟的共同性。它首先出现在[柏拉图的]学院之中,之后亚里士多德予以发挥,并在基督教的教义学中扬名——因为模拟思想让受造物与造物主的关系变得合理。模拟把不可比较的东西变得可比较,这就是模拟,它告诉我们:男童的友谊并不只是相互之间努力去证明些什么的竞争。这种友谊早已具备了某种存在于所有竞争游戏中的共同关系(Miteinander)与相互关系(Füreinander)。因而这种竞争是友谊，当整个生命中的共同关系由此而开始形成之时，那么这种竞争就是真正的友谊。当然，在孩童的友谊中还没有共同关系，尽管共同性一直都存在，但从中我们看到的是迅速的争执以及迅速的和解。

还有就是少年人的友谊，这种友谊之后便是生命的友谊。生命的友谊永远不可能达到根本、真实、终极、完美、善等等[的理想境界]。这种情形也存在于其它领域。亚里士多德的例子——健康，也是如此。好比说：这种食物不卫生；或者像是，这种脸色不健康；又如，此人整体看起来根本就不健康。这些是什么意思？我们只知它们和健康有关而已。到底我们所谓的健康是基于什么标准来予以评判，没有人回答得出来。标准价值乃是工业的传统辅助工具，而健康却与所有的观察无关。其它领域的情形也是如此。

希腊人已卓越地认识到，人们不能将存在这个形上学的基本概念理解为最高的、在它之下能再予以细分的种(Gattung)。存在就是那种闪耀动人、却又在遥远、持久与永恒中散发出迷蒙之光的东西。

毫无疑问的，真正的友谊并不表现为：我们以自身的方式和内在的标准去想象某人是我们几乎不可能与之评比的偶像。再说说我们自身的窘境吧。在这个已经匿名化的社会中，上述的情形意味着什么？一个理性化的、为支配全球经济之统计学可怕力量所深植的大众社会，又必然是如何，难道不是这样，我们被隐瞒了太多的事情，以致于我们不能认识自己。

人们宣称在某些方面是团结的，或者觉得自己是团结的；回想起某些在我生命经验中闪闪动人的事情，相信在座中的长者也有相似的经历。我的意思是，大战时的炸弹如何唤起了团结。那时在都市生活关系中显得陌生的邻人，忽然就懂得与[他人真实交往的]生活了。危机，特别是关连到所有人的危机，使得团结的感受与团结的行为成为可能。但这些情况并不是团结这个词所给予我们的根本意思。当我们谈到团结(solidarisch)时，它到底意味着什么？solidarisch这个词的拉丁文原意是Solidum(坚实，固定)，Solidum在另一个词——Sold(报酬，钱)[①]也扮演着某种角色。Solidum的意思是：Sold不能作为伪币，它必须是真正的钱。作为一个词来讲，Sold在意思上必须同时兼顾真实与可靠。正因为如此，利益与生活状况的差异便会使

① Sold作为报酬也与Soldat(士兵，战士)有关。发饷的人不能把伪造的钱给与士兵当作报酬。

某人尝试走自己的路,并将他人的福祉甩到背后。团结这个词因此具有双重意义:人们在自愿或压力的情况下,都会宣称是为了团结而放弃自身的利益与喜好。在某些政策的方向上、在某些时刻以及为了某些目的,人们会为了团结而放弃一些东西。人们很快便看出了,在我们的社会中这两种团结的意义部分表现出优点,部分则表现出缺失。关于这种双义性,我可不是随意说说而已。我们的代议式民主政治如今着实令人担忧,因为民主中的选举缺乏团结。然而我们必须承认,在这样的政治体制下虽然应该意识到团结,但提倡团结也真的是苛求。想一想政党纪律吧,在某些政治场合实在很难去遵守,例如和自己所属政党中的多数人有不同意见的场合。但这正是民主的原则:虽然个人有不同的立场,但是仍然存在着某种共同的行为。再想一想理智的遵守规则:例如在交通状况中,不遵守规则很快就会为众人所察觉。我只是想要特别强调一下,我们共同的注意力应该放在哪里?人们应该意识到真正的团结,然后团结才有可能。

举个司法权(Gerichtsbarkeit)的例子。司法权常为人所诟病,虽然它的执行也不一定就公正,但整体说起来仍然具有约束的效用。多年前意大利的例子可以说明这一点。值得一提的是:团结依赖于对团结有所信仰以及拥护的个人。在政治团体中与他人的隔离就是使自己处于孤立。为了深入了解团结的字义,我们得再思考一下军事范围中士兵的信实问题:战争中,士兵的信实要求生死与共的团结。然而即使在这个军事范围中的士兵身上,Sold概念的原义也遗失了。无疑的,对于人类共同生活而言,某些东西——例如同志情谊——是不可或缺的。我们并非由进化而来,好象在某些关键时刻都具有清晰的本能,我们不像鸟,在哺育期毫不疲倦地为了喂食雏鸟而绕巢飞行。我们人类远比[鸟类]更需要抉择,也因而更容易暴露在错误抉择的风险之中。我曾希望藉助于语言的智能来理解团结这个词,也曾以Philia这个希腊概念来翻译Solidarität,我曾认为,Solidarität这个词拥有其长远的、与大众社会结合在一起的前阶段史(Vorgeschichte)。事实上,这个相当新的词出现的时间尚未满百年。正因如此,对于这个词便有了众多不同的说法。因为团结意味着在一定范围之友谊圈中的顺从,人们便需要某种强大的善意去展示人们的团结。

因而我们便有了这两项任务:与自身的一致,以及与他人的一致。没有任何一种自然的力量能够完成我们的任务。人们需要的是自我认识,以及对于典范人物的感恩学习。

有根据的节制

——对“正确生活”问题存在后形而上学的回答吗?

哈贝马斯 著　薛华 译

就“斯谛勒(Stiller)”的景象,马可斯·弗理斯(Max Frisch)让人问律师道:“人用自己的生活时间做什么? 我对这一问题几乎不曾有清楚意识,但它却一直使我激动。”弗里斯发问时用的动词是直陈式。爱反思的读者考虑到自己本身,会给这一问题以一种伦理的转变,说“我用我的生活时间应做什么?”足够长的时间以来,哲学家们以为对于提供回答这一问题已备好种种得当的主意。但是在今天,在形而上学之后,哲学则不再自信自己对有关个人和集体如何进行生活的问题能提供答案。Minima Moralia[小量道德]从伤感念叨尼采的快乐科学入手,即以承认某种无能开首:“我由以曾向我的朋友提供过一些东西的那种悲哀科学和一个领域相关,这一领域对于很久以前的一些时代曾被当作哲学的真正的领域……这即是关于正确生活的学说。”这期间伦理学已如阿多诺(Adorno)认为的那样,复归为悲哀的科学,因为它在最好的情形下也只是允许作一些分散的、“从破损的生活”中以格言形式固结下来的反思而已。

一

在哲学曾相信自己能够确保自然和历史整体的时候,它曾支配那一据称固定的范围。个人和共同体的人性的生活都须把自己嵌入其中。宇宙的

本文原刊于《安徽师范大学学报》2001年第4期。由薛华译自德国Neue Rundschau[新评论]杂志第112期,2001年第2册,第93—103页。原文标题为:“Regruendete Enthaltsamkeit. Gibt es postmetaphysische Antworten auf die Frage nach dem ‘richtigen Leben’?”

作者简介:哈贝马斯(Jürgen Habermas,1929—),男,德国当代最重要的哲学家之一。

建立和人的本性,世界史的与救世史的各个过站,都曾留下包含规范的情形,它们看起来同样给正确生活提供了各种启发。“正确”在这里具有生活值得模仿的一种样本所具有的意义,不管它是对个别人的生活,还是对政治共同体的生活。适如各大宗教把它们缔造者的生活道路呈献作为救世之路,形而上学也曾供给种种生活模式,这些模式对于少数一些人当然不同于对于许多的人。有关善的生活,有关公正社会,有关伦理和政治的学说都曾终归是浑然一体。但是随着社会变迁的加快,这些伦理生活的模式走向衰落的时间也越来越短,不管它们在此是按希腊城邦建立的,还是按照中世纪 societas civilis(市民社会)中的各个等级,按照城市文艺复兴时全能的个人,抑或象在黑格尔那里那样,按照家庭、市民社会和立宪君主制的结合体。

J.罗尔斯式的政治自由主义标志着这一发展的终点。他是对世界观的多元主义和生活风格不断进展的个体化作出反应。曾有种种哲学的尝试,把确定的一些生活方式突出为是榜样性的或普遍有约束力的。罗尔斯是从这些尝试的搁浅引出结论的。“公正的社会”让所有个人决定他们想“从他们生活时间上着手的东西”。它保障每个人有平等自由来发展一种伦理的自我理解,以便按照自己的能力和意愿实现个人有关“善的生活”的一种设想。

个体的生活蓝图形成发展自然不是不依赖于依互主体性分有的生活联系。但是一种文化与其他文化相对峙而能坚持它自己,就只能是通过它使自己随后成长的各代人确信,它揭示世界的语义学的优点和它的行为定向上的优点。文化上一种物种保护是不可能、也不可以存在的。在一个民主的法制国家,多数也不可以把自己的文化生活形式(就其和该国共同的政治文化不同而言)规定为对于少数是所谓的主导文化。

如同这一例证所显示的,实践哲学决不一般地放弃规范性的考虑。但它大体上把自己限定在关于公正性的问题上。它特别致力于弄清一种道德观点,当事关确定每个个人均衡的意趣所包含的东西,和同等程度上对一切人都好的东西,我们总是从这一道德观点来评价种种规范和行为。一眼便可以看出,道德理论和伦理学显得是让这样的问题引导自己:“我应当作什么,我们应当作什么?”然而如果我们不再从一种包容性的“我们 - 视野”探讨一切人彼此互相归属的权利与义务,而是从第一人称的视野出发,关心我们自己的生活,且问从长远眼光看“为我”或“为我们”做什么是最好的,并且一切从一切来看是如此,那这一"应当"就会获得另外的一种意义。这是因为,这样一些涉及自己适意和痛苦的伦理问题,是在一种确定的生活史,或一种特殊生活形式的文络内提出的。它们是和同一性问题双生的:我们应当如何理解自己,我们是谁,我们想是谁。对这些问题显然不存在独立于各种相关文络的答案,亦即普遍的、对一切个人同等有约束力的答案。

因此,关于道德和公正的种种理论,今天走的是其自己的道路,如果我们从经典意义上把伦理学理解为是关于正确生活的一种学说,那它们所走的就无论如何是和伦理学不同的道路。我们是处在那种道德观点下,抽离开了形而上学和宗教言说中传留下来的,那些有关成功生活或非虚度生活的典型图像。从这些传统的实体,我们的生存自我理解尽可一如既往地吸取营养,但哲学却不再能够按自己的权利干预这些信仰力量间的争论。正是在这些对我们有极大重要性的问题上,哲学致力于超越层面,更多探讨的是自我理解过程的形式属性,而不对内容本身表示态度。这可能是令人不满足的,但是有什么可以使人来反对采取一种有根据的节制呢?

当然,相应于自己同按生存自我理解形式专门化的伦理学进行分工,道德理论会付出一种不低的代价,以致于它事实上消除了那一给道德判断确保正确行动动机的联系。只有各种道德明见并合在一种伦理自我理解之内,这一自我理解把对自己福利的关切和对公正的关心配套,道德明见才能有效地维系意志。义理学的理论随同康德之后希望还能够很好地说明道德规范如何能得到论证和运用,但对于我们为何一般地应当是道德的这一问题,依然缺少回答。同样地,那些政治理论也很少能够回答一个民主共同体的公民们,为什么在围绕共同生活的原则进行的争论中,应当从公共福利定向,而不是使自己满足于一种从目的合理上约定的 modus vinendi(权宜之计)。这些和伦理学脱钩的关于公正的理论,只能希望社会化进程和政治生活形式"相迎进"。

更加使人不安的是另一个问题:为什么哲学伦理学要给那些心理治疗让出地盘,这些治疗在消除心理干扰时承担经典的安排生活的任务。例如心理分析就明显地出现在亚历山大·米切尔利希(Alexander Mitscherlich)那里,他把心理病理解为对一种特殊的人的生存方式的损害。心理病意味着一种归咎于自己自由的丧失,因为病人以其病状只是补偿一种无意识地弄成的痛苦,一种他通过自我隐蔽来躲避的痛苦。治疗的目标据说是一种自我认识,这种认识"常常不外是把疾病变为一种痛苦,只不过乃是一种提高Homo sapiens(人类)品级的痛苦,因为它并不消灭人的自由"。

心理"疾病"这一概念的构成要归于与身体疾病作类比。但是,当在心理领域对于健康状态还远缺乏可观察的和可一义判断的参数,那种类比在多大程度上可行?显然,必须有对"未被干扰的自我存在"的一种规范性理解,来取代误人的身体上的指标。当把病人推到分析者那里的痛苦的压力本身得到排除,以致所出现的干扰顺合在健康生活之内,在这些场合,上述一点就变得特别明显了。哲学为什么要在心理分析自信十足的事情前却步呢?事情关系到弄清我们对虚度或未虚度的生活所具有的临床特点的直觉性理解。上面提到的亚历山大·米切尔利希的说法,终归透露出是借用了某位基尔凯郭尔式的作家和他那些存在哲学的后继者。这绝非偶然。

二

基尔凯郭尔首次以后形而上学的概念"自我存在可能",来回答关于自己生活成败这一伦理基本问题。

对于基尔凯郭尔的后继者们,对于海德格尔、雅斯贝尔斯和萨特,这位被路德关于仁慈上帝的问题所折磨的新教徒自然是件棘手的事情。基尔凯郭尔在同黑格尔的思辨思维进行论争中,诚然曾给关于正确生活的问题以一种后形而上学的、同时也是神学的答案。但决心以无神论为己任的存在哲学家们,却在基尔凯郭尔身上认识到这样一位思想家:他以极高的更新精神使伦理问题复兴,既用一种实体的方式,又用一种充分形式的方式回答了伦理问题。以充分形式的方式,是鉴于一种合法性的世界观的多元主义,这种多元主义在真正伦理的问题上不允有任何监护。自然,"非此即彼"的基尔凯郭尔,是以他的"伦理生活观"这一概念提供了哲学上的关联点。

基尔凯郭尔把一种决然伦理的生活安排,同一种悠闲的、乐于用心享受和注重瞬刻的生活形式,一种以自我为中心游戏人生的生活形式对立起来,把它和这样一种用浪漫色彩画出的图景对立起来。这一伦理的生活安排要求个人心力专注,并使自己摆脱对强烈支配人的环境的依附。个人应当自己奋起，达到对他的个体性与自由的意识。随同从归咎自己的物化中解放出来，个人同时也就得以同自己保持距离。他从无间隙地破裂成碎片的生活的无名散乱状态找回自己，并给自己的生活以连续性和透明性。这样的一个个人，在社会维度上能够对自己的行为承担责任，对他人能够负起义务。在时间维度上对自己的关切，会建起对生存历史性的一种意识。生存是在过去与未来同时性交错的视界内完成自己。

基尔凯郭尔不加说明地从一点出发：以自我意识生存的个人，连续不断地以山上训道的精神解释他的生活。道德的尺度在康德的平等普遍主义那里找到一种世俗的形态，关于这些尺度本身，基尔凯郭尔没有说许多的话。一切注意力毋宁都放在自我存在可能所具有的结构，即是说放在一种伦理自我反思与自我选择的形式，它是由对自己生活成功的无限的意趣所规定的。个人从未来的行动可能性以自我批判方式，掌握他事实上看到的和具体地回想的生活史，这样，他才使自己成为无可替代的个人和无可混同的个体。

个别的个人，对他过去生活中可责备的一些方面感到遗憾，决心继续那些生活方式，在其中，他能够无羞愧地再次认识到自己。以这种方式，他调节个人自我理解的意义，他想作为这样的个人为他人所认识和承认。通过道德上对事实上看到的生活史作一种审慎的评价，通过批判地探测这一历史，他把自己建造为那种他所是的和他愿是的个人。“不管多么显得是偶然，通过他的自由设定起的一切都本质上属于他……不过这一判然特点对于伦理的个体却绝非是他的随意的果实……（他）诚然可以使用一种说法，说他是他自己的编辑人，但是他是一位负责任的编辑……对他生活于其中的事物的秩序负责任，对上帝负责任。”

基尔凯郭尔确信，伦理的、从自己的力量产生的生存形式，只有在信仰者和上帝的关系内才能得到稳定。道德给自我研究提供尺度，只要我们在苏格拉底和康德的意义上，单纯把道德建立在人的认识的基础上，就会缺乏将道德判断变为实践的动机。基尔凯郭尔并不那么反对道德的认知意义，他所反对的，毋宁是对道德的理智主义的误解。假如道德仅仅通过好的理由就能够使认识着的主体运动起来，那基尔凯郭尔这位时代批判者所一再抨击的那种可悲的状况就不可说明了。那是一种基督教启蒙的，和道德上自得的、但却深重腐败的社会状况："如果人们看到所有这些知识和理解整个说来对人们的生活丝毫不发挥力量，那人们对之就既可以发笑，又可以掉泪。"

这种流为常态的排拒态度，和对一种不公正的世界状态的犬儒主义承认，其所表现的不是知识的匮乏，而是意志的堕落。那些似乎能够更好知识的人却无意于进行理解。因此基尔凯郭尔不是谈论过失，而是谈论罪过。然而一当我们把过失解释为罪过，我们便知道，我们是要依靠宽恕，并且必须把希望放在一种绝对的威力上，它能反过来干预历史行程，并能恢复被损坏的秩序和恢复牺牲者们的凝聚力。对救助的许诺，在一种无条件要求的道德与对自己的关心之间，构成动因的联结。一种后约规的良心道德，之能够变成一种有意识生活安排的晶核，只能归于它是构建在一种宗教的自我理解之内。基尔凯郭尔在动机问题上针对苏格拉底与康德出牌，以期超出两人而达到基督。

当然"克利马库斯(Climacus)"，即基尔凯郭尔哲学对手们的化名作者，自己绝非有把握认为，他假设地看作"思想规划"的基督教解救福音比之那种在后形而上学世界观中立性界限内运动的内在性思维"更加真实"。基尔凯郭尔因此让一位反克利马库斯(Anticlimacus)上场，这位诚然不想用论据来强迫他的世俗化的对手，但却想借助一种心理现象学促使对手"超出苏格拉底"。

借助有病象的生活形式，基尔凯郭尔描述了一种可治愈的"死亡疾病"的现象形式，即一种绝望症的形态，它先是被排拒，进而出现在意识的门限，最后强使自我中心的意识回转。绝望所具有的这些形态，同样是失却一种生存基本关系的诸多显示，只有这种关系，似乎才能以使一种真实的自我存在成为可能。基尔凯郭尔描写了一个人的令人不安的情况，他虽然意识到他的使命，必须是一个自我，但随之却逃遁到一些选择："不意欲是人们自己，或者……不想是自我；或者最差地，意愿是其他一个人，而不是人们自己"。谁最后认识到绝望的来源不在于种种的情况，而在于自己的逃遁运动，谁就将从事那一顽强的、但同样没有成果的尝试，"意欲是人们自己"。这一最后展示力量的行动的绝望搁浅，即自己完全坚持自己的自我存在意志的搁浅，推使有限精神超越自己，承认对他人的依存，在其中奠定自己的自由。

从此那种应当使自我存在和正确生活成为可能的基本关系，也就变得清楚可见了。那一著名的公式是：“当它同它自己发生关系，当他意欲是它自己，自我就会透明地在它已设定的力量内建立起来。”即使是一位苏格拉底式的思想家，也将能够一直到这里遵循这一感应现象学：伦理上自觉的生活安排，不可以被理解成狭隘的自我全权。这样一个思想家也将在一点上赞同基尔凯郭尔：对一种不可支配的力量的依存，是不能按自然主义来理解的，而是首先关乎一种互人格的关系，因为一个进行拒斥的个人的倨傲，乃是针对另一个个人。但我们作为有语言和行为能力的主体，在关心不使我们的生活失误时所依赖的那一不可支配的东西，也不是径直就和上帝，和那一“完全的他者”同一的。在对一种交往联系作的世俗的描述中，我们已经遇到这一东西，我们是在一种交往联系内彼此就我们自己实行理谅。没有哪个个别参与者能够支配各种理谅过程的结构，或者甚而说支配它们的进程。在语言的逻各斯之内，互主体东西的力量体现其自身，这一力量先于言语者们的主体性，并是他们主体性的基础。

三

即使是从这一后宗教的眼界看，基尔凯郭尔的后形而上学伦理学也允许刻划出一种非失误的生活特征。关于自我存在可能方式一般性的表述是形式性的，从而不是什么密集的描述，可是却绝非规范方面没有内涵。因为这一伦理学虽然不是放弃对生存模式的评判，但却放弃对个体各种生活蓝图与局部生活形式的特定实行作评判，它就满足了世界观多元主义的一些条件。一当事情涉及一种“类属伦理学”，这一后形而上学的节制性就有趣地遇上了它的界限。一旦有言语和行为能力的主体的伦理自我理解整个处于危险，哲学就不再能避免自己在内容上表态。

今天我们是处在这一状态内。生命科学的进步与生物技术在新世纪门界前的发展，不单是扩展了已知的行动可能性，而也使一种新的干预类型成为可能。迄今作为有机自然曾经“既定的”和必要时能够“培育的”东西，现在推进到了人工物制造的领域。即就甚至人的机体也被拉进这一干预领域那样，赫尔穆特·普利斯讷（Helmuth Plessner）在“是肉体”与“有身体”之间作出的现象学区别，就获得了一种惊人的现实意义：在我们所“是”的自然，和我们所“给”自己的机体装置之间的界限正在变得模糊起来。对于进行制造的主体以之而产生一种新的、直及机体基质深处的自我关联方式。现在这些主体意欲如何利用各种新的作决定的活动余地所具有的深广度，事实上取决于他们的自我理解：是自律地按照道德的考虑，而这些考虑在进入民主的意志形成过程，还是随意地依照在市场上加以满足的种种主观的爱好。同时所涉及的并不是对科学认识值得祝贺的进步持一种文化批判态度，而是唯独关乎这些成就的实施是否侵害作为负责行动本质的我们的自我理解，如果侵害的话怎样侵害。

我们是要把干预胎细胞这一截然新的可能性，看作一种规范上需要调节的对自由的增长，还是把它看作作处理的自我全权，它不需要什么自我限定？只有当这一原则性问题以有利于第一种选择的方式决定以后，才可以就一种否定性的、不含误解地企求消除病痛的优生学的界限进行争论。这里，我只想从一个角度来说明根本性的问题，即现代自由理解的挑战问题。人类基因组的揭示给进行种种干预展示了前景，它们以一种奇特的方式显示了我们规范意识的一种粗朴自然的、且直到现在，未作为论题而现成地接受了的条件，但如同现在表明的那样却是本质性的条件。

迄此为止，欧洲现代性内的世俗思维和宗教信仰一样，都曾能够从这点出发：新生儿的遗传结构、从而其未来生活史的机体出发条件，是不允许通过其他的个人有意加以处理的。确然地，成人能够对自己的生活史作一种批判的评价和回顾式的修正。我们的生活史是由一种材料做成的，我们能够使它“成为我们的”，并在基尔凯郭尔的意义上将它“负责地担负起来”。而今被供来的则是某种另外的东西，是一种偶然受孕过程的不可支配性，带有两种不同染色体苗的一种不可预见的结合的结果。但这一不可见的偶然在其可控制的瞬间，却表明其是我们互人格关系原则上平等本性的一个必要条件。因为，一旦成人把值得愿求的后代的遗传秉赋看作可造型的产物，并与之相应地按自己的意愿设计一种适用的模型，他们在自己遗传上处理了的产物上便是在行使一种支配，它按现在的规范理解和按现存的法律状况，却只可以在物上行使，而不是在个人上。因此，后生者们可以追究他们基因组制造者们的法律责任，使之对那些在他们看来不合愿望的、他们生活史的机体出发状况的后果承担责任。这种新的责任归属的结构产生自抹煞个人与物事的界限，这类似于一个残疾儿童的父母的场合，他们以民事诉讼的途径，让他们的医生对产前一种错误诊断的实质后果承担责任，并要求“赔偿损失”，这里，有违医学期望出现的残疾，好象是在填充物质损失的事实构成。

通过一个个人对另一个个人的“自然”秉赋所作的这种不可逆转的决定，就产生一种迄今未知的互人格关系。这一新型的关系伤害我们的道德感觉，因为它在现代社会法权上，成为建制的承认关系中形成一种异体。当一个人为另一个人作一种不可逆转的、深深触及他机体秉赋的决定，在平等而自由的个人中，原则上存在的责任对称性就受到了限制。面对我们社会结合的命运，我们原则上保持的自由，比之我们面对产前制造我们的基因组似乎将具有的自由，乃是另外的一种自由。正在成长的年轻人，将有一天能够为他们的生活史、为他们所是的情形，自己担起责任。事实上，他们能够反思地对待他们的教养过程，形成一种可修正的自我理解，以探测的方式，通过回观，使得父辈为他们孩子的教育担负的非对称责任得到平衡。这一自我批判地掌握自己教养史的可能性，对于遗传上被处理的秉赋并未给予。毋宁说成长起来的个人，将会保持盲目依赖于另一个人的不可修改的决定，没有机会在一种伦理自我反思的反作用道路上，建立起对于peers(同伴)之间交往所不可少的责任对称性。对于这位抱怨者所留下的，仿佛就只是在宿命与怨恨间作抉择。

假如我们以有利于成人在自己基因组上作物化的校正，来扩展胚胎物化的场景，将会在这一状态上改变许多吗？在各种情形下结果都表明，基因技术干预的深广度不仅象迄今那样提出了困难的道德问题，而且也提出了另一特性的问题。对问题的回答触及整个人类的伦理自我理解。刚在尼斯宣布的欧盟宪章已经顾及这种状况：生养与诞生正在丧失粗朴自然的不可支配性对于我们规范的自我理解具有的本质性因素。第三条在于保障身体和精神的不可侵害性，它包含着“禁止优生的操作，特别是那些以选择个人为目标的操作”，它同样包含“禁止生殖克隆人”。但是这些老欧洲的价值取向，不就已经在今天，在美国和其他地方被当作是也许可爱、但却不合时宜的奇想了吗?

现在,我们还想一般地把我们理解为具有规范的生物,甚至是期望彼此团结负责和彼此同等尊重的那样一种生物吗?对于一种长期来已被统到脱离规范的、功能主义的概念下的社会交往,道德和法还应当保持什么样的价值地位?首先,种种自然主义的选择正在谈论之中。属于这方面的不只是自然科学中那些还原主义的提议,也有对未来各代机器人优越的人工智能作的种种新奇的思辨。

这样一来,自我存在可能的伦理学就成为众多选择中的一种。这一自我理解的实体,面对各种互相竞争的答案,不再能够借形式的论据贯彻自己。毋宁说,今天有关"正确生活"的哲学性的本源问题,看来是以人类学的普遍性复兴自己。各种新技术迫使我们就正确理解文化形式本身作一种公共的商谈,而哲学家们不再拥有好的理由把这一争论对象交托给生物学家及那些热心于科幻作品的工程师们。

第二编

『历史追踪』

从叙事到隐喻：斐洛的诠释思想

潘德荣

斐洛(Philo oflexandria，约公元前15/10—约公元50年)是基督教历史上的一位重要思想家。作为犹太人，斐洛对犹太圣经《旧约》深信不疑；同时他又深受希腊哲学、特别是柏拉图哲学的影响，认为希腊哲学与《旧约》在表达真理方面殊途而同归。因此，他用一个终极的真理概念把希腊哲学和犹太教教义结合在一起，借助于希腊哲学解释犹太圣经《旧约》，通过这种解释，向《旧约》注入了希腊精神。此举无疑有助于使《旧约》见容于当时社会的主流思想，并且，这种以理性的方式将人们引向上帝的做法，对于化解民族间的信仰冲突也起到了积极的作用。斐洛的思想对基督教产生了深远的影响，被视为基督教哲学的创始人。

事实上，作为基督教神学家的斐洛已为人所熟知，我们所忽略的是他对于诠释学的贡献。正如我们所看到的，在西方诠释学史论著中，有关他的论述着墨不多。在笔者看来，他对诠释学形成与发展的影响却是不容忽视的，尤其是他解释经典时所注重的"隐喻"方法，甚至在当代诠释学中都是关键性的因素之一。

一、从叙事到隐喻

远古时代的伟大经典，一直被视为一种神话叙事，人们坚信，它们所描述的是"真实的"故事，是历史上真实发生的事件。及至斐洛时代的前数百

本文原刊于《安徽师范大学学报》2006年第3期。

作者简介：潘德荣(1951—)，男，浙江长兴人，德国鲁尔大学哲学博士，华东师范大学哲学系教授、博士生导师。

年，希腊哲学家们大都改变了将神话作为叙事的看法，其原因主要有二：其一，希腊神话中关于众多神祇、妖魔鬼怪的描述，在理智大开的希腊人眼里已显得荒诞不经，诸神的不轨行径也令人不齿，简直令人作呕，难为众生之楷模。而《旧约》中的耶和华，俨然一副暴君模样，动辄诛杀不合己意的人甚或民族，实难以服众；其二，作为经典的文本之间，在内容上多有相互抵牾之处，或者其表述与读者的时代观念形成剧烈的冲突。据《圣经》记载，伊甸园中种植了生命之树与知善恶树。上帝告诫人，所有其他树的果实都可以吃，惟独知善恶树的果实不可吃，如果吃了，人就会死亡。但是蛇告诉夏娃，“你们不一定死，因为神知道，你们吃的日子眼睛就明亮了，你们便如神能知道善恶。”[①]究竟谁在撒谎？这一问题留待神学家们去研究，我们真正关注的是，上帝为何不允许人类知善恶，不允许人类拥有知识？难道人类就应当不知羞耻善恶，浑浑噩噩地终其一生？人类难道不应该感谢那条被诅咒的蛇吗？根据上帝赋予人类的理性来作判断，蛇所说的应当是实话，并且，因为人类的始祖吃了知识之果，眼睛明亮了，才成就了人类的文化与文明，不再与禽兽为伍，才能有能力探索存在者的存在乃至努力领悟上帝本身。事实上，蛇施与人类始祖的诱惑——知识——至今还诱惑着我们。不过，所有这类的理解，都与《圣经》的字面意义背道而驰。

蛇能开口说话，已属无稽之谈；所谈之事，虽与神意不合却又如此令人信服，更是大谬不然。抑或被视为神圣之经典的《圣经》本为奇谈怪论，不足为信？还是我们从根本上误解《圣经》的性质，从而彻底误解了它的要义？斐洛的回答是后者。他否定了《圣经》的叙事性质，但肯定了《圣经》确是圣言。圣言所述不是真实发生的事情，或更确切地说，其主旨并不在所描述的事情，而是借助于这些文字符号来表达深奥的神意。由于上帝无形无象，也不可想象与言说，只能以人类可以想象与言说的形式表达出来，这种形式就是隐喻，通过可以理解的东西将人们引向不可理解与言说的神旨。可见，经典的隐喻性理解，不仅可以避免经典的字面意义给人们带来的困惑与犹疑，而且使人们从中引申出某种哲学观念和道德信念，借助于它们，人们的心灵得以净化与升华，走向神性。

《圣经》解释从对神话叙事的说明转向对隐喻的诠释，无疑给诠释者留

①《旧约·创世纪》3，中国基督教协会1996年版，第4—5节。

下了广阔的解释空间,以通过一种新的诠释来化解存在于古代文本与诠释者观念之间的冲突。隐喻解经法并非斐洛首创,它有着古老的渊源,早在智者和斯多葛学派就被广泛的应用。隐喻解释提供了一个通过重新诠释传统文本去适应发展了的时代智力的方法。在公元前525年前后,隐喻解经法已经初露端倪。其时,或许因受到色诺芬攻击荷马史诗中万神殿的不朽性的刺激,特根纳斯(Theagenes of Reggio)借助于隐喻阅读(allegorical reading)的方法为古代诸神的贪欲和火爆脾气行为进行辩护。"隐喻"一词的首次出现,是在公元前3世纪斯多葛学派的克里尼雪斯(Kleanthes,公元前313—232年)的著作中。公元前2世纪,亚历山大城的犹太人阿里斯托布鲁(Aristobulus)就已经将摩西五经故事视为哲学体系的象征。在帕加马(Pergamon)(它的图书馆建于前3世纪初),隐喻方法主要是由克拉特斯(Crates of Mallus,约公元前200—140年)在斯多葛学派哲学基础上发展起来的。其推动力来自于两个方面:一方面,乃出于理性与道德的要求,古代文本必须去适应发展了的文化和思维能力;另一方面,通过对文本的隐喻解读而得到的结论,具有某种权威性,并且被认为是符合古代文本的根本宗旨的,这些结论的正当性乃通过理性的解说过程得以证明。隐喻解经法的典型例子是把英雄和众神解释为自然力或抽象概念。①

就文本本身而言,可分隐喻性的作品和非隐喻性的作品(即指作者原本是以陈述性的、而非隐喻性的方式创作的作品),解释它们的方式也因此有所区别。对于隐喻性的作品,必须用隐喻解释方法来诠解。而对非隐喻性的作品的解释,则有两种方法:一是严格按照文字的字面意义进行解释,并以此作为作者的原意;二是通过隐喻解释方法进行诠解,将非隐喻性的东西当作隐喻性的东西来处理,以引申出新意。以此观之,事实上任何文本都可以运用隐喻解释方法进行诠解。隐喻解释方法的基本主张就是:"在一篇隐喻中,全然不是它显出的东西,关于一个主题的故事,事实上可能是有关另一个主题的,但是,之所以要那样讲故事,是因为它的创作者意欲使它对读者产生刺激,使之在完全不同的实在空间维度中进入思考某物的新方式。"②当然,斐洛并不完全排斥对文本进行字面意义的解释,他认为理解《圣经》的

① FERRARS M.*History of Hermeneutics*,Prometheus Books,1996:7—8.

② 罗纳尔德·威尔逊:《希腊化世界中的犹太人》,徐开来,林庆华译,华夏出版社2003年版,第133页。

字面意义与其隐喻意义都是必要的，前者是《圣经》之体，后者是《圣经》之魂。[①]只有正确地理解字面意义，才能循此发现隐含于其中的深奥隐喻意义。

作为崇拜希腊哲学的虔诚犹太教徒，斐洛将《旧约》视为对宗教真理与哲学的最好表达，而摩西则达到了哲学的顶峰。在斐洛看来，在摩西扮演神的诠释者的书卷里，他所说的话，若从字面意义上看，确实是与真实情形大相径庭的。由此可见，“(摩西)所提出的命题没有一个是从字面意义上意指的，从而采取哲学家们极为珍爱的寓意解释。我们的讨论必须从这样的解释法则开始。”[②]他这里所说的“哲学家”就是指那些人，他们既不赞同将《圣经》所记述的故事当作神话叙事，亦即当作曾经发生过的真实的历史事件来解释，也不接受某种流俗之见的解释，而是力图追索其字面意义背后的深刻寓意，或者说，神的真正旨意。斐洛无疑是这样的“哲学家”。

斐洛就是这样的哲学家，是隐喻解经法的坚定拥护者和实践者，坚信“对于经上所说的话，我们不可不经思考就轻率地接受它的字面意思，如果这样做，律法就会显得极为荒谬。我们要仔细考察它从比喻意义上所传达的意思，字面后面的深刻含义，这样才能获得某种知识。”[③]事实上，他几乎对《旧约》中出现的每一内容，所涉及的每一件事，都进行了隐喻性的诠释，正如他所说：“我要尽我所能作出清楚的解释，阐明其内在隐晦的哲学思想。”[④]由于他对哲学具有浓厚的兴趣，以至于在诠释《圣经》的过程中使自己也达到了哲学家的程度，成为我们在现代意义上能够称为“哲学家”的第一位犹太人。他的哲学被视为柏拉图主义和斯多葛主义的混合体，而对他的哲学思维影响最大的是柏拉图主义，尤其是柏拉图的理念论。因此，“他必然会遇到调和他所接受的希腊哲学观念和理念与他作为一位犹太人从祖宗那里继承来的圣经宗教和道德的关系问题。此外，他也面临着这样的问题，即：以一种即使他信奉的那位哲学家满意，又不否认他和他的犹太同胞们共同分有的信仰的方式，处理在《圣经》文本中那些以不同方式、因不同缘由出现的令人不快且难以接受的陈述和段落。他是幸运的，因为他使用隐喻的解

① 罗伯特·M·塞尔茨：《犹太人的思想》，赵三行，冯玮译，三联书店1994年版，第207页。
② 斐洛：《论凝思的生活》，石敏敏译，中国社会科学出版社2004年版，第92页。
③ 斐洛：《论凝思的生活》，石敏敏译，中国社会科学出版社2004年版，第83页。
④ 斐洛：《论凝思的生活》，石敏敏译，中国社会科学出版社2004年版，第3页。

释方法得心应手，他将其作为完美的工具，以极其娴熟的技艺来掌握，从哪怕最不相同的《摩西五书》的片断中抽引出哲学观念。”[①]

理解隐喻，所需要的是“沉思”。在斐洛看来，“沉思”不仅仅是指人在静静地思索，而且直接就是一种生活方式——沉思生活，惟有通过这种方式，才能领悟到隐喻中隐含的神谕。他对艾赛尼派信徒的沉思生活作了详尽的描述，可视为通过沉思理解隐喻、达到“灵修”目的之典范。这些人离群索居，在野外荒凉的园子或乡村度日。他们认为，沉思哲学应在白天，满足身体需要应在晚上，所以全部白天的时间用作灵修，直到太阳落山后才进饮食(特别渴望学习智慧的人甚至三天后才进食)。在白天，“他们诵读《圣经》，从祖传哲学中寻求智慧；他们把《圣经》看作一个巨大的比喻，认为字面的经文只是某些隐蔽之事的符号，要通过研读才能揭示文字背后的真正含义。”[②]对于他们而言，“整部律法书看起来就像是一个活生生的受造物，直接指令是给身体的，给灵魂的则是储存在措词里面的隐秘含义。正是在这种含义中，理性灵魂开始沉思与自己同样的事，透过经文就如同透过镜子一样看见律例的眩目之美，展开、除去象征性的覆盖物，展现出思想，把它们置于日光之下，使那些只需稍稍点拨就通的人能够透过外在的、可见的东西辨别里面隐藏的事。”[③]这种生活就是沉思的生活，它在根本上就是一种“灵魂的生活”，借助于这种生活方式，他们成为天国的公民。

二、隐喻解释与神秘主义

斐洛提到了隐喻的“解释法则”，并认为这是一种“科学的”解释方法。我们也可以从他流传至今的著作中读到大量的隐喻性诠释的示例，但我们确实找不到他对此一法则的系统表述。隐喻，以今人眼光视之，自古代希腊起就属于修辞的一种形式，其主要功能是增强言语的说服力。而斐洛是反对修辞学的，因此，我们就应当从其他方面思考他所倡导的隐喻。在我看来，斐洛运用隐喻解释方法旨在赋予《圣经》以新的意义。其基本途径是“联

① 罗纳尔德·威尔逊：《希腊化世界中的犹太人》，徐开来，林庆华译，华夏出版社2003年版，第132页。

② 斐洛：《论凝思的生活》，石敏敏译，中国社会科学出版社2004年版，第275页。

③ 斐洛：《论凝思的生活》，石敏敏译，中国社会科学出版社2004年版，第285页。

想”，通过对《圣经》所叙述的事物之联想，找出可以类比的哲学观念，从而将哲学引入《圣经》之中。某种哲学观念，由于得到了《圣经》认可而获得其真理性和权威性；另一方面，《圣经》也因其被哲理化而提升为哲学，其中所宣示的信仰经由理性的证明更显示其合法性与合理性。在斐洛从犹太教的立场出发，融合希腊哲学而建立基督教神学的过程中，隐喻性诠释的方法论显然起到了关键性的推动作用。以此观之，“隐喻解释”如同润滑剂，通过它，不惟《圣经》某些章节之间的意义冲突被化解了，某些从字面意义上特别难以理解或者难以接受的表述，也通过这种曲折的方式与人们的信念相互融洽起来，而且顺利地完成了向着理解隐秘的神意之转化。

刻意追求隐喻解释并不必然地导向神秘主义。但是，由于犹太传统中本身固有的神秘主义倾向，斐洛的个性中本来就具有神秘的一面，其思想中也含有神秘的因素，如此，某些希腊哲学流派中神秘主义因素与他很容易产生一种共鸣。对于斐洛来说，隐喻解释正是一种非常合适的方法，通过这种方法，将神秘主义合法地融入被他理性化了的《圣经》诠释中。不惟如此，通过隐喻解释，同时可以将他所见所闻中的所有被他认为好的东西纳入他的犹太信仰中。在此意义上，斐洛是犹太传统中的第一个有影响的神秘主义者和第一个真正的神学家。

神秘主义的基础是神秘的个人体验，这种体验将人们引向了神秘深奥的神意。但不是每个人都会产生这种神秘的体验，因此也不是所有的人都有能力进行隐喻解释，只有少数的精英，即在智力和精神方面优秀的犹太人，才能做到这一点。它不仅需要解释者具有真诚的虔敬之心，而且还要具备丰富的学识，是自然科学家。这样的人当然为数极少，斐洛自认为就是这样的幸运之人。他告诉人们，如果他们准备接受上帝的恩惠，在其身体中甚至可能存在片刻的神秘高升。他自己就曾经有此体验，这种状态，被称为“清醒的陶醉”，就是指灵魂被上帝攫取而使人达到一种“迷狂”。其时，恩惠充溢了灵魂，那灵魂因欢愉而翩翩起舞。而未受启蒙的灵魂将其视为忘乎所以的疯狂，形同醉酒。[①]最有说服力的例子是当时《圣经》的翻译。《旧约》

---

① 斐洛在其《论亚伯拉罕的迁移》《论天使》《谁是神物的后裔》等文中，曾多次描述自己受启示而充满灵感的写作，其时，思绪如阵雨般地从上方降落，在处于对其他任何事情都毫无知觉的“疯狂的迷乱”中，他获得了对语言、观念、光的享受，最敏锐的视力，对对象透彻的区别。参见罗伯特·M·塞尔茨：《犹太人的思想》，赵三行，冯玮译，三联书店1994年版，第213页。

希腊译本的译者们(70子译本)在被隔离的情况下翻译,他们在语词丰富的希腊语中,选择"可在字义上对应"希伯来语的语词,其选择的语词居然能完全的一致,逐字相同,像是由一位不可见的提示者对每位翻译者口授其辞。这是因为翻译者们的写作处于受感的状态,扮演着摩西的角色,与摩西的精神一起前进之故。甚或有这种可能性,翻译者自己也不知道自己所写下的东西,是神借助于他们的手记录了神的言语。

斐洛所描述的那些过"灵魂生活"人,也充满了神秘的色彩:他们在远离闹市的地方建造了极其简单的房子,"每座房子里都设有一个视为神圣的房间,叫做圣所或者密室(祈祷室),他们把自己关进秘室里祷告,以此逐步了解神圣生活的奥秘。他们进入秘室时,不带任何东西进去,水、食物或者别的生活必需品,一样也不带,只带借众先知之口传下来的律法和神谕,还有诗篇和一些培养、完善知识和虔诚的书卷。他们时时记念着永生的神,对此从未曾忘记,甚至在睡梦中所看见的,也惟有神高尚的美德和权能。确实,有许多人就是在酣睡的时候说出他们神圣哲学的荣耀真理的。"[①]理解深奥的神谕靠的就是个人的体验,与神的这种神秘沟通,隐喻之意义只有在神灵附体时才容易见到,它对于多数人而言仍然是晦涩不明的。因此,发现《圣经》的隐秘意义,与解释者的聪明才智没有什么关系,所需要的是对附身于解释者神圣精神的感受能力。为了提升自己的感悟能力,人们应当向上帝求告,请上帝激励他们,不厌其烦地为他们的眼睛涂抹膏油,直到他们能够看见圣言的神秘之光。这种表达使人们很容易联想到巫术,但斐洛不是巫师,这只是因为他除了神秘主义的一面,还有着非常理性化的另一面。由此出发,斐洛的《圣经》解释虽常常出人意料,却又似不无道理。他不是废除《圣经》文本直陈己说,而是本着《圣经》的字面含义演绎发挥,并通过将《圣经》隐喻化而使自己发挥出来的思想合法化。但是,这样一种看法可能更符合斐洛的经义诠释,即,他借着《圣经》的言语作为引子,阐述他自己所认为的真理。比如,他赋予数字以特殊的神秘含义,就在解释《圣经》时每每着力发挥此义。耶和华晓谕摩西说:"利未人是这样:从二十五岁以外,他们要前来任职,办会幕的事。到了五十岁要停工退任,不再办事。"[②]按常理解说,此

① 斐洛:《论凝思的生活》,石敏敏译,中国社会科学出版社2004年版,第274—275页。

② 《旧约·民数记》8,中国基督教协会1996年版,第24—25节。

语并不难懂。25到50岁的人在智力和体力上都处于工作的最佳时期，自然最适合“办会幕的事”。而在此之前可谓少不更事，在此之后则精力衰退。然斐洛对此却是这样解说的：“要记住，数字五十是完全的，而二十五则是半完全，并且正如某位古人所说的，开端就是整个的一半。我们注意到，他命令利未人从半完全开始做工，担任圣职，表明积极的顺从；同时又命令完全的人不再做事，只要谨守他经过劳苦实践所获得的东西就可以了……完全的人就是神的道和约的看护者。此外，他还清楚地指出，这样的人就是最好的说话者，典章和律例的制定者。”[①]在他看来，“五十是最神圣的数字，深深地植根于自然之中，是由直角三角形的平方形成的，而直角三角形就是整个宇宙产生的源头。”[②]

斐洛关于“七”的神秘性思想来自于毕达哥拉斯学派，而《圣经》中诸多关于“七”的描述也与此相互印证，在《圣经》记载中，许多重大的事件之都与“七”相关：上帝吩咐挪亚，“凡洁净的畜类，你要带七公七母”，进入方舟[③]；“神赐福给第七日，定为圣日”[④]，所以一个星期的第七天被定为礼拜天，因为这一天是最神圣、最喜庆的日子；在为人们误犯的罪所作的赎罪献祭中规定，“受膏的祭司要取些公牛的血带到会幕，把指头蘸于血中，在耶和华面前对着幔子弹血七次”[⑤]，便可赎罪；如果人们行事违背上帝的意愿，上帝“就要按你们的罪加七倍降灾与你们”[⑥]。如此等等，不一而足。所以斐洛视“七”为神圣的、贞洁的数字，认为全身心地致力于寻求、思索自然真理的人都尊敬七，也尊敬七的平方数，因而过着沉思的灵修生活的人们应当在七七四十九天后聚会。

三、精神的“粮”与美德

斐洛将《圣经》视为隐喻而不是事实的描述，便为神秘主义的理解大开方便之门；然其解说过程又是充分理智化的，这就使得斐洛能够以理智的方

① 斐洛：《论凝思的生活》，石敏敏译，中国社会科学出版社2004年版，第61页。
② 斐洛：《论凝思的生活》，石敏敏译，中国社会科学出版社2004年版，第282页。
③《旧约·创世纪》7，中国基督教协会1996年版，第2节。
④《旧约·创世纪》2，中国基督教协会1996年版，第3节。
⑤《旧约·利未记》4，中国基督教协会1996年版，第16—17节。
⑥《旧约·利未记》26，中国基督教协会1996年版，第21节。

式阐述其神秘信仰,并且通过隐喻解释的方式将一切被他所肯定的“美德”、社会规范纳入他的《圣经》解释中,使之获得一种权威性和合法性。通常被人们视为对立的神秘主义与理智,在斐洛对经义的隐喻解说中却毫无障碍地结合在一起。威尔逊在分析斐洛对《出埃及记》的诠释中已充分注意到了这一点,他指出:“在《出埃及记》中提到的这种神秘的上天食物(指《圣经·出埃及记》16:14中所说“野地面上有如白霜的小圆物”——引者注),是‘那圣言,一切种类的教谕和智慧,都从它那里源源不断地流出’。他(指斐洛——引者注)称逻各斯为‘上天的养料’,它是‘灵妙的智慧’,注入喜爱沉思的心灵之中。逻各斯的喂养功效是伦理性的,也是神秘性的和理智性的,因为正如斐洛所说,‘这种神圣的圣餐填充着这样的灵魂,它具有洞察力,如同有着光亮和甘露,闪现出真理的光辉,并以甜蜜的说服力,将甘霖赐予那些饥渴高尚品性的人’。”[①]饥肠辘辘的以色列人口出怨言,抱怨上帝,于是野地面上就出现了“如白霜的小圆物”[②],以色列人并不认识此物,摩西告诉他们,“这就是耶和华给你们吃的食物”[③]。在斐洛看来,如果解经者将这种洁白如霜的“小圆物”当作可以果腹的某种食物(一般说来,在野地上出现的当是果蔬菌菇一类的东西),费尽心机地想确认这种东西为何物,就已偏离了神谕之大旨。此种“小圆物”,“日头一热,就消化了”[④],据此描述,“小圆物”似为露珠,但《圣经》中又明确地说,在“露水上升之后”才出现了“小圆物”,因此“小圆物”绝非“露珠”。那么这等神秘之物是什么呢?就是“逻各斯”“上天的养料”,这种圣餐将神性的智慧注入到人的心灵之中,使心灵得以领悟上帝,坚定对上帝的信仰。在斐洛看来,人们百思不得其解的“小圆物”本来就是一种隐喻,它的真正含义是“逻各斯”。斐洛就是以此方式表达出了他那种既神秘而又理智的信仰。

由于“粮食”是在其直接意义上是供人们食用而进入并滋养着人们身体的,因而擅长于隐喻解释的斐洛总是不失时机地在相关段落中引申到精神

① 罗纳尔德·威尔逊:《希腊化世界中的犹太人》,徐开来,林庆华译,华夏出版社2003年版,第105页。

② “小圆物”指的是拉丁文的“manna”(在《圣经》中译为“吗哪”),意为“天降之食物”。《圣经·民数记》11:7言其像芫荽子(俗称香菜子),又像珍珠。

③《旧约·出埃及记》16,中国基督教协会1996年版,第15节。

④《旧约·出埃及记》16,中国基督教协会1996年版,第21节。

的食粮对于灵魂的滋养。《圣经》上说："你们要吃陈粮，引因新粮挪开陈粮。"[①]按照斐洛理解，"陈粮"喻指"经过时间的历练变得可敬的学识"，人们是不能排除的，"相反，我们应当致力于研读圣贤们的著作，聆听从那些了解古代风俗习惯的人口中说出来的箴言和故事，始终寻求关于古代的人和事的知识。因为知晓一切实在是一件美妙的事。"这就是"吃陈粮"的含义。但是，一旦在我们的灵魂中绽开了为神所开启的自我启示之智慧（新粮），就必须将旧有的知识废除，此所谓"挪开陈粮"。[②]

在解说作为献祭品的"粮"时，斐洛的想象力简直叫人叹为观止。他综合《圣经》经文对作为素祭的祭品之要求概括为四点：

（1）应把地里的初熟之果送到耶和华的神殿里[③]。献祭品应是"初熟之果"，乃因为在时间上和价值上都是第一的东西都属于耶和华，不可留给自己。初熟之果是"新"的，亦即"兴旺的或有力量的"，并且是立即奉献给上帝的，那些"过了些时日才献祭"的人，未将最好的东西作为献祭品的人，都是对上帝的不敬，随时都可能被带到审判台前。祭品当是"新"的东西，此乃告诫我们不可守着虚幻的过去，迷恋于旧世的时代，要认识到神具有超越时间、即刻发动的权能。人们要"接受新的、鲜活的、富有青春之生机的思想"，那些过时的寓言只是代代相传的谎言，虚假意见。对于上帝而言，没有什么古老或过去之说，一切都是新生的，都是永恒的存在着的。对于人而言，新的或初熟的果其实就是"从真实、诚挚的心中发出来的由衷的感恩话语"，表明对神的顺从和爱戴。

（2）作为祭品的初熟之物必须是"烘了的"[④]。完全成熟的谷穗是"烘过的"，正因如此，它才不松垂、萎软，有如金子在火炉中锤炼后才能合格。此乃喻指人的灵魂必须经过理性的大能之提炼，"追求成熟美德的年轻志向必须经过理性的不可抗拒的大能才能变得坚定而稳固。实在的，理性不仅能使灵魂所获得的原则变得刚硬，免得它们松弛、消散，而且还有力量使非理性的情欲冲动变得虚弱。"如此，作为恶人根基的邪恶和情欲，被理性的力量所征服，亦会改恶向善，追随上帝。

①《旧约·利未记》26，中国基督教协会1996年版，第10节。

② 斐洛：《论凝思的生活》，石敏敏译，中国社会科学出版社2004年版，第26—27页。

③《旧约·出埃及记》23，中国基督教协会1996年版，第19节。

④《旧约·利未记》2，中国基督教协会1996年版，第14节。

(3)祭品要“切成片”(亦即《圣经·利未记》6:21中所说的：祭品“烤好了，分成块子”)。此乃喻指“对目前的事物作出划分和归类，对每一个深入观察，仔细分辨，作出细致入微的分析。同样，我们也必须训练我们的理性，它若是在混乱不堪的洪流里漂浮，就只能产生模棱两可的判断；它若被分为几个适当的要点，各个要点配以适当的论证和论据，就会像一个有生命的活物，由各个独立部分组成，一旦组合起来就会成为一个和谐的整体。”

在解说燔祭时我们也看到了斐洛类似的发挥。《圣经》这样描述了对燔祭牲的要求：“那人要剥去燔祭牲的皮，把燔祭牲切成块子。”[①]按照斐洛的理解，剥去燔祭牲的皮的含义，“……先是为了使灵魂赤裸裸地显现出来，没有任何虚假的、无聊的猜测覆盖在它上面，其次是为了按要求把它分成各部分。它是整体的美德，可以看作一个属，然后再把它分成各大类：谨慎、节制、勇敢和公正”。

(4)“切片”之后是“碾碎”，把“吗哪”碾碎后做成饼。[②]“吗哪”是天上之粮，它其实是各种思想，是天上派来的美德的讲道，用以喂养我们的灵魂。如果说“切片”喻指我们应将呈现在我们心灵中的思想进行划分、归类，那么“碾碎”就是我们必须“守着”它们慢慢研磨，做成“隐蔽的”饼。人们应当细嚼慢咽，细细品味，完全吸收其营养，并持之以恒地实践、训练我们在心灵中所掌握的东西，成为真正的天国之公民。[③]

美德来自于精神的食粮(吗哪)，而沉思就是咀嚼、消化用吗哪做成的“隐蔽的饼”。由此出发来理解美德，美德就被赋予以特殊的意义。斐洛在《论美德》中，阐述了摩西所描述的诸美德中的四种：勇敢、虔诚、仁爱和悔改。斐洛所称的“勇敢”，非常人所理解的杀人如麻、战功卓著的勇士之所为；也非生性鲁莽的匹夫之勇。在斐洛看来，这些只能叫做“野蛮”，是精神上的紊乱失调和无知的表现，而非“勇敢”。作为美德的勇敢，是“提出卓越的见解，坚定不移地思想着真正有益的事情，力图恢复每个人在日常生活和国家公共生活中已然丧失的东西，为政体作出了最大的贡献。”[④]以此观之，真正的勇敢乃出于神性亦即健全的理性。一个人，哪怕他年事已高，体弱无

①《旧约·利未记》1，中国基督教协会1996年版，第6节。

②《旧约·利未记》1，中国基督教协会1996年版，第8节。

③ 斐洛：《论凝思的生活》，石敏敏译，中国社会科学出版社2004年版，第25—29页。

④ 斐洛：《论凝思的生活》，石敏敏译，中国社会科学出版社2004年版，第137—138页。

力，但是只要在他的灵魂（或者说心智）中充满高尚的情操和坚定的勇气，能够坚定不移地按照美德之要求行事，就依然健康而又年轻，所言所行就是勇敢的。因此，诸如自我节制，遵循律法等，根本不是怯懦，恰恰相反，它们表现出的正是大无畏的勇气。

综观斐洛的解经方法，在其对于《圣经》诠释与发挥中，隐喻解释是最基础的方法，并被广泛地加以运用。虽然，他并未废除文本本身通过语法解释出来的意义，但是这只是他通向隐喻意义的一个辅助手段，换言之，他虽然看到了《圣经》在其形式上有两种含义，即字面意义和隐喻意义，但是他所追寻的只是隐喻意义，也就是神谕的隐秘旨意。因此，揭示隐喻的意义不是在文本的字面意义之外引申出的另一种意义，而是上帝之言惟一的真实寓意。以我们现代人的眼光来看，这种隐喻解释具有一种积极意义：它实现了文本的字面意义和现实的个人与社会生活调解，就是说，使人们在自己的生活中形成的信念、道德规范与远古流传下来的教义之间达到了一种协调，通过对《圣经》的重新解释，将人们业已形成的生活信念与准则融入《圣经》信仰之中。

圣经诠释学早期历史论略

梁　工

本文所谓“早期历史”，指欧洲中世纪到来之前的数百年，该时期圣经作者和基督教教父在圣经诠释史上留下了最初跋涉的印迹。

一、圣经内部的经文互释

所谓“经文互释”，是指圣经内部的一些经文彼此间具有相互诠释的功效。将“原初”的文本与“第二位”的批评加以区分，是相当晚近之事；有关某文本的“著作权”概念及其著作权应受到保护的意识，也仅与近现代法律思想相联系。在由《旧约》和《新约》连缀成的基督教经典内部，某文件与其遭遇的批评之间，是不分“原初”或“第二位”的；其中既有初始文件，也有对那类文件的批评和改编。圣经作者们亦缺乏著作权意识，可以心安理得地从较早文件中取材而肆意为己所用。那些得自异族他乡的材料，大多或许已经不露痕迹地消融在了后来的文本中，另一些则犹如质地坚硬的岩石，历经岁月的长期侵蚀，依然倔强地暴露于后世的地貌景观中。《创世记》6：1－4就属于这类远古传说的遗存：

当人在世上多起来，又生女儿的时候，神的儿子们看见人的女子美貌，就随意挑选，娶来为妻……那时候有伟人在地上，后来神的儿子们和人的女子们交合生子，那就是上古英武有名的人。

那些与人间女子交合生子的“神的儿子们”是谁？他们与人间女子的后

本文原刊于《安徽师范大学学报》2012年第3期。

作者简介：梁工（1952—），男，河南开封人，河南大学教授、博士生导师，比较文学与比较文化研究所所长，主要从事圣经文学研究。

代(即所谓"上古英武有名的人")又是谁? 均未见于记载。由于其中的观念迥异于犹太一神信仰,这段残篇很可能起源于异族之地,比如希伯来始祖曾经徙居过的两河流域。又如,智者但以理的系列传说,据考曾在古代波斯一带流行,后来被犹太作者搜集起来,予以充实加工,才成为圣经中的《但以理书》。

打开《旧约》,会看到一些重要事件和条例被其作者们从不同角度反复申述,用于各自的神学目的或宗教意图。在"JEDP四底本假说"的观照中透视《创世记》第1—3章,能看到"万物始创"和"伊甸园"两个创世故事,它们反映出不同时空中的希伯来人对上帝创世造人的不同诠释。稍后,从《出埃及记》20:2—17和《申命记》5:6—21中能看"十诫"的两个版本,二者大体上一致而同中有异,形成相互诠释之势。《旧约》内部最宏大的诠释事件发生在《历代志》与其赖以取材的早期史籍之间,《历代志》的纪事大半与旧约早期经卷相平行,尤其与《创世记》《撒母耳记》《列王纪》的记载相平行;其编史方法与它们类似,所用言辞亦有不少重合,故阿多·韦瑟(Artur Weiser)推论,该作者著书时"显然有自《创世记》至《列王纪》的历史遗产在案头"。[①]但《历代志》对其素材并非简单改写,而是有所选择地为己所用,将其纳入自身的神学体系中。为了强调大卫家族在以色列民族史上的重要地位和显赫功绩,该书把大卫的血统追溯至人类始祖亚当,与上帝创世联系起来。继而以十九章的宏篇正面叙写大卫,以九章描述大卫之子所罗门,这两部分占整个民族史篇幅的43%以上。大卫、所罗门均被写成完美无疵的圣贤,他们在以往史书中的缺陷(如大卫霸占拔示巴、谋害其夫乌利亚,所罗门宠幸外邦妃嫔、滥拜异族神祇等)皆被一笔勾销。在作者笔下,圣殿是以色列神权政治的象征和民族信仰的标志,大卫是灵性生活中的建殿之父,所罗门将建殿蓝图化为现实,只有他们才值得大书特书。作为祭司派史家的主要代表,《历史志》作者以其修史活动提供一个范例,表明后人如何通过重组并改写前代史料,诠释其本人及其教派的历史观念和神学主张。[②]

转向《新约》,能发现其中相当多篇幅采取了释读或评注《旧约》的形式。见于《马太福音》第5—7章的"登山训众"汇有耶稣的一组著名言论,如

① 阿多·韦瑟:《韦氏旧约导论》,古乐人等译,香港:道声出版社1967年版,第368页。

② 梁工:《圣经指南》,人民出版社1993年版,第509—517页。

“八福辞”“论奸淫”“论爱仇敌”等，它们常在一个“引用架构”中发布，典范模式是：“你们听见有吩咐古人的话，说……只是我告诉你们……”那“吩咐古人的话”即《旧约》引文，“我告诉你们”的则是耶稣对该段引文的评注。古犹太作者认定其圣经的每个语词都出自上帝，耶稣亦持守该原则，坚称自己并非改变甚至废除那个古代文本，只是对摩西律法做出新的解释，那种解释乃是基于某种新的原则。耶稣示意其聆听者，对文本的理解不可能一成不变，以往他们自以为了然于心之事，现在有必要做出新的解读。经过如此这般的处理，原文的含义就会发生重大改变，甚至是根本性改变。例如摩西律法基于犹太民族主义而让人“爱你的邻舍，恨你的仇敌”；耶稣致力于传扬世界主义，则要求听众“爱你们的仇敌，为那逼迫你们的祷告”。对待仇敌态度的改变是由上帝的本性决定的，如果说“恨仇敌”是一个民族主义神祇的要求，则“爱仇敌”的命令便出自一个普世众生的在天之父：“他叫日头照好人，也照歹人；降雨给义人，也给不义的人。”（马太福音5:43—45）

《新约》作者诠释《旧约》的基本思路是预表论（typology），这种方法“将《旧约》的事件、人物或对象，解释为《新约》的事件、人物或对象的预示或原型”①。基督教解经家特别擅长以《旧约》和《新约》之间的对应关系解释耶稣，称《旧约》借弥赛亚传说预表了耶稣生平，《新约》则以耶稣生平应验了《旧约》的弥赛亚预言。仅《马太福音》中就有这类“预表-应验”式文字十余处，如1:23写到马利亚感受圣灵孕生耶稣时，称这是《以赛亚书》7:14中预表的应验：“必有童女怀孕生子，人要称他的名为以马内利。”2:6述及耶稣降生于伯利恒时，称这是《弥迦书》5:2中预表的应验：“犹大地的伯利恒啊，你在犹大诸城中为小，将来必有一位从你那里出来，在以色列中为我做掌权的。”对希伯来圣经的预表式解读甚至影响到对耶稣内心世界的叙写，如在《创世记》第22章，以撒险些被其父亲亚伯拉罕当成献祭的羔羊杀死；在福音书中，“从耶稣受难前夜在客西马尼园向上帝的祷告中，我们也许能听到以撒故事的遥远回声：他向父亲提出了询问，后来甘愿接受父亲的意图”②。

在保罗笔下，《旧约》中的预表性文字更接近于一种“范型”或“寓言”，基督受难事件则是它的完美延续。保罗把《出埃及记》解读为对基督徒的警

① 卢龙光：《基督教圣经与神学词典》，宗教文化出版社2007年版，第542页。

② RICHES J. *The Bible: A Very Short Introduction*, Oxford University Press, 2000: 61—62.

示，认定那本书表明，以色列中"多半是上帝不喜欢的人，所以在旷野倒毙。这些事都是我们的鉴戒，叫我们不要贪恋恶事，像他们那样贪恋的；也不要拜偶像，像他们有人拜的"（哥林多前书10:5-7）。由此，基督徒应当从古代文本阅读中得到严重教训。保罗还在《加拉太书》4:22-26以亚伯拉罕的两个妻子撒拉和夏甲为例，辨析了《旧约》与《新约》的差异，通过撒拉胜过夏甲表明《新约》优于《旧约》。

至关重要的是，保罗擅长在一种"基督论"的框架中阅读《旧约》。他把亚当与基督相对照，说"亚当乃是那以后要来之人的预像"，但称二者对世人的作用截然相反，即亚当带来了罪和死："罪是从一人入了世界，死又是从罪来的，于是死就临到众人，因为众人都犯了罪。"而基督则带来了恩典："因一次的义行，众人也就被称义得生命了……就如罪做王叫人死一样，恩典藉着义做王，叫人因我们的主耶稣基督得永生。"（罗马书5:12-21）《旧约》于字里行间被改造为一种基督教化的"诠释之毯"（interpretive blanket），完全依据基督的救赎之工加以诠释，其核心论点在于：在基督那里，摩西律法已经被上帝的恩典所取代。

转向《使徒行传》第7章所载司提反殉道前向犹太会众的讲论，能发现基督教作者对《旧约》的另一种阅读。该文扼要回顾了从亚伯拉罕到所罗门的以色列古代史，不时发出对现实中犹太人的指控，说他们因杀害拿撒勒的耶稣而背叛信仰，正如其祖先因迫害并残杀上帝派来的先知而背叛信仰一样。这篇寓有强烈反犹倾向的讲论出自作品人物司提反，却体现出该书作者路加的主张。从路加借助于"吟诵历史"式文体，通过司提反殉道教育自己时代基督徒的策略，可知任何诠释者都是出于其本身需要而使用以往的史料。换言之，"我们看到的只是路加的主体概念，它体现的只是路加的主观目的"[①]。

二、亚历山大学派和安提阿学派

有关基督教"正典"（canon）的最早记录，来自公元2世纪中叶异端分子马西昂（Marcion）的著作，其正典篇目完全排除了《旧约》，只收入《路加福

① J.B.加百尔等：《圣经中的犹太行迹——圣经文学概论》，梁工译，三联书店1991年版，第6页。

音》和几篇保罗书信。这种做法遭到激烈反对，则反映出教会编订其权威性文献的必要性和紧迫性，因为教会只有在权威性文献的基础上，才可能构筑起它的信仰和神学殿堂。里昂主教伊里奈乌(Irenaeus)对编订正典做出重大贡献，他排除诸多所谓的“伪福音书”(apocryphal Gospels)，确立了四福音书的经典地位。伊里奈乌及其门徒迦太基的德尔图良(Tertullian)都猛烈抨击诺斯替派[①]分子瓦伦廷(Valentinus)的诠释原则，针对他故意把一些本来直白清楚的经文讲解得复杂含浑，坚称解释圣经不能信口开河，而须基于传统，即一种“真理尺度”(canon of truth)，具体说来，那乃是保存在教会里的信仰，能追溯到耶稣的使徒们，得名“使徒统绪”(apostolic succession)。他们运用了一种基于权威性和连续性的诠释学，强调读经者必须自我置身于教会的整个历史秩序中。

围绕着解释圣经时应取其“字面意义”(某个语言单位中各词基本意义的汇合，亦称“作者意图”“普通意义”或“历史意义”)，还是“超字面意义”(比字面意义更深奥更复杂的意义，亦称“隐喻意义”“象征意义”或“神秘意义”)，教会内部形成两个重要的思想派别：一个活动于埃及的亚历山大城，倾向于对圣经进行寻求其超字面意义即隐喻意义或象征意义的阅读；另一个活动于叙利亚的安提阿，对释读经卷的字面意义更感兴趣。这两派的争执有一定政治和哲学背景：在政治上，亚历山大和安提阿分别是罗马帝国位居第二位和第三位的大都市，彼此之间难免相互争雄；在哲学上，亚历山大学派有柏拉图派之称，安提阿学派则有亚里士多德派之谓，这导致两派的神学见解尤其基督论均有一定分歧。[②]

亚历山大城是一个高度国际化的、富有学术氛围的东方大都市，该学派最初的著名学者是克莱蒙(Clement)。他接受过多方面教育，教师来自东地

① “诺斯替派”(Gnosticism)的词源得自“知识”(gnosis)，特指一种由奥秘启示而来、能使受感者得救的奇妙知识。由此，该派得名“灵智派”，是公元最初3个世纪中与犹太教、基督教同生共存的宗教派别，很大程度上是后两种宗教的衍生物，但衍生过程中又吸收了希腊宗教哲学，以及罗马、叙利亚、埃及、美索不达米亚、波斯乃至印度古代宗教的某些思想材料。该派拥有复杂的神学和伦理学理论系统，在一些重大问题上与基督教正统神学南辕北辙，如否认耶稣与基督本为一体，否认他道成肉身且兼备神人二性，而称基督为无形体之灵，耶稣为无灵性之肉体。又如，贬低基督天父的地位，割裂基督与犹太教的历史联系，要求世人接受诺斯替派的神秘知识，追随他们的最高神，等等。

② 古兰特：《释经简史》，载《圣经考释大全：旧约论丛》下册，周天和译，香港：基督教文艺出版社1981年版，第303—304页。

中海世界的几乎所有地区，其中有希腊人，也有犹太人。与此同时，一如伊里奈乌，他也持守“使徒统绪”，赞成依据“直接来自圣使徒彼得、雅各、约翰、保罗之神圣教诲的真正传统”解释圣经。他还受到犹太释经学者斐洛的影响。斐洛的思想带有折衷性，认为希腊哲学真理与圣经神学真理能够相互贯通；斐洛也认同拉比的阅读，相信构成神圣文本的每个字母都有其重要性，亦赋予深刻含义。他主张某段文本可能拥有多种意义，为了在希腊哲学的透镜中发现其隐含之义，而不得不将字面含义置于一旁。克莱蒙追随了这种诠释先例，将圣经理解为一种充满象征的话语系统，必须寓意化地加以释读。在他看来，基督既被《新约》言说，也被《旧约》言说，遵循这种原则读经能发现圣经文本有至少五种寓涵：历史意义、神学意义、预言意义、哲学意义，以及奥秘意义。[①]

亚历山大学派最重要的释经家是奥利金(Origen)。他对圣经的隐喻阅读基于一种神学观点：“整个宇宙充满了不可见世界的象征和范型。所有事物都有两方面：一是有形且可感，为所有人易于接近的方面；二是属灵且神秘，只有那些完美无缺者才能感知的方面。”[②]他深入浅出地论证道，阅读圣经时常会遇到难解之处，这时往往有更深的意义在其中。比如《创世记》卷首称上帝尚未造出太阳月亮就造了光，似乎不合理；又如福音书称魔鬼把耶稣领上一座高山，让他看到地上万国，而显然没有哪座高山能使人看到万国。这说明其字里行间必有隐喻式含义。他据此提出圣经的“三重意义说”：

> 我们应当在心灵中将《圣经》中每字每句做三方面的阐述：心思简单的人可以从经文的肉身中得教诲(所谓“经文的肉身”是指那寻常的字面意思)；那些心智渐开、能够领会更深道理的人，可以从经文的灵魂中得教诲；而那些智慧具足的人……他们可以从那“属灵的律法”中、就如同直接从圣灵中一样得教诲……正如人是由肉体、灵魂和灵三部分组成的一样，经文亦复如此，神就是预备这经文来拯救世人。[③]

① JASPER D.*A Short Introduction to Hermeneutics*, Westminster John Knox Press, 2004: 37.

② F.L. Cross and E.A.Livingstone eds.*The Oxford Dictionary of Christian Chruch*, Oxford University Press, 1997: 581.

③ 高峰枫：《奥利金论圣经三重义》，载《欧美文学论丛》第3辑，人民文学出版社2003年版，第86—87页。

奥利金举出利百加在井边汲水让亚伯拉罕的老仆人饮用之事，称那个故事的意思是，信徒必须前往圣经的井边，以便与基督相遇。这种诠释遇到一些责难，谓之“传达了诠释者的理解，却未必传达圣经作者的信息，同时也忽略了经文在具体环境中的意义”；这种方法“特具危险性，因为那些断言本身可能并不错，但对于经文和作者所想表达的意义却不见得公正”。[①]

安提阿学派的代表人物有摩苏提亚的提欧多(Theodore of Mopsuestia)、约翰·屈梭多模(John Chrysostom)等，他们追随犹太拉比的释经传统，将诠释重点置于经文字词的原初含义及其承载的历史内容方面。提欧多拒绝“暗藏之义”的概念，认为在细心读者那里，圣经内涵对所有人都是敞开的。他并不否认圣经中确有隐喻，但主张对各段经文作具体研究，从实际情况出发决定是取其字面意义还是隐喻意义，以及取其何种隐喻意义。他说：“每段经文都有字面意义，或正式的字面意义，或隐蔽的字面意义……对圣经的所有记述，所有律法，甚至礼仪的律法，都必须首先按简单的字面意义去理解。”[②]在这种见解支配下，他声称多数古希伯来先知的预言都只关系到犹太历史范畴内的未来事件，而非耶稣基督的生平，例外的唯有《诗篇》第2、8、45和110篇。他也不赞成隐喻释经法把《雅歌》解读为基督对教会的爱，或基督徒对基督的委身，而认为它是所罗门撰写的爱情诗，庆祝他与埃及公主的婚礼。[③]提欧多还强调基督人性的完备，而反对亚历山大学派一味突出其神性的理解。他关注那个“来自下层”的历史性基督，相信基督之所以具备人类的完美品质，是由于传福音者用道德手段将其人格提升到了神圣层次。在他看来，在《新约》的视野中阅读《旧约》并非一种“预表论”演示，而是一种“比较性”考察。约翰·屈梭多模采取了近乎折衷主义的态度，既反对随心所欲地诠释显然具有确定性的律法条文和历史事件，也反对简单武断地对待或许确有深意的某些经文。

概览之，安提阿学派一度赢得不少追随者，但亚历山大学派以其灵活随意的隐喻解经法对后世形成更大冲击力。奥古斯丁大体上是亚历山大学派的继承者，他笃信“字句是叫人死，精意是叫人活”(哥林多后书3:6)，强调

① 夏达理(Daniel J.Adams)：《圣经解释学导论》，林瑞隆译，台南：丰盛出版社1979年版，第29页。

② 古兰特：《释经简史》，载《圣经考释大全：旧约论丛》下册，周天和译，香港：基督教文艺出版社1981年版，第307页。

③ 威廉·克莱因等：《基道释经手册》，尹妙珍等译，香港：基道出版社2004年版，第46—47页。

领悟圣经须与实践教义相结合，注释经文须以贯彻神学信仰为原则。他的释经理念进而确定了中世纪的释经路线。

三、奥古斯丁的诠释学思想

奥古斯丁是罗马帝国时代最杰出的教父思想家。他把新柏拉图主义哲学和基督教神学完美融合起来，体现出拉丁基督教神学的成熟模式。他毕生对大量经文做过注释，还写出一部释经理论著作《论基督教教义》。该书共四卷，“前三卷为圣经解释提供帮助，最后一卷为理解我们的解释模式提供方向”。[①]可见全书的主题是如何诠释圣经，而非讨论基督教教义。

《论基督教教义》第一卷主要论述事物，指出要想发现圣经真义，必须关注事物（thmgs）和记号（signs）。事物可分成三类：被享受的事物（things to be enjoyed）、被使用的事物（things to be used）、既被享受又被使用的事物（things which use and enjoy）。第二卷开始论述记号，认为记号有两类：天然的（natural）和约定俗成的（conventional）。解释圣经的困难主要来自陌生记号（unknown signs）和意义不明确的记号（ambiguous signs），但通过学习希腊文和希伯来文，比较各种译文，关注上下文，就能消除由陌生记号造成的困难。第三卷论述如何处理意义不明确的记号，指出记号可以是直接的（direct），也可以是象征性的（figurative）。标点可以成为意义不明确的记号，语词也能成为意义不明确的记号。解决这类问题要关注上下文，对不同译文进行比较，或者考察原初的语言。面对象征性记号，有可能出现两类错误：或者对字面意义做出象征性解释，或者对象征性表达做出字面解释。第四卷论述如何表达圣经的真义，声称圣经作者是雄辩的典范，在口才与智慧的结合方面胜过其他所有演说家；基督教的教师应当具备雄辩的口才，还要忠于职守，言行一致，为人表率。

奥古斯丁的记号理论是一种语义学理论，研究符号与从符号中抽象出来的意义之间的关系。他在《基督教教义》中两次界定“记号”，一次称之为“被用来表示其他事物的事物”。[②]认为记号本身也是事物，但并非每一事物都是记号；讨论事物时考虑的是事物本身，讨论记号时则考虑用作记号的事

① 梁工：《圣经文学研究》第3辑，人民文学出版社2009年版，第47页。

② 梁工：《圣经文学研究》第3辑，人民文学出版社2009年版，第50页。

物所象征的东西;但语词只能用作其他事物的记号。另一次,奥古斯丁给出记号的第二个定义:“记号是一个能对感官产生印象的事物,能使其他某些事物作为它本身的一个结果进入心中;就好像我们看到一个脚印,我们就得出结论说留下这个脚印的动物曾经路过这里,当我们看到冒烟,我们就知道下面有火……”①王晓朝称此定义为“一个认识论的定义,这在哲学史上是一个首创”②。

奥古斯丁对“自然的”和“约定俗成的”记号分别予以讨论,继而指出,最重要的记号是语词:“在人的表达心中思想的手段中,语词占有绝对主要的地位。”③上帝向人传达他的意思须通过语词,然后那些语词又被写成书面的圣经。各民族没有共同记号,因为上帝变乱了天下人的口音,使他们的言语彼此不通(创11)。所以圣经起初是用一种语言写成的,后来才被译成多种语言而广泛传播。

兰姆论及奥古斯丁的记号理论时说:“他致力于发展一种记号的理论,这一点大部分研究释经学的人都没有注意到。可是就他那个时代的哲学而言,这一点却非常重要。这位教父用许多话一再重申,记号理论乃是一切释经学理论的根基。或者说,圣经解释学不过是一门特别的语义学(Semantics)。”④在诠释学成长的漫长历史上,“奥古斯丁的记号理论使基督教的教释经活动走上了知识化与科学化的道路”,并对后世西方符号学产生了持续久远的影响。⑤

奥古斯丁论述其诠释理论之际,还在《基督教教义》第三卷讨论了一些解释圣经的具体规则。例如关于标点符号,他说:“当专有词汇使经文含义模糊不清的时候,我们首先必须看我们的标点符号或发音有没有错……但若有两种读法,或者所有读法(如果有不止两种读法)提供的意义都与信仰相吻合,我们仍旧要考察上下文,在前的和在后的,看多种解释中哪一种解释能契合这个语境。”又如关于如何理解命令或禁令,他说:“如果句子是命令句,要么是禁止一种罪恶,要么是享受一种审慎或仁慈的行为,则它不是

---

① 梁工:《圣经文学研究》第3辑,人民文学出版社2009年版,第51页。

② 梁工:《圣经文学研究》第3辑,人民文学出版社2009年版,第52页。

③ 梁工:《圣经文学研究》第3辑,人民文学出版社2009年版,第52页。

④ 兰姆:《基督教释经学》,詹正义译,香港:基道书楼1991年版,第31页。

⑤ 梁工:《圣经文学研究》第3辑,人民文学出版社2009年版,第57页。

象征性的。然而,如果它显得享有罪恶,或者禁止一种审慎的或仁慈的行为,则它是象征性的。"①论及解经规则的作用时,奥古斯丁说,那些尝试制定规则的人如果遇到"某些模糊的段落,不需要解释者来替他解开奥秘,而是依据某些规则,遵循某些指示,准确无误地抵达那些隐秘的意义,或者至少不会犯下严重的谬误。"②然而遗憾的是,"奥古斯丁本人解经时往往不遵守这些原则,他所制订的规则每一条都被他时时破坏"。③尽管如此,尽管其释经规则本身远非完善,他依然有力地推动了前人的研究。奥古斯丁承袭了亚历山大学派的诠释传统,发展出精致复杂的隐喻释经法。他在《忏悔录》第13卷对《创世记》卷首的"上帝创世造人"做出深入细腻的寓意解读,如联系"上帝的灵运行在水面上",他论及人的"下沉"和"上升":

我们的情感,我们的爱好,我们精神上的垢污构成了我们重重烦累,使我们下沉,而你的圣善使我们向往你的安宁,拯拔我们上升,使我们举心向上,向着你,到达"你的灵在大水上面运行"的境界,我们的灵魂穿过"无质的大水",将进入无上安息。④

同时奥古斯丁也论证了对圣经文本的多层面阅读,而反对只求其单一意义的僵硬思维。他探讨了"直接记号"和"象征性记号"的差异,试图兼取亚历山大学派和安提阿学派之长,开拓出一种能兼容字面意义和超字面意义的诠释学视野。如称"对于比喻的表达,如下原则应予以关注,即,人对所读文本须进行细致思考,直至确立一种能抵达爱之王国的阅读。但若那文本听起来似乎是在其适当的字面意义上运用的,则其表达就不必依据比喻处理"⑤。那种诠释学视野又应隶属于以爱为核心的神学信仰,基本信条是"爱上帝"和"爱人如己"。直到18世纪之前,该种释经学一直被奉为圭臬:从托马斯·阿奎那、伊拉斯谟到马丁·路德(甚至施莱尔马赫),他们均认同人们要于祈祷之后,在洋溢着爱之情怀的心灵境界中读经,因为唯此才能感悟圣经的真谛。只是在启蒙运动兴起后,那种原则才被破除,而以"理性"取代

① 梁工:《圣经文学研究》第3辑,人民文学出版社2009年版,第59—60页。

② 梁工:《圣经文学研究》第3辑,人民文学出版社2009年版,第58页。

③ 兰姆:《基督教释经学》,詹正义译,香港:基道书楼1991年版,第34页。

④ 奥古斯丁:《忏悔录》,周士良译,商务印书馆1997年版,第292页。

⑤ Augustine.*Retractations*.Book 3, 23, in David Jasper.*A Short Introduction to Hermeneutics*, Westminster John Knox Press, 2004:40.

"爱",作为一个健全读者的适当眼界。

总之,奥古斯丁对后世诠释学发展史上的许多理论,乃至当代语言学和符号学的某些观念都有预见。他将明察与盲目、机敏睿智与文化偏见奇特地融会起来,在西方文化史上留下一个深深的足迹。

走向理解之路

——施莱尔马赫哲学述评

潘德荣

施莱尔马赫(1768—1834)的学说被“重新发现”了。人们似乎挖掘到了一个丰富的思想宝藏,这些宝藏虽已沉睡多年,然而当它再面世之时,却是如此光彩夺目。对施莱尔马赫的赞美也因之到达了无以复加的地步:“或许没有哪一个人,能象施莱尔马赫那样,在解释学的发展史中,生前和身后都毫无疑义地肯定为划时代的人物”。[①]在笔者看来,上述溢美之词无非表明了我们又一次误解了旨在创立一种“消除误解的学说”的施莱尔马赫。事实上,无论是生前还是身后,施莱尔马赫在哲学史上的地位都是“毫无疑义”地有争议的。在生前,他的学说根本未被重视;死后不久,就有人指责他的哲学是“杂乱无章”(G.Weissenbon,1847)的,一副“怯懦的形象”(J.Schaller,1844),是“渺小的”哲学家和调和不同信仰的神学家,甚至只是一个中学生。直至他去世前一年诞生的狄尔泰(1833—1911),才以他富有影响的研究著作唤起了人们对施莱尔马赫的注意。不过,好景不长,在第一世界大战后,由于辩证神学的兴起,他又被人们淡忘了。他的重新崛起得益于当代诠释学大师伽达默尔及其弟子基默尔勒(H.Kimmerle),后者整理并出版了他的全部手稿,他的学说——在他逝世后120多年——才第一次以完整的形式呈现在人们面前。人们发现了它所具有的“新的现实意义”(Ch. Senft,1962),施莱尔马赫又“重新成为话题,”并在伽达默尔的推动下,他和他的学说,尤其是他的诠释学,成为当今世界风靡一时的哲学话题之一。引起我们注意的是,施莱尔马赫的学说被贴上了各种各样的标签,许多学科领域把它

本文原刊于《安徽师范大学学报》1992年第1期。

① 殷鼎:《理解的命运》,三联书店1988年版,第226页。

作为当代启示录：神学家试图从它那里找到某种启示，以确定宗教信仰和科学的关系，进一步理解宗教；有些视之为当代符号学、语言学、结构主义模式的美学，等等，认为它把符号和结构与创造的艺术规则联结在一起；诠释学家们则把施莱尔马赫尊为开山鼻祖，如此等等，不一而足。①

命途多舛的施莱尔马赫和他的学说无疑是个谜，揭开这个谜底，对我们把握西方哲学的脉络是很有帮助的。

一

施莱尔马赫长期未被理解和接受，显然与下列事实有关：艰涩的文字和庞杂的体系。他的早期手稿，如《言谈》《独白》和《欢乐圣诞节》等，用的是一种诗化了的笔调来描述隐晦的抽象理论，使本来已很难理解、广有争议的思想更蒙上一层面纱；而他的《迄今道德规范批判》和关于柏拉图的文章，已出自某种辛辣的风格，此一风格和他所使用的、在当时已被认为是复杂的古典式语法揉合在一起，颇让后人望"文"生畏。更为困难的是，后来的研究者们所看到的大量材料是他的课堂讲稿，它们在演讲的过程中不断地被修改，呈现在人们面前的，只是对哲学体系或原则的一系列构想，有很多内容属于即兴发挥，缺乏系统缜密的论证。

如果说，上述的理解障碍属于"技术性"范围，那么，在内容的理解上人们遇到了同样大的困难，人们甚至很难对它归属于什么"主义"作一确切的判断。据笔者所见到的材料，关于施莱尔马赫哲学的"性质"问题就有以下几种意见。

米歇莱特(C.L.Michelet)：主观唯心主义；

赫施堡格(J.Hirschberger)：客观唯心主义；

乌堡瓦克(F.Ueberweg)：观念实在论；

采勒(E.Zeller)、伐肯堡(R.Falckenberg)等：浪漫主义；

西格瓦特(H.C.W.Sigwart)：施委格勒(Schwegle)等：不是哲学家，不属于任何学派。

如果人们想知道施莱尔马赫的师承关系的话，我们还可以看到如下结论：施莱尔马赫是柏拉图、斯宾诺莎、雅可比、康德、费希特、谢林和黑格尔的

① 参见G.Scholz.Die Philosophie Schleiermachers.载德国《哲学史词典》1989年第7卷。

学生。

毫无疑问,上述每一种说法都有一定的理由,在施莱尔马赫的学说中,我们可以很清楚地看到他们的思想痕迹,施莱尔马赫的哲学体系之庞杂,由此亦可略见一斑。抽取以上结论的共同点,这样一个论断总是可以接受的:施莱尔马赫的哲学基本上是德国唯心主义。说它"基本上"是唯心主义,是因为这一哲学中偶尔也有唯物主义的思想火花。将相互矛盾的思想集于一身的哲学家,在哲学史上是屡见不鲜的,我们熟知的费尔巴哈哲学,就是下半截的唯物主义,上半截的唯心主义。

德国唯心主义是由不同的派别构成的,总体上说来,它们可以划分为两种倾向:以康德为一方的批判主义;以费希特、谢林和黑格尔为另一方的思辨唯心主义。如在这种意义上考察施莱尔马赫哲学,那么据爱德曼(J.E. Erdmann)等人的见解,它属于思辨唯心主义;而温德尔邦德(W.Windelband)等人则认为它是批判主义;此外,还有一种折衷于其间的意见,认为施莱尔马赫的实在唯心主义,处于批判主义和思辨唯心主义之间的充满紧张关系的领域之中,这个领域打上了批判主义和思辨唯心主义的双重烙印,相互对立的学派在它那里得到了某种程度的调和。之所以造成上述意见分歧,与各种不同的学派划分标准有关。哲学史上甚至有人把追求美好理想的人称为唯心主义者,贪图物质享受的人称为唯物主义者。即使持有同一的标准,对于某一复杂体系来说,如果人们各取对自己所感兴趣的某一部分作出以偏概全的判断,也会得出不同的结论。在我们看来,比较科学的划分标准应立足于对这一思想体系的本体论分析。

施莱尔马赫是从神学出发的。他认为,神创造了整个世界,承认不以人的意志为转移的"神意"之存在,以此而言,他的学说似可定为"客观唯心主义"。倘若我们的分析到此为止了,不免流于肤浅,它可能使我们忽视在"神"的外衣遮蔽下的某些实质问题。事实上,施莱尔马赫的神与牛顿所设定的给予世界以第一推动力的上帝,是极为相似的:上帝不再被看作筹划一切的主宰,在他完成自己的创作后,便让位于力的运动自身的法则。所不同的是,牛顿的世界是纯粹自然力——引力和斥力——的对立两极相互作用的结果;而在施莱尔马赫,这样的力被注入了生命,也就是说,他和许多同时代人一样,拥有的是一种活力论的世界观念。在这里,施莱尔马赫汲取了谢林“能动的化学”(dynamische Chemie)的思想,并由此导向了物活论的泛神论观点。施莱尔马赫认为,神灵创造了一个充满两极相反的张力的世界,这个世界本身就是一个生命有机体。这种力在无机的物质世界中,表现为吸引和排斥,在有机的生命体中,表现为对物质的吸收和析离,在人的生活中,表现为认识和意愿,在知识范围内,表现为感觉(机体的行为)和理解(理智的行为)。施莱尔马赫认为,神性通过不可更改的法则规定了,每一确定的此在和思想,唯出于两极对立的力量之相互交融的对生状态,才会进入现实性,因此每一现实事物,都凝聚了吸引力和富有生命、扩展自身之张力的两种原始力量,在这个世界上的精神,也必然遵循着这些法则。每一个人的灵魂,只是两种对立欲望的产物,其中之一把一切围绕着它的东西拉向自身的愿望,使这些东西融入自己的生活,并在可能的地方,把它们吸收到它的最内在本质中;另外一个是从内部出发,把它的内在自我不断扩张的渴望力图渗透于一切事物之中。施莱尔马赫明白无误表达了这样一种观点:精神源于、并体现了生命的运动,归根结底是具有某种神秘活力的力的运动。

通过此一番分析,我们就不难回答施莱尔马赫哲学的归属问题了。就本体论意义而言,施莱尔马赫的哲学属于物活论的泛神论。难怪有人说,他的学说作为哲学还不够,作为神学又令人生疑。

二

本体论与方法论是一个哲学体系不可分割的两个方面,它们是相互渗透、相辅相成的,在本体论中已暗含了方法论,本体论的思想正是通过这样的方法才得以形成、并彰显于世的;而方法,在实际运作过程中,无不以本体论为其灵魂,方法之为方法,实乃本体之方法。

在上面对施莱尔马赫哲学所作的本体论分析中,我们已触及到了其中所隐含的方法论。

人们很容易把牛顿时代与形而上学联系在一起,它的时空观念,以力的相互作用原理来解释世界的企图,无不显示了形而上学的特征,许多受此影响的哲学家亦因之被称为形而上学论者。不言而喻,哲学思维的特征与经验科学的发展状况有着千丝万缕的联系;同样不言而喻的是,哲学思维的发展也有其内在的逻辑必然性。科学史和哲学史的比较研究证明了,这两者的发展状况并不是绝对一致的。一个不容忽视的事实：在近代思想史上，当经验科学给唯物主义打上了深刻的形而上学印记的同时，辩证法思想却在唯心主义内部充分发展了。鉴此，我们有理由说，经验科学虽然对哲学思维产生着重大影响，但并不直接构成哲学思维的基础。

毫无疑问，以两极对立的力之相互作用来解释宇宙万物，乃至人的生命和思想，是牛顿时代的基本特征之一。从牛顿的引力和斥力理论出发，康德勾画了物质的宇宙，而赫尔德(Herder)则把力的相互作用，“自然中的磁力主义”作为无机物和有机体、并包括精神的本质在内的普遍法则。就哲学思维的传统而言，这种观点可追溯到古希腊哲学，我们在毕达哥拉斯和赫拉克利特那里已发现了相类似的观点。以此观之，以两极力量的运动作为解释世界图景的模式，不能仅仅看作是自然科学方法在哲学领域中的移植，它的核心也不简单就是“自然主义”的；毋宁说，它是古希腊思维传统的延续，牛顿力学可以看作是这一传统发展过程的环节，所以赫尔德说，当毕达哥拉斯论及“爱”和“恨”的力量统一与对立时，已经预言了后来的牛顿理论。此种见解正确与否，我们且存而不论；重要的是，它已提示我们在分析施莱尔马赫所沿用的牛顿力学的概念时，不要忽视他所继承的思维传统。

两极对立的力存在的首要前提，就是它们必处于一个统一体中，唯在统一中方显出其对立。这对立的两极，不是说先有了其中某一极，然后复又出现一极与之对立，它们是共处一体、同生同灭的；两极中的每一极，在孤立的状态下不具有任何意义，事物的规定性在于这两极的力的联结和消长，在它们一定的量的比例关系中确定了事物的本质。正因为它们每每表现出不同的比例，个体的事物才得以相互区别。这个普遍的法则决定着一切事物，即使是最高层次的两极对立——自然与精神的对立——也毫不例外，在自然与精神的对立统一体中，当现实占量的优势时便表现为自然，而在观念占优势时表现为精神(理性、智慧)。所谓“运动”，乃是指对立的力在两极之间的往返活动。这样的一种把世界归结为力的不同组合之观点，我们不能简单的称之为“形而上学”；就其视事物为对立统一体、并从对立的统一中导出事物的普遍联系而言，已触及到了辩证法的核心——对立统一规律。不唯如此，我们还看到那个时代的人，对辩证法的运用已超出了古希腊哲学，至少超过了柏拉图。在柏拉图那里，有限事物是集对立的观念(如“大”和“小”)

于一身的,虽然这些相互对立的观念在有限事物上统一的,但对立的各方永远只是它自身,并不会转化为它的对立面。而以对立的力的数量比例关系来确定事物,已暗示了对立面的转化之可能。

施莱尔马赫的辩证法思想显然是以上述两极的对立统一思想为基础的。它紧紧地抓住了“对立面的联结”,不仅注意到对立的两极,并且不忽视这两极的内在交融,从而把对立的东西系统化地纳入一个整体之中。施莱尔马赫以椭圆的几何图像来解释他的方法论结构:个别的此在(Dasein),通过对两个焦点(椭圆上的)的双重关系体现出来,类似于椭圆形轨道上的点。在椭圆的图式中,对立的两极在本质上具有某种同一性。这一点与磁场理论中的“极”一样,磁场中的“极”本身并不是物质的质点,椭圆中的两极在进入现实性时,也不是作为它自身而显现的。对立的两极在事物统一体中消融了对立的倾向,而融合为一个整体,并唯在这种对立的克服中,显示了两者的存在。由此,施莱尔马赫坚信,一切存在物,都是作为一种具有内在张力的对立面相互联结的统一体出现的;个体是总体上作为连续的统一、而不是作为对立进入现实性的。

基于这种对事物的辩证理解,施莱尔马赫导出了著名的整体－机体主义的思维原则。“整体”表明了整体与部分、部分与部分的不可分割性,“机体”则体现了对立双方的内在活力。如果说,康德已指出了有机体是以部分与整体的相互关系为基础的,那么,施莱尔马赫则将其推广到一切知识领域。在施莱尔马赫看来,既然对立面在事物中是相互联结的,它们也就必须放在这样一种“相互联结”中加以思考。这样的理解方法本质上是诠释的,并由此构成了诠释理解的一个重要原则:部分必须置于整体之中才能被理解,而对部分的理解又加深对整体的理解,部分与整体在理解中互为前提,相互促进,形成了理解循环运动。

在这个基点上,施莱尔马赫构思了一套科学理论体系。他在《辩证法》中指出:要象“艺术作品的结构处理方法”(即在部分与整体,语词与本文的关系中理解作品)那样,将科学材料纳入统一的关系之中;对于精神科学领域来说,则必须着眼于那个最高层次的统一——哲学,这个统一包含有最高层面的对立,即思维与存在、观念与现实中统一和对立。在这里,哲学被视为一切原则的最高原则,它包含了所有精神科学和经验科学的基础。哲学体系成了包罗万象的“有机体”，在其中，各门学科作为个别、部分的原则直接指向整体，并作为整体中的部分而存在。这样一种结构安排代表了当时柏林大学所谓的新“精神”，这就是：“上层的”系科（医学、神学、法学等）不再占据中心的地位，而是哲学，它使一切知识的推动原则集于一体，并成为它们的共同纽带。

本着“对立统一”的原则，施莱尔马赫重新界定了科学研究领域。以往的学科都是根据研究对象来确定的，在施莱尔马赫看来，这是片面的。他认为，决定科学研究领域的，不仅是研究对象，还应包括认识的方法，唯在对象（现实的）与方法（观念的）的对立统一中，才形成了各门学科。“对象”有自然和社会两个方面，方法里包含“思辨”与“经验”两种，它们相互交叉而成的对立统一体构成了学科体系的四重组合：思辨的伦理学，经验的历史学科（=精神科学），思辨的物理学，经验的自然科学（=自然科学）。上述构想，以现代人的眼光来衡量，无疑是很成问题的；令我们感兴趣的当然不是这些现成的结论，而是施莱尔马赫完成这些构想的指导原则，是否具有可以借鉴的价值？

三

在施莱尔马赫庞大的思想体系中，最令当代人瞩目的，当是他的一般诠释学，可以说，他在很大程度上是作为现代诠释学之父才被重新发现的。尽管如此，他的诠释学在严格意义上还不是一种诠释的哲学，就是说，它不是作为“哲学”而存在的，据施莱尔马赫的观点，哲学是统一、融合一切原则的最高原则，诠释学乃是从属于它的“技术性”工具。在这一点上，他的诠释学衔接着古典诠释学。但是，他把诠释学从《圣经》注释的桎梏中解放出来，将其作为“理解的法则或技术”扩展到一切“本文”的理解，赋予理解者更为广阔的解释空间，故而被称为“一般诠释学”。在此基础上，狄尔泰创立了以体验为核心的哲学诠释学，此后的诠释学，包括海德格尔的本体论变革和伽达默尔语言诠释学，基本是循着这一线索展开的。就此而言，他的诠释学开启了当代的诠释哲学。

在施莱尔马赫之前，神学家们已在《圣经》的解释实践中发展出了古典的诠释学,它注意到了理解中的部分与整体的关系,要求把单个的语词置于本文的语言系统来理解;它承认不同的历史体验会对《圣经》产生不同的理解;这些不同的理解最终将在本文"绝对神圣"的意义上趋于一致。在这最后一点上,古典诠释学是与现代诠释学的主流背道而驰的。在理解中设定了一个"绝对神圣"的意义目标,表明古典诠释学已背离了自由、开放、宽容的诠释精神,换言之,作为诠释学,古典诠释学并不是彻底的。

施莱尔马赫是著名的《圣经》注释学家。他在解释《新约》时发现了一个古典诠释学所忽略的问题,这就是理解中的本文和教义之间的关系。古典诠释学注重的语义学的规则,强调在本文的语言系统中理解单个的语词,进而理解本文。这种理解方法潜藏着一个深刻的危机。众所周知,《圣经》是由诸多单独的本文合编而成的,它们是为不同的人在不同的时期完成的,仅仅根据语义学的规则来解释它们,会发现本文与本文之间有很多相互矛盾之处;假如人们从"教义学"出发,即根据共同的基督教信仰把整部《圣经》看作一个整体,并追溯到形成此一信仰的初始源头,所理解的《圣经》每每与纯粹语义的分析不同。其结果竟会是这样:如果坚持语义的分析,就摧毁了现有的共同信仰;如果坚持以教义学为基础,许多"本文"则显得不可信。对于基督徒来说,这两种结论都是无法容忍的。为了解决这一难题,施莱尔马赫首先在原有的语义学规则的基础上补充几条新规则,其中最主要的是:所理解的本文必须置于它赖以形成的那个历史语境中。这一增补或多或少照顾到了宗教信仰的共同性,它对理解的约束,表现在更大范围的历史语境对"本文"意义的限制。这条规则连同上面提到的规则,被施莱尔马赫称为语义分析的两条最重要规则。这两条规则在本质上是同一的,都体现了理解中的部分与整体的关系。在前面我们已经看到,部分与整体互为前提的关系构成了理解的循环特征,在这里,我们将进一步指出,理解循环中部分与整体的地位在施莱尔马赫那里并不是同等的。从时间顺序上看,理解部分之前必定要对整体有所了解(比较:黑格尔《逻辑学》中关于"质"和"量"的范畴的论述);从地位主次上看,部分的理解必须有助于整体的理解。正因如此,理解的循环首先是以整体主义为基础的。[①]此一观点的本体论根据在于:被理解的对象是作为统一的整体而存在的,理解的整体性正是源于这种

① 参见施莱尔马赫:《诠释学与批评》,苏尔卡姆出版社1990年版,第141页。

对象的整体性。如是,人们在理解任何单一的东西时,都必须注意到它所栖身的那个整体之中。但是,施莱尔马赫又说,对整体的理解同样依赖于对各个单一方面的理解,正如没有单一的东西就不可能构成整体一样。这样一来,不是又否定了他的整体主义原则了吗?一旦否定了整体主义原则,人们的理解活动又从何开始呢?施莱尔马赫没有解决这些难题。关于他"理解循环"的思想后来成为哲学界颇有争议的一个论题,有人干脆斥之为"恶性循环"。直至海德格尔,在他的"此在诠释学"中,才令人信服地证明了理解循环的合理性和进入循环的正确途径。[①]

语言何以能被理解?通常将其归结为语言中所具有的某种共同性,这种共同性表现在人们对语言符号和所指涉的对象关系的认同,以及共同的语言结构。在施莱尔马赫看来,这种见解固然正确,却不完全,它把语言的共同性仅仅作为已存在的事实来分析,未能揭示其存在的根据。他指出,语言的共同性源自人类对自己生命的共同体验。这一思想后为伽达默尔所接受,并在他的名著《真理与方法》中加以详尽的发挥。在一部作品中,语言所传达的是作者自己的生命体验,但是,由于作者与对象的关系之直接性,这种体验以"经验"的形式表现出来,而在读者那里,与对象的那种直接关系已不复存在,他是以语言为媒介把握作者的经验,并通过对作者经验的再体验达到理解的对象。理解是可能的,这无非是说,读者通过对作者的经验之体验,与作者一起感知最初的意义构成物,正是在这个构成意义的最初源头上,作者与读者到达了统一。现在的关键问题是,读者如何才能使自己在共同的意义构成物上,达到与作者相同或相似的理解?施莱尔马赫认为,这只有通过读者对作者的"心理重建",亦即再现作者创作"本文"时的心境,并以此进入作者,"设身处地"地站在作者的立场上考察对象才有可能。这种方法被施莱尔马赫称为心理学的移情方法。它要求读者不能仅限于"本文"来理解"本文",为能达到"移情",做到"设身处地",就必须广泛地考虑到"本文"的起因和整个历史背景,作者的生平传记以及他独特的思维方式和风格,揭示作者最初的意图和构想。总之,在施莱尔马赫看来,对"本文"的理解必须从原来单纯的语言分析,扩展到对作者整个人生的理解,才能把握"本文"的真谛。

---

① Matin Heidegger.Sein und Zeit,Max Niemeyer Verlag Gmbh&Co,2006:153—154.

诠释学的规则由此而被施莱尔马赫分为两个部分——语义学部分和心理学部分。在理解过程中,分别表现为比较的方法和预言式的方法。前者侧重于语义学,通过语言知识找出大量可供比较的关系,以昭明"本文"语义的晦暗方面;后者则侧重于心理学,它所指向的是创造性的联想,因为作者的"意图"往往不象"本文"那样直接呈现在我们面前,所谓"重建"作者的心理过程,实质上是一个再创造的过程。这两种方法不是截然对立的,它们相互渗透,互为补足。在比较方法中,预言式方法起着弥补"本文"信息的不足,开启新的意义和原有意义的转化作用。在预言式方法中,同样需要将作品置于历史的关联中进行比较研究,详细考究除"本文"之外的历史文献和作者生平传记等。

把心理学上的"移情"引入诠释学,是施莱尔马赫一般诠释学区别于古典诠释学的特征之一。有的研究者认为,这种做法给"后来的诠释学带来了灾难性的影响,"心理转换否认了"理解永远是一种更新历史文化的创造"。[①]这种结论是缺乏根据的,在笔者看来,正是这种理解的心理学方法奠定一般诠释学的开拓和开放精神,尽管这种方法本身是否正确还是有争议的。由于心理学方法参与了理解过程,理解活动的主观性、亦即它的创造方面得到了肯定,扬弃了古典诠释学关于"神圣绝对"的本文意义之假设。施莱尔马赫指出,推动理解过程的力量,不是"神圣的精神",而是理解者,是他的"领悟"、理解活动。[②]虽然人们力图不带任何个人色彩地进入被理解的他者,事实上他们的主观性总是不可避免地介入其中,解释的主要任务是,人们必须从他自己的观点出发而进入被理解的他者。[③]以此观之,"心理重建"所完成的,不是纯粹的回归到作者那儿,毋宁是作者与理解者、历史与现实的融合,也正是由于这种"融合",使理解者不仅能理解"本文"的意义,而且还能理解那些隐藏在"本文"背后的、连作者自己也未能意识到的作品的意义,就此而言,理解者对"本文"的理解甚至能超过作者自己。[④]

由于理解者的主观性参与了理解过程,"本文"的意义就不再是一个静止的和凝固的东西,它本身展现为历史,永远不会被穷尽。在这里,"意义"

① 殷鼎:《理解的命运》,三联书店1988年版,第232—233页。

② 参见F.Mussner:Geschichte der Hermeneutik,§1.

③ 参见施莱尔马赫:《诠释学》,卡尔温特大学出版社1959年版,第32页。

④ 施莱尔马赫:《诠释学与批评》,苏尔卡姆出版社1990年版,第83页。

的历史呈现为两个相互交叉、无限伸展的过程:原有意义的不断被发现和新的意义持续生成。诚然,在施莱尔马赫的著作中,我们可以看到诸如理解是自身封闭的过程的提法,[①]但这一提法似主要针对作品中的语词和本文的关系而言,而作为整体的理解艺术的诠释学,是指向非封闭的语言和历史的,它是“出自无终结、非确定的一种终结、确定的结构”。[②]因此,从总体上说,施莱尔马赫的诠释学坚持了开放和宽容的精神,正如他所强调的,“理解”在事先并不存在一个界限,不强求在任何地方达到某种统一性,除非这种统一是大家所赞同的;他把“理解”视为历史过程,表明了他的诠释学的辩证性质。他曾以黑格尔式的思辨语言表达了这一点,诠释学和辩证法是相互依存的。“理解”无非是“思维着的精神逐渐的自我发现”[③],诠释学也并非是确定的真理,而是通向真理的必要方式。

施莱尔马赫的学说,尤其是他的一般诠释学,受到了西方哲学界的普遍重视,对其或贬、或褒,意见不一,少有定论。在我们看来,他的诠释学有两个比较明显的问题:

一,关于理解循环的结构,他未能作出令人满意的回答。他只把“理解”中部分与整体的循环关系当作现存的事实来理解,没有揭示这个循环运动的运作机制,指出“理解”何以进入此一循环,以至于被人们指责为“恶性循环”。

二,由于在理解过程中加入了理解者的主观创造性,使多元化的理解成为可能,但他对多元化的理解如何有效地防止滑入相对主义问题,却缺乏充分地论证。众所周知,诠释学是反对理解中的相对主义的。现在的问题是,如果本文中“神圣绝对”的意义被扬弃了,理解的方向又何在?如果承认诠释学是通向“真理”的必要方式,这个“真理”在此又意味什么?

---

① 施莱尔马赫:《诠释学》,卡尔温特大学出版社1959年版,第16页。

② 施莱尔马赫:《诠释学和批评》,苏尔卡姆出版社1990年版,第78页。

③ 施莱尔马赫:《诠释学和批评》,苏尔卡姆出版社1990年版,第141页。

诠释哲学

G.舒尔茨 著　潘德荣 译　文秉模 校

无论人们如何努力区别“诠释哲学”和“哲学诠释学”这两个概念，或者象通常那样，把它们当作同义词使用，今天仍在广泛一致的意义上突出了这一点：即通过这一对概念，标明了哲学中的一个自身的领域，这一领域是通过马克思主义作为一方的，和盎格鲁撒克逊语的语言分析与科学理论作为另一方的变种而显露出来。这一哲学源于欧洲，更准确地说，“其最初的源泉很久以来已在德国”。它是这样一种哲学方向，即使“哲学史词典”的完成成为可能。

对“诠释学”和“哲学”概念作如此编排并不是全新的。因为亚里士多德的“诠释学”——一种陈述的逻辑——曾是他的《工具论》的一个部分。在近代之初始，J.C.丹哈尔把“media hermeneutia”（诠释之工具），即本文理解的艺术规则概括为“哲学”。在J.F.布得斯那里，诠释学作为解释规范是“Philosophia instrumentalis”（哲学工具）的一部分，认为解释的逻辑常常附带产生了诠释学。但这并不直接是新的“诠释哲学”之根源。因为如同在神学、法学和语言学一样，诠释学在文章上下文的逻辑中只是某种辅助的原则。在近代初期，并在“解释”中，它仅是在下列情况下，即它不是作为从上述学科（神学、法学）中被裁割下来的特殊问题时，才被称为“哲学”的。同样，在施莱尔马赫那里，诠释学只是在某种哲学体系的框架中的“技术性”的辅助科学，尽管它在其中具有很大的意义。诠释学并非在狭隘的意义上是哲学的，也不干脆就是哲学之核心，并且，哲学总体上说来并非诠释的。只是经过了19

本文原刊于《安徽师范大学学报》1993年第2期。由潘德荣译自德国Historisches Woertbuch Der Philosophie。

作者简介：舒尔茨（Gunter Scholtz），男，德国鲁尔大学哲学系教授，是研究诠释学、特别是施莱尔马赫哲学的专家。

世纪的哲学危机才准备好了自己的基础,在这基础之上诠释哲学才变得可能和必要。

被看作诠释哲学第一个经典作家的狄尔泰揭示了这一危机:由于自然科学占统治地位,使哲学失去了科学的性质,并通过历史意识消融了众所周知的哲学概念。他在对哲学的本质和概念的思考中,试图消除这种情形。然而,对于这种现代意识来说,并不是只存在着一种哲学,而是存在着多种差别很大的哲学,使哲学的本质不可能从某一特定体系的立场去定义。为了客观性和哲学本质之故,狄尔泰不得不对此作历史性的处理:它适用于认识那些已被历史(哲学)所提及的、并至今仍被提及的事物。从中产生出更为形式化的哲学之前概念:它是"指向人的思想、教化和行为的那种自身发展了的意识"。更进一步的考察表明了哲学——类似于施莱尔马赫所说的——是一"双重面目"(Doppelgesicht),一个两面神:它——据狄尔泰——一面盯着宗教方面,是形而上学;另一面又盯着实证的知识,追求它们的普遍有效性。由于它的双重本质,使它在现代陷入了悲剧性的冲突。批判主义已指出形而上学不可能作为科学,并且,历史意识已认识到人类的条件性和动机。另一方面只是自然科学才拥有实证的、普遍有效的知识。如是,哲学被分裂,从而走向衰败:形而上学不是科学,只是"世界观念";现代自然科学不是哲学,它没有回答"生命之谜"。

狄尔泰指出了哲学的新任务,他把这不和谐的意识之两方面明确作为研究对象。为给出一个知识理论和科学的相关性之理论,他首先转向经验科学。他的工作在这里适用那个在实证主义视野之外的精神科学。为了它,他探求着一个"基础设定"(认识论、逻辑和方法原则);与胡塞尔相反,他把这项工作称为他的系统化之哲学。其次,他在《哲学的哲学》中,明显转向形而上学体系,指出了它的起源和作用:它们是具体的、个别的和历史性的"生活"的"陈述",同时是把握和回答永恒生活之谜的"陈述"。它们是"现实的解释(Auslegungen)"和"阐释(Interpretationen)"。这三个形而上学思维的原则基点,这种"典型的"自然主义,如同主观和客观的唯心主义一样,从科学性上讲,它既不是可以证明的,也不是可以反驳的,同样不是更高一级体系上的统一(黑格尔)——它们处于相互竞争的状态(即如同莱辛的环状抛物线上的实证宗教〈die positiven Religionen〉),但更为直观一点看,这三个原则在以不同的形式接近真理,并反映出神秘莫测的生活。

从中便显露了这种普遍的基础,即随同狄尔泰的精神科学理论,和他的形而上学哲学而产生,并使之紧密相连的基础:他的生命哲学,生命的起点,即自我陈述、自我客体化和自我反射。“我的哲学基本思想是,迄今尚没有一个全部的、完整的、不残缺的经验被作为哲学的基础”,这种经验在“经历”(Erleben)和“自我领悟”(Selbstbesinnung)中展示出来,这个“自我领悟”在科学的抽象回溯到它的条件之后,使“生活关联”明晰起来。“这样被理解的哲学是真正科学的”,狄尔泰使他的哲学成为非封闭的体系,他的观点把他导向这种见解,即不愿在概念中构成或解释生活。“真实性自身最终不可能逻辑地被说明,而只能被理解,在每一如此被给定的现实中,在其本质上是关于某种不可言说和不可认识的东西。”生活只有通过对它历史的客观化之理解才能被理解。从而,狄尔泰的哲学便是一种以历史为媒介的间接的生命哲学(G.密希),或者正是“诠释哲学”,它在对“客观精神”之理解中发现了通向世界和生活的道路(O.F.鲍尔诺)。

在狄尔泰坚持纯形式的体系之哲学思想时,他的友人P.Y.冯·瓦腾堡已抛弃了与形而上学连在一起的哲学系统知识之观念,他仅把“意识之瞬间的永恒”看作是一种抽象:“那种与历史相分离的体系在方法论上是与意识之内在历史性不适应的”。“哲学的非历史化在我看来在方法论关系上只是形而上学的残迹”。同样是由狄尔泰在历史性中,即在人的历史条件性、偶然性和必然性中所阐明的观点,使人不得不把所有的哲学作为“生命之确证”全部归置于真实历史的长河中。哲学将变成具体的、具有历史条件性的生命之自我反射,成为暂时性的、不断变化的此在对自身之理解,在其中与历史一起不断的相互解释。约克声称,作为动机,所有哲学都具有“全部的、彻底的认识愿望”,他由此而描绘了“批判哲学”的思想,坚决拒绝了一切对永恒真理之要求。它们的可靠基础在于现实的历史意识之限制性上,而不是某种确定规则之运用。“经验的东西在其出发点上,正是批判哲学方法上的事实依据”。在狄尔泰和约克的探索性和纲领性思想中,已有了几乎一切今天仍适用于“诠释哲学”的萌芽。它们的普遍认识标记在这些概念的广度上是最容易通过否定来确定的:以自己为基础的知识观念,对哲学的绝对开端和终结以及超验的历史观点之可能性的信仰之探索,已为这种哲学所抛弃了。

F.尼采也有一定理由被称为诠释哲学的开路先锋。因为他同样在历史发展和人的理性之条件性的观点上，支持对一切“形而上学哲学”进行彻底的批判，他也同样构思出某种“历史哲学”，从那种带有一切哲学家所具有的“遗传病”、即“历史意义之缺乏”中解放出来，并能领悟这样一种见解，既不是人、也不是他的认识之可能或者某种“不变”的东西超然于历史之上：“一切都在变化；没有永恒的事实：正如没有绝对的真理一样。——因而历史地去探索哲学问题从现在起已成为必要，并由此得到道德”。“历史哲学”“一切最新的哲学方法”，把哲学问题作为富有生命力的生活过程之成果加以分析：“生理的需求在客观性、观念和纯粹精神的外衣下被乔扮为下意识，这种下意识已走到令人吃惊的程度，——我常常这样问自己，在广泛的意义上，迄今的哲学从根本上说，是否仅仅成了肉体的解释或误解”。同狄尔泰一样，尼采也把“解释”概念和“阐述”概念不仅与本文联系起来，而且与此在和世界相联系，并在解释中认识——一如海德格尔曾预言的——此在的本质特征。是否“并非一切此在本质上都是解释之此在”的问题，把他引向某种信念，它并不认为存在着一个世界和科学，而仅存在着无终点的众多“世界-解释”：“对我们来说世界……再一次‘无终止’地变化着：因而我们无法拒绝这种可能性，即它们是在自身之中结束无止境的解释的”。尼采用这些思想来反驳机械主义，它只描述了一种可能的、甚或是“一种最愚蠢”的世界-解释；这些思想也被用来反驳只依据某种事实的实证主义：“反对实证主义，它停留在现象上，认为‘只存在事实’，我想说，不，不存在什么直接的事实，只有解释。我们无法说明自在的事实……”尼采在他的晚期哲学中曾这样说明：站立在解释背后的，是趋向权力的意志，“解释世界是我们的需要：我们的欲望及其赞同和抑制。每一欲望都是一种权力欲……”对于尼采来说，所有解释都是服务于生理机体生活的赝品，他只能把自己的哲学作为一种可能的解释来理解，上述思想都属于那种哲学的意识之佯谬，属于那种困难性，即尼采的建议只在某种变体中才具有效用。

据狄尔泰，由相对化的形而上学到纯粹的世界之说明可能性，把生活自身的多义性和晦暗性如同谜一样带入了意识。它的具体化的理解，亦即这种哲学，因此同样是“伴随笑逐颜开的嘴和忧郁的眼睛在生活神秘的、不可知的面貌"中的一瞥。伴随生活意义的问题而紧扣住历史的、预先给定的哲学问题,成为海德格尔的一种原则,在这里他还强调第二点:对传统的一切吸收,都要求把"彻底的、明晰的诠释境况之形成,当作哲学疑难问题自身的结果"。早在他的"关于亚里士多德的现象学解释"讲座里(1921/22),已因此而导出了他在《废墟与疑问》中对此在的事实所作的说明。哲学是"原则上的认识,它在实施中涉及了它自身的事实"。因为在一种认真的、热切的哲学问题之实施中——并且仅在于此——哲学的历史、同样的还有生存(Existenz)便自我开启了,对于海德格尔来说,这种体系和历史的两方面之分离就变得毫无意义:"历史发生的存在和历史的意义首先生成了、并且就是认识原则的实施。在哲学思考中没有哲学史,在实际(哲学思考)生活之历史中没有哲学问题上的那种超时间的自在问题和体系"。在这里,海德格尔还是解答了狄尔泰思想的"客观精神";哲学之产生不再要走外在理解(Fremd-verstehen)的弯路,而将直接走向自我理解,走向"事实的诠释学"。在《存在与时间》(1927)中,即在这个成熟形式之开端,海德格尔"诠释"哲学在理解和解释中把"生存论性质"(Existentialen)看作是人类此在的构成。在其中诠释哲学只作为"基础本体论"、作为新的第一流哲学出现,这一点人们可在真正的诠释哲学之开端上看出。人们可在早期的或者首先在较晚的海德格尔看出导向诠释哲学的突破口,因而海德格尔无论如何对此作出了极为重要的贡献,即对于整整一代哲学家(如H.海姆斯特,J.里特尔,H.伽达默尔,P.利科尔)的体系和历史之思考,哲学以及哲学史不再各自独立;因而在德国这些学术研究的领域不再被相互分裂。

狄尔泰学派未把这种哲学之限制带到对存在的分析。G.密希发现海德格尔的基础本体论革新了那种徒劳的追求某种确定基础和抽象体系的危险。为了"存在"(Sein),海德格尔舍弃了具体的、历史的"生活",它重又在他的视野之外。H.瑙尔在那个生存哲学(Existenz-Philosophie)被过份清除道路的地方,与狄尔泰保持一定距离。这种生命的暂时性和一切知识的相对性之观点是不容忽视的,即我们的时间意识具有"时间思考"作为前提,并且,在人类中也存在着无条件的"本质的生活方向"(如后来的H.耀那斯)。所以狄尔泰学派走了另一条路:a)取代"形而上学之毁灭"(海德格尔),它试图与一般的哲学传统展开进一步的讨论,并且把狄尔泰生活－哲学的动机带进系统化的形式。b)开始专注于存在,它倾向于吸收一切人类知识,并以哲学渗透其中。这种哲学并不要求成为某种在别的诸如科学之外的"严格的科学"(胡塞尔)。它更多的用单一的精神科学共同来推动自己的工作,扩大它的内含和反思它的方法;由此赢得了对历史、文学、宗教和社会等科学的巨大影响。

哲学被看作是"精神——历史的真实性",这就是说,它作为客观精神的形式紧跟着狄尔泰。因此每一哲学都嵌入了它的历史与文化的本文。H.瑙尔的"哲学导论"是研究历史的重要问题之入门。在B.格鲁脱逊那里,自我领悟(Selbstbesinnung)便是与某种存在的对话,即与思考着生活关系的形而上学历史之对话。G.密希指出——避免遗留下来的"欧洲中心主义"——如同在印度、中国和希腊所产生的特殊的哲学发展行列,它们扎根于各自的文化,并仍然在系统地自我充实。因而密希比狄尔泰更为强调这种非派生的新事物,这种与哲学一同迈进历史的新事物。哲学必须变成那种作为精神释放出来的力量,并且不是仅作为历史生活之"表述"来理解。如此,哲学便处于一种悖论:"在自身之中超越自身"。正是通过这种已为狄尔泰在概念(哲学)中所指出的两重性,它能胜任这种现实:哲学一方面是形而上学,另一方面是"解释"(Aufklaerung),正如同生活一方面是不可知、不确定的,另一方面是确定的和可以理解的。密希把这种狄尔泰思维形式的解释与古代哲学联系起来(有限制－无限制的)(peras-apeiron)。

因为传统逻辑看上去似乎只是为自然科学而制定的,狄尔泰出于对精神科学的洞察开始对它加以改造,并且从"整体"(ganzen)、亦即从感觉着的——期望着的——想象着的人类和生命之运动出发。密希把它继续发展成"诠释逻辑",用以检测语言和已被理解的生活之关系。它能被确定为"从内在出发的自我扩展之超验逻辑"。H.李普斯同样——在与海德格尔争辩时——拟定了一种类似的逻辑。与之相反,E.洛塔克尔的"精神科学的逻辑与系统化"(1926)已部分地预言了Th.S.库恩的观点:没有科学史就不能推动科学理论和科学方法论;科学的方法依赖于主导性问题和世界图景,依赖于"世界表象"(Weltanschauungen)。

狄尔泰说过,人类只能在自己的历史中认识自身。同时他还补充拟定了一个人类本性的心理学,更准确地说是人类学理论。因而这个被狄尔泰促成的哲学人类学有两条线索。对于B.格鲁脱逊，它是“自我领悟，一种人类不断更新的理解自身之尝试”。这个自我理解必须作为自我解释的反思被贯彻，而自我解释便是人类在诸历史形式中，即在哲学、宗教和艺术中得出的（比较：M.郎曼）。对于格鲁脱逊，把生命集于自我之中的主导性信念，亦即个体化，是以类似于密希对于传统历史的研究为基础的。在这里哲学人类学和精神历史正好吻合，因而H.P.波莱思从另一方面，即从历史的表现出来的、客观化了的、并由此而自我理解的人类之特殊自然性，来作补充说明：“哲学诠释学，作为在历史中以其自身的经历为媒介的生活之可能性问题的系统回答，只在这时开始实现，……即置于表述的结构法则研究的基础之上”。波莱思的“生活之陈述”的“现象学描述”，与密希的逻辑学和知识论相吻合；两者都反对在其中作为“知识人类学”有着很大作用的观点。O.F.鲍尔诺通过联结历史的世界之理解，与关于“诠释哲学”的“开放的”人类学，系统地继续完成着狄尔泰的意愿。

海德格尔放弃了他在30年代所作的、把哲学置于“基础本体论”基础之上的尝试。他的哲学探索本质上是作为哲学的和诗的本文之解释进行的：因而可以这样说，只是这时，他的哲学才成为真正诠释的，尽管海德格尔还避免诠释学的概念。伽达默尔的“哲学诠释学”就概念来说，衔接着海德格尔的早期思想，就其内容来说，更多的是衔接了晚期海德格尔哲学探索。在这个转折点上，它不再从生存（Existenz）、而是从“存在”（Sein）出发，后者能显示或避免某种宿命。艺术和语言本质上都被海德格尔当作真理显露的地方。语言被视为“存在的（Sein）寓所和人类本质的住所”。对于这种哲学，即以其批判的锋芒对解释和当代方法论，用以帮助精神科学达到适当的自明性的哲学，伽达默尔的工作是富有成效的。这种哲学的核心是语言本体论，因为在语言中——先于科学——展开了世界的过程和自我，并使两者相互和谐。这种在语言中产生的理解，适宜在哲学和精神科学中被进一步传递、加深。伽达默尔确信，“一切哲学思考都是原初的世界体验之进一步思考，并且是试图思考我们生活在其中的某种终极性的语言和表象的力量。”哲学和精神科学参与了无止尽的“真理发生”，在其中，解释者要比主体更多的成为“中介”。

尽管伽达默尔坚决批判狄尔泰，他还是勾划出了某些曾被狄尔泰暗示过的线索；他曾说，“世界之解释”，正如它在宗教、诗歌和形而上学中所发生的，“已经处在语言之中”。但在伽达默尔那里——不同于狄尔泰——诠释学不再是方法论学说，而是试图对人的存在（das Sein des Menschen）作出说明。所以它大大地超出了“哲学的普遍观点”。它是（如同在海德格尔那里）基础的哲学。这个概念通过伽达默尔的“哲学诠释学”得以大力传播；同时这一哲学也对此大加鞭挞：反对那种只是知道“获悉的理性”和宣扬“语言唯心主义”的“诠释的”哲学（H.阿尔伯特，哈贝马斯）。人们批判那种同任何一种方法论都保持距离的“哲学的”诠释学，却由此铺平了通向专断的精神科学之道路（E.贝蒂，E.D.赫施，Th.M.齐波）。

利科尔进一步发展了由海德格尔开启的“诠释哲学”，它直接使真理和方法相联接，避免了“绝对本质”的语言之“假设”。因为人的生存（Existenz）总是解释的存在，因而对于现象学的描述来说是不可能达到的，所以必须把现象学嫁接在诠释学上，必须把哲学加以诠释学的处理：它反映了语言的符号形态，在其中生存（Existenz）只是间接地显露出来。由于吸取了精神分析、宗教现象学和哲学的相互争辩之解释，利科尔的哲学限制它们各自的整体性要求，并注重对它们共同基础的探讨。那个不很明确地在“断裂的本体论”中所显示的东西，就是作为期望达到存在（Sein）之生存（Existenz），是在自身中的有限性和非独立性的自我。——那个在利科尔那里表现为哲学问题的东西，即一切系统化的陈述仅仅是可能的解释，被R.罗特用于“哲学之批判”，就是传统的“基础的认识论”之批判：哲学必须放弃把握“真理”的要求，它必须变成为“诠释学”，并且继续作为这种不同的讨论之间的对话和服务于教化。

在纯粹的、超验的意识已不再是承载哲学的基础时，诠释哲学兴起了。所以狄尔泰把自己的工作称为并非纯粹的、而是历史的、有限的理性之批判。利科尔还考虑了有限理性的自欺之谈，并因此接受了精神分析和意识形态批判。同样，K.O.阿佩尔和哈贝马斯在另一条道路上也是如此：诠释科学，精神科学，象自然科学一样，服务于这种富有生机的认识旨趣，亦即对行为目的之预示，由于一切相互独白为自然的约束所困扰，需要通过合乎规则的说明（nomologische Erklaerung）和意识形态的批判作诠释学的补充处理。尽管如此，这种观点在表面上仍以一种相反的图景，一种未被歪曲的联系的理想为前提：阿佩尔——从J.洛斯出发——在理想的“解释共同体”或“交往共同体”中发现了，它起着一切有意义的言谈、行为、理解之超验条件和有调解功能的观念之作用。诠释哲学在这里已改变为“先验诠释学”，一种先验-哲学，它“通过对可能性条件和理解效用性的先验反思，即作为笛卡尔的哲学之最后基础的东西”到达历史条件性。

在今天被称为“诠释哲学”，“哲学诠释学”或简单的“诠释学”的，是不同于任何一个统一的“学派”。很多相异的哲学在今天被归属在这个思潮的标题下。如尼采的透视法主义（Perpektivismus），海德格尔的基础本体论，E.贝蒂的精神科学方法论，或者还有E.卡西尔的文化科学奠定基础论，即在文化环境中，在“符号形式”中，认识了一个特殊的“解释”世界。因而人们有很好的理由对海德格尔哲学的范围加以廓清，即那个紧接着亚里士多德和黑格尔之后，反思过去和当代思维之间的断裂和连续性的哲学，并能自我将历史的联系带向思想构成的统一体。“哲学的观念”，是指“……对于哲学来说，是随着它们的历史境况改变，以及不同思潮和学派之对立中，作为持续发展的哲学进一步展开”。

译者附言：

诠释哲学（Hermeneutische Philosophie）是当代西方哲学，尤其是德国哲学的主流之一。这一哲学流派已逐渐引起我国哲学界的注意。一位研究者写道：“尽管一般的工具书上很难找到对‘释义学’一词的确切解释，而许多谈论它的人也未必说的清楚，但是人们对它们的热情却有增无减”。然而可贵的“热情”对问题本身的解决终难有很大的裨益，与其在朦胧中摸索，不如先“引进”一些现成的东西。有感于此，译者选译了这篇文章。

Hermeneutik一词在学术界有好几种不同的译法，如解释学、阐述学、释义学以及诠释学等等。这几个译名各有所长，但从根本上说，都没有准确的表达出Hermeneutik一词的意蕴。好在读者可以暂时搬开这些混乱的译名，从全文的阅读中把握它的要义和实质。译者取“诠释”一词，主要目的在于区别译文其它的如“解释”（Auslegung）、“阐释”（Interpretation）等词的译法。随着研究的深入，相信会出现一个为大家都能接受的、较为妥当的译名。

本文作者G.舒尔茨（Gunter Scholtz）先生是德国鲁尔大学哲学系教授，是研究诠释学、特别是施莱尔马赫哲学的专家。这篇论文以词条的形式刊登在德国的大型哲学刊物《哲学史词典》1989年度的第7卷上，可视为德国哲学界对诠释哲学一词最新的权威解释。

德国学术界一般认为，诠释学的哲学化是从狄尔泰开始的。狄尔泰的立论根据首先是分裂自然科学和人文科学，继而将诠释学当作人文科学的专利；海德格尔把理解视为本体，完成了诠释学的本体论变革；伽达默尔则把"语言"作为诠释学的核心；哈贝马斯强调哲学的意识形态作用；利科尔坚持排除作者意图的"本文"解释，如此等等。平心而论，诠释学的文章确实比较难懂，这一方面是因为我们对它的内容还不是很熟悉；另一方面是因为德国诠释哲学的那种学院味极浓的表达方式。如果我们去阅读海德格尔的《存在与时间》德文版本，会发现它的艰涩、隐晦与黑格尔的著作相比有过之而无不及。相比之下，这篇文章还是较为易懂的，行文也较为流畅。它概括地阐述了自狄尔泰以后的诠释学思想，为之勾画了一个简明轮廓，对于我们进一步研究诠释学是有参考价值的。

此译文是译者在德国完成的，曾就翻译过程中的一些疑难问题多次请教原作者舒尔茨教授，在此向他谨致谢意。考虑到译文的篇幅，译者省略了原文中的引文索引。

海德格尔的本体论和伽达默尔的哲学诠释学

R. E.帕尔默 著　彭启福 译　潘德荣 校

一、什么是诠释学以及它何时发端

什么是诠释学？这个问题有诸多答案。新教神学家弗里德里希·施莱尔马赫给出的答案不同于他18世纪的先辈们。威尔海姆·狄尔泰，施莱尔马赫的传记作者不仅在1900年写的著名论文《诠释学的起源》[①]中对诠释学作了重新界定，而且在1860年还写过一部神学诠释学史（从弗拉西乌斯到施莱尔马赫，德文版出于1964年、英文版出于1996年）[②]。虽然在《诠释学的起源》中，狄尔泰把诠释学当成精神科学的方法论基础，但在所撰写的施莱尔马赫之前的诠释学历史中，他却把它看作是一种根本的神学问题，一种哲学和神学的方法论问题。当路德教徒们试图撇开被早期基督教教义的阐释者延续了1500年的丰厚的罗马天主教传统，以及将有争端的案例诉诸罗马教会权威的做法，去翻译圣经文本时，他们面临着这种问题。有一种关于诠释学的更具指向性的说法值得注意，即诠释学问题不只是一个现代问

本文是帕尔默教授提交的参加芜湖国际诠释学会议（2002. 6）的论文，受会议主办单位安徽师范大学诠释学研究所所长潘德荣教授的委托，由彭启福翻译成中文后发表于《安徽师范大学学报》2002年第3期。

作者简介：R. E.帕尔默尔（1933—），男，美国麦克默里大学哲学教授，从事诠释学教学与研究30多年，他于1960年写的《诠释学》一书系该学科的标准教材。

① In Wilhelm Dilthey, Die Geistige Welt: Einleitung in die Philosophie des Lebens, Gesammelte Schriften 5(Stuttgart: B. G. Teubner, 1964):317—338. English trans. by Rudolf Makreel and Fredric Jameson in Wilhelm Dilthey, Hermeneutics and the Study of History, ed. Rudolf A. Makkreel and Frithjof Rodi (Princeton, NJ: Princeton University Press, 1996), 235—258.

② Wilhelm Dilthey,"Die Hermeneutik vor Schleiermacher, "in Leben Schleiermachers 2(Berlin: DeGruyter, 1996): 596—659. English: "Hermeneutics before Schleiermacher" in Dilthey, Hermeneutics, 33—99; in Dilthey, Hermeneutics and the Study of History.

题。早期基督教教义的阐释者们面临着诠释学问题,并写出了著述,如奥古斯丁的《基督教教义》对解释中的三重意义的论述,中世纪解释中的四重意义问题的明确表达,以及丹特(Dante)在他致斯卡拉(C. G. Scala)的信中所作的著名说明。

这一较为悠久的诠释学传统,在有关诠释学的各式各样非常引人入胜的百科全书论文中被提及。一组具有历史性的引人入胜的百科全书论文(六篇,分别发表于1728、1828、1900、1958、1968、1993年),反映出了一个逐渐变化的诠释学概念。我有一个想法,即把这些论文从德文翻译过来。这一想法,与几十年来一直没机会付诸实施的半打未来著述计划一起,列在了我的网页上:我愿意翻译这些文章,并对它们所涵盖的逐渐变化的诠释学概念(定义)作出评论。

我希望在我有生之年能够完成这一工作,但下一年不行,因为目前我正从事《伽达默尔文集》①的翻译。我想,看清诠释学概念在现代的历史变化,肯定有助于我们当今对诠释学的理解和界定。

不过诠释学在古代就存在。甚至在基督教之前,犹太教徒就遇到了由相互抵触的文本所引发的如何解释这些文本的问题,对犹太教规的希伯来语的解释被一种丰厚的解释传统包围着。希腊人面对的是荷马史诗这一文本,它由于涉及众多的神祉而拥有一种半神圣的叙述特点。进一步说,这一文本需要借助于叙述的多种技巧加以口头解释,即诠释。是的,口头解释也是一门“解释的艺术”,它向听众解释本文,将本文引入生活,使传统保持活力。解释者以某种特定的方式理解本文,并作为本文的呈现者耸立于本文和听众之间。罗马人还有着一种悠久的传统,早于基督教出现的成文法需要加以解释,当共和国扩张成为罗马法典统治之下的罗马帝国时更是如此。关于梦的解释的情形又怎样呢?公元一千多年前,埃及人写了一本象形文字的释梦手册,对梦中的各种景象和体验的象征意味作了解释,这是最早的具有诠释学意味的释梦手册。当《旧约全书》中的约瑟对法老的梦作出解释时,便是一种诠释学,因为对法老来说梦境昭示的意义并不明确。不过,约瑟可没有释梦手册,他只是从耶和华那里得到少许帮助。

即便我们考虑到不仅有上述那种解释的艺术,还有讨论如何解释特定

① A paperback edited by Jean Grondin, UTB #1972(Tübingen: Mohr Siebeck, 1997).

类型的疑难本文(法律、宗教、梦、文学或其它文本)的主要学说,从而在狭义上定义诠释学,这些经过整理的学说仍然与古代相关联。1978年,我曾经想将这类论述如何解释以及解释原则的结合等内容的手册汇编成一部历史文集。这是一个夏日NEH项目,尽管这本文集本身一直未能问世,但我在1980年就发布了《诠释学概略》(六卷本)的目录,您在我的网页上能够查到[①]。为了给这本概略作准备,1978年我在耶鲁大学的斯特林图书馆复印了大量的相关文件,其中许多都很难得。这些复印资料静卧在我的文件柜里,悄然无声地等待着。

因此我认为,对"什么是诠释学?"这个问题的解答是一个逐渐演进的过程,其历史可以追溯到古代。威尔辛斯基(Wiercinski)神父曾试图整理这种探讨以对诠释学作出有效界定。他的四段陈述为这种探讨奠定了良好的基础。它将20世纪对这一主题的某些最流行的思考统一起来,指出"诠释学承认人类理解的历史性……以及意义之历史的、语言的和文化的视域"而没有陷入相对主义。这种对相对主义的摆脱,是20世纪哲学诠释学和神学诠释学发展的巨大推动力。在其导言中,他正确地表明,要深化我们对解释过程的理解,并将诠释学中的各种相得益彰的观念与一定的规则相适合,就需要规则际、语言际、宗教际和国际之间相互协作。30多年前,我在发表于《联系统一体》[②]杂志上的一篇文章中就提出了解释理论的规则际原则。梦想一直像要实现,但现在看来它真要成为现实了。诠释学不是一种时尚。它的历史长达几千年,时至今日它仍健在且充满活力。例如,前一阵子我曾就伽达默尔的哲学诠释学与36种规则的联系问题在一所大学里作过论述。[③]

为了和今天的论题相协调,现在我们还是回到海德格尔的本体论对伽达默尔哲学诠释学的影响这一问题。

---

① www. mac. edu/rpalmer/compendium.html.

② "Hermeneutics and Methodology,"Continuum 7 (Winter-Spring 1969):153—158, esp. 158.

③ "The Relevance of Gadamer' s Philosophical Hermeneutics to Thirty -Six Topics or Fields of Human Activity,"www. mac. edu/rpalmer/relevance. html.

二、海德格尔的本体论和向哲学诠释学的转向

1. 传统本体论和海德格尔的本体论

首先，我要谈谈海德格尔欠下的天主教教义的债。海德格尔是作为一个罗马天主教徒成长起来并接受教育的，在他投身哲学之前，他一直想当个牧师。他写过探讨邓斯·司各脱的四种存在观念的论文，并常常把自己看成是一个不在教会庇护之下的神学家。有一本关于《存在与时间》的书，题目就叫《一种存在主义神学》[①]。他主要担任教职的弗莱堡大学（1923—1928年间在马堡大学除外），是一所天主教教会大学。威廉·里查逊神父早就对海德格尔的哲学作过极为冗长的叙述。甚至海德格尔终生念念不忘的“存在的意义”问题，也可以在他关于邓斯·司各脱的论文中寻到端倪。海德格尔进行哲学研究的方式仍然是诠释学的，因为他把焦点集中在解释我们的传统这一本文上，甚至在20世纪末他弃用诠释学概念很长时间后，他还致力于解构这种本文。

不管怎样说，海德格尔从一开始就是一个激进的思想家（归根结底的意义上）。他回溯到西方哲学的本源去质疑僵化的关于存在的形而上学。他更多地是受到狄尔泰生命哲学的影响，而很难说是乐于接受它。当然，伽达默尔也是如此。事实上，1965年[②]海德格尔曾经向我抱怨说：“伽达默尔的‘效果历史意识’直接脱胎于狄尔泰！”伽达默尔告诉我，尽管他使用了“意识”一词，但他不喜欢这个词。这是被糟糕的形而上学假定吓坏了。海德格尔对自己最著名的学生、海德堡的那位天使（指伽达默尔——译者注）不满。他对流行哲学也极为不满。他说那是在堕落。实际上，他对柏拉图及柏拉图之后的僵化的存在形而上学也不满，这是他反对经院主义的主要理由。从海德格尔死后出版的《本体论：事实的诠释学》[③]（该书以1923年的演

① John MacQuarrie. An Existentialist Theology: A Comparison of Heidegger and Bultmann (London: SCM Press, 1955).

② 此处的年份在原来刊发的译文中为“1956年”，现据作者英文原文校正为“1965年”。——编者注。

③ GA 63 (Frankfurt: Klostermann, 1988). English: Martin Heidegger, Ontology: Hermeneutics of Facticity, translated by John van Buren (Bloomington: Indiana University Press, 1999).

讲课程为基础)中,我们可以感受到他早期思想的激进性。

在书的开始部分,海德格尔谈到本体论时指出,他使用本体论一词,不是指按传统方式对待问题的那种本体论规则,他仅仅指关于存在的原理。“如果本体论被用来建构某种规则,而这种规则的任务在新经院主义或者现象学的经院主义,和有着特别倾向的学院派哲学中已经被预先确定了,那么‘本体论’这个词对于以下主题以及我们对待这一主题的方式而言就不是一个合适的标题。”[①]早在1923年,海德格尔已经冒险给现象学贴上了后来常用的经院主义标签(他又一次对自己心目中的天使表示了不满!)。在海德格尔看来,即使胡塞尔1907年作了一系列关于内在时间意识的演讲——海德格尔后来(漫不经心地——胡塞尔伤心地认为)将它们编辑出版,胡塞尔的哲学也根本不是短暂的和有限的,而是对本质的探究。

他说,在这里使用“本体论”和“本体论的”等术语,意思只能理解为“没有约束力的陈述”这类空洞的想法。它们意味着“对存在本身的疑问和决断:但存在的本质和状态依然完全处于未决之中”。事实上,海德格尔的本体论并非那么空洞。对海德格尔来说,本体论乃是一种事实的诠释学,正如他演讲的副标题以及书的开始部分所表明的。海德格尔要对存在的意义作出决断,就需要一种事实的诠释学,一种关于此在的——处于时间之中的人的实际在此的诠释学。后来《存在与时间》的主要梗概在这些演讲中已经成型了。因为传统的本体论已经僵化,游离于时间之上,要把握柏拉图式的或胡塞尔式的本体,就必须有一种新的本体论,一种通往存在的新通道。这条通道就是此在对在世之在的自我理解,即事实的诠释学。本体论从根本上被重新界定为对此在之存在的昭示和揭秘。而诠释学,也被重新界定:它不再是一种神学的或哲学的注释的方法论,甚至不是精神科学(人文科学和社会科学)的方法论,而是一种对存在的具体的、特定情境的、历史的、语言的和动态的(适应时间变化的)在此之在的昭示性理解,一种关于在显现中显现出来的事物初始观念的现象学。

由于上述以及许多其它根本的存在主义的(动态的)重新界定,海德格尔将自己置于一种意见沟通上的困难境地。对其他人来说,本体论、诠释学、现象学这些词语具有其自身的传统意义,但对海德格尔来说,他们却具

① Heidegger, Ontologie, 1; Ontology, 1.

有大不相同的、更新颖的意义。伽达默尔把这叫做海德格尔的“语言亟需”——他对语言、对能够表达他所要表达之意的语词的需要。弗雷德里克·杰姆逊(Jameson)将之归为“语言的牢房”[①]。海德格尔后来弃用诠释学一词,并出于(受到康德的过多迷惑)对诗歌之明晰性的赞同,最后终止了《存在与时间》的写作计划。在荷尔德林那里,他感受到了需要的时代里的那种存在的气息。他超越了“形而上学的语言”。

在这里,我们难以对这些复杂的问题进行讨论,只是想指出,在1923年关于本体论的演讲,以及《存在与时间》(1927)中,海德格尔通过自己异乎传统的根本性思考,对诠释学作了重新界定。他将诠释学置于此在对自身突出的在世之在的前本体论的、无法言喻的生存论理解这个语境中。它不再是要达到对本文的认识,而是要达到对在时间中存在的自我之理解的认识。

诠释学是对此在的在此之在的揭示。而本体论乃是关于此在在事实/实践世界中的在此之在的诠释学,一种事实的诠释学。

海德格尔还将诠释学置于另一种语境中:对传统形而上学二元论的拒斥。他将传统的形而上学二元论看成是僵化的、非时间性思维的病症。《存在与时间》摆脱了这种二元论(诸如心与身、本质与显现、主体与客体),偏爱具体、显露、应用于自身、生活的揭示,乃至事物的内在生命等概念。人们会说,尽管把此在的在世境遇作为出发点,但海德格尔却通过让事物从自身出发澄明自身——海德格尔在《存在与时间》中描述的现象学本质,超越了主观主义和客观主义。

2. 海德格尔为伽达默尔哲学诠释学开启道路

尽管海德格尔在20世纪30年代已经弃用“诠释学”一词,但伽达默尔却在海德格尔关于《艺术作品的起源》(法兰克福,1935)的讲演中,发现了自己的哲学诠释学所需要的决定性关联:与艺术中揭示的真理的关联[②]。艺术作品不仅仅提供享受,也提供真理,它们是aletheic。它们揭示了色彩、声音、空间的存在。它们在本体论意义上被揭露出来。从本体论意义上说,这是具

① Fredric Jameson, The Prison House of Language (Princeton, NJ: Princeton University Press,1972).

② Der Ursprung des Kunstwerkes, introduction by Hans - Georg Gadamer (Stuttgart: Reclam,1960) / “The Origin of the Work of Art” in Martin Heidegger, Basic Writings, translated by David Farrell Krell, revised and expanded edition [only this edition has the unabridged translation] (San Francisco: Harper San Francisco, 1993), 139 —212.

有震撼力的。在艺术中,事物就在它们的存在之中突然存在。在诗歌中,语词就在它们作为语词的丰富性中叙述着,它们是具有语词的极大威力的语词,它们变成了伽达默尔后来所讲的"卓越文本"[①]。

现在,伽达默尔有了他所需要的东西:一种不是通过方法来达到的真理,它不是一种科学地和方法论地确立的真理,而是一种当它出现以后即被我们作为真的东西接受的信念性真理。它不是对主体性的单纯的和激动人心的表达,而是对真者凭自身而成为真者的断言,对言说与言说者的意向大相径庭的断言。艺术成了开启伽达默尔论辩之门的钥匙。在《真理与方法》的第一部分,伽达默尔批判了将艺术体验视作与真理无关的享受这样一种流行的传统观点,即"自康德以来的美学主体化倾向"。而第二部分的题目是《艺术作品的本体论以及它的诠释学意义》。本体论、诠释学和艺术在《真理与方法》中达到了一致。伽达默尔没有放弃(他从《存在与时间》中引导出来的)对理解的历史性描述,但现在被理解物成了一种本体论要求,一种阐明事物存在方式的要求。一件艺术作品,不只是一种对深化了的体验的表达,就像狄尔泰对待艺术作品那样,它还是一种对真理的断言,也可以说,是一种真理表达:不是"主观的"真理,而是事物存在方式之真理,本体论真理。[②]

1960年,伽达默尔以廉价的平装书形式编辑出版了海德格尔的《艺术作品的起源》,并为这篇重要的文章加上了自己所写的长达23页的序言[③],这不是偶然的。海德格尔《艺术作品的起源》的重要性不限于它自身:它还是开启《真理与方法》之门的钥匙。对它的理解有助于我们理解哲学诠释学的根基,也使伽达默尔能够在1935年写下他的代表作。对伽达默尔来说,它

① See "The Eminent Text and its Truth," in The Horizon of Literature, ed. Paul Hernadi (Lincoln: The University of Nebraska Press, 1982), pp. 337—347, 347—368 (German and English).

② See "Von der Wahrheit des Wortes" in GW 8:37—57. Also in the Gadamer Lesebuch, 120—140. My translation of this important 1971 essay, "On the Truth of the Word," published only in 1993, will be found in an English Gadamer Reader, forthcoming in 2003.

③ "Zur Einführung," in Martin Heidegger, Der Urprung des Kunstwerkes (Stuttgart: Reclam,1960), pp. 102—125. Translated as "Heidegger's Later Philosophy" in Gadamer, Philosophical Hermeneutics, translated by David E. Linge (Berkeley: University of California Press, 1976), pp. 213—229, and as "The Truth of the Work of Art" in Gadamer, Heideggers Ways, translated by John W.Stanley (Albany: SUNY Press, 1994), pp. 95—109.

的确具有一种开启性意义。

三、《真理与方法》中向语言的"本体论转向"

上面已经谈了《真理与方法》中的本体论与伽达默尔在该书第一部分创立和运用艺术作品的真理的那种方式之间的关联。在该书第二部分，伽达默尔试图应用自己的见解，给精神科学的合法性以更有力的支持。伽达默尔许多重要的东西都在这一部分，但我们将跳到第三部分，它的标题是"以语言为主线的诠释学本体论转向"。它分为三个重要部分：

A. 语言作为诠释学经验之媒介；

B. 西方思想史上语言概念之发展；

C. 语言作为诠释学本体论的视域。

在这里我们注意到一种引人注目的转向：语言取代理解的历史性成为伽达默尔哲学诠释学的中心。语言是诠释学经验得以发生的媒介。就像在古代和中世纪，尤其是阿奎那那里所讨论的那样，语言可以使我们的思维得到重要的拓展，而且语言还是诠释学本体论的基本视域。似乎该对《真理与方法》第三部分的每个重要方面以及最后一部分进行总结，但其实我们只想讨论最后一部分中哲学诠释学语言地位的根本重置，以及语词本体论的地位。

众所周知，20世纪哲学通常发生了语言学转向，人们可以指出很多哲学家（包括海德格尔）的语言学转向。我们看到，在早期海德格尔思想中，作为《事实的诠释学》的本体论并没有赋予语言一种中心地位，在1923年的系列讲演或《存在与时间》（1927年）中也同样如此。但在20世纪30年代及其后，海德格尔逐渐转向语言，语言被当作是经验发生的媒介，真理在语言中得到澄明，当然真理也可以在艺术作品中得到澄明。显然，海德格尔已处在"走向语言之途"（稍后的著作标题），他在《荷尔德林诗释》[①]中，转向了作为语言最精练形式的诗歌研究，"诗歌、语言和思想"（在此引用另一个熟悉的英文标题）因此成为他思考的核心。当讲起为了满足人类目光短浅的目的，莱茵河畔的机架和发电站在污染着环境时，他甚至谈到了"哲学的终结"。

① GA 4 (Frankfurt: Klostermann, 1981). English: Elucidations of Hölderlincs Poetry, translated by Keith Hoeller (Amherst, NY: Humanity Books,2000).

伽达默尔受到了海德格尔转向语言的启示,但始终没有追随他把哲学本身变成对荷尔德林诗的阐释,或者试图亲自去创作诗歌,也没有像海德格尔在1965年做的那样,谈论哲学的死亡,或者绝望地声称"现在只有上帝能够拯救我们"[①]。伽达默尔从来没有放弃他的海德格尔主义的激情,而是生活在汉得舒斯海姆(Handschuhsheim,海德堡的一个郊区)的一套非常潮湿的公寓里。当然,他也对海德格尔保持了很高的敬意和深厚的友谊,再三邀请他到海德堡做讲演。同时他还是海德格尔哲学著作的主要翻译者之一[②],讲授的课程包括诸如《关于人道主义的信》等文本(正是在这些信中,海德格尔提出了"语言是存在之真理的寓所",以及"存在是我们生活和运动的要素"的见解)。尽管针对海德格尔对"形而上学语言"的攻击,伽达默尔回应说形而上学并不是一种语言,但他仍然愿意追随海德格尔去克服形而上学。他否认自己是"一只在形而上学干枯的牧场中迷路的羔羊"[③]。《真理与方法》的第三部分表述了这种观点,在对待语言时,他运用海德格尔主义的本体论去克服传统的主体与客体二分的形而上学二元论。

四、伽达默尔对语言概念的新诠释及其语词本体论

尽管伽达默尔曾多次就《真理与方法》的第三部分道歉,指出它是尚未展开、匆匆写成的,但人们对此是能够谅解的,因为它是一部英译本长达491页的著作。而其中的108页对语言作了一种重新界定,由此宣告了把"语词

---

① "Only a god can save us now: An Interview with Martin Heidegger," translated by David Schendler in Graduate Faculty Philosophy Journal of the New School for Social Research 6 (Winter 1977): 2—27, in a special section on"Martin Heidegger and Politics."

② See his collection, Heideggercs Ways, and later in GW 10 (1995), the first seven essays, and most recently essays like "Heidegger und das Ende der Philosophie," in Hans - Georg Gadamer, Hermeneutische Entwürfte (Tübingen: Mohr Siebeck,2000), 195—207. This volume is basically a supplement to the the ten volumes of the Gesammelte Werke and contains 22 essays not contained in the collected works, many of them very late.

③ Gadamer, "Letter to Dallmayr," in Dialogue and Deconstruction: The Gadamer - Derrida Encounter, co - edited and co - translated by Diane P.Michelfelder and Richard E. Palmer (Albany, SUNY Press, 1989), p. 94.

和概念”视作交往的“灵便工具”的工具主义观点的终结[①]。还有，通过对中世纪的托马斯·阿奎那和其他思想家留下的思想资料的着力描述，伽达默尔恢复了研究中世纪思想家和拉丁语的重要性。他轻松自如地在希腊文和拉丁文史料之间转换，并用拉丁文写了一篇讨论古希腊诗人品达(Pindar)的文章来证明自己讲授古典作品的能力。

对于想恢复中世纪思想尊贵地位的天主教教育家来说，应该去阅读第三部分，特别是品味第二节(第405—438页)，包括讨论逻各斯和语词的部分。在那里，对于语言概念的研究取得了决定性的哲学意义上的进展：先前的研究集中于古希腊的逻各斯，而现在却追溯到基督教的语词、三位一体和道成肉身等概念。这也是对胡塞尔现象学的语言概念研究的决定性进展！伽达默尔论述道：“思考和自我言说的内在一致性，与道成肉身的三位一体说的神秘性相吻合，它表明内在的精神语词不是通过反思活动构成的。某人思考某物——亦即向自己言说某物——意味着某物是他所思考之物。”(《真理与方法》德文版(以下简称WM)430页/英文版(以下简称TM)426页)伽达默尔说，当他构成语词时，他的思维没有直接返回他自己的思考，而是指向被思考的事物。因此，“这种构成思维与说话的内在一致性的语词之本质，正是造成语词之直接的、非反思的特性易于被误解的原因。”(WM430/TM426)所以，在构成语词时，精神不是直接指向自身的反思：“语词的构成中不存在反思，因为语词不是对精神的表达，而是对意指之物的表达。语词构成的起点是充满精神的实际内容。”(WM430/TM426)语词不是一种“精神的表达”，而是一种事物的描摹(WM430/TM426)。

但在道成肉身中，语词也表达了作为事件的语言的过程性特征：“以语词的多样性解释自身的语词之一致性，昭示了某种在逻辑的结构中没有掩盖住的东西，某种表露语言作为事件——概念构成的过程——的特征的东西。”(WM431/TM427-428)在发展语词理论时，经院哲学思想家们没有止步于把概念构成仅仅看作事物秩序的反映。接着，伽达默尔花了一整节来谈论概念构成的过程，因为“**当古希腊有关逻辑的观念被基督教神学渗透时，某种新的因素——语言媒介——产生了，正是通过语言媒介，道成肉身**

① Wahrheit und Methode , GW 1 (Tübingen: MohrSiebeck, 1986, originally published 1960), 403. Truth and Method, 2nd edition, revised by Joel Weinsheimer and Donald G. Marshall (New York: Crosss-road, 1989), 381. All citations in German and English are to these two editions.

活动的居间调停达到了其完全的真理性。基督学为一种新的关于人的哲学开辟了道路，这种哲学以新的方式在人类精神的有限性和神的无限性之间进行调停。”（WM432/TM428）

在同一节中，伽达默尔称赞库萨的尼古拉，在《论学者的无知》中克服了新柏拉图主义的流射概念（它把语词看作精神的显现）之弊端。“库萨的尼古拉至为关键地克服了新柏拉图主义解释理论的流射说框架。他用基督教的语词理论来反对上述新柏拉图主义的观点。对他来说，语词和精神本身是一样的，它不是精神的被缩小或被削弱了的显现。对这一点的认识，正是基督教哲学家比柏拉图主义者高明的地方。”（WM439/TM435）思维是“内在语词”的运动。它既不是语词的显现，也不是它们的流射源泉。我想，正是因为这个缘故，海德格尔反对伽达默尔在“效果历史意识”这一著名术语中使用“意识”一词。伽达默尔在一次和我的交谈中提到，他觉得海德格尔言之成理，但却苦于无法找到另一个能够替代它的词。但“内在语词”表达了言说与思考之间的一致性的这一见解相当明确，而这点对于他的语言观以及他的哲学诠释学来说都是有决定性意义的。不过，在这里我们必须提到伽达默尔语言哲学中的其它一些观点。

对伽达默尔来说，语言不仅是海德格尔所称的“存在的寓所”，而且它还是诠释学经验的媒介。不错，它是我们生活、运动以及拥有我们的存在的领域，但它也是我们达到自我理解的领域。“正是从作为媒介的语言出发，我们对世界的整个经验才得以展开。”（WM461/TM457）而非常重要的是，语言还是我们遭遇传统的媒介（WM394/TM391）。诠释学经验不是一种英雄般的征服历险，而是某种我们所经历的东西。语言不是一种工具，不是一种占有物。它是我们生活于其中的媒介。它是具有本体论的意义，因为“能够被理解的存在就是语言”（WM478/TM474）。语言的存在就是问与答的语言过程、对话的语言过程。我们对文本的解释乃是一种与传统的对话（WM391—394/TM387—390）。与传统的对话不像解剖死尸，而像是进入到对今天依旧重要的事物的思考、理解和深思熟虑之中。当我们克服书写的自我异化时，文本保留了它们的适时性。理解书面语“具有一种事件的本体论特征”（WM426，431/TM422，427）。伽达默尔说，语言被书写的能力不是偶得的，而是其固有的，诠释学的任务就是使僵死的字符获得生机。热爱伟大的传统文本的教育者所面临的诠释学任务，就是让它们获得生机。

综上所述，我将海德格尔主义的本体论对哲学诠释学的积极影响概括如下：

A. 通过对导致将语言界定为工具的主客二分先验模式这种糟糕的形而上学的克服，我们在看待语言时获得了一种新的眼光。

B. 通过对语词存在的发挥，我们发现思维不只是人类目的所聚焦和导引的心理过程，它也是所讨论的事物导引的对象（WM387/TM383）。

C. 通过将语言的存在看作一个历时态的本体论的过程，我们得以将它界定为一种增进我们的自我理解的活生生的诠释学对话。

D. 通过把书写看作语言存在的固有本性，我们恢复了延续与传统（包括中世纪神学的绵延不绝的传统）之间的诠释学对话的重要性。

伽达默尔对古代和中世纪哲学的深刻认识给哲学诠释学带来的最后一个好处是，诠释学与美和真理惹人注目地连接起来了，在《真理与方法》[①]的最后部分是这样，在其后十年的《论语词的真理》一文中也是这样。伽达默尔论述到："随着我们的诠释学探究所采取的本体论转向，我们接近了一个形而上学的观念，借助于回溯这一观念的起源我们可以表明其重要意义。"（WM481/TM477）紧接着，它回溯到古希腊文中的Kalon一词，该词具有"妙的"或"美的"以及"善的"之意（WM481/TM477）。不过，依据柏拉图，善退隐到美之中，而后者是可以被掌握的，因为它的部分本质就在于它是显而易见的。美具有一种照耀四方的光芒（WM484/TM481）。实际上，这意味着"美具有最为重要的本体论功能：即在理念和现象之间进行中介的功能。这是柏拉图主义的形而上学的关键所在。"（WM485/TM481）这种光芒，不仅是看得见的光线，而且还是理智之光、精神之光、被基督教思想发展成了"创造之理智"的奴斯（nous）之光（WM487/TM483）。

这里距离基督教的语词理论仅一步之遥：

我们在前面已略为详细地考察过了基督教的语词（创世语词）理论，而它所追随的正是柏拉图主义和新柏拉图主义的光的形而上学思想。我们把美的本体论结构描述成了使事物按其比例和轮廓出现的显现方式，那么同样的做法也适用于可理解领域。使一切事物以一种自身能够得到阐明和理

① See footnote 14 above.

解的方式出现的光正是语词之光(WM487/TM483)。

语词之光在于它的理智性和劝导性,它的真理。我们在此看见了以往还不明了的东西,即他的辩论回溯到了柏拉图主义的形而上学之光:"美的光芒和可理解事物的明显性之间的紧密联系,奠基在光的形而上学的基础之上。"(WM487PTM483)[①]随后,伽达默尔加上了一段意义深远的话:"正是这种关系指导着我们的诠释学探究"(WM487/TM483)。接着,他提到《真理与方法》第一部分中,他对艺术作品的本质所作的分析,而在那里,他还没有引述柏拉图主义的形而上学。由此我们更加明确,除了海德格尔的推动之外,伽达默尔增加了对柏拉图和中世纪神学的认识。它也表明,哲学诠释学将自己的根深深地扎在古代和中世纪的思想——一种对形而上学的语言的诠释学无畏——之中,而不仅仅是停留在海德格尔关于事实性那个耀眼的现象学之物的本体论上。

人们会产生一种想法,"空谈的柏拉图主义者"(约翰·卡普托以此称呼伽达默尔[②],但这一称号更适合德里达)在《真理与方法》的第三部分走出了空谈室。但我认为,伽达默尔是想双管齐下。在第二部分中他想吸收海德格尔此在诠释学的所有优点,而在第三部分中他则想把古希腊思想中清晰可见的光、理智性、美、善和真理之间的柏拉图主义关联,加上中世纪基督教语词发展与三位一体、道成肉身之间的关系,尽收囊中。也许到了最后,伽达默尔难以抑制自己的博学带来的冲动,向我们宣称建立了美妙的联系。他对内在语词的见解成了他后期的文章(比如《论语词的真理》[③],甚至在某种程度上还包括《美的光辉》的导引,尽管在后期,他也放弃了对本体论的极度强调,而实现了我所讲的那种"人类学转向"。然而那属于另外一个论题。此外,我认为非常重要的是,必须看到伽达默尔的哲学诠释学与艺术、

---

① Gadamer attaches here the following footnote:The Neoplatonic tradition that influenced Scholasticism via pseudo-Dionysius and Albert the Great is thoroughly familiar with this relationship. For its previous history, see Hans Blumenberg, "Licht als Metapher der Wahrheit," Studium generale, 10,no. 7 (1957): 432—447.

② John D. Caputo, Radical Hermeneutics: Repetition, Deconstruction, and the Hermeneutic Project (Bloomington: Indiana University Press, 1987),111—115.

③ Die Aktuälität des Schönen (Stuttgart: Reclam, 1977)The Relevance of the Beautiful and Other Essays, translated by Nicholas Walker and edited by Robert Bernasconi (Cambridge: Cambridge University Press, 1986), title essay, 3—53.

美、艺术真理这些概念之间的联系，这些概念同海德格尔自己在《艺术作品的起源》及其它地方透露的对真理的看法（实际上这种看法与伽达默尔在《真理与方法》第三部分中阐明的中世纪语词理论很好地相协调）有许多关联。

西方诠释学诠释重心的转换及其合理走向

彭启福

作者、文本和读者之间的相互关系构成了西方诠释学的重要主题。从施莱尔马赫、狄尔泰开始，到海德格尔、伽达默尔，再到后来的哈贝马斯、利科尔以及贝蒂、赫施等，众多诠释学家对人类理解和解释过程中作者、文本和读者三者之间的关系展开了耐人寻味的探讨。施莱尔马赫和狄尔泰采取的是“作者中心论”的立场；而在海德格尔的引领下，伽达默尔彻底实现了从“作者中心论”向“读者中心论”的诠释学转向；其后，贝蒂和赫施等试图接续和完善“作者中心论”，而利科尔则提出了一种旨在克服“作者中心论”和“读者中心论”对立的“文本中心论”，对诠释学的未来走向作出了有益的探索。

作者中心论：对作者原意的追求和对读者历史性的消解

诠释学是作为对《圣经》（以及相关法律文本）的一种诠释技艺发展起来的，其初始的形态即是圣经注释学（Exegese）。早期诠释学的基本目标就是通过对圣经文本（以及相关法律文本）的语义学和考古学之分析，使读者能够领悟其中隐含的上帝意旨，它努力把自己建构成一种正确解释《圣经》的技术。后来，浪漫主义诠释学的早期代表赫尔德（Herder）对历史传统和民族文化的差异导致流传的多种《圣经》文本意义具有多元性和相对性这一事实有所察觉，但依然承认在多元的、相对的文本意义背后存在着“绝对的”神意。

自从施莱尔马赫突破圣经注释学和法律诠释学的疆域，实现从特殊（局

本文原刊于《安徽师范大学学报》2003年第2期。

作者简介：彭启福（1963—），男，福建长汀人，哲学博士，安徽师范大学政治学院教授，博士生导师。

部)诠释学向普遍(一般)诠释学的转向以后,作者、文本和读者及其关系,也从狭隘的神的领地,走向了广阔的世俗生活本身,诠释学的研究领域大大拓展了。然而,诠释学研究的目标取向却没有根本的改变,它沿袭了特殊(局部)诠释学的思维方式,将诠释学看作是理解和解释的方法论,仍然将引领读者把握文本中呈现的作者原意,视作诠释学的基本追求。施莱尔马赫诠释学的基本意旨是"通过受控制的、方法论的思考而把一切异化的以及导致误解的东西——由时间距离、语言用法的变化、词义以及思维模式的变化等引起的误解——排除掉。"①

在作者、文本和读者三者关系的处理上,施莱尔马赫采取了"作者中心论"的立场。据"作者中心论",文本存在的意义在于表达作者原意,而读者对文本的解读,就是要去把握作者原意,作者原意也因此成为支配整个理解活动的核心。换句话说,作者对自己意图的表达是文本得以产生的初始动力,而对文本中传达的作者原意的把握,也是读者理解活动的基本追求目标。文本乃是使作者的意图得以表达并为读者把握的媒介。通过它,作者和读者相互连接,作者对生活的体验及思考得到传承,传统得到接续。在作者、文本和读者的关系中,作者的意图始终起支配作用。

施莱尔马赫把一般诠释学的理解任务规定为主观地重建客观过程。在他看来,对文本的理解所要达到的,"是在心理上重新体验作品作者的心境与精神状态,由此重建作品的精神世界"。②他明确指出:"我们必须想到,被写的东西常常是在不同于解释者生活时期和时代的另一时期和时代里被写的;解释的首要任务不是要按照现代思想去理解古代文本,而是要重新认识作者和他的听众之间的原始关系。"③这就是说,理解应该奠基在对作者历史性的把握之上。

那么,如何实现对作者历史性的把握呢?施莱尔马赫在传统的语法解释方法之外,提出了一种新的心理解释方法。在他看来,语法解释的方法是一种"客观的"方法,它往往侧重于昭示文本中文字表面的、一般的含义;而心理解释方法则属于"主观的"方法,它旨在揭示文本背后隐含的作者的生

① 伽达默尔:《哲学解释学》,夏镇平,宋建平译,上海译文出版社1994年版,第7页。

② 殷鼎:《理解的命运》,三联书店1988年版,第228页。

③ 施莱尔马赫:《诠释学讲演》,载洪汉鼎:《理解与解释——诠释学经典文选》,东方出版社2001年版,第55—56页。

命体验和精神状态。对于理解而言，语法解释固然是必须的和有益的，但其局限性也是明显的。要达到对文本真正的理解，必须进一步采用心理解释方法。

据施莱尔马赫，读者要把握作者在所创作的文本中表达的原意，就必须通过一种“心理移情”的方法，在心理上进入作者创作文本时所处的社会历史情境，重建文本与它所赖以形成的社会历史情境的联系。所谓“心理移情”，按狄尔泰的分析即是“解释者通过把他自己的生命性仿佛试验性置于历史背景之中，从而可能由此暂时强调和加强某一心理过程，让另一心理过程退后，并从中在自身中引起一种对陌生生命的模仿。”[①]可见，据“心理移情”观，读者自身的个体性和历史性不仅无益于理解的展开和深入，相反，它成了读者实现对文本正确理解的障碍，成了理解活动中的消极的负面的因素，成了必须努力克服的东西。所以，“心理移情”实质上就是通过对读者的个体性和历史性的消解，从心理上重建作者的个体性和历史性。因此，施莱尔马赫强调，“解释的重要前提是，我们必须自觉地脱离自己的意识(Gesinnung)而进入作者的意识。”[②]

这种对文本中客观原意的承认，以及让诠释学致力于把握文本客观原意的“作者中心论”倾向，在狄尔泰的体验诠释学中得到了进一步的延续。施莱尔马赫的一般诠释学留下了一个疑问：既然文本的读者是一个个性化的存在，而文本的作者也是一个个性化的存在，读者为什么能够借助于“心理移情”来理解文本中灌注的作者意图？狄尔泰从体验诠释学的角度作出了解答。按照狄尔泰的观点，“理解从来不是直接的，它是理解者通过自身对作者心理过程的‘体验’来重建这一过程，以达到对本文的理解。”就是说，“理解者必须首先对本文的创作过程作心理学上的还原，悉心体验，彼此认同，藉此进入作者的视野，才能重建整个创作的心理过程，揭示本文的‘原意’。”[③]而读者之所以能够借助于“体验”来理解本文，关键在于生命的整体性和共同性。因为归根到底，体验乃是对生命的一种表达，体验所联接的乃是奔流不息的生命之流，而在生命之流中，过去、现在和未来是融为一体的。所以，作为个性化存在的读者和作者，也不过是同一生命的“要素”，他

① 洪汉鼎：《理解与解释——诠释学经典文选》，东方出版社2001年版，第90页。

② 洪汉鼎：《理解与解释——诠释学经典文选》，东方出版社2001年版，第23页。

③ 潘德荣：《诠释学导论》，台北：五南图书出版有限公司1999年版，第23页。

们能够借助于“体验”而沟通起来。

所以,尽管与施莱尔马赫不同,狄尔泰并没有完全消解读者的个性在理解中的作用,而是将读者的个性与作者的个性一同纳入生命之流中,为理解的发生提供可能,从而在某种程度上为向“读者中心论”的过渡作了铺垫,但就其基本的方面来说,他仍然坚持了“作者中心论”的立场,让体验诠释学的脚步不懈地去追寻文本中的“作者原意”。

总的来看,诠释学发展中的“作者中心论”为了保证理解的客观性,或者说为了保证对文本中的“作者原意”的把握,几乎完全消解了读者的个性。在“作者中心论”的视域中,读者实际上成了“无个性的”“无差别的”抽象存在物。

读者中心论:读者历史性的凸显和作者原意的被遗弃

海德格尔是诠释学发展史上第一个真正意义上的“读者中心论”者。在海德格尔之前的诠释学基本上属于方法论的领域,而海德格尔通过建立此在诠释学,实现了对以往的诠释学和本体论的双重变革。在海德格尔那里,“本体论从根本上被重新界定为对此在之存在的昭示和揭秘。而诠释学,也被重新界定:它不再是一种神学的或哲学的注释的方法论,甚至不是精神科学(人文科学和社会科学)的方法论,而是一种对存在的具体的、特定情境的、历史的、语言的和动态的(适应时间变化的)在此之在的昭示性理解,一种关于在显现中显现出来的事物的初始观念的现象学。”[①]按这种见解,理解不是此在的行为方式,而是此在的存在方式;理解甚至主要不是与追寻文本中隐含的作者原意相关,而是与读者自身的生存状态相关。伴随着这种方法论到本体论的诠释学转向,此在诠释学对诠释过程的关注重心也发生了转移,即从对“作者原意”的关注转向了读者对文本意义的创生,理解不再是读者通过文本把握作者原意的过程,而是读者依据自身的历史性而使文本的意义得以不断创生和流动的过程。伽达默尔认为,“海德格尔不再把此在的历史性作为对它的认知可能性的限制以及对科学客观性理想的威胁,而

① 帕尔默:《海德格尔的本体论和伽达默尔的哲学诠释学》,彭启福译,《安徽师范大学学报》2002年第3期。

是以一种积极的方法把它纳入他的本体论疑难之中。”[①]由此我们认为，海德格尔借助于所实现的诠释学本体论转向，实际上已经成为一个“读者中心论”者。

在海德格尔和黑格尔的双重影响下，伽达默尔建构起了自己的哲学诠释学，推进了“读者中心论”诠释学的系统化发展。

首先，伽达默尔用奠基于读者历史性的“视界融合”，来对抗施莱尔马赫旨在消解读者历史性的“心理移情”。伽达默尔谈到：“我面临一个抉择——应是‘在心理上重建过去的思想’，还是‘把过去的思想融合在自己的思想中’？——我决定反对施莱尔马赫而赞成黑格尔。”[②]如前所述，在施莱尔马赫的“作者中心论”诠释学中，读者的历史性被视为妨碍理解把握作者原意的消极因素，被千方百计地排除在理解之外。而伽达默尔在海德格尔和黑格尔的影响下，对文本解读问题获得了一种崭新的见解。在谈到黑格尔关于精神以一种更高的方式在自身中把握了艺术的真理思想时，伽达默尔指出：“这里黑格尔说出了一个具有决定性意义的真理，因为历史精神的本质并不在于对过去事物的修复，而是在于与现时生命的思维性沟通。”[③]在他看来，读者对文本的解读并不是一种向作者原意的回溯运动，相反，它是一种借助于文本而实现的此在的存在方式，因此，问题的关键不在于把握作者的原意或重建作者的思想，而在于如何在理解中实现过去真理与现时态生命的思维性沟通。理解的过程，实际上是读者从自己的历史性出发去解读文本，并在与文本的思维性沟通中形成文本意义的过程，简言之，理解的过程也就是意义的创生过程。由于读者的历时态变化，文本在被解读过程中获得的意义也处于不断的流动之中。任何文本都是向着读者的历史性敞开和开放的，正是在作者和读者这两种视界的不断融合中，文本自身的意义才被创生和更新。所以，伽达默尔强调，“本文的意义超越它的作者，这并不只是暂时的，而是永远如此的。因此，理解就不只是一种复制的行为，而始终是一种创造性的行为。”[④]这样，在伽达默尔的哲学诠释学中，理解的中心就从作者以及作者的原意转向了读者以及读者的历史性，读者及其历史性成了

① 伽达默尔：《哲学解释学》，夏镇平，宋建平译，上海译文出版社1994年版，第48页。

② 伽达默尔：《科学时代的理性》，薛华译，国际文化出版公司1988年版，第34页。

③ 伽达默尔：《真理与方法》，洪汉鼎译，上海译文出版社1999年版，第221页。

④ 伽达默尔：《真理与方法》，洪汉鼎译，上海译文出版社1999年版，第380页。

决定文本意义的真正关键。

其次，伽达默尔通过对读者历史性的重要表现形式——“先入之见”(Vorurteil，或称“偏见”)之合法性的强调，从根本上消解了“心理重建”的可能性，为“读者中心论”进一步提供了依据。在施莱尔马赫和狄尔泰所代表的“作者中心论”那里，读者由于自身的历史性存在而形成的见解，通常被视为阻碍读者理解文本的“偏见”而遭到贬斥。在他们的诠释学中，读者被要求在进入文本的解读时毫无保留地排除自己的历史性和主观见解，以实现对作者原意和思想的客观重建。而伽达默尔认为，“这实际上是历史主义的天真的假定，即以为我们必须置身于当时的时代精神中，我们必须以它的概念和观念，而不是以我们的概念和观念去思考，并以此追寻历史的客观性。”[①]其实，无论是读者与作者之间的时间距离，还是由此带来的读者与作者的不同历史性，都是一种客观的存在，或者换句话说，是读者所无法彻底摆脱的自身存在方式的一个方面。在他看来，占据读者意识的“先入之见”并不是读者可以自由支配的，也就是说，不是通过所谓的“心理移情”可以加以克服的，实际上在我们的理解活动展开之前，以“传统”的面目出现的“先入之见”已经先在地占有了我们。文本赖以栖身、理解赖以展开的语言，本身就是一种传统的负载物，当读者的理解在语言之中展开时，“先入之见”已经必不可免地渗入其中。当然，传统并非一成不变，“传统并不只是我们继承得来的一种先决条件，而是我们自己把它生产出来的，因为我们理解着传统的进展并参与到传统的进展中去，从而也就靠我们自己进一步规定了传统。”[②]依此而论，不同时代的读者，处于传统之流的不同河段，拥有自身独特的历史性，有着各自独特的“先入之见”，并以此为契机在对文本的新的解读之中推进着传统。伽达默尔主张，“时间距离并不是某种必须被克服的东西……事实上，重要的问题在于把时间距离看成是理解的一种积极的创造性的可能性。”[③]因为读者和作者之间的时间距离不仅使作者、文本和读者相互区别，而且也使它们相互联接，时间距离因其连接着陌生性和熟悉性两极，因而得以成为历史和读者所生活的时代的中介，成为理解得以发生的条件。同时，时间距离“使得文本逸离了它们赖以形成的那个短暂的情境，

① 严平：《伽达默尔集》，上海远东出版社1997年版，第46页。

② 伽达默尔：《时间距离的诠释学意蕴》，甘阳译，《哲学译丛》1986第3期。

③ 伽达默尔：《真理与方法》，洪汉鼎译，上海译文出版社1999年版，第381页。

在历史中获得了一种普遍的意义，使它们自身所拥有的特殊性上升为普遍性。”[①]进而，这种普遍性又借助于读者对文本的解读而与现时态的存在相连接，产生出文本的创生性意义，所以间距又可以视为意义的生长域。“先入之见”作为主体将文本与现时态存在连接起来的必要条件，作为理解过程得以发生的必要因素，对意义的创生也有着不可或缺的作用。所以，在伽达默尔的诠释学中，“时间距离”和“先入之见”获得了合法的地位。

伽达默尔在海德格尔此在诠释学的导引下，彻底实现了诠释学从“作者中心论”到“读者中心论”的转变。在这里，理解活动的中心从作者转向了读者，以往被认为危害理解的“时间距离”、读者的“历史性”和“先入之见”等要素，堂而皇之地栖身于理解过程，并成为决定文本意义的关键。甚至理解本身也不再被视为把握作者原意的认知方式，而成了读者自身的存在方式。

文本中心论：走出“作者中心论”和“读者中心论”的困境

当代法国诠释学家利科尔在对先前诠释学进行历史反思的基础上，建构了富有建设性的“文本中心论”诠释学——文本诠释学。

他提出，在从局部诠释学到一般诠释学的演进历程中，无论是施莱尔马赫还是狄尔泰的诠释学，都陷入了一种困境：把对“文本”的理解置于对在“文本”中表达自身的另一人的理解法则之下。在这种诠释学中，理解活动“基本上仍然是心理学的，这是由于它不是把‘文本’所说的东西看作最终的解释，而是把在该‘文本’中表达自身的某人看作最终的解释。同时，诠释学的对象不断地从‘文本’，从其意义和所指，移向在‘文本’中被表达的生活。”[②]这样，作者的意图和情感成了理解和解释的重心。而要摆脱这种困境，就必须把理解和解释的重心从对隐在的主观世界的情感性研究，转移到作品本身的意义和所指对象上来。而在从认识论到本体论的诠释学转向中，海德格尔完全切断了理解和解释与作者之间的联系，把理解者和解释者的历史性凸显出来，使之成为理解与解释的重心。他指出，在《存在与时间》中，理解的问题完全摆脱了与其他个人交流的问题，因为按照海德格尔的思路，本体论问题的基础应当在与世界的关系中、而不是在与他人的关系领域

① 潘德荣，彭启福：《当代诠释学中的间距概念》，《哲学研究》1994年第8期。

② 洪汉鼎：《理解与解释——诠释学经典文选》，东方出版社2001年版，第419页。

中去寻找。对海德格尔来说,理解文本并不是去把握其中呆滞的意义,而是要借此揭露由该文本所指示的存在的可能性。于是,文本自身的重要性被从另外一种途径唾弃了。

基于上述认识,利科尔把“文本”作为理解和解释的重心,建构起了自己的“文本中心论”诠释学理论体系。首先,利科尔对诠释学作了新的定义。他指出:“诠释学是关于与‘文本’(Text)的解释相关联的理解程序的理论。”[①]在这一定义中,我们可以发现:第一,“文本”与“解释”“理解”一起被当成了利科尔诠释学的核心概念;第二,方法论在利科尔的诠释学中受到了特别的重视。这一方面反映出利科尔对以往方法论诠释学过分追寻作者原意而忽略文本自身含义的倾向心存不满,另一方面也表明利科尔对本体论诠释学弃绝方法论的做法并不赞同。

其次,利科尔把文本界定为“任何由书写所固定下来的任何话语”,并与“作为口语形式出现的话语”区分开来。[②]按照利科尔的分析,文本和口语形式的话语相比,至少包含以下特征:其一,永恒性。口语通常是转瞬即逝的,而文本却因为书写的固定而获得了某种永恒性。其二,简化性。口语通常与言说者的声音、姿态、现场气氛等情境因素相关,具有丰富性的特征,而文本却无法真实地再现这类因素,在对作者原意和事件的表达上具有简化性。其三,意义的不确定性。口语是由言说者针对特定的倾听对象或对话者发出的,其语境也是特定的,因此口语的意义一般是确定的,然而文本由于书写的固定而被简化,解除了本有的语境关系,个别的针对性话语成了一般的普泛文本,其意义也就变得不确定了。因为文本的意义总是和特定的语境联系在一起的,而文本的语境是有待于重新建立的,其意义当然也就只是一种无限的意义可能性,尚需要在重新建立的语境中才能确立。

再次,为了强化文本的自主性,利科尔推进了伽达默尔的“距离”理论。在一般诠释学中,“距离”被看作达成正确理解的障碍而遭到流放,而伽达默尔则为“距离”作了理论平反,认为它是理解得以进行的基本条件,是理解过程中的建设性和生产性因素。利科尔也主张把距离看作生产性因素,认为人们正是在距离中并通过距离展开交流的。他分析了四种距离化形式:a)

① 洪汉鼎:《理解与解释——诠释学经典文选》,东方出版社2001年版,第409页。

② 利科尔:《解释学与人文科学》,陶远华译,河北人民出版社1987年版,第148页。

话语和话语所表达的事件之间的距离，尤其是被书写固定下来的话语即文本与所表达的事件之间的距离。事件原本是属于对象性的存在，但在话语中却与言说者或作者联系在一起，并通过表达而获得了一种对事件本身的超越性。b)作为作品的文本与它的作者之间的距离。文本因为脱离了作者创作时的特定语境，获得了一种自主性，从而使得文本的意义与作者的主观意图不尽一致。c)文本语境与日常口语语境之间的距离。文本脱离了口语形式的话语中特定的对话关系，作者和读者不再像对话者那样处于共同的时空关系中，而是由对话关系中特定的语境转化成一种待决的语境，一种有待于在不断变化的文本解读关系中重新建立的语境。d)文本意义与话语的直指指称之间的距离。日常话语的指称受到对话双方所处的言谈情境（包括特定的环境、手势、表情等）的直接限制，通常具有较为确定的含义，而以书写形式固定下来的文本却逸离了特定的言谈情境，摆脱了直接指称的限制，它的意义也从既定的对话关系中释放出来，转化成了一种有待于实现的可能性，并因此具有了不确定性。

最后，利科尔得出结论说，文本本身才应该是诠释学关注的主题，借助于对文本的关注可以克服先前两种诠释学路向的弊端。他指出："因为，如果诠释学的主要关注不是揭示隐藏在文本之后的意图，而是展示文本面前的世界，那么真正的自我理解正如海德格尔和伽达默尔所想说的，乃是某种可以由'文本的内容'所指导的东西。与文本世界的关系取代了与作者的主观性的关系，同时读者的主观性问题也被取代了。"[①]这样，不仅真正属于文本自身的客观性得到了尊重，同时，读者的主观性也得到了充分的发挥。

充分认识利科尔的"文本中心论"思想的积极意义是十分重要的，因为它为推进诠释学的发展作出了建设性的尝试，也提供了有益的启迪。

诠释学意义上的理解涉及到文本、作者和读者诸要素之间的多重关系，而文本作为作者和读者发生超时空联系的中介，实际上处于理解活动的中心。一方面，文本是作者表达自己意图的媒介，是一种在一定程度上寄托着作者主观心理期待的客观化作品；另一方面，文本又是读者理解活动指向的对象，正是通过对文本的解读，读者才得以实现自身历史性与作者历史性之间的超时空交接，让有关过去的真理融入到现时态生活之中，创生出文本的

① 洪汉鼎：《理解与解释——诠释学经典文选》，东方出版社2001年版，第467页。

当代意义。离开了文本这个“作品”，作者无从表达自身对生活的体验，也无从寄托自身的主观心理期待；同样，离开了文本这个“对象”，读者的理解活动也无从展开，当然也就谈不上什么文本的当代意义创生了。所以，文本的形成是作者主观意图赖以表达的客观化方式，文本的解读则是文本意义得以生成的必要前提，在作者、文本和读者三者关系的展开中实现的理解活动是围绕着“文本”这个中心的。在这层意义上看，“文本中心论”是言之有据的。

同时，从“文本中心论”出发，强化文本在理解中的中心地位，我们就可能克服以往的“作者中心论”和“读者中心论”的片面性，进一步完善诠释学理论。强化文本的中心地位，有利于实现理解问题上本体论视角和认识论视角的统一，使诠释学的理解理论更趋全面和完善；有助于克服以往“读者中心论”的相对主义和主观主义弊端；有助于克服“作者中心论”的绝对客观主义弊端。

总体而言，“文本中心论”为实现理解问题上绝对性和相对性、客观性和主观性的辩证统一提供了依据。从“文本中心论”的思路来看，作者、文本、读者三者之间的关系以“文本”为中心实现了两个环节上的主观性与客观性之统一：在文本的形成环节，作者意图的主观性和文本含义的客观性之统一；在文本的解读环节，文本含义的客观性和读者视界的主观性之统一。作者和读者这两种主体性的存在物借助于文本的媒介作用而相互连接和沟通，传统得到延续，历史得到发展。

第三编

『理论探赜与应用』

伽达默尔哲学的七个关键术语

R. E.帕尔默 著　江涛 译

一

非常荣幸应我的朋友潘德荣邀请来和你们谈谈伽达默尔的诠释哲学，谢谢大家！在1999年退休前，当我在我的学院讲授“儒教、道教和禅宗”这门课程时[①]，我试图在第一堂课中通过较详细地给一些关键术语下定义来解释儒家学说。我选择了下列术语：仁、道、理、孝、文、天和君子。当然，这遗漏了许多，例如象“诚”的重要性，但学生至少在一开始能够紧紧握住一些东西，而我在考试时也有一些东西可以问他们！我不打算在今天的讲座中来考你们，但我想运用同样的策略来向你们解释伽达默尔的诠释哲学。我将讨论他的七个关键术语或者叫概念。

不过在此之前，我想提一下伽达默尔像孔子的六个方面。我相信成中英教授最近一次会见伽达默尔时也探讨了伽达默尔同儒学的类似之处，但我在这里或许能够谈谈我所想到的几个相似之处。

1. 他是位教育家。象孔子一样，伽达默尔是一位对学生充满关怀的教育家。因为他是位柏拉图专家，他提倡在任何事情上开始对话，提问回答，以此作为达到共同理解的手段。

2. 他尊重传统。象孔子一样，伽达默尔尊重古人和代代相传的文本。孔子实际上编纂了六部经典。当然，伽达默尔并不具有开山祖师般的文化上的重要性，但如同孔子一样，伽达默尔重视古代典籍，把它当作社会智慧

本文原刊于《安徽师范大学学报》2002年第5期。译者江涛，时为安徽师范大学政教系讲师，硕士，曾在德国访学。

① 这门课程的提纲，见网页：www. mac.edu/~rpalmer/syllabi/Eastern philosophies. html.

的源泉。我想提醒大家,对今天我们这些西方人来说,古代典籍用的是另一种语言:希腊语或拉丁语,而非现代语言。伽达默尔和海德格尔认为,希腊思想较现代思想更为深邃,希腊术语在其古代的意思和用法上具有无穷无尽的启发性。伽达默尔除了接受过哲学家的训练外,还接受过古典语文学家的训练。他研究并通过了讲授经典文本的鉴定。这一分外的学养加深了他对古代哲学的领悟。他曾用拉丁文出过有关希腊诗人品达尔的语文学试卷。他确实是一位古典语文大家。

3. 他尊重美德。象孔子一样,伽达默尔关心德行、善行和正确的处世之道。他撰写过关于"柏拉图辩证伦理学"的第二篇博士论文(即Habilitation,为晋升教授而作,1931年发表)以及近期的一部关于"柏拉图－亚里士多德哲学的善的理念"的名作(1978年出版)[①]。他深思、热爱并追寻着"善"。

4. 他重视诗歌和艺术。伽达默尔重视艺术和诗歌。他视艺术和诗歌不仅为文化生活中的必需,而且是事物之所以然的深刻真理的一种传达。十卷本的伽达默尔全集中的两卷(第八、九两卷)专门用于美学和解释文学艺术[②]。再者,艺术真理在其名作《真理与方法》中发挥了关键作用[③]。对伽达默尔而言,艺术显露出真理,而非仅仅是一种特别种类的愉悦。

5. 他重视应用。象孔子一样,伽达默尔重视知识的应用。伽达默尔认为,要想正确理解某事物,人们必须掌握它的应用。为此,他诉诸法律上的例证。法官必须运用传下来的法律于现今的个案。

6. 他追求和谐。象孔子一样,伽达默尔追求协调、平衡、商议、理解上的一致,即他所谓的"视域融合"。他在任何讨论中的第一步就是寻求共同的基础。根据这六项与儒学价值的基本类似之处,我想中国的哲学学生会发现伽达默尔哲学是饶有趣味的。现在要转向我选择的七个关键术语。我将解释每一个术语,有时会借助于伽达默尔的其他关键术语加以解释。在另

---

① 英文见其Plato's Dialectical Ethics: Phenomeno-logical interpretations Relating to the philebus华莱士译,耶鲁大学出版社1991年版和The idea of the Good in Platonic -Aristotelian Philosophy,P.克里斯托夫·史密斯译,耶鲁大学出版社1986年版。

② 图宾根:《伽达默尔全集》第八卷、第九卷J. C. B. Mohr,1993.

③ 这一名著是《伽达默尔全集》第一卷(1986),但附录和论诠释学的文章在第二卷(1986),书名是Hermeneutic Ⅱ.

一场讲座中，我曾用了20个术语[①]，这篇讲稿我最初也是选了12个，但经过将一些术语合并到别的术语之下，将数目削减到7个。我希望这行得通。

二

我试图加以解释的关乎伽达默尔对它们理解和使用的七个关键术语是：

1. Wahrheit（真理）
2. Zeitlichkeit（时间性）
3. Phronesis（实践智慧）
4. Applicatio（应用）
5. Tradition and the wirkungsgeschichtliches Bewusstsein（传统和效果历史意识）
6. Gespraech（谈话）
7. Solidaritaet（团结）

1. Wahrheit（真理）。汉斯·G·伽达默尔在其名著Wahrheit und Methode（《真理与方法》，1960年）的书名中，在一种特别的意义上使用Wahrheit这一术语。它通常被译为“真理”，他的那部名著被译成英文叫Truth and Method[②]，但伽达默尔在某种意义下回到了海德格尔所提到的希腊文aletheia（希腊文“真理”）上来使用这一术语，而海德格尔将aletheia译为Un-verborgenheit（解蔽）。在其1936年出版的Ursprung des Kunstwerks（《艺术品的起源》）中，海德格尔描述了意外地遇见一件作品成为本体显露之写照的经验[③]。那就是，当一个人体验一件伟大艺术品时，他不仅感到愉悦，他还感到，那件作品“说”出了些什么——以至于使我们说“So ist es!”（那就是它怎么会是这样！原来如此！）它向我们展示了“事物存在方式”的真理，一个本体论真理，

① 见我的讲座The Relevance of Gadamer's Philosophical Hermeneutics to Thirty Six Topics or Fields of Human Activity，载我的网页www. mac. edu/~rpalmer/relevance. html.

② 下面对这一英文著作的所引页码是根据以下版本：Hans Georg Gadamer，2nd revised edition，J.温夏默尔和唐纳德·G·马歇尔译，NY：Gross-road，1989.

③ 马丁·海德格尔. Der Ursprung deskunstwerks，斯图加特：Reclam，1960，伽达默尔作序，英文标题是：The Relevance of the Beautiful: Art as Play, Symbol, and Festival，载The Relevance of the Beautiful and Other Essays，剑桥大学出版社1986年版，第3—53页。

也就是关于它们存在的真理。

张中元(Chang Chung -yuan)教授在其《创造力与道教:中国哲学、艺术和诗歌研究》一书中,谈到在创造中国艺术品中艺术家的"本体论经验"和艺术家揭示存在的创造能力[①]。张在此指的是庄子的术语"心斋",而整本书是在道家的传统之内阐述的,但要记住,伽达默尔是从海德格尔那里获得如同"在视野中呈现出来"的真理观念,而海德格尔思想肯定与道教类同(这是我们另外要讲的话题)。总之,这种"存在之显现"的感觉,这种"显露事件"的感觉,正是伽达默尔使用Wahrheit这个术语时脑海中所想的。在西方,与真理相对照的定义是"符合",也就是陈述与"事实"(Sache)的一致。

顺便说一下,在德语Wahrheit中的动词wahren的意思是"保护和保存",而这适用于艺术品创作。它保护、保存和留传艺术家经历的并传送进艺术品的事物存在的经验。当一位有心的观赏者遇见这件艺术品时,就会出现一个"真理显露"的时刻,被保护、保存和传送的东西就会显现,或者如海德格尔在《艺术品的起源》中所言,"使它活生生地站在我们面前"。这就是作为伽达默尔在其名著中为Wahrheit下定义之基础的海德格尔意义上的真理。如他表明,这是一种不能仅凭方法论的探究就能获得的真理。它作的"陈述"也不是逻辑学中习惯的类型。

2. Zeitlichkeit(时间性)。从字面上看,这个术语在英语中为"time""-ly""-ness",意思是"时间""适时"、带后缀"-ness"表示性质和状态的"时间"。但在伽达默尔哲学中,它指的是如下事实,即通过写进著作中的语言的奇迹,一段文本能用同样的力量和风采表达,如同它用在撰写后最初所具有的那种力量和风采表达一样。其实,或许还更大更多!伽达默尔和我讨论过这个术语在英文里是应该译成"contemporaneity"(同时代[性]、同时期[性]、同时发生性),还是译成"simultaneity"(同时、同时性、同时发生[存在])。我偏向于"contemporaneity",因为它含有某事在当代的意义,而伽达默尔更喜欢"simultaneity",因为它的意思是指过去的某件事在今天同等意味深长,在时间上是同时的。我仍然使用我的选择,因为英文"simultaneous"是指两件事在现在的完完全全的同一时间发生。伽达默尔想表明的是,当我们读一

① 张中元:《创造力和道教:中国哲学、艺术和诗歌研究》,朱尼安出版社1963年版,第199、第207页。

段经典原文时，这段文章目前能用同以前一样的力量表达。

这个术语可以与三个作为其先决条件的相关概念联系起来。为了从简，我们没有将它们作为单独术语列出。它们是 Sprachlichkeit（语言性）、Schriftlichkeit（书写性）和“eminent text”（卓越的文本）。第一，Sprachlichkeit 指的是存在的语言特征，如伽达默尔的名言所反映的“能被理解的存在就是语言”。第二，Schriftlichkeit 指的是超越时空并能以某种权威表达的书面文字的力量。没有文本的书写文字的奇迹（不管是西方还是东方），我们就无法接近古代世界，甚至是我们最近前辈的世界。最后，谈谈“卓越的文本”，这个术语是伽达默尔在美国首先使用的。它指的是这个事实，那就是特别就诗歌而言，由于其精心细致的遣词造句，成了以最强有力的方式运用语言伟大资源的形式。因此，这就是“卓越”中的“文本”，即最完美的感觉。诗中的每个词都无可替代，没有替换词可以胜任，甚至连词序都不能改变。一首诗就是一件艺术品，它是不能作出改进或改变的。所有这三个术语相配，帮助我们阐明伽达默尔使用 Zeitlichkeit 这一术语的意义。通过语言性、书写性和诗歌的奇迹，产生了文本战胜历史“时间”而具有“simultaneity”（“同时性”）的奇迹。如同伽达默尔后来在《真理与方法》中所言，“文学所提供的不只是一堆纪念碑和符号。所谓文学，更多的是随同每一现今时刻获得了自己的同时性。所谓理解，首先不是追溯到过去的生活，而是意指当代对所述的东西的参与。在此，根本不涉及到个人之间的关系，如读者和作者（他也许是读者全然不熟悉的人）之间的关系，而是关系到本文对我们所作的传达之参与。”（《真理与方法》英文版[以下简称 TM]）第 391 页；德文版[以下简称 WM]，载《伽达默尔全集》[以下简称 GW]第 1 卷，第 395 页）这样，我们看到了在主客体两分法上想象阅读的谬误，它描述的是支配着客体的主体——文本。

因为伽达默尔哲学思考的是与诠释文本相关的现象，它被恰如其份地称为“诠释学”，即与理解文本的艺术有关的学说。但他又超越正确诠释的方法，来反映理解即刻的“存在”——本体——作为设法使我们掌握那些在时间、空间和语言上都十分久远的文本意义之事。正因为如此，他的思想被称为“哲学”。

3. Phronesis（实践智慧）。Phronesis 是个古希腊术语，见于亚里士多德和更早一些的柏拉图著作以及通常的用法之中。它指出一种理性的用途，这种用途并非计算的推理问题，而是成熟的伦理人类判断问题。这一术语有时译成“实践理性”或“实践智慧”，或者甚至简单地译为明智选择意义上的“理智”。Phronesis是选择正义、善、德性和适宜东西的诀窍。孔子在《论语》中说，君子喻于义。亚里士多德在《尼科马柯伦理学》第六卷中探讨的，伽达默尔在《真理与方法》和后来的《柏拉图-亚里士多德哲学的善的理念》中指出的，正是这种德性理智[①]。这并非伽达默尔顺便讨论的一个术语，相反，他反复指出，这个术语是替代统治20世纪西方政治思想的那种权宜算计的思想之选择对象。Phronesis是用伦理学方式选择善的一种理智（在《全集》第七卷索引中的Phronesis条目让读者参考aret'e，即美德，而没有出现它自己单独的条目，只是注明“参见aret'e”）。它是一种智力德性，而非亚里士多德的道德德性，但它与伦理问题相联，当作懂得和选择善的智力。

4. Applicatio（应用）。在伽达默尔诠释哲学中的这个拉丁文术语译成英文是“应用”（application）。他用这个词的意思是，当我们理解过去的某件事物时，我们同样领会它在今天是如何应用的。伽达默尔通过参考可追溯到18世纪的兰姆巴赫（J. J. Rambach）其人的有关理解中的三个“瞬间”来解释这一术语。兰姆巴赫区分了理解中的三个Subtititi（细微的区别）：the Subtilitas intelligendi（知晓），the Subtilitas explicandi（解释），the Subtilitas applicandi（应用）（TM，第307页；WM，见GW第1卷，第312页）。浪漫派通过将前两者结合而向前大大迈进了一步，声称它们会相互作用而不分离。它们是一个整体。但它们并未包括兰姆巴赫的第三个“瞬间”。伽达默尔认为，所有三个细微分别在理解时会同时发生作用并相互影响。第三个“瞬间”，即“应用”这个“瞬间”不应该同前两者分开，而且在实践中它也没有分开。

伽达默尔将《真理与方法》中过长的一节专用于应用现象（TM，第307－340页；WM，见GW第1卷，第312－346页）。文中他要人们注意这个事实，即在宗教和法律上，应用都是解释文本的组成部分。当一个聪明人解释过去的一段伟大文本时，他也显示出这段文本是如何适用倾听它的人的。只有当听众懂得了应用时，他才充分理解了文本。当法官解释一项法律时，他就使之与必须以这样或那样的方法裁决的当前的特殊案例有了关系。法律

①《伽达默尔全集》，耶鲁大学出版社1991年版，第128—277页。

并非高悬于光辉的孤立之中，而是不断被应用着。伽达默尔接着又谈到文学著作，并提出同样的论据：正在读一首诗或一部小说的读者，是在将他自己的价值和世界观带进情节，并让原文来讲述那些价值或世界观。在所有这三种实例中，即在宗教、法律或文学中，经典文本均具有某种权威。出于对其年代，其强烈宣称的真实性和书面文字本身特殊权威的尊重，读者在一定程度上服从文本的权威[①]。正如伽达默尔所言，"我们有能力对文本所作的高超的断言表明自己，并对它要告诉我们的作出回应。"（TM，第 311 页；WM，第 1 卷，第 316 页）在接近这一节的末尾伽达默尔说："我们已更为正确的理解文本的阅读究竟是什么。确实不存在这样的读者，世界史这部巨著只是单纯地打开在他的面前！但是，也从未有过这样的读者，即他面对眼前的文本，仅仅阅读书上所载的东西。其实，所有阅读都涉及应用，以至于阅读文本的人自己就是他了解的意义的组成部分，他（她）属于其正在理解的文本。"（TM，第 340 页；WM，第 1 卷，第 345 页）

同时，为别人高声背诵一首诗进行"表演"的人，变成了"表演"的组成部分，本质上属于文本（TM，第 310 页；WM，见 GW 第 1 卷，第 315 页）。因此，应用是阅读文本的一个组成部分。其实，阅读过程本身就是诠释的一个范例。

伽达默尔将应用结合进理解和解释的"瞬间"提法立即遭到一本 1962 年由 E.贝蒂（E. Betti）撰写的名为 Die Hermeneutik als allgemeine Methodik der Geisteswissenschaften（《作为精神科学普遍方法论的诠释学》）的小册子的攻击[②]。贝蒂是一部较早前令人印象深刻的三卷本著作 Teoria della inetrpretazione（1955 年出版）的德裔意大利作者。贝蒂亲自将这部著作译成德文，并在 12 年后以厚厚的一卷名为 Allgemeine Auslegungsleher als Methodik der Geisteswissenschaften（《作为精神科学方法论的一般解释理论》）出版[③]。贝蒂及其美国追随者——《阐释的有效性》（1967 年出版）[④]一书的作者 E.D. 赫施（E. D. Hirsch）指责伽达默尔混合并混淆了原文及其本身的含义和它对

① 伽达默尔甚至认为时间上的间隔有助于决定什么是经典，于是也决定什么具有我们所指的权威。

② E.betti. Die Hermeneutik als allgemeine Methodik derGeisteswissenschaften J. C. B. Mohr, 1962.

③ E.betti. Allgemeine Auslegungsleher als Methodik der Geisteswissenschaften J. C. B. Mohr, 1967.

④ E.D.赫施：《阐释的有效性》，耶鲁大学出版社 1967 年版。

读者的意义。他们说,这造成了有害的方法论上的后果。赫施和贝蒂(赫施受到贝蒂的鼓舞)两人都认为,如果一个人主张对读者的当前意义总是在理解中发挥作用,那么,作为专用于说明“意义”的客观原则,其阐释的基本“有效性”将受到损害。伽达默尔被指责为人文科学意义之客观性的敌人。

伽达默尔的回答是,他并非谈方法论,而是谈本体论和现象学。他并非作方法论的选择,而是说明在理解的本体论上——在理解发生的方式上——有一个应用“瞬间”,无论这一点是否被认识到。甚至是人们探讨文本所带的问题,也有包含某事在现今之意义的倾向。人们可以试图在理解中排除这一重要“瞬间”,但这样做只会使其理解的视域暗淡。

5. Tradition and the wirkungsgeschichtliches Bewusstsein(传统与效果历史意识)。“传统”的德文术语是“Ueberlieferung”,从字面上看,“die Ueberlieferung”的意思是“留传给我们的那个东西”。但这并非指仅仅是对伟大著作的虔诚接受,而且还指我们的这种领悟,即我们在语言中继承下来的理解的态度和方法,在我们试图弄懂任何事物时都会在我们的意识中发生作用。这一点直接构成伽达默尔的最重大贡献之一,即他的客观性批判,特别是在实验科学客观性的观念被运用到人文学中的时候。重要的是,在《真理与方法》中,紧随“应用”这一节之后的一节是对“效果历史意识”(即 wirkungsgeschichtliches Bewusstsein)——另一个独特的伽达默尔术语——之分析。这一分析不仅证实了理解中传统的重要性,而且提出了客观性的有力批判!它通过证明我们藉以理解的意识是一种历史和传统一直在运作的意识,来进行这一分析,从而我们便在 wirkungsgeschichtliches Bewusstsein 中发现“Wirkung”(“作用”或“效果”)这个术语。“wirkungsgeschichtliches Bewusstsein”这一术语通常译成“效果历史意识”,但我觉得这一译法意义并不丰富,因而将之译为“一种历史总是在发挥作用的意识”。我想这更清楚地传达了伽达默尔的意思。

海德格尔《存在与时间》对诠释循环的重新定义中,有一个相似的主题:根据他的说法,在诠释循环中,为了理解某个新事物,你必须已经理解了很多[①]。理解扎根于存在论上的自我理解。我们在存在论上的理解基础上理

---

① 见 Sein und Zeit.《存在与时间》,未修订的第10版,图宾根:Niemeyer,1963年版,第153页/Being and Time,J.斯坦勃尔译,纽约州立大学出版社1996年版,第143页。

解我们自己，而存在论上的理解在我们理解别的事物之前就已经是现存的。因而，诠释循环其实是一个弧，它从存在论的理解中升起，又回到存在论的理解之中。

让我们更深入一点来看看伽达默尔本人在《真理与方法》中就“效果历史意识”说了些什么。在解释“效果历史意识”时，伽达默尔指出，“诠释学经验与流传物有关。流传物就是可被我们经验之物。但流传物不仅仅是一种我们通过经验所认识和支配的事件，它是语言，——也就是说，它象‘你’一样地表达自我。这个‘你’并非对象，它将自己与我们联系起来(TM，第358页；WM，见GW第1卷，第363—364页)。于是，传统已经现存于我们的语言和观念之中，而非仅存在于特定的著作之中。它现存于我们用以理解特定事物的意识之中。想象一种空洞的、无偏见的领悟孤立客体的意识是一种辩证的幻想。伽达默尔视这一虚假观念为18世纪西方启蒙运动思想的弱点，它把传统作为教条拒绝，想从我们的理性和经验发现是正确的东西开始。因为这一启蒙方法不承认它自己的前见，所以它是以一种“vis a tergo”(拉丁文短语“背后的力”)操作。伽达默尔就此陈述：

> 谁因为他依据于他的方法的客观性并否认其自己的历史条件性而认为自身摆脱了前见，他就把不自觉支配他的前见的力量经验为一种vis a tergo(从背后来的力)。凡是不承认他(她)被前见(Vorurteile)支配的人，将不能看到前见光芒所揭示的东西。这种情况正如‘我’和‘你’之间的关系(如马丁·布勃[M. Buber]的名著Ich und Du[《我与你》，1923年版]中所描述的)①。谁在这样一种关系的交互性之外反思自己，谁就改变了这种关系，并破坏了其道德的制约性。同样，谁在与传统的生命关系之外来反思自己，谁就破坏了这种传统的真实意义(TM，第360页；WM，见GW第1卷，第366页)。

伽达默尔在此援引马丁·布勃的名著(仍在刊行中)——《我与你》所描述的相互关系，即朋友之间的亲密关系来说明与传统的诠释关系。维持与别人的关系使得一个人听得进他(她)要说的话。伽达默尔说，“没有相互间的开放就没有真正的人际联系。相互属于(Zugehoerigkeit是另一个独特的伽达默尔术语)也总是意味着能够相互倾听。”(TM，第361页；WM，见GW

① 收入其著作Schriften zur Philosophie(《哲学论文集》)，慕尼黑，Kosel，1962，现以1997年第13版单行本印售，英文版首译者为罗纳德·G·史密斯，I and Thou，纽约，Scribners，1958.

第1卷，第367页）这种愿意倾听精神是同等优越的诠释美德。

与18世纪启蒙思想家所持的假设相反，我们意识中的传统内容——包括我们的“前见”——并不妨碍理解。因为“处于传统之内并不限制一个人的认识自由，而是使之成为可能”（TM，第362页；WM，见GW第1卷，第367页）。诠释意识是一种历史和传统总是已经发挥作用的意识，它也是一种使理解本身成为可能的意识。无论人们明白与否，这种意识是现存的，但一个深识诠释学的人会知道历史、语言和传统在他（她）对每一个行动/事件的理解活动中已经在运作的方法。

伽达默尔还挑衅性地走得如此之远，甚至说起在我们身上生效的历史意识中前见的良好结果，因为那些前见使解释成为可能。他还煽动性地说并非所有权威都是不合理的！例如，一个人难道不接受他的医生，或他的父亲或母亲，或是裁决一项案件的法官的权威吗？因为他们比我们知道得多，而我们也必须承认他们认识到这一事实。然而，启蒙理性的捍卫者们，最著名的是尤根·哈贝马斯（J. Habermas），严厉反对伽达默尔将权威合理化和替前见辩护[①]。在他们看来，这标志着他是一个变化时代中的保守主义者。而伽达默尔的回答是，他的评论是讲前见和权威的流行观念，而非他在《真理与方法》中提出并解释的那些观念。在那部作品中，他是在描述一种现象而非为之辩护。事实是，在我们理解某事或某人的过程中，我们必须运用我们已经形成的关于事物存在方式的概念和判断。这就是“效果历史意识”的基本结果。

6. Gespraech（交谈）。这一术语译成英语是“conversation”。对伽达默尔来说，语言最典型地生存于交谈、问答、对话的平等交换之中。最近出版了卡斯顿·杜特（Carsten Dutt）与伽达默尔的三次谈话的书：《交谈中的伽达默尔：诠释学、美学、实践哲学》（Gadamer in Gespraech: Hermeneutik, Aesthetik, Praktische Philosophie）。不久前，我增加了3篇谈话将其译成英文[②]。伽达默

① 见尤根·哈贝马斯 A Review of Gadamer's Truth and Method，载 The Hermeneutik Tradition from Ast to Ricoer，盖勒·奥米斯顿和艾伦·斯里夫特编著，阿尔巴尼，SUNY出版社1990年版，第213—244页，译自哈贝马斯的 Zur Logik der Sozial-wissenschaften（《论社会科学之逻辑》，法兰克福，Suhrkamp，1970）的一部分。

② 海德堡：Winter Verlag，1993年版，1995年修订版。英译：Gadamer in Conversation: Reflections and Commentary，理查德·E·帕尔默编译，耶鲁大学出版社2001年版。3篇增加的谈话是关于希腊人，现象学和20世纪30年代在纳粹统治下的生活。

尔认为,谈话需要对其伙伴的尊重,并承认他或许是正确的。这便是被称为苏格拉底的 eumeneis elenchoi(争论中的善意)原则。在海德堡庆祝伽达默尔百年华诞的聚会上,他的老对话伙伴哈贝马斯在仪式后与他进行了愉快热诚的交谈,我拍下了这个场面。

并非所有谈话都是成功的,如他 1981 年在巴黎以及 1988 年在海德堡与德里达(J. Derrida)的著名谈话。但伽达默尔重视并寻求辩论(Auseinandersetzung)的机会,来与一位哲学上的同时代人(这个人竟然也是个有创造力的海德格尔追随者)进行一场充满刺激性的交谈[①]。交谈在伽达默尔的整个生涯中一直是其实践和诠释哲学的中心要素。

7. Solidaritaet(团结)。Solidaritaet 这个术语在《真理与方法》中没有出现,但它或它的基本原则的确在后来的著作中出现,特别是在 Die Aktualitaet des Schoenen(译成英文是《美的现实性》)[②]中所探讨的三个主要范畴,以及在其尚未翻译的 GW 第 8 卷的最后一篇文章(1993 年出版)Zur Phaenomenologie von Ritual und Sprach(《走向礼仪和语言的现象学》,GW 第 8 卷,第 400 -440 页)中出现过。第 8 卷中的这两篇文章采取了我要称的"人类学转向",而非早先建立在海德格尔理论上的"本体论"方向。文章认为,使人类团结在一起的节日庆典是真正交流的基础。

在《美的现实性:作为游戏、象征和节日的艺术》中的三个范畴——也就是游戏、象征和节日——均取自古希腊人类学,而所有三个术语都使人想到艺术扎根于使我们连结在一起的团结之中。伽达默尔指出,"尤其象惠曾伽(Huizinga)和伽丁尼(Guardini)这样的思想家,长时间强调游戏的成分包含在人们的宗教和祭祀的实践之中"(《美的现实性》英文版,第 22 页;德文版第 29 页)。象征来自古代的一个实践,即殷勤地折断一件物品,以便当他们重逢时能够将之重新合上以互相识别。节日则是复现的,通常是每年使人们相聚在一起的庆祝。伽达默尔说:"如果有一个东西属于所有的节日经验,那肯定就是这个事实,即他们不允许把一个人和别的人分开。节日是一

① Critical Rationalism and Universal Hermeneutics,载 Gadamer's Gentury: Essays in Honor of Hans Georg Gadamer,杰夫·玛尔帕斯、乌里奇、昂斯瓦尔特和杰、凯切编著,剑桥:MIT Press,2002 年版第 15—24 页。

② 有关邂逅和评论的文件见 Dialogue and Deconstruction: The Gadamer Derrida Encounter,蒂安纳·P·米切尔菲尔德和理查德·E·帕尔默编著,阿尔巴尼,SUNY Press,1989.

种团体经历并以其最完美的形式代表团体"(《美的现实性》英文版，第39页：德文版，第52页)。为了简洁，我们不打算探讨伽达默尔这里在艺术与团结的三种形式之间制定的链环，但有趣的是，伽达默尔回到他的希腊文化的基础上而不是仅仅在真理的本体显露的时刻来探寻他对那儿艺术的理解。我想，极有可能，他在《美的现实性》中，不是丢弃早先在《真理与方法》中的本体论表述，而倒是通过回到他在古希腊文化中的人类学根本上，来加深他的艺术观念。

然而，甚至在《真理与方法》中，团结之取向在这样一些概念如Zugehöerigkeit(附属、从属、归属)、Spiel(游戏、娱乐、比赛)和Bildung(教化、修养、陶冶)上均可找到。事实上，我想再深入一步指明，有这样一位哲学家，他象孔子一样，将其思想扎根于人际现实之中。有这样一位哲学家，他发现仪式的基本意义是增进人类的团结。那是不寻常的。有这样一位哲学家，他敢聚焦于节日和它们将一个团体聚集到一起的方法。伽达默尔不谋求使其思想固定于形而上学或抽象的体系之中，或对假设命题的分析之中，而是将其扎根于使我们大家走到一起的团结的具体联结之中。他是一位寻求交流和理解的更深水平的思想家。他竭力主张开放的诠释美德。他认识到我们可以从别的文化所发现的哲学中学到东西[①]。我想，但最重要的是他同孔子共有的另一种美德：他将其哲学扎根于人类关系的现实之中，即人与人之间的网络之中。这些形成他后来哲学思想的终极基础。

① Die Aktualitat des Schonen，斯图加特：Reclam，1977，该文题为《美的现实性及其它论文》，罗伯特·贝纳斯科尼编著，剑桥大学出版社1986年版，第3—53页。

哲学诠释学的实用性

R.E 帕尔默 著　孙丽君 译　潘德荣 校

认为哲学是没有用处的观点可以追溯到西方哲学的源头。比如古希腊著名的喜剧作家亚里士托芬，在他的戏剧《乌云》中，将苏格拉底描绘为坐在悬浮的篮子里空想的一个形象。但是，在孔子的教诲中哲学是有用的。他向我们展示了：一个君子应有怎样的举止、一个统治者应怎样进行统治。老子也向我们展示了在这个世界中存在的另一种不同的方式，甚至展示了统治者统治的方式，尽管这种方式不是完美的公务员模式，但它是非常聪明而又实用的方式！正是由于这些原因，我认为孔子的贡献更大一些。当然，亚里士托芬对苏格拉底的描述是不正确的，因为苏格拉底也提出了一种生活方式。哲学比你们所认为的有着更多的实用性！

今天，我想向诸位演说的题目就是：哲学诠释学的实用性。但是，首先，我必须阐明"诠释学"是什么，以及"哲学诠释学"又是什么。

一、诠释学和哲学诠释学

1. 诠释学

对于大部分说英语的人士来讲，诠释学这个词并不是他们日常词汇的一部分。我经常这样来向他们介绍："它是一种解释的学问，特别是有关文本解释的学问。你在神学、法学或文学中都会发现它，在这些东西中，有时，你有可能觉得某一文本非常难以理解，这时你向专家求助以理解这一文

本文原刊于《安徽师范大学学报》2006年第3期，系帕尔默教授2005年8月5—7日在华东师范大学作的学术报告。译者：孙丽君（1969—），女，山东宁阳人，文学博士，山东经济学院文学院教授。

本。从那个意义上来讲,它是一种解释文本意义的艺术。”在这里,我们对上文的某些词汇作些调整,具体地说,也就是“哲学的”诠释学,或者说诠释学哲学,或者说对作为一个过程的诠释学进行哲学的分析或哲学的描述。为了向大家讲清楚这个问题,我要回溯到19世纪哲学诠释学的产生。

2. 在施莱尔马赫那里产生的哲学诠释学

文本解释的实践可以追溯到古代。在古代西方,甚至还有一些论文讨论的就是解释不同文本的——包括梦的文本——的指导规则,在中国的古代和现代,也有一些论文讨论的是怎样解释《论语》和孔子的其它著述。解释的规则就是实用意义上的“诠释学”。但是,我所说的“哲学诠释学”产生于19世纪的德国。

在弗里德里希·施莱尔马赫(1768—1831)之前,诠释学一直是被当作一种纯粹的有助于理解特殊文本的理论,但是,施莱尔马赫并没有这样定义诠释学,相反,他企图说明:在所有的对话的理解中,发生了什么?这也包括口头对话。这是一个决定性的转折。突然,诠释学不再是有关于文本理解的艺术或克服理解中困难的艺术,而是一种描述。它描述了当人们理解某物时,何事发生了,这种理解不仅是文本中的理解,也是活生生的对话中的理解。这不仅发生在理解某一特殊文本、古代法律、文学、哲学文本之中,而且,它甚至包括了就任何主题所进行的活生生对话或任何种类的文本。当然,当一个意见或文本不甚清楚时,一个解释者的帮助仍是必要的。因此,在施莱尔马赫那里,诠释学不仅仅是克服文本理解中困难的艺术,而是有关理解本性的哲学反思,当我们很容易地理解了某物时,当我们在理解时需克服许多困难时,都有这种哲学的反思。现在,它是一种哲学的描述,它所描述的就是:在对话之中,当作为“事件”的理解发生的时候,发生了什么?这个对话不仅是同另一个人的对话,还是同另一个文本的对话。施莱尔马赫将这种对话变成两个心灵间交往的一个事件,这样,他就可以论述一种“心理学的诠释学”,这种诠释学使得人们能够通过手势、语言或一个文本的风格同另一个人的心灵进行交往。

3. 汉斯格-奥尔格·伽达默尔的哲学诠释学

伽达默尔生于1900年,他经历了20世纪20年代胡塞尔现象学令人兴奋的哲学发展。他也被年轻的海德格尔对古代哲学的解释所影响,被海德格尔向他的导师胡塞尔的挑战所影响,这种对古代哲学的解释和对胡塞尔的挑战,明确地表达在他1927年的巨著《存在与时间》之中。伽达默尔在1922年的著述中曾提到海德格尔,在1923年才见到海德格尔,在1923年至1928年中,他在马堡做过海德格尔的助手,在遇到海德格尔之前,他已经完成了有关柏拉图的博士学位论文。他将古希腊哲学作为他的专业。1928—1929年,他在海德格尔的指导下,完成了他取得大学教书资格的论文,此论文是关于柏拉图题为《斐利柏斯》的对话的。在1927年,他还取得了在中等学校教授古典语言学的资格。对伽达默尔构成基本影响的许多人之中的两个人物是海德格尔和柏拉图。伽达默尔深厚的古希腊哲学功底平衡了海德格尔对他的影响,因此,在20世纪50年代的演讲中,他主要在黑格尔、柏拉图和海德格尔的名下讲解他的哲学诠释学。

在伽达默尔的哲学诠释学中,他将海德格尔对人类存在过程的存在论分析作为他在《真理与方法》(1960)中提出的理解存在论分析的背景。所有对文本、生命和艺术理解的发生都以历史上所形成的意识为基础,这些意识也形成了我们的方法和对理解所要达到的东西的预期。这种理解也是以语言为条件的,并在语言中表达出来。也就是说,理解是一个存在事件,人类站立在时间之中,其中,他对将来有所筹划,但是,他这种对将来的筹划是以过去为基础的,而过去就内含于他的语言之中。在这整个过程中,都发生了理解这个存在事件。我认为,如果不先熟悉海德格尔的哲学,特别是他的《存在与时间》以及1936年的论文《艺术作品的起源》,就很难理解伽达默尔的哲学诠释学。正是在后一篇论文中,海德格尔论证了艺术作品的真理、艺术要求真理的方式和建筑"在存在中开放了一个空间"。伽达默尔"理解存在论"(哲学诠释学)的提出,是以海德格尔的后形而上学思维方式为前提的,也就是说,是以人类存在的事实性和有限性这种思维方式为起点的。但是,伽达默尔用他全面的古希腊哲学知识,特别是柏拉图的知识,平衡了海德格尔的影响。伽达默尔以柏拉图对话式开放作为人们遭遇文本、另一个人甚至于艺术作品的模型。因此,伽达默尔的哲学诠释学将海德格尔和柏拉图,以及亚里士多德、黑格尔和其他许多人的影响结合起来。它提出了一种"理解存在论",这种"理解存在论"描述了:理解的存在过程是一个时间之中的事件，这一事件发生在效果历史意识之中，在这里，人类是一个有着期待和发问方向的有限性存在，这一事件可以潜在地改变人们对世界的理解甚至整个世界观。

二、伽达默尔哲学诠释学的实用性

1. 为人文科学的辩护

2004年11月15日，我应邀参加在墨西哥大学举行的“伽达默尔与人文科学”学术会议并在大会上做中心演讲。题目是：“伽达默尔描述阅读经典文本的七个关键术语，这七个关键术语也可为对人文学科辩护。”这七个关键术语分别是：同时性、应用、经验、真理、自我理解、个人转化和团结。大致来讲，在哲学诠释学中，这些术语的意思是：第一个（同时性）意为：在哲学、诗和艺术中的一些伟大经典文本，不管它们起源于多么古老的过去，当它在今天被我们阅读时，仍像它们刚写成时那样生动！这是一个奇迹！第二个（应用）术语的意思是：只有当我们现在能应用一个文本时，我们才能真正地理解它。第三个术语（经验）的意思是：一个经典文本的阅读就是一个“经验”，这个经验改变了我们的世界观，使得我们能更加聪明。第四个术语（真理）的意思是：经典文本向我们提供了在别处得不到的真理。第五个术语（自我理解）的意思是：对这样一些文本的阅读导向了一个更好的自我理解。第六个术语（个人转化）的意思是：理解可以导致一种个人的转化。第七个术语（团结）的意思是：正确地理解文本最终建立了个人同他的同伴之间的一种团结。每一个术语事实上都指向了阅读经典文本的具体实践效果。但是，去年我在墨西哥城演讲的论点是：由这七个主要术语所代表的哲学诠释学，可为人文学科领域的研究有着某种特殊的价值辩护。这也作为我所说的哲学诠释学实用性的第一个例子：当阅读经典的价值受到攻击时，它为这种价值辩护，同时，它也展现了阅读经典的效果，这种效果对人们有着重要的影响。

2. 导致宽容

2004年1月，我应邀参加在秘鲁利马举行的第16次秘鲁－美国哲学家大会。本次会议的主题是宽容，因此我在论文中提出了这样一个观点：伽达默尔诠释学认为：人们应向别人开放，他希望人们采取柏拉图的 eumeneis elenchoi 概念所倡导的东西，这个词的意思是：另一个人有可能是正确的，人们应该在对话中达到真理。这是宽容中必不可少的东西，也是一种美德，这种美德和实用的社会价值有关。因此，伽达默尔哲学诠释学的一个实用功能就是：它导致了对多样性的宽容，当前，我们迫切地需要这一功能。

3. 批评了科学方法并指出其局限性

伽达默尔对理解的全面分析展示了：我们对科学现象的发问方向是受已经存在着的科学目的决定的，此目的就是生产可重复性的法则。为了达到这一目的，人们必须以一个特定的和抽象的方式来制定他的问题。不仅这样，科学知识的最终价值在于：它能使我们预测和控制自然，因此不能使我们做到这些的知识，就是一种没有价值的东西，并进而被抛弃掉。这就意味着：方法和科学本身是基于它的工具性价值，也就是说，它的价值仅仅是作为一种工具，这种工具能描述并控制自然，并最终也描述和控制人类。它是如何做到这些的呢？首先，伽达默尔在《真理与方法》中的分析向我们展示了：在我们理解某物之前，我们就已经有了一些前提性的知识，而我们对某物的理解正是以这些前提性知识为基础的。没有这些普遍的前理解作为背景，我们就不可能对我们所探索的东西提出问题并理解它。尼采曾经注意到：我们在每一个领域中的知识和理解都是“被兴趣所引导的”。也就是说，在科学中，我们只问那些能产生知识的问题，对此知识，我们有兴趣去获得它。我们通常不去寻找无关的信息。哈贝马斯是一个马克思主义学者，他也是伽达默尔的朋友，在伽达默尔的劝说下，他曾于20世纪60年代来到海德堡教过两年书，在此期间，他在他的著作《认识与兴趣》中注意到：大部分科学都是被人类预测和控制自然的兴趣所支配，人文科学的大部分知识所处理的都是对“行为定向”的理解，他建议：应有第三种知识，这种知识所研究的就是“解放的反思”，这种反思能使人类从不被注意的、隐蔽地压迫着他的东西中解放出来。马克思和弗洛伊德都向我们展示了这种反思。所有的这三种形式的反思都有隐蔽着的兴趣导向。哈贝马斯在他的综合性并具有启示意义的名为《认识与兴趣》的附录中写道：“技术控制的定向、生命行为中相互理解的定向和从自然对人类的约束中解放出来的定向，这三种定向建立了一种特殊的观点，在这种观点中，我们可以如其所是地理解以任何形式出现的事实。”[1]20世纪80年代，哈贝马斯在他的《交往行为理论》[2]（1981）以及许多别的著述中，企图建立一种“无强迫的畅谈的交往”的可能性。我的观点是：伽达默尔所强调的是前理解的作用，前理解作为理解的条件，它导致了对人们提问立场的有限性判断，对这一判断，哈贝马斯在他的解放的反思和从无扭曲的交往目标中，又做了进一步的推进。

哲学诠释学有着一些不同的观点，具体地说，这些观点就是通过一系列的概念来对科学方法进行批判，这些概念包括：前理解、理解中期待的作用、提问的立场、理解中的应用和许多别的概念，对于许多还在使用科学方法的人文学科，如艺术史、交往理论、文学阅读、文学史和法学，也包括社会科学，甚至也包括科学自身对科学有限性的自我理解来讲，哲学诠释学的这些不同的观点都是非常有趣的。在我网页上的一篇文章之中，讨论了和哲学诠释学相关的36个学科或领域。在许多情况下，通过哲学诠释学的研究，这些学科或领域可以清楚地知道自己所使用方法的局限性，并在理解条件的启示下修正自己。

4. 对技术的有限性进行批判

伽达默尔的哲学诠释学进一步的实用功能就是对技术的批判。在这里，他追随着海德格尔著名的论文《技术的追问》（1953年），海德格尔比伽达默尔更为激进地看到并预言了技术不被思想所控制的危险，以及滥用技术对自然和人类所带来的危险。伽达默尔也感觉到：在技术中缺少一种内在的控制。换言之，技术本身不包含能控制技术膨胀的哲学根基。在伽达默尔的英语自选集《哲学诠释学》中，有一篇专论20世纪哲学基础的论文，在这篇论文中，伽达默尔写道：

在科学时代，认为我们不再需要这些导师（康德、黑格尔和基督教的精神传统）是错误的。他们指出了科学在改变我们的世界方面所存在的局限性，这种局限性决不是我们为自己争取的东西。在科学之前，某物就作为某物存在。对我来讲，我们的世纪最为隐蔽的并且也是最有力的基础就是对独断论

① 尤尔根·哈贝马斯：《认识与兴趣》，伯克恩出版社1971年版，第311页。

② 由舒克曼出版的这个题目在下述两本书中都可找到：《行为理性和人文科学理性》，《对实用主义理性的评价》第二卷。

的怀疑，这也包括对科学独断论的怀疑。[①]

对于伽达默尔来讲，先于科学而存在的东西就是精神的传统，在我们的时代，这种精神传统在他称之为“科学至上主义”之前就存在着。我们深陷于一个无方向的技术时代，而哲学诠释学通过回溯到存在于所有的科学、所有的技术之前的东西——我们的精神价值，向我们展示了克服这种方向缺失的一种方式，这些精神价值必须被保存下来。在《真理与方法》中，伽达默尔指出了：诠释学的历史就是一个技术的历史，而在20世纪发生的哲学诠释学的转向就是离开这种思想：将诠释学仅仅看作为解决文本中的困难的工具。伽达默尔通过集中研究理解和对话的本质，通过回溯到我们的传统中所包含的洞察力的巨大财富，他认为：我们可以克服当前的科学主义。当然，他所考虑的主要是古希腊的遗产，但是，从他和希腊学者格林·W·莫斯特对话的最后一行中，我们知道，“希腊人，我们的导师”不仅是指希腊人是我们的导师，他明确地说，在东方的传统中，我们也可以学到许多东西。[②]核反应技术，特别是现在国际上重新开始核武器竞赛不可能拯救我们。在科学至上论和技术至上论之前，我们需要一个实践智慧。哲学诠释学指出了复活这种智慧的一种方式，在复活这种智慧的过程中，哲学诠释学对如何控制当今的技术统治也有着巨大的实用价值。在国际政治中，一些主要的力量忽视了他们自身的精神根源，并逐渐走向战争而不是和平，走向相互恐吓而不是相互关爱和相互理解。这不仅是令人遗憾的，它更是毁灭性的。

我最近为两本书写过书评，这两本书指出了一个更好的方式。其中的一本书倡导哲学的转化，另一本倡导观看方式的转化。第一本书是《改造理性：转向新哲学》，作者是约翰·莫克姆伯，这本书通过提出更具包容性的理性概念，企图沟通欧洲大陆哲学和美国哲学[③]。第二本书是《死亡在行动：艺术、哲学和沉思性的观看》，作者是克里士多弗·A·达斯汀和乔娜·F·里格勒，这本书向我们展示了艺术和哲学怎样能够塑造我们的生活。尽管这两本书都没有提到伽达默尔，但是，都指出了一条超越纯粹技术的途径。尽管第二本书的资料主要是关于古代和19世纪的美国乡村，但是，它们都使我想起了中国的思维方式。在这个思维方式中，艺术和哲学都是直接进入生

① 伯克利：《哲学诠释学》，加利福尼亚大学出版社1976年版，第129页。

② 参见理查德·E·帕尔默选编：《对话中的伽达默尔》，耶鲁大学出版社2001年版。

③ 布鲁明顿：《改造理性：转向新哲学》，印第安那大学出版社2005年版，第257页。

活实践之中并使它发生转化。

5. 探讨了对话的前提和本质

伽达默尔的哲学诠释学离开海德格尔哲学的地方是:伽达默尔的哲学诠释学强调对话。在这里,他转向了柏拉图。但是,目前,他的观点被海德格尔的哲学所强化。在海德格尔那里,伽达默尔学会了:存在论上的理解是如何处于历史的时间和空间之中的,正是在时间中的起点和人们从过去所得到的遗产之中,人们才能产生问题。并且,正是通过海德格尔,伽达默尔才学会了倾听——诠释学的开放——的重要性。但是,通过柏拉图,伽达默尔学会了将寻求普遍性基础和追问真理结合起来。从柏拉图那里,伽达默尔学会了尊重他人,因为他接受了下述观点:即认为他人有可能是对的,而且接近真理可使双方获利。通过这种方式,以这样的态度,人们可以在理解中达成更多的一致。这就是有意义的对话所希望达到的东西。一个成功的对话是非常重要的,最需要这个成功对话的地方之一是在谈判过程之中。哲学诠释学特别是其中有关对话的研究,无疑可以提高谈判的水平。我们可以在巴以谈判中见到没有对话式开放并缺少有意义的对话这种消极性的例子,尽管当今他们正在争取新一轮的努力。每一方都觉得自己是受害者。确实,他们都是受害者!但是,他们是受害者的原因在于:他们自己缺少谅解以及缺少对公平的承诺!而美国对以色列而不是对巴勒斯坦长达十余年的财政和政治支持,也破坏了(目前为止)解决争端的可能性。美国不应该支持某一方,而是应该为双方寻求公平和正义。在美国方面,迫于国内强大的犹太人势力,单方面支持以色列,从而使得美国只是在压迫一个饱受压迫的民族!这不是正义。从长远的观点来看,这种方法也不会是一个成功的战略。为什么呢?因为这事实上使得以色列缺少达到公平的政治解决诚意,同时也使得它有军事能力来进行抵抗,因为在他们背后,有美国的军事和政治的支持。但是,其结果就是:美国成了穆斯林信徒的敌人,虽然穆斯林和这件事并没有关系,从而使得同许多穆斯林国家的对话变得更加困难。缺少对双方的公平和正义以及缺少对双方人权的尊重,导致了这种谈判游戏:每一方都在寻求政治上的优势,而不是试图寻求对双方都公平的、双方可以和平相处、共同繁荣的条件。和谐共处是更好的目标。最后,对于双方来讲,公平解决的唯一道路应是和平,而达到和平的方法只有对话。在伽达默尔的哲学诠释学中，他探讨了一个有意义的对话的前提以及一个成功对话的本质。在此过程中，他为双方提供了迈向和平以及和谐共处的途径。他为成功的谈判提供了一些有价值的原则。阅读伽达默尔，对谈判者是有好处的。

6. 两种诠释学："恢复意义的诠释学"和"怀疑的诠释学"

保罗·利科尔（1913—2005）是法国最伟大的诠释学哲学家，同时他在全世界范围内也有许多追随者，他为欧洲和美国之间的哲学对话做出了积极的贡献[①]，是这两块大陆之间沟通的桥梁。在他生命的最后20年中，致力于发展一种"诠释的人类学"，为我们提供了哲学诠释学实践本性的意义。他在《弗洛伊德和哲学》中，对两种基本的诠释学种类作了具有启示意义的重要区分：揭示的诠释学和怀疑的诠释学，前者所追求的是发现文本的意义，特别是神圣文本的意义；后者所追求的是深入到文本的后面，以寻求导致这一创造物背后的因素，并最终也找到它产生错误观念的源头。揭示的诠释学所导向的是：发现由文本所揭露的真理，特别是由古代文本所揭露的真理。这种解释假定：有某种重要和真实的东西将要被揭示出来，大体上，施莱尔马赫、狄尔泰和基督神学以及海德格尔和伽达默尔的哲学可以作为这种哲学形式的例证。另一方面，三位伟大的怀疑的导师：马克思、尼采和弗洛伊德可以作为利科尔在其《弗洛伊德和哲学》中所提出的"怀疑的诠释学"的例证。这三位都是破坏偶像的思想者，他们对文本、社会或个人信念都持一种怀疑的态度，都力图通过揭示隐藏在文本或有意识的信仰后面的东西来揭示某个错误的制度或错误的世界观。

在卡尔·马克思那里，他希望探讨资产阶级意识形态后面的东西，资产阶级的意识形态就是为了保持资本持有者的地位，并剥夺劳动者作为社会生产者的合法地位。对于马克思来讲，基督教的功能就是作为"大众的鸦片"。资本主义社会中警察的作用就是执行法律，而法律则是为了加强资本家的特权。宗教的功能就是使人们顺从于明显的社会不公。弗里德里希·尼采为了维护人的"生命"的力量，向传统道德和基督教发起挑战。他的哲学被称之为"生命哲学"而广泛流行（另一个著名的生命哲学家是尼采的同

---

①对于利科尔哲学的完整评述，见《斯坦福哲学百科全书》，http://plato. stanford. edu /entries / ricoeur.

代人：威廉姆·狄尔泰）。大部分传统价值观都是反生命的并因此需要被克服。尼采的模型就是“乌伯曼斯”——超人，他能像尼采一样超越于常人。西格蒙斯·弗洛伊德超越了梦的文本表面上的内容，超越了病人的自我解释，以帮助病人发现他精神病症状背后的原因，并且，这原因通常和童年的创伤经验有关。当他们发现了这种经验及其非理性，就可以从精神病中解脱出来。对于弗洛伊德来讲，梦的文本就是一个编码，这个编码需要由弗洛伊德本人用他的解释系统来译解，利科尔用了整整一本书来说明这一解释系统。在这本书中，通过分析弗洛伊德解释梦的规则、方法和动力，利科尔将弗洛伊德的学说上升到哲学诠释学的层次。

在这里，我们不能过多地涉及利科尔的精彩分析，因为我们的主题是伽达默尔哲学诠释学的实用性，但是我们须注意和这一区分有关的因素，那就是尤尔根·哈贝马斯。哈贝马斯是马克思主义者，归属于由阿多诺和其他人合创的法兰克福学派，因此，他也属于“怀疑”派，并且，由于他和伽达默尔之间的亲密友谊，和伽达默尔之间产生了富有成效的对话，这使得伽达默尔能够了解由哈贝马斯所代表的另一种重要的解释方式对自己的反对。在我最近的一个稿件《哈贝马斯之思》之中，我认为：这两个思想家有许多相同的地方，并且，他们都为哲学做出了卓越的贡献。因此，这二者的思想都是我们所需要的。

关于伽达默尔和哈贝马斯，我可以回溯到1972年，在1972年，我翻译了伽达默尔对他和哈贝马斯之间争论（从1967年开始）的一个早期回应，其中陈述了他对弗洛伊德和哈贝马斯的诠释学的一个综合性反对意见：即它不是令人满意的对话模型[①]（这个回应第一次出版在他的自选集《小论集》1967年卷，后来又在《解释学与意识形态》，法兰克福：Suhrkamp，1971）。在这本书的最后，有一篇对整个讨论的“答复”，是对阿佩尔、伯尔曼、布默、吉格尔以及哈贝马斯等人批评的一个总体性答复。由伽达默尔所作的这个结语性的论文现在已被翻译为英语[②]。有少数人可能会怀疑批评的实用价值，认为它不可能使人们超越并舍弃那些不再有用、不再真实或不适合社会或个体生命的东西。因此，对他们来讲，怀疑的诠释学看上去就有实用价值。但

①我在翻译《诠释学、修辞学和意识形态》的过程中，为它取了另一个题目《诠释学反思的范围和功能》，此更改获得了伽达默尔同意，发表于他的论文集《哲学诠释学》（1976）中。

②奥尔巴尼：《诠释学的传统：从阿斯特到利科尔》，纽约州立大学出版社1990年版，第273—297页。

是，我们在这里要论证的问题是：伽达默尔的哲学诠释学作为一种揭示的诠释学，它的实用性在哪里？我曾经问过伽达默尔，人们抱怨他的诠释学不包含一个批评的瞬间，对此，他作何答复？他说："他们是对的，它确实不包括。"但是，他为什么说得如此平静并且没有任何遗憾？我想这要回到对话的问题之中。

在他1967年回应哈贝马斯用心理学作为解释的解放形式的论文中，伽达默尔注意到心理分析学者有许多问题。心理分析者在指挥着现实；他的观点是毫无疑问的。心理分析者的问答逻辑预示着：他是一个健全的人，病人则是一病态的人。这并不是一个真正的对话，它更像是一个审问。在一个真正的对话中，对话的双方是平等的，双方都在寻找着有关某一问题的真理。就像在柏拉图的对话中，双方都有可能是错误的，并且每一方都退让一步并承认这一事实。然而，分析学者们却能看到病人看不到的东西，同时，他或她的治疗就是引导病人走出他的压抑性环境，走向解放。这不是一个平等者之间的对话。分析学者们具有一个权威的地位，而病人只提供一些信息以供分析学者们分析。伽达默尔由此追溯到：启蒙主义观点中也包含着这里所涉及到的这种预设：传统是一个教条，我们必须使用理性的力量把我们自己从这种教条中解放出来。在哈贝马斯的"交往行为"理论中，他所寻求的就是去掉交往中的扭曲以便达到"无强迫"的交往。为了达到这一点，人们必须有一个较高的立足点，从这一立足点上来驱逐扭曲，为此，伽达默尔告诉我："根本就没有无扭曲的交往，我们只能一点一点地接近真理。哈贝马斯在为一个反事实的条件辩护。"哈贝马斯的方法和启蒙主义思想家是一样的，尽管启蒙主义思想家假定了启蒙主义的教条，但他们却认为他们自己是独立于所有教条的，但是，伽达默尔信奉下述观点：克服当今问题的途径是回到古代哲学的深刻真理之中，并依靠我们自己的思想将这种真理应用于判断。这也是一种实践，并且，这种实践可以使我们从过去的观点中解放出来，但是，这种思维方式确实假定了：在开端处，传统就是病态的并需要用理性加以医治的。

我曾经问过他，他是否反对理性，他说："反对理性？哦，不，我从不反对理性"。然而，他却反对启蒙主义理性的预设，启蒙主义理性认为传统是教条。他所反对的是这种预设，而不是理性本身！他赞同下述对话的程序，这种对话一开始就说:“来吧,让我们一起用理性来辩论吧!”在这种共同理性起来的过程中,人们使用一部分传统来反对别人,以便共同前进。在这个世界上存在着许多的不公平,但是,决没有一个简单的解决问题方法。我们必须对我们所倾向的东西和不倾向的东西都保持着高度的理性,在保持传统和历史的前提下共同前进。

在理性中,我们的任务就是恢复传统中好的和真实的东西,并应用它改善当前的社会,就是使用诠释学理性去克服纯粹的工具理性。由汉斯·格-奥尔格·伽达默尔所提出的哲学诠释学,是尊重传统的诠释学,是对话和谈判以及合作的诠释学,是远离技术理性和科学主义的诠释学,是远离军国主义和妖魔化论战对手的诠释学,最终,这种诠释学形式为我们提供了一系列的实用利益,它将使我们在和平中共同前进。

伽达默尔和哲学

张汝伦

2002年3月14日，伽达默尔去世，标志着德国哲学一个时代的结束。伽达默尔一生横跨三个世纪。他生于1900年，即19世纪的最后一年，也是尼采去世的那一年。死于21世纪的第二年。他经历和见证了德国哲学与西方哲学的巨变。在海德格尔和阿多诺去世后，他和哈贝马斯成了当代德国哲学的象征。

然而，和与时俱进的哈贝马斯不同，伽达默尔更能让人们想起德国哲学的传统。《法兰克福汇报》发表的悼念文章称他是德国教授家族古典风范的最后体现，的确是一个中肯的评价。伽达默尔是现在已经罕见的那种传统德国人文学者，这类学者就是中国所谓的"通儒"。他们具有精深的人文修养和高雅的鉴赏品味。这些人对古典学术浸染很深，对近代文化更是如数家珍。黑格尔、狄尔泰、海德格尔就是这类学者的典型。

但是，在一些英美学者眼里，"德国教授"却意味着最好不过是在象牙塔里皓首穷经，不知有汉，无论魏晋，浑不管人间的冷暖是非；最坏则是自以为是，敌视民主，乃至对强权卑躬屈膝，卖身投靠。美国学者Fritz Ringer很有影响的The Decline of German Mandarins（《德国士大夫的没落》）一书更是使这种形象深入英美人心，不但黑格尔和海德格尔被他们视为这种German Mandarin的典型，而且连伽达默尔也不脱此类嫌疑。

美国《在世哲学家文库》前几年编了一本长达六百余页的《伽达默尔的哲学》，其中有一位美国女权主义者，不但指责伽达默尔没有在他的哲学自传《学习哲学的年代》提到他的母亲，没有说他的妻女姓甚名谁，更批评他

本文原刊于《安徽师范大学学报》2002年第5期。

作者简介：张汝伦（1953 —），男，上海市人，复旦大学哲学系教授、博士生导师。

"基本上只读至少两千年的书","明显漠视20世纪政治提出的问题",完全与实际生活脱节。这表明了一种与生活世界脱离的哲学观,这种哲学观也违背了伽达默尔自己的释义学思想,根据这种思想,历史不断地在人们的意识中起作用。在这位政治正确的女士看来,伽达默尔通过生活在象牙塔中逃避具体的生存,他的哲学没有适当地处理社会和物质生活的问题。她同时还含沙射影,深文周纳,说伽达默尔深谙存活之道,他不但没有在纳粹统治时期挺身而出作烈士,相反,为了存活和职业生涯,他能巧妙地玩弄一些花招,太太平平地度过了纳粹统治的岁月。但战后德国知识分子试图理解纳粹现象时,伽达默尔却保持沉默。

这种指控的人确如甘阳所说,让人想起了文革时期的专案组成员。这种被意识形态控制的人,当然不会懂得,真正的哲学从来就由现实问题激发,针对现实问题的。但哲学从来就不是政治表态,更不是意识形态的论证。哲学总是对时代的种种提出质疑,用歌德的话来说,就是"进行哲学思考的人都不会同意时代的看法。"这就是苏格拉底为什么被杀,而尼采何以见放。

哲学这种天生的叛逆性决定了它不能体制化,一旦它被体制化,即成了学院哲学,哲学就走向了死路。然而,哲学也难逃现代生活的体制化。哲学家要生活,要被人承认,不能不进入体制,进入大学。然而,这并不是说,在哲学教授中,我们无法区分真正的哲学家与哲学专家。前者与后者的根本区别就在于,前者以人类命运为念,而后者只想当个专家。在这些专家的努力下,哲学实现了条块分割,专业细化。从苏格拉底到海德格尔,古往今来的哲学家一个个成了专家们研究的"对象",他们的思想被捣鼓得支离破碎,而他们的问题和哲学精神,却再也看不到了。

对于将哲学体制化和制度化的学院哲学,海德格尔深恶痛绝。他曾主动写信给雅斯贝尔斯,希望联手反学院哲学。伽达默尔进大学时,正值学院哲学——新康德主义统治着德国大学。新康德主义根本不能满足经历了第一次世界大战的强烈震撼而处于极度迷茫和困惑的青年人的精神需要。现象学虽然与新康德主义不同,但却同样不能满足伽达默尔那一代人的需要。胡塞尔的一个学生用了整整一个学期去研究信箱是什么,这说明现象学同样无法向一战后迷惘的一代提供对现实的思考。海德格尔被当时的年青人奉为思想界“秘密的国王”不是偶然的。伽达默尔在晚年回忆说,他们之所以被海德格尔吸引,是因为在海德格尔那里,哲学传统中发展的思想,只是因为被理解为现实问题的答案才具有生命力。

尽管很多人喜欢把海德格尔理解成一个云山雾罩的玄学家,其实他与柏拉图或黑格尔一样,是最具现实关怀的哲学家,这一点只要细读他与《明镜》周刊的访谈就可明白。海德格尔之所以在今天仍然具有不可抗拒的魅力,归根结底是人们在他那里读出了对人类当前困境最深沉的思考。当然,他对现实问题的关切是哲学的关切,而不是实践的关切,这也是哲学家的本分。一旦哲学家思出其位,不守本分,就难免受到历史-现实的作弄。古有柏拉图,今有海德格尔,都是这方面的显例。

2000年伽达默尔百岁时,《明镜》周刊也采访了伽达默尔。记者一上来就要他向非哲学家解释一下哲学究竟是干什么的。在我们这个讲求功利的时代,这个问题真是道出了千百万人的心声,其潜台词其实是“哲学有何用”。伽达默尔说,人们对哲学有非常不合理的期待,总以为它要么能代替任何科学,要么它能给建造世界的人以科学的总结。还有一个不合理的期待就是哲学应该或能够成为科学。也就是说,哲学应该像科学一样具有可证明性。但伽达默尔明确指出,可证明性不是哲学的事。《明镜》的记者(想必我们的读者也会)接着问,那哲学能做什么?人们可以从它那儿期待什么?伽达默尔的回答是:他觉得,学会继续问问题,而不是认为一切一开始就规定好了,是一个伟大的责任。人不能在设问时是为了得到重要的信息。“信息”这个词的意思已经是说,是的,有些东西已不需要再思考了。伽达默尔说,甚至人们称为傻瓜的人也有很大的哲学兴趣。《明镜》的记者马上说,但他们没有回答哲学问题的能力。伽达默尔回答道,哲学家也很少能回答。但他们至少能说,他们为什么不能回答这些问题。

由此可见,在伽达默尔看来,哲学的本分就是提出问题,或者说,关于现实的思辨的问题。他曾说,他在繁忙的教学之余写《真理与方法》,是感到有一种自然的需要,要思考通过从当前的哲学形势出发,他在教学中追溯的各种哲学道路,如何真正与今天相关。要真正理解伽达默尔的哲学,不可不认真对待他的这番表白。

伽达默尔在介绍其哲学道路时说,他的工作有两个主要的中心,这就是释义学和希腊哲学。如果我们对伽达默尔哲学有真正的了解的话，就会发现这两个中心其实都最终归结到实践哲学。

释义学不是什么新东西，它起源于古希腊，施莱尔马赫将它引入哲学，狄尔泰更是极大地扩充了它的内涵；但在狄尔泰那里，领悟基本上仍属一个意识的行为。尽管伽达默尔在《真理与方法》中，对狄尔泰释义学的解释的确不太公正，但释义学的基本行为——领悟，在伽达默尔那里的确有不同的含义。伽达默尔思想成长的哲学语境是主观唯心主义及其危机，以及人们重新接受祁克果对黑格尔的批判。伽达默尔后来回忆说，这个批判给了领悟完全不同的意义。根据祁克果，是他人打破了我的自我中心，给了我某些东西去领悟。这构成了伽达默尔哲学释义学最深的冲动。而海德格尔的"事实性释义学"，即他对领悟生存结构的展开，则使伽达默尔看到了领悟更广阔的境域。领悟不再是一种意识行为，而是人基本的生存方式，即他与世界的基本关系。

因此，释义学领域包括领悟展示自身的种种形式，从人与人之间的交际到社会控制；从社会个体的个人经验到他同社会打交道的方法；从由宗教、法律、艺术和哲学等构成的传统到通过解放的反思使传统动摇的革命意识（见伽达默尔《全集》第2卷，图宾根，1986年，第232页）。伽达默尔发现，人对世界的一切经验都有本质的语言性，语言性渗透到人与世界的一切关系领域中，用他自己的话来说，就是"语言性深深地植入人类存在的社会性之中。"正因为如此，他的哲学释义学始终是围绕着语言性展开的，而语言的根本特征又不能不被他理解为对话，因为他始终坚持他人的特殊自主性。他的释义学哲学的最高原则就是保持使自己向对话开放。

这个看上去平淡无奇的原则蕴含着重要的意义。保持向对话开放，首先就意味着让对话无限地进行下去；而要让对话无限进行下去，不能假定自己一定是对的。恰恰相反，对话的前提是对话的伙伴，即他人可能是对的，并且可能比我高明。如果预先假定对话有一个全知的主体，那么对话就不是对话，而是独白或者训话了。因此，伽达默尔坚决反对哈贝马斯将精神分析的治疗情况作为意识形态批判的范型。对话者中没有一个人是那个知道一切的心理医生，只有社会成员。不仅如此，伽达默尔还发现，哈贝马斯所谓没有强迫的自由对话实际上只是一个高度抽象的概念，完全没有看到人类实践的真正条件。在对话的目标上，伽达默尔也与哈贝马斯不同。哈贝马斯要通过对话达成最后的一致或共识；而在伽达默尔看来，人与人的领悟不可能完全重合，因此，领悟的一致并不是意味着差异被同一性克服，对话双方的差异永远存在。对话的目的是求同存异，让对话的主题带领我们走向进一步的问题。对话者自身的特殊倾向不是在对话中得到克服，而是在对话的发展中得到了表达。

伽达默尔与哈贝马斯在对话上的分歧根源在于哲学倾向上的分歧。哈贝马斯尽管也接受和运用释义学和辩证法的方法，并与阿多诺一起和实证主义者展开过激烈的论战，但他在对话问题上的立场，表明他并没有完全摆脱近代理性主义哲学传统。这种传统的一个主要特点就是，只有能被证明和检验的东西才能被接受为真理。哈贝马斯对话理论的关键在于一个先验普遍的程序，也就是理性论证的规则，只有在自由的条件下，按照程序的要求进行对话（也叫交往），才是真正的对话，这种对话可以根据程序来证明和论证，原则上也一定能达成普遍的共识和一致。

伽达默尔则从现代存在哲学的立场出发，他指出，我们在日常生活世界中根本不是这样对话的，"领悟和互相理解主要或最初并不是指方法论上受过训练的对待文本的行为；而是指它们是人的社会生活进行的形式，社会生活——从形式上说——是一个对话的共同体。"（伽达默尔：《全集》，第2卷，第255页）实践生活中的对话并不一定具有可证明性，但同样可以具有真理性，苏格拉底和柏拉图对话早已昭示了这一点。

哈贝马斯自由、合程序的对话思想来自皮尔士，而皮尔士则是根据自然科学研究经验提出这个理想目标的。它只能是一种作用有限的理论理想，不可能对实践发生真正的影响。因为它实际上是对实践的偏离。伽达默尔不是把对话视为（自然）科学的求真理的方法，而是视为人类实践（亚里士多德意义上的，也即实践哲学意义上的）的基本模式。因此，他把修辞学作为释义学的基本方法。在接受《明镜》周刊的采访中，他甚至说它也许事实上是哲学的唯一方法。他说，修辞学作为哲学的方法，应该是说，我们必须最终重新学会怎样正确进行对话。修辞学与哲学一样，起源于古希腊，修辞学自古以来就一直是一种真理主张的唯一倡导者，这种主张保卫似乎真的、可能的、能说服日常理性的东西，反对科学的可证明性和明确性的要求。科学只有通过它才能成为生活的一种社会因素。古希腊的修辞学大师不但要求传授讲话的艺术，而且还要求形成一种能保证政治成功的市民意识（《伽达默尔全集》第2卷，第236－237页，第235页）。因此，修辞学在社会生活中的根本作用是毫无疑问的（《伽达默尔全集》第2卷，第237页）。

在深受近代科学实证主义思想影响的人看来，修辞学根本就不能是什么方法。伽达默尔有一次将他的著作寄给一个朋友，一位非常著名的物理学家，结果那人在他著作上每隔3页就批上"修辞学！"意思当然是"根本就不是科学"。但在伽达默尔看来，不能把逻辑和科学思维套用于人生。将修辞学作为哲学的唯一方法，显然有强调生存实践自有它独特方法的意思。但更重要的是，将修辞学作为哲学的唯一方法，清楚地证明了伽达默尔哲学根本的实践性。修辞学是人类对话的基本方法，而对话则是人类共存必不可少的条件。

作为20世纪人类种种罪恶与灾难的见证人，伽达默尔尤其关心人类的团结。冷战结束后，他并没有以为从此天下太平，再也不会有什么危险了。相反，他认为，贫富差距不断扩大，南北矛盾不断加剧，生态危机日益严重，不同文化不能相互理解，这些问题如果不解决的话，人类会陷入更大的灾难。所以他不断强调人类的团结，强调通过对话消除隔阂。当《明镜》周刊的记者问他自己在哲学中希望什么时，他回答说，如果我们最终开始使世界各宗教重新相互对话的话，那会是一件美妙的事。

在对话问题上，伽达默尔是彻底的多元主义者。对话是要达到相互理解，但理解并不意味着克服他者的他性。相反，他性的存在是对话真正需要和得以进行的基本条件。伽达默尔并没有像许多西方学者那样有明显的西方文化中心论的倾向。早在他上大学期间，就读过德国现代文化哲学家和作家特奥多·莱辛的名著《欧洲和亚洲》。这部书使他打破了当时西方社会流行的西方中心论的偏见，而对非西方文化有高度的尊重。他的这种态度不但见诸文字，也见诸他的行动。1989年德国洪堡基金会在波恩举行纪念海德格尔诞生100周年大型国际学术讨论会。会上许多非西方国家的学者如众星拱月般围着像他这样的西方大牌学术明星转。可他却在分组发言时，坐在第一排认真听一位扎伊尔的年轻学者做学术报告，并饶有兴趣地提了许多问题。事后他还说，这位博士先生能用我们的语言或法语来讨论西方哲学的问题固然很好，但他若能用他的母语来谈非洲哲学就更好。有人曾问过伽达默尔，既然你对东方文化那么尊重，为什么从未写过这方面的文章。他的回答是，海德格尔和他都是那样一代德国哲学家，他们认为不懂一种文化的语言就不能对它说什么。这个回答显然含有对像康德、黑格尔对中国和东方文化知之甚少，却随意作出轻蔑判断做法的不满和纠正。

伽达默尔对持不同观点的人，也非常宽容和尊重。哈贝马斯早年做完教授资格论文后，由于种种原因，不为当时法兰克福的代表人物阿多诺所喜，尽管另一法兰克福学派的巨子霍克海默对他颇为欣赏。为此，阿多诺和霍克海默这一对老朋友差点闹翻。此时伽达默尔任海德堡大学哲学系主任。他明知哈贝马斯的观点与海德堡同仁的观点不一样，还是将他聘为副教授，认为可以起到相互攻错之效。在后来的几十年里，哈贝马斯一直是他的主要论战对手。1999年哈贝马斯70寿辰时，他作为前辈，还是写了很长一篇文章表示祝贺。

尽管伽达默尔坚持多元性原则，坚持他者的不可消失性，反对任何独断的、先定的统一或一统，但他并未像后现代主义者那样，完全否定人类的共同性。一个基本的事实就是人类共处于同一个地球，他们不能不相互交往，在一定程度上他们具有共同的命运，这是谁也否认不了的。然而，经济全球化并没有使人类更好地相互理解，相反，对利益和权力的争夺愈演愈烈。一些人看出了冲突不可避免，干脆提出“文明的冲突”论来使其合理化。9. 11事件很可能是一个不祥的信号，预示着更可怕的危机与冲突还在后面。

经历和见证了20世纪所有可怕灾难的伽达默尔，对于时代政治提出的问题，决不会无动于衷，因为这些悲剧构成了他们这代哲学家的思想背景。在伽达默尔看来，我们一方面应该承认他者的权利，他者的自主性，并且承认他者可能的正确和高明，非此人类就不可能有真正的理解与尊重，就不可能消除分歧，和睦相处。但另一方面，必须承认人类有共同点，人类属于同一个共同体，共同参与人类的命运和对之负责。否则人类就没有和平共处的前提，就注定只能同归于尽了。因此，早在《真理与方法》中，伽达默尔就坚持，对作品解释的无穷多样性不能否定作品不可动摇的同一性。同理，人类文化传统和世界倾向的多样性也不能否定人类具有共同性。伽达默尔首先试图通过语言的普遍性或语言性来找到和证明人类的共同点。

但是,伽达默尔不能不承认,语言的普遍性不能否定前语言的世界经验的存在。这些世界经验可以不需要语言,但却是语言的前提。语言的普遍性或共同性还不足以证明人类的共存性。或者说,仅仅停留在语言哲学的范围,还不足以使人类的共存性成为一个基本的主题。于是,在《真理与方法》之后,伽达默尔开始转向一个比语言性更广阔的方向。他仍然从最易使我们回到原始经验的审美经验开始。在1977年出版的《美的现实性》中,他提出了“节日”(das Fest)的概念。这个概念显然具有古希腊经验的背景。节日的特点就是人们的共同参与,游戏,狂欢。没有这一点,也就不成为节日。节日显然彰显了共同体或共存的经验。伽达默尔说:“如果有什么与一起节日的经验联结在一起,那就是不允许人与他人分隔开来。节日就是共同体的经验,就是共同体自身以其最完美的形式来表现。节日总是一切人的。”(伽达默尔《全集》,第8卷,图宾根,1993年,第130页)显然,伽达默尔试图用节日这个概念来揭示人类原始的共存性。

20世纪90年代,伽达默尔又提出了“仪式”(das Ritual)这个概念来进一步阐发他的思想。比起“节日”的概念,“仪式”这个概念有更明显的人类学的色彩。从人类学的角度看,仪式比节日的涵盖面要广阔得多。不知是否这个原因,伽达默尔对这个概念要更为重视。《明镜》周刊那篇访谈的题目就叫《仪式是重要的》。在那里他说:“人们必须从事仪式,以此学会思考重要的问题,像死或生。以此人们在这里学会正确地提问。”也许在一般的人看来,伽达默尔说这些话证明他老糊涂了,根本不知道自己在说什么。其实,伽达默尔完全知道,在今天这样一个“科学的”时代,“仪式”已经成了“一个骂人的话”。但他向来认为,够格的哲学家就要敢于突破传统的哲学语言,创造出鲜活的概念。“节日”和“仪式”就是这样的概念。

和节日一样,仪式也是一个共同体所有成员都参与的活动,它可以没有语言,或者先于语言,例如葬礼可以是完全无声的。实际上,语言是仪式的一部分,而不是相反。但仪式的语言不是对话,而是表述性行为,如进行婚礼、作出承诺、宣布裁决,或通过判决等。仪式规定了行为必须遵守的规则和程序,它就像游戏概念一样,被伽达默尔用来作为揭示人类原始实践生活的范型。伽达默尔研究了动物种群的行为,发现与人的行为非常接近,不同只在于人类虽也有自我保存和种属保存的本能,但不受制于本能。人类可以在一个相互相关(Ineinander)的共同体中,通过仪式、符号和命名,上升到一个生活世界,它可以发展出道德和法律,使人得以至少部分不受本能的支配。

仪式是比语言更深的实践层次,因为它不仅像语言或对话那样,要遵守学到的规则或达到规定的目标,而且它实际上还培养了人的正确感。在一个仪式中出错就是无礼,仪式中养成的行为分寸感就是所谓正确性的基础。这种正确感不是什么圣人先验的规定,也不是当局有意的灌输,而是在生活实践中自然产生和形成的生存习惯。正是这种在人类相互关联、相互影响的共同存在模式(仪式只是一个比较原始的、典型的例子)中产生和形成的合适感或正确感,使人得以克服或压制动物无法克服的本能,能够相互合作地共存在一起,而不是像动物那样,仅凭本能乌合在一起(Mitsamt)。这是人类团结的基础。对话只关系到两个人,而仪式则关系到共同体所有成员。仪式从存在论上显示了人类的共存性。

通过对仪式的现象学描述,伽达默尔揭示了人类团结的存在论基础。毋庸讳言,不同的文化传统有不同的仪式,这些仪式也许是千差万别,无法通约的;但是,仪式作为人类人类学和生存论的普遍特征,却是毋庸置疑的。有了这个本质的共同点,人类为什么不能通过无穷的对话来增进相互理解,避免同归于尽的悲剧?这大概就是伽达默尔一生哲学思考的最终政治指向。伽达默尔的哲学释义学是一种实践哲学,也由此得到了进一步的证明。

也许,对于开口闭口政治正确的意识形态主义者来说,伽达默尔仍然是在回避现实政治问题;而对于老于世故的施密特主义者来说,伽达默尔简直幼稚得可笑,根本不懂政治的真谛。的确,在对话、节日和仪式这样的隐喻和意象中,人们是看不到现实政治的刀光剑影,听不到强权政治的隆隆炮声;人们从中看到的只能是希望之乡的温暖色彩,听到的只是《欢乐颂》撼天动地的感人旋律。在这个日益残酷的世界上,老伽达默尔也许真很天真,尽管见证了我们时代的一切罪恶,仍然相信人类团结的可能。

现在,这个天真的老人去了,留下了一个简单而困难的问题:我们该怎样对待世界?怎样对待哲学?

伽达默尔哲学解释学的基本思想

郑湧

一、H. -G.伽达默尔哲学的起步处

H. -G.伽达默尔是一个古典语言的专家,研究古希腊的语言和著作,特别是柏拉图的著作与诗歌。在其自述中,可以看出,P.纳托尔普对他似乎一直格外开恩,经常给他"开小灶",特别是让他看一些E.胡塞尔或M.海德格尔寄来的私人信件和未刊稿,其中有他们的最新甚至可以说最重要的哲学想法和提法,这使得H. -G.伽达默尔深受其益。H. -G.伽达默尔在上大学的时候,并没有选修古典语言学,而后来所发生的这个转变,我总觉得和他看那些信件和未刊稿有关。在这个过程中,他把哲学和语言问题密切地结合起来,首先是与古希腊语言问题的结合。这就形成了一条古典语言专家的哲学之路;对H. -G.伽达默尔来说,这也是一条最便捷、最佳而又最有特色的哲学路径。"古典语言专家的哲学之路",是一条具有浓厚解释学意味的哲学之路。解释学的哲学之所以由H. -G.伽达默尔来完成,也是因为:他既有古典语言专家的学术素养,又有读E.胡塞尔和M.海德格尔那些尚未发表文稿、接触他们思想最隐密、最关键处的机缘。站在哲学巨人的肩膀上,使他得以继往开来,登临绝顶而"一览众山小"。

除此以外,现象学的另一个重要发展,就是提出了向"生活世界"的哲学转向。这个转向是从E.胡塞尔与M.舍勒开始的。H. -G.伽达默尔重视并接受了这样一种哲学转向,并且是既接受了E.胡塞尔的,又接受了M.舍勒的;

本文原刊于《安徽师范大学学报》2007年第6期。

作者简介:郑湧(1944—),男,江苏海门人,中国社会科学院哲学研究所退休研究人员,1986年获联邦德国洪堡基金会科研基金,先后师从G.冯克(G. Funke)学习E.胡塞尔现象学(1年)、师从H. -G.伽达默尔学习解释学(3年)。

与此同时，H. -G.伽达默尔以其作为“古典语言专家”对“语言”的特有敏感，意识到：哲学倾向的转变，必然要引起并落实于哲学“语言”的变革。对于哲学变革中“语言”的必要性、重要性，H. -G.伽达默尔有其特别的敏锐的感觉，并在此基础上把其中的基本问题哲学地进行概念的梳理，使其成为以“语言”为基本哲学问题和主要哲学概念的哲学解释学真正奠基者。

站在这样一个角度，回过头来再看E.胡塞尔等人，H. -G.伽达默尔发现，E.胡塞尔他们并没有把“语言”放到一个重要的位置，他们的哲学转向并没有顾及到“语言”。在这个意义上可以说，他们“忘”了“语言”，可以称之为是一种：“语言的遗忘”。

M.海德格尔“存在的遗忘”的哲学基本问题，被H. -G.伽达默尔改换成了：“语言的遗忘”。这就意味着，哲学的重点从“存在”的问题真正地转移为“语言”的问题。如果人们并不打算把欧洲现代“哲学的转变”仅仅停留在E.胡塞尔哲学的阶段；那么，就需要经M.海德格尔继续推进，从“生活世界”进一步导向“语言”。这不仅仅是哲学基本问题、哲学主题乃至哲学的主要语词的变换：除了这些具体的哲学问题，我们还应该从这里面看到“哲学活动”本身的前进和发展。

永远前进，没有终点，这就是“哲学活动”本身。相比较于这样一种“哲学活动本身”，其它哲学的具体问题之类就显得不那么重要了。而这样一种的“哲学活动本身”，往往却被许多哲学家所“轻视”“遗忘”；他们都过于注重哲学的具体问题。然而，任何一个哲学家，尽管其各自的具体哲学问题不同、解决这些问题的路径也迥然有异；但是，都不可避免地遵循这样一种的“哲学活动本身”。即便就H. -G.伽达默尔本人而言，也不能例外。倘若有人注意到了，H. -G.伽达默尔建立了一种“语言”的哲学；那么，他就必须同时要看到，H. -G.伽达默尔随即又把这种“语言”的哲学置于了自己的身后。

“语言”问题，就H. -G.伽达默尔来说，就是“对话”问题（包括诗歌的接受与解释的对话关系）。M.海德格尔注意到了H. -G.伽达默尔的“存在与意识之间的辩证法”这个说法，而他也正是把其哲学建立在一种“存在与意识之间的辩证”关系上的；但是，H. -G.伽达默尔回忆说，M.海德格尔从没有认真地对待过H. -G.伽达默尔的“从辩证法回到对话”，尽管H.-G.伽达默尔在他们俩的谈话中一再地提到这个问题。而在事实上，H. -G.伽达默尔本人视这个“从辩证法回到对话”，为对M.海德格尔语言问题的一个重要发展。按照H. -G.伽达默尔的说法，这是一种从“独白”向“对话”的发展。M.海德格尔曾试图借助于F.荷尔德林的诗的语言的帮助，用那种半概念、半诗的语言来取代形而上学的语言；然而，他的语言仍然是“独白”的，并没有因此而能够完成对形而上学语言的改造。因此，H. -G.伽达默尔试图借助于“对话”，来实现对形而上学语言的根本性超越。

这样一种的超越，不仅仅是语言方面的，而且也是一种哲学境界、思路等方面的超越。可以说，以往的欧洲哲学往往偏重乃至偏执一个方面，或存在或认识，或主体或客体，或西方或东方，以至于它们处在一种“对抗”的状态；而H. -G.伽达默尔“对话”哲学的出现，使得哲学的基本倾向由“对抗”转向“对话”。这是欧洲哲学中的一个重大“转折”。

我们就从这个地方开始，来理解和解释H.-G.伽达默尔的哲学思想要点。

二、从辩证法回到对话

以往的哲学，在自然和历史中，去发现作为理性的“逻各斯(λ· δγοζ)”，被当作是它们的主要任务；这样一种逻各斯，被看作为“逻辑”。“逻各斯”，就是“逻辑”吗？这样一个许多哲学家从来不认为是问题的问题，被M.海德格尔、也被H. -G.伽达默尔当作了问题，而且是一个必须解决的问题。经过H. -G.伽达默尔的考察和解读，在古希腊的时候，“逻各斯”这个词的意思是“说话”。这样一来，哲学首先应该从“说话”、而不是从作为理性的“逻辑”出发，从中获取其概念。事实上，对理性的考察，并不能做到这一点；因此，必须在理性的考察之外，另辟蹊径。

正是在这一点上，H. -G.伽达默尔的哲学解释学，根本地和I.康德哲学、新康德主义也同胡塞尔①相分离。

1. 用“对话”解读“思想”

“语言”和“思想”，被作为人与其它动物区别的重要标志。人和其它动

①**“胡塞尔”**,是H. -G.伽达默尔所加。参阅他对我德文原稿的批注。下面凡是黑体,均属H. -G.伽达默尔所批改或增加,不再另行注明。

物，都是有生命之物；而人作为一种生命，与其他生命体不同的是，人有“语言”和“思想”。

如果，再对“语言”和“思想”进行一个比较；那么，“语言”又是第一位的。因为，人只有借助于“语言”才能“思想”，人在“语言”中“思想”。在这一方面，作为一个“古典语言的专家”，H. -G.伽达默尔很容易在古希腊找到依据，特别是在柏拉图那里。正是柏拉图说过，“思想”是一种人与自己心灵的内在的“对话”。由此，H. -G.伽达默尔用“对话”来解读“思想”，并取代“思想”而成为哲学的主题。这样，H. -G.伽达默尔就确立了他的哲学的主导概念：“对话”。正是这样一个主导概念的确立，使他和以往的哲学家区别了开来。

这是他在R.笛卡尔所确立的重“思想”的近代哲学基础上，所作出的一个历史性转折；而且也与重“思想”的M.海德格尔区别了开来。同时，也是在I.康德所确立的重“理性”、重“逻辑”的德国古典哲学基础上，向“语言”特别是“对话”的一个重要转折。“对话”，成为哲学发展的一个新阶段的重要标志。

H. -G.伽达默尔“对话”理论的提出，在“语言”问题上，不仅仅区别了其他一些现象学的、人文科学的哲学家；而且也区别了依托自然科学的成果而产生的科学理论与方法。

“语言”问题，成为了西方当代哲学的中枢；这样一种哲学，也被许多哲学家称之为“语言哲学”。不过，这种“语言哲学”究竟应该是什么？是怎样的？哲学应该怎样来对待“语言”？对这些问题的回答，是众说纷纭、大相径庭的。

其中，有的回答是根据科学技术的发展作出的。鉴于现代科学技术的发展远远超越了日常生活的领域，许多语言学家和哲学家都在谋求一种精确的语言。在他们看来，只有这样一种和日常生活语言区别开来的精确语言，才有可能满足表达自然科学经验的需要。

但是，当这种努力被导致极端、并被看作是唯一和普遍有效的时候，错误就成为不可避免的了。为了去揭示自然科学经验之所以可能的条件，I.康德构造了一种纯粹的概念系统和先验逻辑，或者更确切地说，构筑了他的认识论。然而，自然科学家则认为，我们从事物中先验地认识到的，只是那些我们自己放到事物中的东西。这种由模仿自然科学家而成的方法的弱点，也已经存在于I.康德的哲学之中，首先是在《纯粹理性批判》之中，然后又在《实践理性批判》和《判断力批判》之中。而就他的第二和第三个批判来说，这种弱点尤为严重；因为，艺术和道德的经验根本不同于自然科学的经验。**不过，对于科学理论，第二和第三批判至今仍有其影响，而且也能够由此看出对它们的重视**。

在20世纪，对科学的迷信倾向，被新康德主义和新实证主义进一步发展了，并导致了现代语言研究和语言哲学的逻辑至上主义。这种逻辑至上主义把数理逻辑奉为典范，它不断地走向极端，甚至于失去了和现代数学的一致性。因此，在数学领域里，奥地利的著名数学家K.哥德尔(Kurt Goedel)给了这种逻辑至上主义以致命的一击；**并因此，而使得数学的继续发展成为可能**。

与此相反，别的一些哲学则批评语言哲学中的逻辑主义倾向。它们以这种批评为出发点，例如**维特根斯坦**。H. -G.伽达默尔特别重视L.维特根斯坦的“让语言回到生活实践的语境”，强调要到日常生活中、在“母语”的诞生地去学习语言；并且认为，也只有这样，才有可能真正学到语言。

为此而重新提起过去的形而上学语言。然而，事实上，这样一种形而上学的语言，既不能对逻辑至上主义进行到位的批评，又不能实现对现在哲学问题的思想预期。为了超越形而上学的语言，各种不同的途径都被探索过了。M.海德格尔曾借助于F.荷尔德林的诗的语言，形成了一种半诗半概念的哲学语言。不过，他的这样一种语言，对于非概念的理解和真理的直接获得，仍旧是不够的。

2. 对话与回转

因此，H. -G.伽达默尔提出“从辩证法回到对话”“回到母语”；或者说，让语言在“对话”中保持“开放”，让语言“回到”生活实践的语境，以此来使哲学的基本概念“回到”它们最初的诞生地和摇篮，就像“回到”了它们自己的家一样。

语言的那种真正生活实践的语境、真正的诞生地和家，也是一个人的出生地。由这样一个人的出生地所学习得到的语言，往往被称之为“母语”。而作为一个民族来说，在其民族发源地所说的语言，才是真正的“母语”。

H. -G.伽达默尔曾对我说过，一个人在非洲法属殖民地所学到的法语，并不能算作是“母语”；法国民族的“母语”只能在法国本土才有可能学到。而一个人的语言素养、能力的学习和真正掌握，得在他出生、成长之地；他又是以自己从“母语”中习得的眼光、视野和境界，来看待其周围世界的。

在这样一种的“母语”中，活跃着一个民族的伟大灵魂、强大的生命力和深厚的文化底蕴。哲学家的重要任务之一，就是要使这一切在自己的语言中再次活跃起来。这是H. -G.伽达默尔提出“从辩证法回到对话”“回到母语”的一个根本点。

回到人们的以语言为媒介的世界经验，回到我们最初的世界经验在语言中的形成。这样一种“世界经验”在“语言”中的形成，也可以说是一种“世界经验”“生活世界”的语言学构成。经验，是要靠积累的，是逐步形成的；在这种过程之中，会产生一些共同的经验，并对它们进行重新认识。并由此，而使那些被陌生化了的哲学基本概念，重新找回它们作为词的原有最初意义。显然，这是一种“回转”。

“回转(Kehre)”，这是一个M.海德格尔的概念，一条哲学思路。按照这一思路，要从“此在的存在”出发来“思想”，而不是从“此在”(人的“在”“那儿”)或“意识”出发。与此相区别，E.胡塞尔可以被看作是从“意识”出发的。但是，H. -G.伽达默尔**以口语为根据，试图在与M.海德格尔的同一个方向中，从对“此在的存在”理解出发，在“口语”中去说明“存在”和“无”**。

“回转”，看起来像是往回走，而事实上是永远往前的。例如，人迷了路，或者走进了死胡同；在这种时候，他就必须回头，以便找到一条出路。或者，在这个走回头路期间，也许他能够发现，自己是在什么地方走错的，他又应该重新选取哪条新路。在这种意义上，借助于“回转”，M.海德格尔和H. -G.伽达默尔所谋求的，不在于否定科学和技术的成果，也不在于使人们复归到非科学的时代去；而是在于找出并宣布一条与科学迷信的不同道路，以便于人类社会的健康发展。

哲学解释学的注意力，正是放在了人类的未来，永远求新；哲学解释学认为，“对未来的了解和把握”，是人的“事情”；只有“永远求新”，才意味着生命长存。在哲学解释学中，有利于人们去“说”那些“新东西”；而这些新东西，恰恰是在认识论和科学理论或本体论和形而上学中所没有被说过的、

“未说”的。

3.“对话”:找到问题之所在

从根本上来说,解释学是一种关于“理解”的学说。理解的形成或对误解的避免与克服,只有借助于“对话”才有可能成为现实。“对话理论”,是哲学解释学的基石。“哲学活动”,并不想和概念与逻辑打交道:“哲学活动”的继续发展,是由“问题的提出”与“回答”来揭示的。“哲学活动”是一种“思想”,这毋庸置疑;而“思想”正是一种“对话”,就像柏拉图曾经告诉我们的那样。当M.海德格尔在把“思想”和“诗”联结在一起的时候,H. -G.伽达默尔则把“思想”看作是“对话”。尽管如此,对H.-G.伽达默尔来说,哲学的语言既是对话的,也是如诗的,也就是**把诗作为对话来思考**。

对“对话”的探讨,也可以从对“无”的把握开始的。M.海德格尔说过,“无”,人们不可能在科学或科学理论之中碰到,但能够在“日常的话语”中遭遇;因此,“无”的哲学,应该借助于“日常生活语言”来建立。“无”这个词,对人而言,已经被置于摇篮里了。倘若,对此给予肯定的回答;那么,他就得承认,语言本是一种(给定的)事实。**对照“死亡”等等**。

然而,在H. -G.伽达默尔看来,词、共同的语言从来不是事先给定的,而是由对话者们找到和创建的。词,从根本上来说,起源于“沉默”和“不言”。假如,有人想说些什么;那么,就得适时找出他必须找到的恰当的词来。如果,我们打算相互理解的话;那么,就得在我们之间创造出一种尚没有的共同语言来。这样,任何一个“本有的说话”,就是一个“语言事件的发生”。

然而,“语言”又是怎样作为“事件”来“发生”的呢?“词”又是怎样“被找出”的呢? 只有依靠“对话”,“对话”亦即“问题”的“提出”与“回答”。“对话”,取决于“问”。而解释学的一个根本点,就在于:找到问题之所在。解释学的关键是:找到、找准并提出问题。一个真正的问题本身,就是通向答案的桥梁;而正确的答案,则产生于真正的问题:真实的答案,又是一个未了的问题。答案,是一种反问,或许还是一种答辩。

4.“对话”作为“逗留”和“反复”

因此,这样一种答案,是新问题的起始。问与答,例如:一个问,另一个答,为我们提供了那种一来一往的模式。这样一种一来一往的模式,很像

H. -G.伽达默尔所说的“拉锯”。两个人拉锯的时候，一个人在上，另一个人在下；一个人推，另一个人拉；用力越得当，配合得越默契，两个人就越省力，进展就越快。在那种有意味的“对话”中，一个人的话音刚落，另一个人就能接上话茬：旧的话题才止，新的话题又起；甚至于越谈越投机，敞开了的话匣子，或如奔腾的黄河长江，或如潺潺流淌的山间小溪。

在时间乃至空间中，这样一种一来一往就是“逗留”和“反复”；正是由上述这些，构成了“自我运动”的特性。这种自我运动表明，它是自我产生、自我满足和自我展现的。正是作为这样一种“自我运动”，“对话”成为“语言事件的发生”。

这也意味着，“对话”一再显现为一“来”一“往”，反复无常、无穷；而正是在这样的一种“来往”“反复”中，它永远向前发展着。这正像人的生命现象，它在时间(包括空间)的视野中，就是：“逗留”。“逗留”，存在并且活动着，是存在的基本形式。在“口语”和“对话”之中，“存在”被作为“逗留”来揭示。

由此可以看出，“对话”不仅仅可以解读“思想”，而且还可以解读“存在”。

5. 回忆与真理

虽然如此，“对话”不仅仅找出了“词”和创造了“共同的语言”：对话还有一种巨大的作用，而这种作用总是“相互作用”。

首先，“对话”把这样一种作用施加于对话参与者身上(如对他的情绪)，以便去吸引和征服这个参与者，而使他不去应用概念和逻辑。“对话”，还对人的“感觉”产生影响；不过，这个“感觉”不是指外部的感官，而是指“内在的耳朵“。“内在的”耳朵，是就“阅读(Lesen)”和“理解”而言。

对于H. -G.伽达默尔所强调的“阅读”与“内在的”耳朵的关系，我想再说几句。对于“诗”，对于那些“语言”+“艺术”(如“文学”)的作品，我们靠“听”；而这样一种“听”，就是在“阅读”中的通过“内在的耳朵”的“听”。H. -G.伽达默尔坚持认为，只有这样一种“阅读”，才是“艺术作品”所特有的“经验”方式，才是人与艺术的真正遭遇、碰撞的真正实现。“阅读”，应该被置于“解释学”的中心地位。他还把这样一种“阅读”和舞台上的戏剧表演、音乐演奏明确地区别开来；舞台上的戏剧表演和音乐演奏，充其量也只能算是

"上演",并不是那种完全自由的创造,而且常常被变成一种看得见、摸得着的实际存在的物质形态的东西。

通过这样一种对"内在的"耳朵的作用,"回忆"被唤醒,并在人的心灵中重新想起那人的心灵曾遭遇到过的"真理"。"回忆"这个词,十分清楚地指出,"记忆"是"内在的",又是与"内在的"耳朵密切联系在一起的。当然,这样一种"内在的"不仅仅关系到"记忆",而且关系到"思想":这样的一种"思想",也就是"内在的"与心灵的对话。

"回忆",是重新记起。人的心灵碰到世界"真理"的时候,仅仅是对真实的世界投去了瞬间即逝的一瞥;然后,就与这个真实的世界分开了。对于这个真实的世界,人们的心灵只保存着一种极其模糊的"记忆"。**这些,都是柏拉图已经说过的。**

除此而外,借助于"内在的耳朵"或"内在的对话",在词中,被"听"出了所存在的前规定性、前把握性和前创造性,这些都是和人的理解的前结构有关。重要的是,要学会与现实打交道;而这些现实,则与上述前规定性、前把握性和前结构性并不相符。

这就是说,通过"内在之耳",所听到的并不是那种真实地"出现在我们的感官之前"的外部现象。当然,如果人们仅仅谈论对心灵的影响,那也是不够的。对心灵的影响,不可避免地导致对个别心灵的超越。只有当"对话"超越了个别说话者的意识,"对话"才有可能在事实上创造出"共同的语言"。存在于"对话"之中,总是意味着那种超越自己的存在。这是H. -G.伽达默尔的思想,**这是H. –G.伽达默尔从柏拉图再走出的重要一步。**

"对话"所具有的"作用"的"直接性",来源于"实践"。正是因为作为"实践","对话"才有可能对"内在的耳朵"产生"作用"。在这样的一种"作用"之下,去唤起"记忆",唤醒人的心灵里的"真理"。只有当它们被说出和理解的时候,词和语言才具有一种特定的意味。哪些词应该在怎样特定的场合中使用,以致它们能够引起所期待的作用词,是由此而选定的。这是在"对话"中的一个选择:"词",是"对话"的选择与"实践"的结果,并通过"对话"而获得"生命"。在"对话"中,总有一些新的东西被说出;而当"对话"不再说出新东西的时候,那"对话"也就不能再前进一步了。

6. 沉默、无言

在“沉默”和“无言”上，“对话”经验着“有限性”。作为一种实践，“对话”并没有可学性和可复制性；而这些可学性和可复制性，却是科学语言的必要前提。因此，就这样一种“对话”而言，认识论的研究法则和方法不再是有效的了；不仅如此，就“对话”而言，实践理性的批判，也只能被作为一种提示。

“对话”探讨“提问”和“答复”。当有人想知道那些还不知道、尚未理解的东西的时候，那他就会提出问题，或者被问问题。换句话说，为了能够提出问题，他首先就得自己去弄明白：什么是他还不明白、还没理解的。因此，问题的提出，首先是对“无－知”的一种“知”，是对“未－理解”的一种“理解”。这种对“‘无－知’的‘知’”、对“‘未－理解’的‘理解’”，就在与科学的区别中，被看作是人的“智慧”。就这一点而言，“‘对话’的哲学”不是科学的哲学，而是“‘智慧’的哲学”，就像“‘无’的哲学”。

这样的一种“智慧”，是被与“实践理性”区别开来的。基于H. -G.伽达默尔的“艺术经验”在其哲学解释学中的核心地位与作用，我们可以推断上述“智慧”与“经验”的密切关系，而与“理性”保持着“距离”。甚至于我们可以说，这种“智慧”是“经验”的。这与I.康德的崇尚“实践理性”而排斥“智慧”恰恰相反。我们可以由此而进一步来厘清H. -G.伽达默尔的哲学倾向，这是一种“重经验”的哲学倾向。

哲学的解释学，作为一种解释学，仍然一如既往，是一种“理解”的学说；更重要的是，它是一种对“‘未－理解’的‘理解’”学说。那么，从根本上来说，什么是解释学？对解释学的“知”，也可以说是对“‘无－知’的‘知’”，如果应该对提问者说清楚解释学的话。看起来，这一点也很像奥古斯丁对“时间”问题的回答：“假如没有人问我，我知道；当有人问我而我应该向他说清楚的时候，我反而不知道了。”除此之外，在哲学中，并不像在科学中那样，不是我们提问，而是问题向我们提。

“对话”以“沉默”“无言”为依据，正如此在（人的生存本身）以“死亡”为依据，当然也像知以“无－知”、现在以“非－现在”为依据一样。

“沉默”“无言”以及它们的基础，可以从许多方面或者以不同的方式做出说明。例如，人们试图尽可能多地去说，他有什么样的（切身）经历，他想到了些什么;然而,他所说的,绝不是他所经历和所想的全部。那不能被说的东西,是“未－说”的;对此,人们不得不保持“沉默”。“沉默”,意味着:人不可能说一切;而被说出的,又从来不是一切。所以,“沉默”是一种对所谓的“一切”的“否定”。“沉默”,向我们显示出了语言和人的语言能力的“有限性”,正如“死亡”向我们所显示的此在(人的生存本身)的“有限性”。

除此以外,人也可能被导致“沉默”,例如当他想说和能说的实在太多了,以至于突然不知道:应该怎么样开始说和说些什么。

有些时候,人们会因不期而至的遭遇,而“惊讶”得连话都说不出来。这是因“惊讶”而引起的“沉默”。

也有些时候,“沉默”是出于政治的原因,例如人民群众在暴政之前的“沉默”。这也是一种“沉默”;在它面前,施暴者往往深感恐惧。这样一种“沉默”,自然同时也可以看作是一种对人们不能说的东西的“表达”。

总起来看,“沉默”和“无言”(未－说,不－说)不是消极的,而是积极的。它们意味着:说、对话没有结束,而是新的开始。因为,人们不知道,在什么地方去开始说、对话;正因为此,他们努力去找到应该在什么地方开始,应该怎么样去说;以此,沉默最终被打断,未－说便成为被说。由此,人们可以说,那“未－说”的才成为“词”,而“词”则产生于“沉默”。在沉默和未－说中,人们“经验”到了语言的有限性和人的语言能力的有限性。只有当这样一种有限性出现的时候,才有必要和可能去克服这样一种有限性。对这样一种有限性的克服,正是人的“逗留”的方式。由此,“逗留”和“有限性”之间的联系就更加清楚了。

一切理解都关系到语言。而“沉默”,也是“理解”,即便它只是一种“无声的理解”。“沉默”并不意味着,反对理解的语言性;而是意味着,把理解的语言性总是带向新的事物。作为一种“无声的理解”,“沉默”成为最密切的、最高级的理解方式。例如,一个人突然看到一个美丽的、富有魅力的自然景色,这种景色他在此之前从未看见过;或者,他听到了一段无比美妙的乐曲,他此时才第一次听见;而这样一种美,是任何词汇都不能描述的。对于这样一种美,一切词汇都是不适宜的、不充分的,甚至是有害的。没有词汇能够达到和表述这种美的直接性和完美性。在这种情况下,美的直接性与完美性的发生和对它们的表达,就不是在语言性的“说”之中,而是在语言之前或超越语言的“沉默”之中。这样一种沉默的意图，并不在于像人们通常说出些什么那样去说。如果人们了解“沉默”，那我们就会自问，一个人在“不知”的情况下，所“知”是什么。对“沉默”的、“未-知”的“知”，总是导向“把语言哲学置于身后和保持‘在路途中’”的新的事物。

对于“沉默”，正如“无”，更进一步的分析是十分必要的。而H. -G.伽达默尔认为，**在H. –G.伽达默尔对口语的分析中，还没有充分地做到这一点**。

三、艺术的真理和艺术的经验

1. 日常对话与诗

在与“诗(Gedicht)”的关系中，人们可以比较并认识到，“日常对话(all-taeglicher Dialog)”的差别和不足何在。这种差别与不足，主要体现在：“诗”有可能通过美的直接性和完美性来揭示“存在”，而作为“日常口语”的“对话“则没有这种可能。“对话”，充其量也只能够某种程度地接近、但不能达到这种直接性和完美性。

在完成了《真理和方法》之后，H. -G.伽达默尔用了很长的时间，去寻找一条能够消除“诗”与“对话”之间差距的道路。正是在此期间，他注意到了“文学”，因为“文学”既是语言的，又是艺术的，被称为“语言的艺术”。

在讨论这个问题的时候，我曾对H. -G.伽达默尔谈过自己在这方面的想法。我认为，只有当“对话”也能够以“诗”的或者“艺术”的方式来显现(或者与此相反，“诗”或者“艺术”以“对话”的方式来表现)，在“诗”和“对话”之间的差距才有可能根本地被消除；而事实上，有相当多的艺术形式本身就是“对话的艺术”，例如中国的“对诗”“对歌”“对联”“相声”“话剧”，等等。所有这些艺术形式，都是以“问答”的方式进行表演的；它们都既是“对话”的又是“艺术”的。通过这样一种“对话”的“艺术“表演，“对话”不仅仅可以作为“艺术”来“实践”和“思考”；而且，在“对话”中，“存在”如同在“诗”中一样地以“直接的”方式被“揭示”“显现”。**参阅H. -G.伽达默尔关于诗和口语的文章**。

哲学解释学所需要的“哲学语言”，不仅仅是“对话”的，并且是“诗”的。而“哲学活动”，**也必须用诗来引出某些对话。不，它必须在阅读中找到答**

案。然后，它就成为事实上的对话，而不仅仅是艺术的样式（文学的种类）。在这里，H. -G.伽达默尔突出强调了“对话”的“在事实上”，要实际地“找到答案”。

通常，艺术被称作为美的艺术，以便和其它人工制造的作品相区别。在词的起源的意义中，“美”这个词产生于“光照”“（光下的）显现”。“美”的艺术意味着，它的“自我显现”在艺术作品的“存在并活动着”（德文 Wesen，往往被译成“本质”）之中；然而，又不仅仅是“自我显现”，而且同样是一种“不可被充分揭示的”隐蔽性，这种“隐蔽性”总是不断地被进一步“敞开”。这是艺术的敞开性、艺术的感官的直观性，而这也是“存在”的特性。

而作为中国文字，“美”这个词可以用图像来表示其词义：以鸟的羽毛展示其“美”色，以烤羊为“美”味。中国的文字，是一种象形文字，这种文字就像艺术一样，具有一种敞开性和感官的直观性。这也成为中国的手写文字变成一种艺术种类即“书法”的一个主要原因。借助于“中国文字”的既是“文字”又是“艺术”的这个特性，也许我们能够找出一条新的途径，去解决哲学解释学和解构主义之间的关于“口语”与“文字”的争论。

这种争论，我指的是J.德里达以“文字”向H. -G.伽达默尔等人的“口语”观所挑起的哲学争论。在一次谈论“语言”与“文字”的关系时，我曾向H. -G.伽达默尔提出，中国的文字至今仍可看成是一种艺术，即“书法”；从“书法艺术”的角度来看待“文字”，似乎可以被用来纠正J.德里达的文字理论的不足。

“文字”可以被作为“艺术”来看待，据H. -G.伽达默尔对我说，在欧洲历史之初也是这样的，但后来欧洲人通常不那么看了。他认为，中国使“文字”成为一种“书法艺术”，这是一个重要的艺术成就，也给人以重要的哲学启示。

这样一些问题都已经多多少少地涉及到了“艺术”与人的“生活”“生存”的关系。在这种关系上，H. -G.伽达默尔所重视的，是“艺术”对于“生活”“生存”的“超越性”。“艺术”把自己深深地扎根于人们“世俗世界”的“土地”之中，在这个世界里，有饥饿，有爱，有物质和精神的生产活动，等等。“生活”“生存”的问题，在“艺术”领域中，会不可避免地被重新提出。不过，探讨“艺术”的问题，并不是去简单重复那些我们在讨论“生存”时已经说过的。而在事实上,对艺术的"提问",必须"突破""生存"问题的范围,并去揭示:艺术所具有的怎样一种历史性"生存方式"的"彼岸"形态。由此,哲学解释学"超越"了"生存哲学"。

2. 游戏

"艺术作品"的"存在方式",就是"游戏(Spiel,也可译成:表演)";而"人"的"存在方式",是"生存";"语言"的"存在方式",是"对话"。作为艺术作品存在方式的"游戏",不是指游戏着的人的行为动作,而是那种"事情的过程(Vorgang)"本身,例如蚊子的"无目的的飞来飞去(Spiel)"。这样一种飞翔也是那种"一来一往",一种"自我运动",这种自我运动在其自身就有"运动的原动(力)"。

上面我对"游戏"的所说,大多数在我讨论"对话"的时候已经说过。因此,"游戏",也可以说是一种"对话";所不同的只是一种"艺术的对话"。但是,"游戏"的问题,是以"非-目的论"的方式被讨论的。而"非-目的论",可以被用来区别于"目的论",从而产生巨大的哲学意义。在哲学上区别于"目的论",是H.-G.伽达默尔哲学解释学的又一个重要特征。

以往,例如I.康德,是用"目的论"来研究生物或艺术现象的。那时的人们认为,人的"游戏"的进行,永远是带有一定"目的"的;因为,人是一种生物,而人又是有"理性"的。不过,科学的新发展已经让我们知道,"目的论的论证"对于"生物现象"已经不再有效了。在人和其他所有生物之间,其区别的一个根本性标志就在于:人完成了对一切生物"自然目的"的"超越"。在此之后,人们就应该也完全可能打破以往哲学根据"目的论"来证明生物与艺术现象的惯例。不过,**这并不是全部。毫无疑问,美的"目的论"还有其它用处**(Ueberschuss)。

人的"游戏",是一种自我表现的"自我运动"。作为这样一种表现和运动,"游戏"不仅仅是没有目的和意图;而且,也不是刻意所为。如果,只是为了去实现某种目的;那么,目的一旦被实现,游戏也就随即停止活动。事实上,恰恰与此相反,"游戏"并不为目的所限,而是不断地"更新"于"一来一往"之中。

就这一点而言,重要的是,要把"游戏"本身与"游戏者"区别开来。人们不可以说,所有游戏着的游戏者并没有任何的目的。例如,人踢足球或弹钢琴,之所以去做这些游戏,是为了获奖,或为了取得大师的头衔,或为祖国争得荣誉,等等。这一切都是可能的。但是,任何"游戏"本身,都只是一种"不带任何目的"的"自我运动"和"自我表现"。那种没有目的的足球运动或钢琴表演本身,通过比赛而发展;也就是说,不断地有新的发展。

H. -G.伽达默尔把"游戏"看作是人的"生命的根本机能",把"自我运动"作为"生命的基本特性"。借助于此,艺术的人类学基础深深地被揭示了。而对于I.康德来说,艺术理论的基本特性则是目的论。这是I.康德与H. -G.伽达默尔之间的根本区别,尽管H. -G.伽达默尔有时也会提及目的论。

与过去的解释学相区别,H. -G.伽达默尔把"对话"和"艺术经验"置于解释学理论的中心地位。"游戏"本身与"游戏着的游戏者"的区别,可以使人们能够在这一方面纠正以往的艺术理论:按照以往的这些理论,艺术作品是通过艺术家的创作"动机"被说明的。因为,在这些理论看来,艺术作品是由艺术家创作的,应从作者的创造"动机"得到说明。而在事实上,艺术作品正是一种新的独立的自在之物(Ding an sich;不独立,何谓"自在"之物?!),一旦被创作出来,就根本不同于原来的状态,也不再能够回到或被还原于原始的状态;所谓原始的状态,是指那种艺术作品被创作出来之前的状态。

不过,这并不意味着艺术作品就像物理学的对象那样,是异化的。对于艺术作品,并不能以砍断人的"记忆"来使它"存在",也并非由此而获取"艺术的经验"。艺术作品的存在方式,是那种总是"共同游戏"的游戏。

3. 美和真

"艺术作品"的"超越性",也可以通过"美"的概念和"'美'与'真'"之间关系的确立,来"体现"。"美",是"世界的真实秩序"的一种"敞开性"和"感官的直观性",是"真理"的"显而易见性"和"可通达性"。什么是"美"?美,"说"出了某种"真"。"美与真"的基本关系就在其中。需要再次强调的是,除了有显现的一面,"美"还有"隐蔽"的另一面,而这隐蔽的一面又总是和显现的那一面不可分的,正如"真理"的展现和遮蔽的不可分一样。

在这里,"美"和"真"不适用于艺术作品的创造和欣赏,而只适用于艺术作品自身。理由是,"说"艺术作品是"美"的,就在艺术作品的"存在方式"之中。换句话说,"美"和"真"所涉及的是艺术作品的"存在"问题,而不是创作者的"意识"或"行为"。

"美"这个词,说的是:"真",就像"纯金"一样;这在亚里士多德那里,被称之为"去掉遮蔽"。这就是"艺术的真理"。这样一种真理是不可抽象的。它是真理本身,"存在"本身,正如W.歌德所说:这样的真,这样地存在着。M.海德格尔则试图在生存的领域里直接地去理解和解释真理;不过,那就得把艺术真理的问题包括在问题的提出中去,如果想知道,真理究竟是什么,真理和存在之间究竟是一种什么关系。**这是M.海德格尔后期所探索的**。

艺术真理的接受和理解是怎样构成的?或者,以I.康德的方式来表述:"艺术经验"是如何可能的? I.康德认为,任何经验的构成,取决于一种"先于经验"的概念体系,这种体系起源于纯粹知性。H. -G.伽达默尔承认某种先于经验的东西,例如"历史的前决定性",这种历史的前决定性已经"事先决定"着我们对艺术的"看"和"经验";或者如M.海德格尔所说,一种人的理解的"前结构",这对艺术经验的构成是非常重要的。然而,这种东西不是概念的体系,正如I.康德所说,**而是富创造性的想象力**(Einbildung skraft)?

艺术的"非-概念"的经验构成,只与"非-概念体系"有关。借此,H. -G.伽达默尔把"美学"和"认识论"完全分离开来。不过,**这一点,I.康德已经做了**。

4. 真理与回忆

对于艺术真理的"接受",意味着:"把某种东西作为真的"来接受,正如"接受"这个词本来所谓。把什么看作是"美"的,这是一个"判断Urteil",同时也是"真"的。这样一种"如其所是之'见'",当然是直接的,感官的和非概念的。

然而,感性的"看",不单单是"纯粹看"的看,自然也不是自然科学的"观测"意义上的感官直观。借助于自然科学的测量,被经验到的是具体事物,而不是"真理"。因此,对艺术真理的接受与自然科学实验的感官观测之间的区别,是非常重要的。通常,艺术作品像所有其它的自然物一样,也有物质材料的自然特性的感官形式。当然,人们可以把实验的观测方法运用于这种自然的特性上;由此而产生的,仅仅是物理的、化学之类的物质材料的本性,而不是艺术的素质、美或真。在自然科学的观测意义上的感官测量,依靠外在感官的帮助,而成为可能;而与此相反,对艺术的"美"和"真"的接受,则依靠"内在的耳朵"和"记忆",正如H. -G.伽达默尔所说。"**内在的耳**

朵”，作为一种**感受能力**的活动，I.**康德说（参阅前面）**。

一段乐曲自身的旋律或一首诗自身的音韵，并不发生在我们的感官之前，而且只能被“内在的”耳朵“听”到。艺术表演，是一次性地、稍纵即逝地发生的事件。只有借助于“回忆”，那被表演的艺术的“美”和“真”，才能被重新“再现”。这种“回忆”，并非借助于录音带或其它方式，而是共同表演者如听众在“内在的耳朵”中的发生。“回忆”，永远只与“内在的”耳朵所听到的相关。因为，“思想”是一种“自-问”；所以，“思想着的回忆”是通过“对话”来实现的。一种真正的“回忆”，是对发出回响问题的回忆，这种问题作为问题从前曾经被问过。

事实上，这样一种“回忆”，是对“真理”的认识。这种对真理的认识的获得，只能通过对普遍的直接的、具体的“参与”，而不是通过由自然科学的方法决定的和非参与性的客观性。“认识”，总是“‘重新’认识”；正如，“回忆”总是“‘重新’回忆”。因此，我们的“经验”，总是“对认识的认识”；因为，我们总是生活在“传统（流传下来的东西）”之中。没有人知道，第一次的认识是什么。但是，重新认识，首先并不意味着，是那种已经认识的东西；而是那种新的东西作为已经认识的东西，**借助于已经认识的东西来重新认识**。

5. “逗留”是对“有限性”的“超越”

当然，借助于这样一种重新认识，为“遗忘”提供了一种“逗留”；使艺术真理的重新显现得以持续。一种一次性的、稍纵即逝的和不可复制的艺术表演，例如一场无法录音的音乐会，通过重新认识，能够得到一些新的东西。

这样一种“逗留”，是能够“超越”一次性的艺术表演“有限性”的唯一方式。这种“逗留”和这种对有限性的超越，人们或许可以称之为“永恒”。这就是：“一些可持续的东西，存在于踌躇不前的逗留之中”。

艺术的本质（Wesen，更确切地应该译成：存在并活动着），就在其中。在“艺术的经验”之中，我们学到的不仅仅是在“时间的境遇”中去理解“本质”，不仅仅是把“存在”作为“逗留”来解释，不仅仅是把“自我运动”和“自我表现”作为“生物的基本特性”去思考；而且，还从“易逝”中看出了“逗留”。由此而来，显示了艺术的人类学基础。

四、“历史作用”和“视野交融”的原则

“真理”的“经验”，是“思想”；“思想”，也就是“自-问”和“心灵自己的内在对话”本身。通过“提问”和“回答”这样一种“对话”，来实现“理解”。这样一种“理解”，正是对事情的亲自“参与”，“出席”（Anwesen，有人译成：在场）。就是那种M.海德格尔根据存在作为出席来描述的东西。

1.“时间距离”与“视野交融”

这样一种的“理解”，不能被简单地看作是一种对原著的“复制，而是一种创造性活动；因为，它超越了原著，更超越了原作者。从解释学的角度来看，重要的是回答“理解何以可能?”而不是制定那种“理解”的系统。为此，在“理解”中，“时间距离”的重要性就被凸显了出来。

对于“理解”，“时间的距离”（**对此，我该怎么说呢，是空间中的远近，还是作为与此地和今天的对比**?），具有一种积极的、有成效的居间斡旋的可能性。在理解者和原著之间，总是存在着一种由它们之间的距离所构成的差异。理解者有其特定的历史处境，并按照其时代的方式去理解；而原著则也具有其时代的特征。由此而造成时间的、历史的、时代的距离。

H. -G.伽达默尔“时间距离”的提出，受到了M.海德格尔的“对此在的存在方式进行时间性解释”的影响和启发。在H. -G.伽达默尔看来，“时间距离”不是如历史主义所认为的那种不可跨越的鸿沟，而是使流传物、传统得以不断显现的一种可能性。正是由于这样一种“时间距离”，流传物、传统被作为与理解者相区别的“他者”、与“现在”相区别的“过去”得以分离，并因此而作为“他者”对理解者、和作为“过去”而对理解的“现在”产生作用。

历史的“传统”总是教给我们，那些从我们自身不可能认识的东西，那些只是在其它被规定的历史前提下可能存在的东西。“艺术的经验”，以一种历史的“前规定性”为依据，我们对“艺术”的“看”“听”和“经验”，一开始就被这种“前规定”所引导。什么样的问题、怎样地提到了我们面前？我们怎样经验、认识又经验、认识些什么？这一切，都经常处在前人的影响之下。除此而外，我们必须重视那种传统艺术作品所具有的历史影响，并因此而尊重我们前人的意见。在我们对艺术作品进行评估的时候，这些意见事实上总

是一起在起作用的。

这就是说，在“理解”的时候，他人的“他者性”不是被消除，而是被“保持”。我们可以经验和认识一切历史的流传物和传统；不过，仅仅是在它们的他者性中，而且正是由此而使我们得以领会它们。同时，历史的流传物和传统也因此开始“新生”；因为，流传下来的问题提法的“重新获得”，总是被我们作为对现实问题的回答来思考，而且总又把一些新的东西带入这种重新获得。出于这种历史的流传物或者面对它们，**——正如和其他人的遭遇——我们可以提高或者进一步发展我们的自我认识**。

在这个基础上，可以正确地去理解H. -G.伽达默尔所提出的另一个概念“视野交融（Horizontverschmelzung）”。在讲述H. -G.伽达默尔的“视野”和“视野交融”之前，我先从H. -G.伽达默尔本人的角度，来追述一下E.胡塞尔的“视野”观；由此来看一看现象学的发展轨迹。

E.胡塞尔的现象学重“看”；“现象学的看（das phaenomenologische Sehen）”，是现象的一个基本哲学问题。有“看”，就必然有“看”者的立足点、角度、“眼光”，有其目光所及的范围和目光所遇的事物，有“视野”“境界”等问题。事实也是如此，就E.胡塞尔本人来讲，他不仅仅探讨了“看”，而且也讨论了“视野”问题。

H. -G.伽达默尔认为，“视野”问题对于E.胡塞尔的现象学具有重要的意义。在《真理和方法》等著作中，H. -G.伽达默尔曾专门梳理过E.胡塞尔这方面的思想。他讲到过，是E.胡塞尔的意向性现象学，首次把“精神”与人的“体验”联系起来；而体验的出现，则有“前”有“后”，从而形成了“体验之流”和“视野”；为了弄清楚这种“体验之流”，进而又去深究时间意识的建构。为了批评科学的客观性，E.胡塞尔又注意到了“世界”，并区别于科学的世界观，提出了著名的“生活世界”。在“世界”之中，就有“处境”，就有“边界线”，等等。E.胡塞尔认为，借助于这些，他得以超越柏拉图。

在E.胡塞尔那里，问题涉及到了柏拉图。关于“生活世界”，被E.胡塞尔看作是科学的基础。事实上，人类在自己的发展中，从自己所处的“现实世界”出发，建构了其它各种各样的“世界”，例如“信仰（宗教）的世界”“科学的世界”“文学艺术的世界”，等等。大体上，可以概括成两类，一种是“物质生活世界”；另一种是“精神生活的世界”。人们就生存于这样一些的“世界”中。

关于“视野”，在H. -G.伽达默尔看来，它并不是封闭的、固定的，而是活动的、变化着的。“视野”，是人们活动于其中并和人们一起活动着的，它本身也是那种存在并活动着的存在方式。由此可以看出，人们的“视野”“处境”“境界”等等乃至其整个“现实生活的世界”“精神生活的世界”，都不是封闭的、绝对的、静止的，而是开放的、活动的、变化无常的；“看”者的立足点，也是不断变化着的。

这样一种开放的、活动的、变化无常的“视野”，既“大”于“看”者的“现实视野”，又“大”于被“看”者的“历史视野”。人们对“传统”“历史流传物”的“看”，并不是让人们回到“历史的境地”以重建“历史的视野”；也不是把被“看”者纳入“看”者“现实的视野”；而是进行着这些不同“视野的交融”。

在E.胡塞尔提及柏拉图之后，H. -G.伽达默尔进一步考察了现象学与柏拉图的关系。从这里入手，也许不仅可以更清楚地“看”出现象学中“时间”“视野”等基本哲学词汇的发展轨迹；而且，可以更准确地把握H. -G.伽达默尔的柏拉图研究在现象学发展中的哲学意义。也许，我们还可以“看”出，为什么是“柏拉图研究”而不是别的，使得H. -G.伽达默尔在现象学的发展中，既超越了E.胡塞尔，又超越了M.海德格尔。

2.“历史作用”及其“意识”

“视野交融”，形成于“历史的作用”。所谓“历史的作用”，意思是说：“历史”总是在起“作用”；而正是在这样一种“历史”所起的“作用”和“影响”下，才有可能形成“视野的融合”。在现象学地“看”的时候，在考察与这样一种“看”相关的“眼光”“眼界”“视角”“视野”“处境”“境界”诸问题的时候，我们不能“忘记”了“历史”和“历史的作用”。而所谓的“忘记”“遗忘”本身，正是一种“无-历史”“非-历史”的表现。

在哲学中，有诸多的“遗忘”，其中包括“历史作用的遗忘”。对于“历史”，人们注意着“历史事件”“历史人物”和“历史地流传的作品”；但是，却往往“忘记”了在此期间所发生的种种“历史作用”与“影响”。换句话说，我们在探究“历史事件”“历史人物”和“历史地流传的作品”的时候，还应该关注与这些“事件”“历史人物”和“历史地流传的作品”同时发生的种种“历史作用”与“影响”。当我们带有某种“距离”去理解这些“历史事件”“历史人物”

和“历史地流传的作品”的时候，也总是已经处在种种的“历史”的“作用”与“影响”之下了。在所有“理解”中，“历史”总是在“作用”着，并产生其“影响”。

“历史的作用”，是H. -G.伽达默尔从解释学的角度所提出的一个重要哲学词。所谓“总是处在这种：‘作用’和‘影响’之下”，指的正是我们所说的“解释学处境”。只有真正理解和把握了“相互作用”和“影响”，才有可能弄清楚人们的真实“处境”。而又正是这样一种真实“处境”，决定着人们的“视野”“境域”“境界”乃至“语境”。

在“历史作用”的基础上，H. -G.伽达默尔还提出了“历史作用意识”。M.海德格尔已经从E.胡塞尔的“意识”发展到了“存在”，而H. -G.伽达默尔为什么要重提“意识”、似乎在重返“意识”？

按照他自己的解释，他的这种提法，只是为通向后期的M.海德格尔铺平道路；后期的M.海德格尔，已经克服了在《时间与存在》中尚存的E.胡塞尔先验现象学的影响。H. -G.伽达默尔本人，也早已被基尔凯郭尔对黑格尔的批判粉碎了自我中心论、放弃了自我意识的观念。在这样一种背景下，H. -G.伽达默尔之所以提出“历史作用意识”，是为了指出：“意识”是被置于“历史作用”的影响之下的，不可能摆脱这样一种“影响”和“制约”。而对于“历史作用”本身，我们却知之甚少；而这恰恰又是因为我们都不可避免地处在它的“影响”和“制约”之下。这也是一种“‘存在’大于‘意识’”的观点，尽管它和M.海德格尔的说法不一。

至于“视野”，为了能够“理解”某物，人们必须不仅仅事先具有一种“视野”，而且此后还得亲自去“经验”：不同的视野、特别是现在的视野和过去的视野，是怎样“相互交融”的。例如，在“现在”的视野和“过去”的视野之间，有一个基本的差距；这种距离就可以持续地被跨越，当“视野”持续发展和延续地开放的时候。

由“时间距离”的“跨越”，产生着理解的和艺术经验的“同时性”。这样，由“时间距离”这种时间“距离”的“异”，经过“相互作用”和“影响”，产生了一种“交流”，产生了一种“同”。而由此被“融合”的不同“视野”，正是以那种一来一往、一问一答的样式，实现着对“流传物”的“思想”和“理解”。

H. -G.伽达默尔质疑解释学的传统原理，并针对这种传统原理发展了哲学解释学；以此，H. -G.伽达默尔使解释学的基本概念回到了古希腊的诞生地。“语言”“思想”“理解”，被作为“对话”来理解。在哲学中，艺术经验的地位问题被重新提出。因此，从这个时候起，解释学作为一种语言和理解的学说，变成了那种对话和艺术经验的学说。尽管如此，H. -G.伽达默尔也并没有完全排斥以往解释学的传统，而是把它看成是哲学解释学发展的不可缺少的前提。

在本文将要结束的时候，我想说我的这些说辞对H. -G.伽达默尔的哲学解释学是不充分的；特别是对于他的“传统”学说，对于这种学说，我本该历史地去回顾解释学的哲学的基本问题。即便如此，我仍然希望，我已经清楚地说出了我的看法：伽达默尔的哲学解释学，是一种以人类学为基础的关于对话和艺术经验的学说。

作者附记：

H. -G.伽达默尔活了102岁，是一个不多见的寿星哲人。今年，是他逝世五周年；也是我结识他并在他身边学习哲学解释学的20周年。从1987年开始，我跟随他进行面对面的哲学对话一共三年左右。在他的身传言教下，我接受了一种新的哲学思想，它不同于之前我在国内所了解的I.康德等西方哲学家的哲学思想，也不同于我国的杰出哲学前辈如冯友兰等人所“照着讲”或“接着讲”的哲学。我对于这种新哲学思想接受的一个重要标志，就是我在1988年所写的学习哲学解释学的这个小结。

1988年，我在德国海德堡大学H. -G.伽达默尔教授身边学习了一年哲学解释学之后，写了这篇一个小结性的东西，交给了他。我记得那是一个星期五的下午。没有想到我在星期天就收到了他的一封回信，以及他对那个小结的亲笔批注，他几乎在每一页上都有批注或修改。

H. -G.伽达默尔是一个身体力行苏格拉底哲学传统的人，只说不写。平常，他总是自己口述，由他的秘书在一旁用打字机打出来。大概他家里是没有打字机的；所以，他的这封回信是用手写的。据说，在德国，往往是给情人的信才用手写的。

1988年之后，在继续与H. -G.伽达默尔哲学对话历史的过程中，我译完了他那本名著《美的现实性》，这是一本重要性一点也不亚于《真理和方法》的著作，它构成了H. -G.伽达默尔基本哲学思想的另一个重要板块。这是我在德国所研究的他思想的第二个部分。这个部分，在中国至今还没有受到足够的重视。

1990年，我回国以后，在这个小结的基础上，除了对Hermeneutik的原义和相应的中文词的继续追寻之外，着重加强了Hermeneutik的实践并走向现实的实际生活；从而，形成了我个人的那种以实际行动为主的Hermeneutik践履，以及相应的哲学形态。在《道，行之而成》一书中，我对此进行了初步陈述。这个陈述，我在本文中作了扼要介绍，放在第一部分即《Hermeneutik的中译》；因而，在内容上就比1988年的初稿补充和拓展了许多。从而，文章形成了三大部分，上述是第一部分，M.海德格尔、H. -G.伽达默尔分别为第二、第三部分。对二、三部分，也在不影响原稿基本思路和框架的情况下，作了一些增改。这篇论文，当时是用德文写的，它的德文题目是：Die Richitung der Philosophischen Hermeneutik。直译为中文：哲学解释学的走向。

另外，为在中国从事解释学（即解经学）实践，我在深入实际生活和传承中国思想文化传统的基础上，对中国佛教经典《坛经》进行了解读，并完成了书稿，提出了把思想分成三个层面等理论。现在，为了纪念我的恩师H. -G.伽达默尔，我把我的那个小结翻译成中文，并把他的批注或增改融入文章（择其要者用黑体作了注明）。由于篇幅过长，小结译成中文后分为三篇文章独立发表；在这里所发表的，是文章的第三部分；这部分是专门讲H. -G.伽达默尔的。我把它发表出来，愿和读者做进一步的探讨，希望能得到读者的批评指正。

哲学诠释学中的"问题意识"

彭启福

近年来,不少学者提出了亟需加强我国哲学研究中的问题意识的主张,这无疑是非常富于建设性的。然而,这种探讨仍然存在不尽如人意的地方,比如对"问题意识"本身的哲学反思和分析就明显不足,这也使得上述主张很难落到实处。笔者发现,伽达默尔的理解本体论对"问题意识"的诠释学思考相当地深刻和富有力度,故略加阐述与分析,以期对当前学界有关"问题意识"的探讨有所启迪和促进。

一

在这里,哲学诠释学与方法的关系问题有必要首先提出来加以讨论,因为它与我们所要分析的哲学诠释学的"问题意识"密切相关。毫无疑问,方法与真理之间的对立成了《真理与方法》的读者们常常得出的结论,连伽达默尔的亲炙弟子帕尔默先生也认为:"伽达默尔这本书的标题包含着一个讽刺:方法并非通达真理的途径。相反,真理逃避遵循方法的人。①然而,笔者认为,伽达默尔并不一概地否定方法,正像他自己所表明的,《真理与方法》探究的出发点乃是"在现代科学范围内抵制对科学方法的普遍要求",它"所关注的是,在经验所及并且可以追问其合法性的一切地方,去探寻那种超出科学方法论控制范围的对真理的经验。"②在第3版后记(1972年)中,他也指

本文原刊于《安徽师范大学学报》2005年第4期。

① Palmer.Hermeneutics: Interpretation Theory in Schleiermacher, Dilthy, Heidegger, and Gadamer. Evanston: Northwestern University Press, 1969:163.

② 伽达默尔:《真理与方法》,洪汉鼎译,上海译文出版社1999年版,第17—18页。

出:“如果有人因本书的书名《真理与方法》而抱怨说这里忽视了现代科学的方法严格性,那末这显然是一种浅薄的误解。诠释学所做的是完全不同的工作,但它同最严格的科学习行决不对立。”[①]所以,伽达默尔并不是一切方法的敌人。实际上,伽达默尔在强调科学方法的限度时,也进行着诠释学方法的思考与实践。

在伽达默尔看来,近现代科学方法最重要的局限之一就是割裂了普遍与特殊的关系,因此,一旦涉及到人的理解问题,它就必不可免地表现出了自己的限度。一般诠释学作为精神科学的普遍方法论,一方面竭力抵制着自然科学方法向精神科学领域的侵袭,但另一方面,它本身也受到近代自然科学方法的感染,在理解问题的思考中割裂了普遍与特殊的关系。在这种方法论影响下,理解和解释被看作是一种追寻普遍性的知识论上的行为。自然科学中的理解和解释探求确定的和普遍的规律,给予人们普遍的知识;精神科学中的理解和解释追寻文本中作者的客观原意,它给出的是文本之不变的和一般的意义,也是一种普遍的知识。而理解过程当中一个非常重要的因素在这种方法论思考中被放逐了:应用成了理解之后的事情,成了理解之外的事情。理解成了与理解者自身的具体的诠释学情境无关的行为,成了一种与理解者的个性化存在无关的行为,普遍与特殊的辩证关系在这里消解了。为了克服这种科学方法论的缺陷,伽达默尔在对理解的诠释学思考中,继承了海德格尔的本体论取向,建构了自己的理解本体论体系。

哲学诠释学作为一种理解本体论,不像方法论诠释学那样关注如何把握文本中蕴涵的“作者原意”,而是强调理解作为此在自身的存在方式,其关键之处在于文本的解读和理解是如何导致意义创生的。而在对“意义的创生”的阐述中,许多研究者往往把眼睛紧盯着伽达默尔对理解的历史性之分析,注意到伽达默尔对“先入之见”合法性的颂扬,摧毁了方法论诠释学的客观主义主张,并进而认为伽达默尔是一个认识论和价值论意义上的主观主义者和相对主义者。其实,这种评价对伽达默尔是不公平的,从伽达默尔对理解问题的分析来看,他并不是一个认识论和价值论意义上的主观主义者和相对主义者。我们知道,伽达默尔非常强调理解乃是一种在文本的解读过程中发生的作者与读者之间的视界融合。而这种所谓的“视界融合”,既

① 伽达默尔:《真理与方法》,洪汉鼎译,上海译文出版社1999年版,第733页。

不是以放弃读者自身视界为前提的对作者原意的客观复制，也不是一种听任读者主观性和个性肆虐的“自由发挥”，它是通过读者和作者之间的主体间性“对话”而达成的新视界。它既不是作者视界的简单移植，也不是读者原有视界的机械拓展，在理解的应用性的作用下，在普遍与特殊关系的张力中，原有的两种视界相互融合成了一个包容了作者与读者的主体间性的崭新视界。

伽达默尔理解本体论的核心并不是为人们所津津乐道的理解的历史性问题或理解的语言性问题，而是在某种程度上遭到忽视并被研究者置于边缘化地位的理解的应用性问题。在《真理与方法》中，伽达默尔曾经明确地把“诠释学的应用问题”称为“诠释学的基本问题”[①]，正像他后来在《科学时代的理性》中阐述的，“应用就不仅仅是对某种理解的‘应用’，它恰恰是理解本身的真正核心。”[②] “应用在这里不是某个预先给出的普遍东西对某个特殊情况的关系。研讨某个流传物的解释者就是试图把这种流传物应用于自身。……为了理解这种东西，他一定不能无视他自己和他自己所处的具体的诠释学境况。如果他想根本理解的话，他必须把本文与这种境况联系起来。”[③]强调理解过程中普遍与特殊的贯通关系，成为伽达默尔理解本体论克服一般诠释学等知识论诠释学缺陷，抵制近现代科学和技术普遍性要求的锐利武器，也是它昂然矗立于当代哲学之林的立身之本。

二

既然理解的应用问题成为诠释学的基本问题，而理解的应用所强调的又不是理解之后的应用而是理解之中的应用，那么，面对本文所代表的“普遍的东西”和读者自身诠释学情境这一“特殊的东西”之间的诠释学张力，文本的解读和理解中的“问题意识”也就显得尤其重要。伽达默尔在《真理与方法》中谈到了“问题在诠释学里的优先性”的问题。他甚至还得出一个结论：“精神科学的逻辑是一种关于问题的逻辑。”[④]按照伽达默尔的说法，诠释

① 伽达默尔：《真理与方法》，洪汉鼎译，上海译文出版社1999年版，第394页。

② 伽达默尔：《科学时代的理性》，薛华译，国际文化出版公司1988年版，第114页。

③ 伽达默尔：《真理与方法》，洪汉鼎译，上海译文出版社1999年版，第416—417页。

④ 伽达默尔：《真理与方法》，洪汉鼎译，上海译文出版社1999年版，第475页。

学经验的获得总是与问题的提出联系在一起的，没有问题的提出，我们是不可能有经验的。因此，要想解释诠释学经验的特殊性质，就必须深入地考察问题的本质。

首先，伽达默尔指出了“问题”在理解中的意义。伽达默尔认为，“问题”是具有某种意义的。假如我们把理解看作是读者与文本之间的一种“对话”关系，那么其中理所当然地存在着“问-答”结构。问题引出了答案，或者也可以说，问题的出现开启了被问东西的存在，使得文本进入了“效果历史”的流程中，获得其创生的意义。然而，答案是否具有意义，很大程度上取决于问题，因为问题导引着回答的方向。所以，伽达默尔认为“问题”的意义指的是一种方向的意义。在伽达默尔对问题意义的阐述中，还有一句话是意味深长的：“问题使被问的东西转入了某种特定的背景中。”[①]联系我们前面有关理解的应用性分析，可以发现伽达默尔的言下之意是，问题乃是处理文本的普遍性与读者的特殊性之间张力的关键。真正的理解不仅是对一般性和普遍性知识的把握，而且是把具有一般意义的文本应用于自己特殊的诠释学处境的结果。而“问题”正好构成了普遍和特殊之间的中介。厘清了“问题在理解中的意义”，我们才能够更好地体会，为什么伽达默尔在《真理与方法》中紧接在“理解的应用性问题”之后，在“效果历史意识”的标题下，展开自己对“问题在诠释学里的优先性”之分析。

其次，伽达默尔展开了对“问题的开放性”的分析。在以“对话”形式展开的理解中，提问具有诠释学意义上的优先性，应当揭示某种事情的谈话总是需要通过问题（提问）来开启的。这样，从理解本体论的角度来看，问题或提问乃是具有一般意义的文本和读者特定的诠释学情境之间得以贯通的中介，是文本新的意义得以创生的通道，由此，它就必须具有双重的开放性。一方面，问题的提出者对文本和他者的开放态度。固执己见的人、狂妄自大的人是无法进行真正的对话的。在对“效果历史意识”的分析中，伽达默尔谈到了效果历史意识具有对传统的开放性和对他人的开放性。他强调，“在人类行为中最重要的东西乃是真正把‘你’作为‘你’来经验，也就是说，不要忽视他的要求，并听取他对我们所说的东西。”[②]对于传统、对于他人，都要在

① 伽达默尔：《真理与方法》，洪汉鼎译，上海译文出版社1999年版，第466页。

② 伽达默尔：《真理与方法》，洪汉鼎译，上海译文出版社1999年版，第464页。

承认他者性的同时,承认倾听他者并接受来自他者的某些东西(即便是反对自己的东西)的必要性。伽达默尔以苏格拉底的"无知的知识"为例,说明了"问题的逻辑形式和问题所包含的否定性也是在某种彻底的否定性即无知的知识中得到它的完成"。[①]另一方面,问题的开放性还指被提问东西的开放性。伽达默尔阐述道:"被提问东西的开放性在于回答的不固定性(Nicht-festgelegtsein)。被提问东西必须是悬而未决的,才能有一种确定的和决定性的答复。以这种方式显露被提问东西的有问题性,构成了提问的意义。被问的东西必须被带到悬而未决的状态,以致正和反之间保持均衡。每一个问题必须途经这种使它成为开放的问题的悬而未决通道才完成其意义。每一个真正的问题都要求这种开放性。"[②]当然,伽达默尔在这里倒不是说在文本中蕴涵的"作者原意"具有不确定性,也不是说文本的字面含义悬而未决,他主要是指文本的创生性意义还悬而未决。文本的创生性意义总是在同一文本与不同读者之间存在的普遍和特殊关系的诠释学张力中生成的。由于每一个具体的读者,甚至每一个读者在不同的具体时空点上,都处于自己独特的诠释学情境之中,文本与读者之间普遍与特殊的关系必然也有不同的张力,所以文本始终处于开放状态,处于创生性意义的悬而未决状态。真正的问题,能够引起一种确定的和决定性的答复,从而实现自己的"问题的意义"。

当然,问题的开放性并不意味着问题的无边际性。漫无边际的提问或信口开河式的提问,都不是伽达默尔所倡导的哲学诠释学意义上的"问题"。按伽达默尔的观点,问题是被提出来的,而提出问题不仅预设了问题的开放性,同时也预设了问题的限制性:问题总是具有由问题视域所划定的某种界限。这种界限指的是什么呢?笔者认为,它指的是问题的提出必须基于对提问者自身特殊的诠释学情境的反思,因为真正的理解必须将文本应用于每个理解者独特的诠释学情境。缺乏对自身诠释学情境的深刻反思,问题就会失去其方向性和针对性意义。正因为每一个真正的问题都必须基于对提问者个性化的诠释学情境的反思,涉及到同一文本与不同的具体情境之间的诠释学张力,具体的提问程序或提问方法是无法普遍适用的,

---

① 伽达默尔:《真理与方法》,洪汉鼎译,上海译文出版社1999年版,第465页。

② 伽达默尔:《真理与方法》,洪汉鼎译,上海译文出版社1999年版,第466—467页。

即便构建起这样的提问程序和方法，也不能够保证它的学习者一定会提问。伽达默尔说道："并不存在一种方法使我们会提问，会看出成问题的东西。苏格拉底的例子其实告诉我们，重要的东西乃是对自身无知的认识。一切提问和求知欲望都是以无知的知识为前提——这就是说，正是某种确切的无知才导致某种确切的问题。"[①]在这里，伽达默尔并不是要求提问者全盘否定自己，用文本的视界来取代自己的视界。他强调的是，提问者要通过对自身诠释学情境的深刻反思，认识到自己的无知和不足，才有可能借助于理解过程中"问-答"关系的展开，实现与文本作者的思维性沟通，形成新的优化的视界。

再次，伽达默尔对诠释学意义上的"真正的问题"与"虚假的问题""错误的问题""歪曲的问题"进行了区分。伽达默尔指出，提问就是进行开放(ins Offene stellen)，提问者和被提问者的双重开放，只有当被提问的东西同时也向提问者开放时，才会有"真正的问题"存在。"如果问题缺乏这种开放性，那么问题在根本上说就是没有真实问题意义的虚假问题(Scheinfrage)。"[②]在教育学和修辞学中常常可以遇到这类虚假问题，这类问题中没有真正的提问者或被提问的对象，换句话说，其中的提问者和被提问的对象缺乏真正的开放性。在以"追寻作者原意"为基本目标的知识论诠释学中，作为理解对象的文本就缺乏开放性，提问者被要求消除自己的个性化色彩，提问者独特的诠释学情境在问题之中根本得不到任何体现，这实际上就意味着提问者的隐性消失，属于伽达默尔所讲的"没有真正的提问者"现象。可见，按照知识论诠释学的理解模式提出的"问题"，归根到底，因其提问者立场的消失，失去了问题的方向性意义，沦落为"虚假的问题"。

与问题的界限相关，提问可以有正确和错误之分，问题也相应地划分为正确的问题和错误的问题。在伽达默尔看来，提问蕴涵了对前提的明确确认，前提本身是无可怀疑的东西，只有借助于确定的前提，可疑问的东西、开放的东西才显露出来。只有在对自身独特诠释学情境的深刻反思当中，提问者认识到自己的无知，认识到自己的界限，并从这一确定的前提出发，展开"问-答"过程，才可能真正地实现开放性。相反，奠基在某种错误前提上

① 伽达默尔：《真理与方法》，洪汉鼎译，上海译文出版社1999年版，第469—470页。

② 伽达默尔：《真理与方法》，洪汉鼎译，上海译文出版社1999年版，第467页。

的提问，不仅无助于开放性的实现，而且反过来会阻碍这种开放。这种阻碍开放的问题，即是错误的问题。

此外，还有一类问题属于歪曲的问题。这类问题并不以伪装开放性的方式阻碍开放性的实现，所以不属于“错误的问题”的范畴；但它虽然意指了一种开放——可这种开放并不处于所提问题所指定的方向之内。这种问题，仍然没有真实的方向意义，对它不可能有任何正确意义上的回答。

最后，在伽达默尔对问题的分析中，还特别强调了“问－答”的交互性。不仅在人与人的对话中问与答是交互的，而且在人与文本的对话中，问与答也是交互的。这种问答的交互性突出地体现出伽达默尔对理解中主体间性的青睐。理解绝不是一种单纯的主体-客体关系，即便是获得自身独立存在形式的文本，也不是纯粹意义上的客体，而是一种特殊的主体存在形式。理解作为读者与文本的关系之展开呈现出一种主体间性。以此观点看，提问的不仅是读者，还应该包括文本。我们不能够剥夺文本的提问权和答复权。有的学者从伽达默尔对把“追寻作者原意”视为诠释学基本任务的一般诠释学的批评中，得出哲学诠释学主张读者可以任意裁剪文本，任意自由发挥，借文本之名阐述自己思想，实在是冤枉了伽达默尔及其哲学诠释学。[①]伽达默尔其实非常尊重文本的权利，强调读者应该倾听文本的声音。在伽达默尔看来，读者与文本之间的关系，不是主体与纯粹客体之间的关系，甚至不是法官与嫌疑人之间那种判决式的、上司与下属之间那种命令式的人际关系，而是一种伙伴之间平等地展开的商讨式的对话。他指出：“流传物是一个真正的交往伙伴，我们与它的伙伴关系，正如‘我’和‘你’的伙伴关系。”[②]所以，在读者与文本之间，读者不仅向文本发问，而且也要接受文本向他的提问。只有在读者与文本这一对谈话伙伴的相互问答之中，两者的视界才能够实现融合。如果任何一方以自己的意见压制另一方，都将阻碍谈话的继续，中止谈话，理解也就不可能真正地实现。

三

透过伽达默尔对“问题意识”的诠释学分析，来反思我国当前哲学研究

① 陈学明：《反对制造马克思》，《社会科学报》2003年3月13日。

② 伽达默尔：《真理与方法》，洪汉鼎译，上海译文出版社1999年版，第460页。

的状况,以下两个方面是很有借鉴意义的。

其一,从理解的应用性角度来看待“问题”的优先性和方向性意义。在我国的哲学研究中,相当多的学者还习惯于用一般诠释学的理解模式去解读哲学文本,致力于追寻“作者原意”或文本的语义学含义,他们在自己的研究中,往往停留在思考文本的作者怎么说这一类问题上。这种思考虽然很有必要,但却远远不够。停留在这类问题上,不从理解的应用性角度来提出问题、思考问题,很容易犯教条主义或本本主义的错误。在中国革命和建设的历程中,割裂普遍与特殊的关系,把对普遍规律的把握和对文本一般含义的把握,看作是对社会和经典文本的真正理解,曾经造成了许多重大的失误。今天,我们的哲学研究不应该再停留在空泛的谈论文本这一层面上,而应该与我们对自身诠释学情境的反思结合起来。对哲学文本的真正理解只能在与当代中国社会具体现实的密切联系中实现。把对哲学文本的理解置入我国面临的具体诠释学情境之中,在普遍与特殊关系的张力中来建构哲学研究的“问题”,才能使哲学的研究更有活力,也才能使社会的发展更有生机。

不可否认,人们的哲学研究和其他的研究一样,都有自己的“问题意识”。几乎每一个哲学研究者都可以面无羞色地宣称:我在哲学研究中提出了问题(甚至是重要和重大的问题),而且解决(至少是初步解决)了问题。然而,如果从哲学诠释学的问题意识来看,许多的问题可能都属于缺乏方向性意义的问题,因而它们并不是哲学诠释学意义上的“真正的问题”,而是所谓的“虚假的问题”“错误的问题”和“歪曲的问题”。因此,在当前的哲学研究中强调“问题意识”,并不是无的放矢,而是蕴涵深意。它倡导的应该是哲学诠释学意义上的“问题意识”。它要求哲学研究首先应该植根于哲学文本与当代中国现实这一具体的诠释学情境的张力中,来提出、思考和解决真正的问题。

其二,对“问题的开放性与界限性”的辩证思考。与一般诠释学倡导理解过程中,读者向作者和文本的单向度开放不同,哲学诠释学倡导理解过程中读者与作者、文本的双向度的开放。而这种开放是以读者与文本“对话”的方式展开的。对话总是有问有答,互问互答。对话的双方是彼此开放的。而且像苏格拉底式的对话所表明的,提出问题不仅不比答复问题来得容易，相反，它要更加困难。因为这种提问要把谈话引向深入，它要开启着被问的东西的存在。用伽达默尔的话来说，这就是“问题对于一切有揭示事情意义的认识和谈话的优先性”。[①]因此，对话的展开和深入，对“问题”有着某种依赖性。鉴于这种问题不只是由读者向文本提出，同时也由文本向读者提出，它在读者与文本的相互开放中就具有非常关键的作用。真正的问题，不仅能够使读者向文本开放，能够使读者在文本的答复中吸取有益的东西，而且它还能够使文本向读者开放，使文本在不同的诠释学情境中生成着流动的意义。同时，问题的开放性并不是说它不具有任何界限。哲学诠释学倡导的提问，不是漫无边际式的和信口开河式的提问，它是担负着在文本的一般含义和读者特殊的诠释学情境之间架设桥梁与通道重任的提问。因此，这种提问必须建立在对自身诠释学情境深刻反思的基础上，而不是像一般诠释学设想的那样，如何使提问者抹去自己的视界投入到真空之中。

在文本的研究中，人们常常面临着“六经注我”还是“我注六经”的困惑，其原因就在于此处提出问题的模式还停留在单向度开放性上，或者是文本向我开放，或者是我向文本开放，二者必居其一。如此一来，读者与文本之间的对话，就被简化成了读者或文本的单方面的宣告；问题模式也变成了单方面的提问或答复，而不是互为问答的模式。只有倡导“开放性和界限性相统一”的问题模式，才可能走出“六经注我”或“我注六经”的诠释学怪圈，实现读者和文本两种不同视界的真正融合，开启文本的创生性意义。惟其如此，才能避免我国的哲学研究堕入教条主义的深渊，或者重蹈经验主义的覆辙，让哲学研究真正地走进生活，走进当代的中国社会现实之中。

① 伽达默尔：《真理与方法》，洪汉鼎译，上海译文出版社1999年版，第466页。

具体化：关联伽达默尔诠释学和实践哲学的重要概念

牛文君

伽达默尔的哲学诠释学以实践哲学为归宿，尤其是他晚年将注意力主要集中于哲学诠释学的实践维度，彭启福已从理解的应用性角度对此作过探讨。[①] 笔者认为，"具体化是伽达默尔诠释学和实践哲学相关联的一个重要概念，体现着诠释学的实践哲学维度和实践哲学的诠释学维度，表明了诠释学和实践哲学的理论连续性和互涉性。他在《科学时代的理性》中写道："我最终懂得将其看作解释学之基本经验的东西，正是对普遍的东西的具体化这一伟大的主题。"[②] 厘清这一概念在伽达默尔思想中的地位，有助于更好地理解他的诠释学和实践哲学的内在关联。

在普遍与特殊之间的具体化——诠释学和实践哲学共同关注的主题

伽达默尔的哲学诠释学对施莱尔马赫以来的古典诠释学做了本体论的变革，诠释学不再是精神科学的一般方法论，而是理解何以可能的本体论。理解不再是对作者或文本原意的把握，而是读者从自身特殊的诠释学处境出发对文本的普遍意义所做的具体化。在伽达默尔看来，即使存在着所谓的作者或文本原意，读者也是把握不到的，因为读者无论如何都摆脱不了自

本文原刊于《安徽师范大学学报》2008年第3期。

作者简介：牛文君（1982—），女，安徽淮北人，德国耶拿大学哲学博士，华东师范大学哲学系讲师。

① 彭启福：《理解之思——诠释学初论》，安徽人民出版社2005年版。

② 伽达默尔：《科学时代的理性》，薛华译，国际文化出版公司1988年版，第43页。

己的前见和传统；哲学诠释学关心的不应该是如何把握文本的普遍意义这样一个认识论问题，而应该是说明一切理解现象的基本条件这一本体论问题，理解之所以可能，就在于超越时空的文本的普遍性与读者自身处境的特殊性之间的诠释学距离，由此便导致了意义的多元性和开放性以及传统与当代的融合。"如果诠释学问题的真正关键在于同一个流传物必定总是以不同的方式被理解，那么，从逻辑上看，这个问题就是关于普遍东西和特殊东西的关系的问题。因此，理解乃是把某种普遍东西应用于某个个别具体情况的特殊事例。"①可见，伽达默尔把普遍与特殊的关系以及如何实现对普遍东西的具体化看作诠释学的基本问题。

对普遍的东西进行具体化，是一种联结普遍与特殊的实践智慧，伽达默尔在很大程度上得益于亚里士多德的实践智慧传统。亚氏把知识分为三类：理论知识、实践智慧和技艺。理论知识的对象是不变的、必然的、永恒的事物，这种知识具有普遍性、必然性、永恒性和可证明性；实践知识的对象是可变的事物，其本质在于践行，践行本身就是目的，它指向善；技艺或制作知识的对象是可改变和可制作的事物，其本质在于生产制作，但生产制作本身不是目的，只是手段，其目的指向自身之外的产品。在这种知识分类体系中，实践智慧的地位尤为特殊，它介于普遍与特殊之间，是在具体情境中以善为旨归的选择和权衡。亚里士多德强调，选择和权衡的对象不可能是普遍必然的东西（因为普遍必然的东西非人力所及，无需也无法选择和权衡），也不可能是具体的事实如"这是不是一块面包"（因为具体的事实关涉的是知觉问题），唯有涉及普遍与特殊之间关系的具体情境，才是选择和权衡的对象即实践智慧的对象。实践哲学关注的正是普遍与特殊的关系问题，具有实践智慧的行为，必定是在具体情境中运用实践理性选择的以善为取向的行为，也就是亚氏反复提及的，在恰当的时间，恰当的地点，采用恰当的手段，做出恰当的选择。

亚里士多德把善建立在习行和习俗的基础之上，伦理学（Ethica）这一概念中包含的Ethos就是习惯、习俗的意思。人通过他怎样行动而成为一个怎样的人，行动的人必须考察他所处的具体情境，认识自身和决定自身，并且不能够让任何东西从他那里夺走这种权利。由此引出的问题是，是否可能

① 伽达默尔：《真理与方法》，洪汉鼎译，上海译文出版社2004年版，第404页。

有一种关于道德的普遍理论知识？即使有这种知识它又不能剥夺行为者的选择权，这种知识对人起何种作用？亚里士多德解决思路大致如下，首先实践哲学不可能有那种数学家所达到的高度精确性和普遍性，它并不追求一种纯粹理论的、“历史的”知识，而且要求这种精确性和普遍性乃是一种错误。其次，伦理学不能代替行为者选择和决定自身，只能通过对道德现象的概略性解释给道德意识以某种帮助。

伽达默尔看到了在亚里士多德的伦理学中存在的普遍与特殊的张力。亚氏一方面批评苏格拉底将知识直接等同于德性，拥有普遍性的道德知识不等于具有德性，德性总是体现于具体的实践情境之中；另一方面，他又保留了苏格拉底，试图协调苏格拉底－柏拉图的遗产和“Ethos”要素之间的紧张关系。这种普遍与特殊的关系问题正是伽达默尔所关注的，他主张作为实践哲学的诠释学应具有理论和实践的双重任务，一方面，“实践哲学当然是一种‘科学’，一种可传授的、具有普遍意义的知识”[①]，另一方面，“它又是一种只有当某些条件具备时才可以成其为科学的科学。它要求学习者和传授者都与实践有着同样稳定的关系。”[②]由此可以看出伽达默尔与亚里士多德的异同。所谓“异”是：亚氏认为实践知识由于其模糊性还不能被称作理论知识，它低于理论知识，也不具有可传授性，而伽达默尔认为实践哲学的对象虽是那些永恒变化的境况，但它可以被上升到知识高度的行为模式，“而且这种有关典型结构的可传授的知识具有所谓的真正知识的特征”[③]；所谓“同”是：对具体情境优先性的强调，实践知识只有经过具体化才是有意义的，伽达默尔在批评应当伦理学（Sollensethik）时指出，“它忽视了这样一个解释学问题：惟有对总体的具体化才赋予所谓的应当以其确定的内容。”[④]

在普遍与特殊之间的具体化是诠释学和实践哲学共同关注的主题。“把一般和个别结合起来，这就是一项哲学的中心任务。它不仅是在理论的一般知识和实践的知识之间进行中介，而且是衡量我们对于共同目标的设定，

① 伽达默尔：《科学时代的理性》，薛华译，国际文化出版公司1988年版，第81页。

② 伽达默尔：《科学时代的理性》，薛华译，国际文化出版公司1988年版，第81页。

③ 伽达默尔：《科学时代的理性》，薛华译，国际文化出版公司1988年版，第81页。

④ 伽达默尔，杜特：《解释学美学实践哲学：伽达默尔与杜特对谈录》，金惠敏译，商务印书馆2005年版，第47页。

这种目标是我们自己的文化和整个人类的文化所承担着的。”[①]哲学诠释学所讲的理解不再是此在诸多行为方式中的一种,而是此在最根本的存在方式,此在生存着便理解着,此在理解着便对普遍的东西进行着具体化,具体化的过程伴随着意义的创生,此在在具体化过程中理解到的意义结构着自身的生存,构成其生命的一部分。如何将普遍的东西应用于自身的特殊处境,同时也是实践智慧所关注的问题,伽达默尔反思现代文明的危机,看到在高科技化的工业社会中,人类越来越隶属于技术理性的统治,从而遗忘了更为根本的生活世界,和作为最广泛意义上的生活样式的实践。他认为,如果以为专家和技术理性可以剥夺我们的社会实践,那将是一个错误。“在一固定结构中的专业化和类别化并不是我们社会存在的全部。这不是我们生活形式的真实情况。其实我们的实践不在于我们对预先给定职能的适应,或者在于想出恰当的方法以达到预先给定的目标,——这是技术;相反,我们的实践乃在于在共同的深思熟虑的抉择中确定共同的目标,在实践性反思中将我们在当前情境中当做什么具体化。这就是社会理性!”[②]伽达默尔把实践哲学作为诠释学的落脚点,把对普遍的东西进行具体化作为诠释学的基本经验,旨在弘扬亚里士多德的实践智慧传统,复兴近代科学产生以来逐渐衰落的实践理性。

作为实践理性之应用的具体化
——由诠释学走向实践哲学的枢纽

伽达默尔说明,诠释学中理解如何要求把文本应用于个人的经验,他十分强调理解的应用性,把普遍的东西具体化的途径就是应用。“在理解中总是有某种这样的事情出现,即把要理解的本文应用于解释者的目前境况。”[③]理解内在地要求把普遍的东西应用于个别的具体情况,应用是一切理解不可或缺的组成要素。对文本的理解,一定是在任何时候、在任何具体境况

① 伽达默尔:《赞美理论——伽达默尔选集》,夏镇平译,上海三联书店1988年版,第72—73页。

② 伽达默尔,杜特:《解释学美学实践哲学:伽达默尔与杜特对谈录》,金惠敏译,商务印书馆2005年版,第76页。

③ 伽达默尔:《真理与方法》,洪汉鼎译,上海译文出版社2004年版,第399页。

里,以不同的方式重新被理解,在这里理解已经是一种应用。在精神科学里所进行的理解,本质上是一种历史性的理解,内在地包含着应用。“这正表明了历史诠释学的任务,即它必须深入思考存在于共同事情的同一性和理解这种事情所必须要有的变迁境况之间的对立关系。”[①]这种对立关系即是普遍与特殊的对立关系,通过应用,普遍的东西被具体化于读者自身特殊的诠释学处境。

伽达默尔对理解的应用性的解释以亚里士多德的实践智慧为模式,哲学诠释学意义上的应用是实践智慧意义上的应用,而非科学技术层面上的应用。亚里士多德严格区分实践智慧和技艺,这两种知识的对象都是可变的事物,但二者有根本的不同,与实践智慧对应的是行动,与技艺对应的是制作。行动是运用实践理性以善为取向的选择和权衡,以践行本身为目的,与行为者的个性品质密切相关;制作则是运用既定的规则生产出某种产品,其目的不是制作本身,而是制作之外的产品。由此可以看到两种不同意义的应用,一种是实践智慧意义上的实践理性之应用,一种是技艺层面上的工具理性之应用。伽达默尔继承了亚里士多德的这一思想,区分了两种不同类型的应用,即技艺知识的运用和道德知识的运用,后者即是诠释学意义上或实践哲学意义上的运用。“这两种知识类型都包含我们认为是诠释学中心问题的同一种应用使命。当然,在它们两者那里‘应用’一词的意思并不是一样的。”[②]其区别归结起来大致有以下方面:

首先,技艺知识及其应用是分离的,通常先把技艺知识作为学习对象,之后应用于具体情况,这里的应用游离于知识之外;道德知识及其应用则统一于同一过程。“我们并不是这样地立于道德知识的对面,以致我们能够吸收它或不吸收它,有如我们能够选取或不选取一种实际能力或技艺一样。我们其实总是已经处于那种应当行动的人的情况中。”[③]“拥有道德知识总是发生在应用的具体化过程中。在这种应用中,“我们往往却看到最初规则的普遍性和具体事物的个别性的对峙,它不允许我们简单地通过把具体事例归于普遍规则来演绎正确的行为准则。”[④]由于不存在与具体的个别事物相

① 伽达默尔:《真理与方法》,洪汉鼎译,上海译文出版社2004年版,第400—401页。

② 伽达默尔:《真理与方法》,洪汉鼎译,上海译文出版社2004年版,第409页。

③ 伽达默尔:《真理与方法》,洪汉鼎译,上海译文出版社2004年版,第441页。

④ 洪汉鼎:《论实践智慧》,《北京社会科学》1997年第3期。

分离的一般的善，“所以以追求善为目标的实践智慧就决不能像纯粹科学和技术那样，把一般的观念简单地应用于个别事物，而是需要根据具体事物的情况去确定、修改和发展一般观念。”[①]实践必须和个别相联系，在实践领域中普遍规则自身是没有意义的，它只有和恰当的具体情境相联系才有意义，任何普遍的规则只有在具体化中才能得以确定。“普遍法则是需要运用的，而法则的运用却又是没有法则的”。[②]这也就是说，在具体的境遇中，对普遍法则的应用必须经过实践智慧的具体化。

其次，技艺知识的应用具有严格性，必须遵循严格的规则和程序，而诠释学意义的应用必须放弃这种严格性。以法律的应用为例，在具体情况里必须松懈法律的严格性，在法律上进行的恰当缓和，不仅无损于法律，相反更好地发展完善了法律。亚里士多德对于“公道”分析就表明了这一点，公道就是对法律的更正。“亚里士多德指出，任何法律都处于与具体行动的必然对立之中，因为法律是普遍的，不能在自身内包括那种适合于一切具体情况的实际现实性。”[③]任何一条法律都应当在具体的情境中进行具体化的应用，以使它做出合乎人性的公正判决。

再次，技艺知识的应用无需自我协商地去考虑何物为知识，它只是某种个别的东西并且服务于个别的目的，学习者可以以旁观者的身份去把握它；而道德知识关系到整个正确生活的问题，它“对自我协商的依赖性，并不会由于技艺知识的扩充而突然完全被取消。”[④]即使设想这种道德知识达到了高度的完满性，它也不是一种技艺类型的知识，而是这种自我协商的完成。如果说在技艺中还可以区分出知识和经验，那么在道德知识里区分知识和经验就是毫无意义的，由于道德知识的应用对自我协商的依赖性，道德知识本身就包含着经验，这种知识或许就是经验的基本形式。

诠释学所言的理解的应用性是实践哲学意义上的应用。应用不是尾随于规则之后的事情，也没有一个普遍存在的现成的规则像工具一样摆在某处，可以随手拿过来使用，应用总是发生在理解之中，普遍的规则体现于具体的应用之中，应用不是发生在理解之后，普遍的规则也不独立于应用之

① 洪汉鼎：《论实践智慧》，《北京社会科学》1997年第3期。
② 伽达默尔：《科学时代的理性》，薛华译，国际文化出版公司1988年版，第43页。
③ 伽达默尔：《真理与方法》，洪汉鼎译，上海译文出版社2004年版，第413页。
④ 伽达默尔：《真理与方法》，洪汉鼎译，上海译文出版社2004年版，第416页。

外。"应用不是理解现象的一个随后的和偶然的成分,而是从一开始就整个地规定了理解活动。所以应用在这里不是某个预先给出的普遍东西对某个特殊情况的关系。"[①]并非流传下来的文本对于读者是作为某种普遍的东西预先被给出的,然后再应用于特殊情况,事实是,为了理解文本,读者一定不能无视自身所处的诠释学境况,理解的实现必须将文本与自身所处的诠释学处境关联起来。

作为实践理性之应用的具体化,是伽达默尔由诠释学走向实践哲学的枢纽。他对两种应用的区分有其深刻用意,在他看来,自近代科学产生以来,人们对实践概念的理解逐渐褊狭化,实践演变为科学技术的应用,而亚里士多德所言的"实践",是一种反思的最广泛意义上的生活,科学技术的应用恰恰不是亚氏意义上的实践,而是相当于他极力与实践相区分的技艺,所以伽达默尔声称"实践堕落为技术"。"人们必须清楚'实践'一词,这里不应予以狭隘的理解,例如,不能只是理解为科学理论的实践性运用。"[②]"'实践'还有更多的意味。它是一个整体,其中包括了我们的实践事务,我们所有的活动和行为,我们人类全体在这一世界的自我调整——这因而就是说,它还包括我们的政治、政治协商以及立法活动。我们的实践——它是我们的生活形式。在这一意义上的'实践'就是亚里士多德所创立的实践哲学的主题。"[③]

亚里士多德明确区分了聪明和实践智慧,实践智慧必定包含善的目的,而聪明可以对于任何一个确定的目的而言,离开了善,聪明就会蜕变为狡猾。科学技术的工具理性并不能为人类的合理生活提供最终的保障,只有实践理性才是社会理性的条件。"实践并不是按我们能力的可能性所进行的理论知识的盲目应用。"[④]人总是面临着选择,因此他需要实践理性。"实践理性的优先地位事实上能够限制漫无边际的实用主义"。[⑤]如杜特所言,伽达默尔反对的是一个被工具意义缩减了的理性概念。实践理性的反思有助于

① 伽达默尔:《真理与方法》,洪汉鼎译,上海译文出版社2004年版,第420页。

② 伽达默尔:《真理与方法》,洪汉鼎译,上海译文出版社2004年版,第67页。

③ 伽达默尔,杜特:《解释学美学实践哲学:伽达默尔与杜特对谈录》,金惠敏译,商务印书馆2005年版,第46—47页。

④ 伽达默尔:《赞美理论——伽达默尔选集》,夏镇平译,上海三联书店1988年版,第97页。

⑤ 伽达默尔:《赞美理论——伽达默尔选集》,夏镇平译,上海三联书店1988年版,第31页。

回归生活世界，告诉人们在科学知识和真理形成之前已经发生了什么，人类应当怎样生活才是更合理的。

语言承担具体化的实现——实践哲学的诠释学之维

实践理性的应用总是发生在具体的情境中，并置身于一个由信念、习惯和价值所构成的活生生的关系即伦理之中。尽管某一具体情境与其他情境可能有相似之处，但总是具有个别性，“在此情境中什么是理性的，什么是应当去做的，恰恰并未在给您的那些关于善恶的总体指向中确定下来，这不像关于如何使用一件工具的技术说明所给出的那样，而是您必须自己决定去做什么。为此您就得理解您的情境。您就得阐释它。这就是伦理学和实践理性的解释学之维。解释学是理解的艺术。”“这个对于我们实践情境、对于在其中如何去做的理解不是独白性的，而是具有对谈的特性。我们的一切行为都是相互的!我们的生活形式具有你-我特性、我-我们特性和我们-我们特性。在我们的实践事务中，我们被理解所指引。而理解发生于对谈之中。”[①]这段话表明，伽达默尔的实践哲学又回归了诠释学，不仅诠释学以实践哲学为归宿，而且实践哲学也以诠释学为归宿，二者在理论上是互涉的。由于实践具有对话式的交往特性，所以我们的出路就是理解，就是一体性。

对话模式可以阐明精神科学中的参与结构。伽达默尔宣称，“精神科学中的本质性东西并不是客观性，而是同对象的先前的关系。我想用参与者的理想来补充知识领域中这种由科学性的伦理设立的客观认识的理想。”[②]衡量精神科学有无价值的标准，就是参与到人类经验本质的陈述之中，对话模式可以阐明这种参与形式的结构，“对话者并非对对话中出现的东西视而不见并宣称唯有自己才掌握语言，相反，对话就是对话双方在一起相互参与着以获得真理。”[③]

对话可以实现个体在实践中的开放性，实践的交往特性决定了行为者与他人处于互动的联系之中。实践哲学以行为者为中心，行为者在实践中

① 伽达默尔，杜特：《解释学·美学·实践哲学：伽达默尔与杜特对谈录》，金惠敏译，商务印书馆2005年版，第69页。

② 伽达默尔：《赞美理论——伽达默尔选集》，夏镇平译，上海三联书店1988年版，第69页。

③ 伽达默尔：《赞美理论——伽达默尔选集》，夏镇平译，上海三联书店1988年版，第69页。

选择和权衡，然而如罗伯特·哈里曼所言，这里“很容易犯的错误就是，把实践智慧仅仅视为一种略带个人能动性意味的行为者中心理论。”[①]在某些时期，实践智慧被限制在一个彻底的以自我为中心的行为者身上，他完全只考虑算计自我利益，以至于可能偏离共同的善。实际上，亚里士多德视野中的行为者，完全不同于个人主义意义上的具有稳固性、封闭性、以自我为中心的个体。实践智慧提供了那种把自身构造成为一个行为者，而不是一个算计其利益的稳固自我的方法。在实践行动中，行为的意义由多种因素决定，它是把各种各样的利益整合成一个复合统一体的动态过程，在此过程中，自我总是被重新选择和塑造。“只有通过将自我延伸到那些更为广阔且不确定的序列中，一个人的行为才可能在根本上得到理解，才不会被理解为是出于自我利益。”“换句话说，prudence理论内部就包含着一个节状的(nodular)自我的概念。个人通过行动被扩展到与一个更大的、更富活力的社会网络的联系之中。”[②]个体总是与他者相互联系且不在一个稳固的系统之内，在实践行为中，同一性被分解，一种适宜于协调各种互利结果的意向性结构得到关注，“节状自我只有通过完成其适应于一个潜在性群体的核心使命，它本身才能被完全激活”。[③]伽达默尔通过对话理论表明了个体在实践中的开放性，理解是此在的存在方式，他不是一个封闭的不可约减的点，而始终与他人处于对话的结构中，个体之间构成主体间性。即使读者在理解不会说话的文本的过程中，也始终与文本进行着对话和视域融合。理解不是独白性的，而是对谈性的，决定了个体在实践中的开放性，在实践领域我们的一切行为都是相互的。

对话对实践理性的目的选择具有纠偏作用。在亚里士多德看来，实践智慧、实践理性和德性具有相互蕴含的关系。“在严格意义上说，没有实践智慧就不可能有善，没有德性同样不可能在实践中有智慧。”[④]他认为，德性保证了目的的正确性，而实践理性保证了手段选择的正确性，“德性使我们有

---

① 罗伯特·哈里曼：《实践智慧在二十一世纪(下)》，《现代哲学》2007年第2期。

② 罗伯特·哈里曼：《实践智慧在二十一世纪(下)》，《现代哲学》2007年第2期。

③ 罗伯特·哈里曼：《实践智慧在二十一世纪(下)》，《现代哲学》2007年第2期。

④ Aristotle.*Nicomachean ethics*.Book I[electronic resource]/by Aristotle; translated by W.D. Ross.Raleigh,N.C.:Alex Catalogue; Boulder,Colo.:Net Library,2000:1036.

正确的目标，而实践智慧使我们采取正确的手段。”[①]因此，德性与目的有关，而实践智慧只与手段有关，目的本身的选择，对于实践理性来说似乎是不成问题的，这里假定了实践理性与善的等同性，即假定了实践理性中内在地蕴含了善。伽达默尔认为，“亚里士多德关于实践智慧的定义显然带有模棱两可性，因为这种知识有时更多地与目的相关联，有时则更多地与达到目的的手段相关联。”[②]“手段和目的的关系在这里不是这样一种关系，以致关于正确手段的知识好像能够预先被获得，而且情况之所以这样，乃是因为正确目的的知识同样不是某种知识的单纯对象。”[③]这也就是说，并不存在关于整个正当生活的任何预先规定性，这种合目的性同样必须答复当时的具体情况。“人们在实践中只追求自己认为是善的、有益的目标，但事实上，表面看来符合善的目标，即便似乎有法律保证其正当性，也不能证明它就是真正符合善的。”[④]在伽达默尔的理论中，实践理性并不表明自身必然是符合伦理上的善，而这种缺陷可以通过对话的交往理性及主体间性来纠正，苏格拉底式的对话，以及柏拉图的辩证法在伽达默尔这里得到发扬。实践事务对理性的要求只有通过对话及其对相关规则的接受来满足，对话的唯一任务就是实践上的启蒙。伽达默尔的本体论假设是，与问题相关者都参与对话，所有对话参与者都有较高的对话能力，所有的论证都被提出并且具有说服力，对话的进程被一种理解的善良意志所引导，在对话者中间可以达成共识。在人类的实践生活中，通过无限开放的对话，人们之间可以实现共同的理解，不管在理解的过程中经历怎样的变态与扭曲，他相信对话最终会回到正常理解的视域融合和效果历史中来。即便是这种共识也并不保证行为目标的正确性，主体间的一致性并不保证善的方向，相反，他倒是假定了善良意志指引着对话的进程。但不管怎样，对话提供了一种合理的可能性：它赋予对话者以平等参与对话的权利，任何一方不具有对其他对话者的优势地位和单方面的统治权。实践理性对普遍的东西进行的具体化就实现于这种对话中。

---

① Aristotle.*Nicomachean ethics*.Book I [electronic resource]/by Aristotle; translated by W.D. Ross.Raleigh,N. C.: Alex Catalogue; Boulder, Colo.: Net Library,2000: 1034.

② 伽达默尔：《真理与方法》，洪汉鼎译，上海译文出版社2004年版，第416—417页。

③ 伽达默尔：《真理与方法》，洪汉鼎译，上海译文出版社2004年版，第416页。

④ Rüdiger Bubner. *Essays in hermeneutics and critical theory*.translated by Eric Matthews. New York: Columbia University Press,1988: 165.

进一步说,语言承担着具体化的实现。“解释学的基本经验开始展现了它真实的普遍性,因为我们对语言的使用,或者更确切地说,每当我们思考时语言在我们那里所寻得的使用,渗透了我们对世界的全部经验。它在不断地实现着对普遍东西的具体化。”[①]实际上,这里存在着两个层面的具体化,一方面是读者将文本的意义具体化于自身的特殊处境之中,另一方面作者创作文本的过程本身也是具体化的过程。这样,不仅读者与文本展开的对话实现着具体化,而且作者利用语言将其思想形成于文本也是具体化的实现。伽达默尔说,“我通过把语言作为对普遍东西的真实具体化来思考而参与了的本世纪的诸种思想趋向,处处与柏拉图-亚里士多德的希腊辩证法遗产相汇合,而这正是我在学术研究中所特别感兴趣的东西。”[②]“对普遍东西的真实具体化”,表明作者在进行文本创作时同样也进行着具体化。“语言要素并非只是一种在其中能遭遇到这个或那个事物的空的媒介。它全然是一切能够遭遇到我们的事物的基本元素。围绕着我们的,是作为被说出来的东西的语言,即言谈的世界。”[③]正是作为对话的语言承担着具体化的实现,这便是实践哲学所蕴含的诠释学维度。

① 伽达默尔:《科学时代的理性》,薛华译,国际文化出版公司1988年版,第44页。

② 伽达默尔:《科学时代的理性》,薛华译,国际文化出版公司1988年版,第44页。

③ 伽达默尔:《科学时代的理性》,薛华译,国际文化出版公司1988年版,第44—45页。

德性的可理解性与理解的道德性
——伽达默尔诠释学的伦理意蕴

戴兆国

理解作为一种人类生存的基本方式，不仅使人能够面对环境获得其生存的前提，而且也帮助人类在确立相互关系的过程中，使人际之间的沟通得以可能。在更重要的意义上，理解还使人自身的存在变得可以认识和识别。从诠释学的角度来看，理解贯穿于人类活动的始终。人类获得的经验确立了人的历史性与现实性的统一，从而使人类生存的道德本性也构成了理解的特征之一。这一特征包含人自身的洞见和对他者的宽容，这是理解在实践智慧中得以应用的有力表现，最后在自我理解的连续性中，理解的历史性与道德性获得了统一。

一、经验与知识

人类生活本身离不开经验，在经验的积累中，人类通过寻求经验的普遍性和重复性，来为生活确立进一步的规则，在规则的基础上，又形成一系列的知识，以用来引导生活。经验有科学的经验与日常生活的经验的区分，前者通过自然科学的实验在一定的方法论程序中予以证实，而后者则依靠历史批判的方法获得确认。但无论何种经验，都是在试图超越自身局限的同时，获得自身存在的必要性。所以伽达默尔提出："经验只有在它不被新的经验所反驳时才是有效的，这一点显然表现了经验一般本质的特征，不管我们是在讨论现代意义上科学的经验活动，还是在讨论我们每个人经常所具

本文原刊于《安徽师范大学学报》2005年第4期。

作者简介：戴兆国(1971—)，男，安徽宣城人，哲学博士，安徽师范大学政治学院教授、博士生导师。

有的日常生活的经验。”[1]可见经验的可重复性、规则性是确保经验有效性的前提。

然而，经验终归是有限的，休谟的怀疑论立场从本质上说并非是对经验的确认和依赖，相反倒是强调经验性对人类生活所造成的困难，在经验之“是”与人类道德生活之“应该”之间有一个难以逾越的鸿沟。休谟的积极思考恰好证明了经验的本性，真正的经验是一种能够使人类认识到自身有限性的东西，在经验中，人类的理性能力和自我认识找到了界限。对于经验有限性的认识和理解，可以使人类在面对未来的生活中，选择合适的计划，从事合适的历史活动。

作为历史性存在的经验总是在人自身的选择中被留存下来，有意的留存积累起众多的知识。人类获得的知识从本性上来说，可以有三个层面的区分。《庄子·秋水》：“以道观之，物无贵贱；以物观之，自贵而相贱；以俗观之，贵贱不在己。”依庄子的态度，只有“以道观之”才能获得真正的理解，才能体会、认识到世界、人生的根本之谜。在道的统摄之下，知识是未加分化的。庄子的目的是希望以此来拯救人心之失、世风之弊，以期从终极的意义上探明人生的意义所在。显然实际的人生总是交织着经验与知识，很难从形态或性质上离析二者。当宋儒将“见闻之知”与“德性之知”加以区别之后，经验与知识在道德领域开始获得各自的意义承当。张载说：“见闻之知，乃物交而知，非德性所知；德性之知，不萌于见闻。”（《正蒙·大心》）王夫之解释“德性之知”为“循理而反其原，廓然于天地万物大始之理，以吾所得于天而即所得以自喻者也。”[2]见闻之知属有限的经验，是德性之知所生之始，德性之知则超越了经验的有限性，能够达到尽心则知性、知天。这一认识充满了对人生意义以及宇宙之存在的洞彻与理解，在此一认识的层面上，人与自然、人与社会沟通的途径被伦理化了。

伽达默尔说：“道德知识实际上是一种特殊种类的知识。他以一种奇特的方式掌握手段和目的，并因而使自己区别于技艺知识。正因为如此，在道德知识里区分知识和经验是毫无意义的，虽然在技艺方面我们可以作出这种区分。”[3]换言之，道德知识本身所包含的经验与道德活动本身是不可离析

---

① 伽达默尔：《真理与方法》，洪汉鼎译，上海译文出版社1999年版，第499页。

②《船山全书：12册》，岳麓书社1991年版，第144页。

③ 伽达默尔：《真理与方法》，洪汉鼎译，上海译文出版社1999年版，第414页。

为二的，一种道德经验就是道德知识，二者之间不表现任何的疏异性。为此，有必要对道德系统中德性的可理解性作一番分析。

二、德性的可理解性

德性首先是指一种功能性的品质，是与人天性相对立而言的。天性作为自然禀赋是一种单纯的能力，德性则不仅仅是单纯的能力和力量，“人的道德文明之所以与自然禀赋有本质的区别，乃是因为在这里起作用的不单纯是能力或力量，人其实是通过他做什么和他怎样行动才成为这样一个已成为如此的、但也是正在成为如此地以一定方式去行动的人。”[①]德性作为某种能力，是行动者认识和把握并能够决定自身的能力，按麦金太尔的话说，是一种获得性的实践能力[②]。

德性能力贯穿于人的行动中，不仅是一种活动能力，也是一种认识能力，是“自作主张”的能力，这一能力作为人际交往的基本因素，其可理解的程度决定了这一能力能否发挥出应有的作用。对德性的理解涉及到如何对待德性力量在人类道德活动中的传承，以及自我理解的连续性和统一性这两方面的要求。

德性能力的传承关涉道德生活的本质，在很大程度上，德性力量是依靠传统来传承的，其中习俗和传统的有效性是道德实在性的基础。在人类文明的初始阶段，德性是贯穿于一切社会活动的基本力量，而不是作为社会生活的一个方面被强调。亚里士多德说：“公正、勇敢以及其他德性行为，都是我们互相对待的行为，在契约中、效益中和各类行为中甚至在情感中都严格按各有其份原则，这一切都是人的德性。”[③]德性的特征决定了它是被自由接受的，即使在传统和习俗已经发生了改变的时候。对待传统和习俗的错误态度是把传统与理性对立起来，这是一切浪漫主义启蒙运动的特点。但实际上二者并不存在这种对立，从精神科学的诠释学角度来看，在对传统的保留中，习俗和以往的德性力量在经过新的理解之后被自由地接受下来，即使

① 伽达默尔：《真理与方法》，洪汉鼎译，上海译文出版社1999年版，第401页。

② 麦金太尔：《德性之后》，龚群，戴杨毅等译，中国社会科学出版社1995年版，第106页。

③《亚里士多德选集·伦理学卷·尼可马可伦理学》，苗力田译，中国人民大学出版社1999年版，第243页。

在革命的时代，传统的东西仍然可以在变革一切的浪潮中被保存下来，并且与新的东西一起构成新的价值体系。保存、破坏与更新在传统的延续中均自由地发挥着作用。

德性力量的可理解性消解了传统与历史学、历史与历史知识之间的抽象对立，使继续存在的传统的效果与历史研究效果之间形成了一个统一体，这是一种相互作用的统一体。在这一结构中，德性力量作为沟通历史的线索，使历史意识成为一个整体。孟子曾提出“知人论世”的观点，他说：“以友天下之善士为未足，又当论古之人。颂其诗，读其书，不知其人，可乎？是以论其世也，是尚友也。”(《孟子·万章下》)颂古人诗，读古人书，不过是知人论世的途径，最终的目标是“与古人友”，“友”是建立在对古人充分理解的基础上的。这里体现的历史意识的整体性、统一性也是对德性的可理解性的有力证明。麦金太尔也将德性与活着的传统相联系，认为每个人都是历史的自我，不论是否意识到这一点，都是传统的承载者之一。“因此，在关键部分，我是我所继承的东西，一种特殊的过去某种程度地出现在我的现在之中，因此，就德性维持实践所需要的关系而言，德性必须维持的不仅有对现在的关系，还有对过去的关系，甚至对将来的关系。”[①]德性的可理解性构成了德性的共通性，过去、现在、将来……整体的历史意识在此得以沟通。

德性力量的传承确保了道德生活的源头活水，但如何使自我的道德生活获得理解的连续性和统一性呢？这涉及到从自我意识角度对德性的理解的可能性的判分。

康德通过对目的性的考察，认为“我们内心里的道德律是在它自身充足的，并且自本源地规定着，以至于绝不允许我们向它以外去找一个规定原理。”[②]无论是艺术的合目的性，还是无艺术的合目的性，都可以通过超感性的道德性来获得表达，所以，康德说：“美是道德的象征”[③]。

伽达默尔循沿康德的思路，通过对审美体验的分析，指出：“艺术现象向存在提出这样一项任务，即面对个别审美印象应有动人表现的要求去获得自我理解的连续性，因为只有这种连续性才可能支持人类的此在。”[④]自我理

① 麦金太尔：《德性之后》，龚群，戴杨毅等译，中国社会科学出版社1995年版，第279页。

② 康德：《判断力批判：上卷》，宗白华译，商务印书馆1996年版，第117页。

③ 康德：《判断力批判：上卷》，宗白华译，商务印书馆1996年版，第201页。

④ 伽达默尔：《真理与方法》，洪汉鼎译，上海译文出版社1999年版，第123页。

解的连续不是自我主观意识在时间中均匀绵延，而是在与整个世界的关照中获得自我理解的连续。自我是在与他者的交往中，从他者那里学会理解自身，从而使体验的非连续性和瞬间性得以扬弃。由此，我们不难看出，审美意识的可理解性是有分度性的，这决定了审美意识不仅是一种审美的经验，而且同认识、真理、价值等有着关联。

同样，道德自我意识的连续性和统一性也是在与他者的共在中被体验的。孟子说："口之于味也，有同耆焉；耳之于声也，有同听焉；目之于色也，有同美焉，至于心，独无所同然乎？心之所同然者何也？谓理也，义也。圣人先得我心之所同然耳。故理义之悦我心，犹刍豢之悦我口。"（《孟子·告子》）撇开孟子此处譬喻的手法不论，他所揭示的"心之同然"，就是指德性能力实际上是人所共有、心所共存的，这是礼义之悦我心的必然前提。自我道德意识的整体性是与他者相统一、并行不悖的。

麦金太尔则从个人与整体的关系角度揭示了德性的可理解性依赖于人的实践，在实践中人们获得实践的内在利益，从而支撑着人们去追求各种相关类型的善，并且把不断增长的自我重视和对善的认识充实我们。"[①]

三、理解与应用

精神科学中的一切理解活动都要在历史中展开，理解过程中经验的客观性能否决定社会活动过程在一个可控制的科学意识中进行呢？这在科学方法渗入到现代社会生活的今天，已经变成了一个非常突出的问题。从经验中获得的科学法则运用于社会生活时，不可避免地会遇到两种特殊的疑难，"一方面，存在着把经验——合理的研究成果匆忙地外推到复杂情况的倾向，以便能达到科学的、有计划的行动——另一方面，社会成员对科学施加的利益压力也在产生着影响，以便按他们的意思去影响社会过程。"[②]对于前者，推广科学研究的成果，可以依靠社会的集体讨论来加以控制，如对一些新技术应用所带来的社会伦理问题，通过社会公众的讨论，有组织的计划实施，能够在一定程度上减少技术应用导致的不良后果。但对于后者，在利益驱动下的科学应用，则无法从根本上加以控制。现代文明社会，战争的不

① 麦金太尔：《德性之后》，龚群，戴杨毅等译，中国社会科学出版社1995年版，第227页。

② 伽达默尔：《真理与方法》，洪汉鼎译，上海译文出版社1999年版，第736页。

断爆发以及新式武器在战争中的实验，就是一个很好的说明，人们只能眼睁睁地甚至在直播中看着技术给人类带来灾难和不幸。

深入地讨论这一问题，就会发现人们对理解与应用的关系的处置是关键。理解过程是在经验充斥的世界中进行的，而当科学方法将经验过滤为种种规则时，已经汰尽了经验的原始丰富内容。“科学理论没有认识到，正是它自己促进了一种充满灾难性的对经验的反对，例如，它使自己不受到健全的人类理解和生活经验的影响。”[①]经验不仅是“我”的，也是“你”的，将经验单纯地作为某种历史流传物加以对象化，是对经验结构的遮蔽。当人们企图把对象化的经验归纳为某种教条，并以之为准绳来为人生立法时，总是将应用作为一个重要的环节加以夸大。人们希望在对象化的经验中概括出一系列的本质规定，以此来制定各种应用的法则，指导社会生活，类似于应用哲学，应用伦理学的研究就是对应用的片面期望，很难在实际生活中取得实效。这种做法恰恰忘记了应用其实是一种同时的理解。“应用决不是把我们自身首先理解的某种所予的普遍性东西事后应用于某个具体情况，而是那种对我们来说就是所予本文的普遍东西自身的实际理解。”[②]理解本身就是一种效果，没有脱离开理解的单纯的应用。即使我们将经验还原为最初的与人同在的结构要素，经验的本性也是无法离人而在。在“我”与“你”共在的结构中，“经验对象本身在这里具有人的特征，所以这种经验乃是一种道德现象，并且通过这种经验而获得的知识和他人的理解也同样是道德现象。”[③]伽达默尔称这种经验为“人性知识”，人们正是在理解他人所经历的一切时才去理解对方，而绝不是依靠一些可以控制、操作的方法去理解别人。

回到对道德法则的理解与应用的关系上，仍然不能够将二者同等并列起来。作为实践理性能力的道德判断力，在面对道德命令的至上性时，并不是把道德命令置于天理法则的高度，以之对判断对象进行权衡，而是要放弃自己判断的主观条件，从而置身于他人判断的立场上去理解道德命令的无条件性和普遍性。伽达默尔曾用趣味的概念对此加以说明，他说：“视不合理的东西为反趣味的人，就有最高的确信去接受好的东西和拒绝坏的东西——其高度就像我们最富有生机的感官所具有的选择或拒绝食物的那种确

① 伽达默尔：《真理与方法》，洪汉鼎译，上海译文出版社1999年版，第357页。

② 伽达默尔：《真理与方法》，洪汉鼎译，上海译文出版社1999年版，第438页。

③ 伽达默尔：《真理与方法》，洪汉鼎译，上海译文出版社1999年版，第460页。

信一样。”[①]对道德法则的理解与应用是难以划然而对的，王阳明也曾说：“盖良知之本体。原是即知即行。未有知而不行者，知而不行，只是未知。说如好好色，恶恶臭。见好色属知，好好色属行。只见好色时，已自好了；不是见后又立个心去好。闻恶臭属知，恶恶臭属行。只闻恶臭时，已自恶了；不是闻后别立个心去恶。”(《传习录上》)好好色、恶恶臭纯然是一种趣味的选择和作用，绝不存在“先立个心”去好、去恶的道德行为。从这种区分出发，人们不可能希望通过建立一套规则、命令体系，然后再使用社会控制的方法，将之应用到社会生活中去。即使明确如有条文规定的法律，也无法找到适合一切具体情况的法律普遍性的应用。因为不仅法律本身是不完善的，而且人本身也绝非完善的，所以不可能有单纯法律的应用，更遑论单纯的道德规则的应用了。

理解作为超越存在者的运动，其历史性与道德性是相互关联的。在诠释学理论中，效果历史意识集中体现了这一关联。当我们面对历史时，历史距离从时间和空间上来说都是无法超越的，这仿佛决定了我们同历史是相互隔阂的。实际上，历史距离的存在并不意味着我们同历史现象之间是一种简单的反映与被反映的关系。相反，在进入历史领域之时，我们就已经在效果历史的视阈中面对历史现象了。

历史流传物主要以两种方式留存下来，一类是历史实物，一类是历史语言。历史实物是一定历史现象的承载者，通过对一系列历史实物的考察，可以获得对历史现象的直接把握。无论是竖立在大地上的文物，还是馆藏的文物，其深沉的历史印记是昭示历史面目的最真实的见证。这些流传物可以直接唤醒我们对于历史的记忆与想象，在它们面前，历史可以流动起来。这种历史流传物的价值随着时间的迁延而不断增长，人们如何对待这些流传物，直接体现了人们对于历史的态度，从而昭示出人们对于历史理解的价值取向。在此，理解的历史性与道德性获得了一致的发展。

历史语言是相对间接地反映历史现象的流传物，其内含的语言性特点既体现着一定的语文学意义，也包含着丰富的历史意义。历史语言采取何种修辞手段，尤其是使用何种历史记述的体裁来描述历史事实，既受到历史学家个人素质的影响，又制约于一定时代的道德取向。清代历史学家章学

① 伽达默尔：《真理与方法》，洪汉鼎译，上海译文出版社1999年版，第51页。

诚曾倡“文德”之说,《文史通义》云:“古人论文,惟论文辞而已矣。刘韶氏出,本陆机氏说而昌论文心;苏辙氏出,本韩愈氏而昌论文气,今云未见论文德者,以古人所言,皆兼本末,包内外,犹合道德文章而一之。”“知临文之不可无敬恕,则知文德矣。”[①]章氏所谓“文德,要在“敬、恕”,恕是“论古必先设身”,敬是“随时检摄于心气之间,而谨防其一往不收之流弊也”[②]。文德就是要求为史者要能设身处地,从对象出发,平心静气地记载历史,这样为文方称有德。伽达默尔说:“语文学家就是历史学家。”[③]反过来,也可以说历史学家就是语文学家,语言的历史向度可以在历史流传物中获得体现,同样,历史现象本身也可以在语言文字中获得生动的表现,这两者是可以统一的。

如果说文德是就历史理解的修辞意义和描述体裁而言的,那么“史德”则是历史理解本身的道德意义之体现。依洪堡“语言就是世界观”的立场,自然不会产生描写历史现象的语言与历史学家禀性的悖离。但自古以来,修辞不立其诚者大有人在。为此,章学诚专门论述了“史德”的意义。“能具史识者,必知史德。德者何?谓著术者之心术也。夫秽史者所以自秽,谤书者所以自谤,素行为人所羞,文辞何足取重。”[④]著书者心术是其立场所在,这是决定史之良、秽的前提。根据章氏的说法,“史德”的标准是不“害义而违道”。在此,历史语言的修辞(工文)意义已经不是决定性的,“史之义”则是良史的最高追求。在章氏看来,历史理解本身的道德意义,若想彰显出来,必定要依靠具备道德见识之人。换言之,心术不正之人无论如何也无法揭露历史本身的意义所在,即“秽史自秽”。这一主张同效果历史的原则是非常一致的。可见,历史理解的道德意义是从理解者出发的,其中不仅有运用语言修辞、体裁选择的意义指向,也包括理解者本人所应具的道德本质。只有在这两方面统一的情况下,历史中个人的道德力量的发挥才可以真正融入到历史发展的连续性过程之中,成为一种持续有力的力量,使后人更多地通过这种道德力量的中介而达到对历史实在性的体认。

① 章学诚著,叶瑛校注:《文史通义校注》,中华书局1994年版,第278页。
② 章学诚著,叶瑛校注:《文史通义校注》,中华书局1994年版,第279页。
③ 伽达默尔:《真理与方法》,洪汉鼎译,上海译文出版社1999年版,第433页。
④ 章学诚著,叶瑛校注:《文史通义校注》,中华书局1994年版,第219页。

意义何以成为本体

——意义哲学论纲

丁怀超

（一）把诠释从一般方法论的研究转变到哲学的研究，这是自狄尔泰以来的诠释学家们的一大贡献。保罗·利科近年来又进一步推进了这项工作，并就本体论与诠释学的关系问题提出了一系列独到的见解。美籍华人哲学家成中英把建立本体诠释学与创建“新”新儒学看成一个问题的两个方面。这一系列理论学说中贯串着一个共同的主题，这就是如何安置意义（世界意义与人生意义）的问题。这一问题的解决又与中国古典哲学的现代转化与复兴密切相关。通过哲学的探索而形成一个富有生命力的意义世界，不仅是理论的需要，而且是生活实践的需要。东方人和西方人在历史发展过程中的生活方式的差异，导致其思维方式和生活理想的差异，哲学类型的不同，则是其精神生活差异的最重要表现之一。随着20世纪东西方社会生活和精神文化的文流与沟通，多元一体的精神生活构想已为哲学家们所接受。中国古代的心性本体思想，与西方古典天人相分、天人相争的本体观念必将在新的历史条件下融合。通过哲学家的努力，建构一种新的意义世界不仅有必要，而且有可能。实现本体论的突破与变革，也成为哲学诠释学得以发展的关键所在。

（二）自柏拉图以来，本体论问题便成为历代西方哲人所关注的难题。概而言之，西方哲学史上传统的本体论，主要有三种形态：一是观念本体论，二是物质本体论，三是二元论。这三种形态的本体论又各有特点，各有其表现形式。观念本体论有心之本体与理念本体的差别。从古代希腊哲学到德

本文原刊于《安徽师范大学学报》1996年第2期。

作者简介：丁怀超（1955—），男，安徽淮北人，安徽人民出版社编审，总编辑。

国古典哲学，这两种形式的观念本体论都有长足的发展，并对人类的精神生活产生了重要影响。唯物主义本体论，从泰勒斯、德谟克利特，经霍布斯、拉美特利到恩格斯、列宁，经历了朴素唯物主义、机械唯物主义和辩证唯物主义三个阶段，无论是始基说、原子论、“人是机器”论，还是客观实在论，都为自然科学的发展及社会生活的进步提供了有力的理论支持。物质本体论至今仍有其生命力。二元论作为一种不彻底的本体观念，不仅产生的原因较为复杂，而且发展的过程也颇有特色。至少到康德为止，二元论的本体观念对人类的理论思维也产生了积极影响。然而，上述三种形态的本体论都强调一种与人类相互关系不明显乃至不相干的“绝对”本体，没有真正把人类的命运、世界对人生的意义、人之存在的状况纳入到本体论的视野中来。20世纪以来，人们惊呼“形而上学已没有意义”“哲学将要消亡”“西方文明的大厦正在动摇”，这种形而上学的危机乃至西方文明的危机，正与西方本体论的传统直接相关，无论是观念论的本体论、物质论的本体论，还是二元本体论，都已无法真正解决20世纪人类的终极关怀问题，从而，需要新的与之相适应的本体观念。

（三）正是在这种文化氛围中，海德格尔根据时代精神的演变与发展，就“存在”(Sein)问题及西方本体论的发展提出了新的思路。在他看来，传统本体论关于“存在”问题的提问与解答都有许多问题。根据亚里士多德的说法：“从古到今以至将来，一个永远使人困惑的问题就是：在是什么？”这种提问方式实际上已把“在”作为前提，而且是对一个确定者的根本性质加以肯定了。所以，海氏强调，真正的问题应该这样提问：存在为什么存在？存在到底是怎样存在？存在的意义应该是什么？这种关于提问方式的转变无疑成为西方本体论更新的一个契机。

正是在这种提问方式转变的前提下，本体论与人类命运及人生意义的关系才真正突现出来。海德格尔的进一步探索又为我们提出了新的问题：人正是在询问他自己和这个世界上其他存在者之存在的意义的过程中，才真正理解了自己的存在根据及其意义。“理解存在本身是此在的一个明确的特性”。人生是一个有限的存在，是在时间中得以存在，又会随着时间的流逝而消失。世界的意义到底是怎样的？人生如果有命运，那么命运又会给人类带来什么礼物？随着科学技术的进步和社会文化的发展，人类除了烦恼、焦虑、恐惧的存在状况，是否还有其他什么生存方式？这一系列由时代引发出来的问题，成为海德格尔及其追随者探究的焦点。正是这种探究，才真正使西方哲学的本体论摆脱了古典的形式而进入了新的发展阶段。海氏的高足伽达默尔正是继承了这一思想传统，作出新的理论创造，从而把诠释哲学发展为哲学诠释学。

（四）如果说西方的本体论给了我们如此的启示，那么可以说，中国的古典哲学本体论则向我们展现出另外一种风貌。与西方传统的本体观念相比较，中国那种以道、气、无、有、理、心为本的本体观念，至少有这样几个特点：一是注意把本体论问题与宇宙论问题相联系，从本原意义上讨论本体，特别是往往把无或空作为有形之物的本原或根据，这种多中寻一、执一统万的观念与中国传统社会的政治制度和政治结构是有密切关系的；二是把体和用联系起来加以思考，认为本质与现象、实体与表现是统一的，即所谓“体用不二”“体用一原”，与西方的本质与现象相分离的本体观念迥然有异；三是儒、道、佛三家的本体观虽然各有特色，但总体上都是注意从人生与社会相联结、人类与自然相统一意义上讨论本体问题的，从而把天人关系、心性人伦纳入本体论的范围加以思考。无论是为孔子所罕言的“性与天道”，还是庄子道论中所谓“有情有信”，或是佛学家智顗所谓“一念三千”之论，都体现了天人合一、心性与本体不二的中国特色。当然，中国传统的本体思想没有真正实现现代性的转化和体系化，所以它所蕴含的上述特征往往不为学界所重视。但是：上述思想特征对于我们今天讨论本体问题仍有不可忽视的启示意义。不仅它那言约而义丰的表达形式可借鉴，尤其那种体用不二、天人合一的致思趋向值得重视。从某种意义上说，我们今天讨论本体论，首先就是要把人类命运、人生意义作为一个基本要素加以考虑。所以，我国传统的本体观念不仅具有民族性，而且具有现代性。如果说海德格尔、伽达默尔已为我们作出了现代形态的理论阐述，那么可以说，孔子、庄子、智顗、王夫之诸先哲则给了我们以古典形式的启示。

（五）在看到中国古典本体观念诸多特点乃至优点的同时，也必须认识它的缺陷，或者说其不成功之处：其一是它的非反思性。中国哲人讲究体认、玩味，注重了悟、直观，而不注重本体的反思，特别是缺乏以知性分析为中介的辩证理性思维。因而，本体为道、为气、为理、为心、为无或为有，并不是以理性反思为方法而取得的,而多为以内省体悟为中介去加以把握的;其二是它的非主体性。主体性是西方近代尤其重视的理性原则,它强调了人为主体,自然、社会为客体,因而虽然西方有本体论中的主客体间的分离,但却于社会哲学领域主张人的自由与解放。中国古代哲人的本体观往往把自然原则作为根本,以人合天,以德配天,甚至"蔽于天而不知人",这就使中国古代本体论那种与人相关、重视人之心性和人生境界的特征没能真正落到实处,没能从理性原则上解决人生意义及人类命运问题;其三是它的非实践性。西方哲学一直强调实践的特征,不仅马克思,而且自亚里士多德以来的哲学体系,几乎都把实践(Praxis)作为人类生存的一种基本方式。现代哲学家伽达默尔明确地把他的哲学诠释学说成是"作为实践哲学的解释学"。中国古代哲学家在体悟本体时,往往把"静"的原则提得很高,而不强调甚至反对人在活动中把握本体,体悟道的原则。至于那种以"道德践履"为实践活动本质的规定,更是缺乏工具理性或技术理性的原则。因而,中国古代的本体概念从本质上说,只能是所谓内圣原则的投射物,而不能构成关涉人类命运特别是生存意义的终极关怀。

(六)历史的简略回顾已经告诉我们,必须有一种新的本体观念,才能实现哲学理论的推进。按我们的理解,这种新型的本体观念就是"意义"(Significance),即以意义作为本体,把对意义的发现、理解和诠释作为本体论的任务。这里所谓意义,是指与人相关,由人类实践构成,与自然、社会相联结的非实体世界。在汉语系统中,"意义"的含义是比较含混的。一般认为,它至少有两种含义:一是意思(Meaning),当我们分析某段话、或某个"本文"有什么意义时,它所指的便是其中的"意思",也即其"含义";二是意义(Significance),它所指称的是某物、某件事的重要性或其价值,即其所具有的"意义"。哲学诠释学强调的正是后者,即相应于Significance的"意义"。首先,我们这里把意义看作关涉自然、社会和人生,联结理论和实践的关系范畴,认为它要呈现的是自然、社会对人类和人生及其命运的重要性。由于意义有人类的所有的价值现象都蕴含着的、并与之相关的特性,因而它相对于内容而言具有形式特征,只能是具有结构特征的非实体世界;同时,意义又是一切价值得以成立的基础或根据,因而是真正意义上的本体。其次,意义又是一个稳定性和流动性相统一的范畴。承认自然和社会对人生有意义,承认人的生活是有意义的，这是肯定的，也是稳定不变的；但是历史对于我们今天的意义会随着时间性而流动，自然对于人类的意义也会随着时间性而流动，技术对于社会的意义更为时间性所制约。由于意义是稳定性和流动性的统一，对意义的发现、理解和诠释便成为人类精神活动的基本内容。其三，从价值论意义上说，意义又是规范性和自觉性的统一。一切意义，离开了人类之规范，离开了社会的普遍认可，它只能是意见而不构成意义；同时，无论对个体还是群体而言，意义的产生必须以普遍的自觉为前提，没有人的自觉，同样也不能构成意义。最后，意义对人类来说，又是现实性和理想性的统一，它既体现人的价值观念，又表达人的生活目的。我们说这个世界是有意义的，一方面是说它有现实的意义，同时也在说明它对人类之未来的价值。这体现了它自身的价值与目的的统一。总之，意义作为本体，体现出自然、社会与人类命运的关联，指陈它作为关系范畴具有流动性和稳定性、规范性和自觉性、现实性和理想性相统一的特征。

（七）我们所强调的意义之本体，正是哲学诠释学所讨论的基本理论问题。海德格尔的“此在”理论，不仅看到了人在时间中存在，在社会关系中存在的特征，而且把握住了人与自然相关联而存在的真谛。在他看来，意义是此在的意义，只有此在才会有意义，一切文字的意义都是由此在的意义派生。人作为“此在”，只有通过理解和诠释，才能呈现其“存在”的意义。由于存在的意义总是在不断呈现之中，所以，理解和诠释被海德格尔看作“此在”之在的基本方式。伽达默尔更进一步，他认为理解活动是人存在的最基本模式，而不是主体认识客体的主观意识的活动。所以，他强调诠释学不是任何意义上的方法论，而是要通过研究和分析理解的种种条件与特点，进而阐述作为此在的人在传统、历史和世界中的经验，以及人的语言本性，最后达到对于世界、历史和人生意义的理解和诠释。利科的哲学诠释学不仅重视语义分析和反思分析，而且重视本体论。在他看来，本体论的基础仍要先于语义分析和反思分析，而本体论一点也不能离开理解和诠释。由于利科强调人首先已经存在于这个世界中，然后才是理解、解释和表达，所以他又把自己的诠释学称为“我在”诠释学。上述三位哲学家的思想差异这里暂且存而不论，而就其追求“此在”“人”“我在”之意乃主张通过理解和诠释把握人生意义这一点而言，他们是相通的。所以，我们这里主张意义作为本体，所体现的正是哲学诠释学的致思趋向，或者说，它是笔者对诠释学发展动向及其理论学说的一种理解和诠释，表达自己的一种体会和意见。

（八）从另一个角度看，变更我们习惯了的客观实在论的本体观，强调意义作为本体，这与中国古代的本体论传统，特别是与《周易》的本体精神是相呼应的。《周易》把卦象的推演与生命的体验相结合，构成一种八卦相推的生命关联模式。《易传》强调“天地感而万物生”“天地之大德曰生”，正是把世界本体与生命精神相统一来阐释的。《系辞传下》有“易之为书也，广大悉备，有天道焉，有人道焉，有地道焉”的说法，那一套本体观念组含有“生生之德”“阴阳之道”“刚柔相济”“交感变通”和“中和之得”的精神，为现代新儒家熊十力、方东美等人引申弘扬，并提出一系列具有现代意识的新主张。这些都启示我们，不能离开生命精神去讨论什么世界本体，也不能离开人生意义去弘扬生命精神。我们说意义可以作为本体，正是从天地人交感互动、宇宙大化流行、人类生生不息、生命在过程中呈现意义的宏观之处着眼的。所以，从某种意义上说，意义本体论是《周易》的生命哲学思想的现代性转化。当然，意义本体论与《周易》的本体精神相比，更强调天人合一是在天人相分、天人相争基础上的合一，更强调主体的个性生命意义的呈现，更强调个人与社会、传统与现代的和谐互动与融会。

（九）把意义作为本体，同样体现了时代精神。我们认为，意义的世界是一个开放的世界，它是一种人文的精神体现；从根源上说，它是人类社会实践的结果；从表现上看，它又是人类精神生活的体现。自“二战”以来的世界格局不断变化，由争而和，由和而合，由合而分，由分而争，又由争而趋向新的缓和和融合，这种政治格局的变化为人类精神生活提供了基础和养分。就社会生活而言，经济的市场化取向，政治的民主化走向，科学技术的加速发展趋势，都促使人们的生活方式发生变化。由现代化带来的现代病，由东西交流带来的文化融合，由世纪交替引发而来的未来意识强化，都构成精神生活的要素。简单地用几句话无法统摄我们这个时代的精神，但透过一系列变化，可以看出人类正在寻求新的生活方式，正处在寻求的意义世界的十字路口。“怎样才能生活得更好？”这是个现实的问题，大家都在讨论它，但它还不能算是哲学的问题。“什么样的生活才是更好的生活？”“到底为什么而活着？”这才是具有永恒价值的问题，需要人类不断去解答它。我们今天的回答显然不同于昨天的回答。过去是“为了革命、为了斗争而活着”,现在则是“为了建设,为了发展而活着”。意义本体的突现正在于人类生活意义的转换。在现时代,斗争的哲学、革命的哲学正在转变为寻求生活意义的哲学,这就是意义本体提出的时代背景,或者说,正是从人类寻求新的生活意义的时代精神中,我们摄取了意义世界这个根本。

(十)从理论上看,意义本体论与实践人类学是互为里表的。这是因为,实践作为人类使用和制造工具的物质性活动,它是构成自然界与人类社会相互关系的桥梁,是构成世界对人生之意义的基石。我们知道,世界对人类的意义不是自然形成的,而是在实践中形成的。正是由于人类的实践活动,才使自然由自在的变成人化的,即与人有关系、对人有意义、为人类利用和改造的自然;同样,也正是由于实践活动,才使人类自身这个自然存在物实现了人化,使人真正成为有思想,有精神生活,有意义世界的人。所以,意义作为人与世界的一种关系,是由社会的实践所构成的,实践是意义世界的根据;同时,正是意义世界的构成,才体现、展示了人类实践活动的能力、过程和结果,才使人类的实践区别于黑猩猩的劳作或工蜂的筑巢。稍稍展开来说,人类的语言文字是在劳动中形成的一种具有认识功能和实践功能的符号,人类的知、意、情心理结构,也是人类亿万年的实践内化积淀而成,感知的人化、大脑的人化、意识的人化是人类亿万年实践活动的结果和展开。就社会而言,一切自觉性、规范性的观念系统,一切历史性、恒久性的意识形式,也都是历史实践的产物。虽然这种从实践活动到内化积淀再到族类获得性遗传逐步实现的链条极为漫长和复杂,但其内在的联系却是不能否认的。西方的实践哲学传统在这方面为我们提供了一系列可资发掘的思想资料,而自马克思以来的实践人类学的发展则为我们提供了哲学观念的支持。

在这里,我们一方面承认意义世界与实践活动不可分离,意义是实践的结果和展开,另一方面又把意义看作本体,而不把实践作为本体。这有两个方面的考虑:一方面,实践作为一种活动,一种动态的过程,具有更大的流动性,无法通过理性的反思对它加以结构性界定,也不可能以之为中心,通过联系天地人之交互作用,结合社会精神生活面貌,推演出哲学的逻辑结构系统。这在时下诸多实践本体论著述中都有表现,另一方面,从哲学与人生的关系来看,抓住意义,通过对意义世界的理性分析和反思还原,更有益于引发人生对智慧的体悟与追求,从而引导人们的精神生活,进而熔铸和统摄时代精神。这显然是把实践作为本体而无法实现的。约而言之,在承认人离不开自然、社会而存在,社会实践活动对于人生有不可替代的作用的前提下,主张意义成为本体,是经过理性的反思与探究后的一种选择或取向。

语言、对话与想象：辩证诠释学的应用

艾伦·赫达

经济的全球化确实在不同的方面提高了我们的生活水平。与此同时，增长的还有饥饿、贫穷和疾病（De Rivero 2003，Easterly 2006，Escobar 1995）。在意识到这些冲突时，我们扪心自问那些面临困境的人需要什么？更重要的是，我们怎么做才能改善他们的生存环境，缓解这些矛盾冲突？大量的财力物力通过建立项目计划和制定政策措施被用来寻找解决这些问题的答案。但是，无论是政府多年的承诺，还是非营利组织、支援机构以及其他以寻找解决这些社会问题方法为目标的民间机构多年的尝试和努力，那些来自穷困人群的真实故事依然让人觉得十分沮丧和震惊，甚至有些时候超出了我们的想象。比如，肯尼亚的今天，每天都有350多万人在排队领取食物，如果没有这些食物供给，这些人就会马上死于饥饿。世界上很多国家类似这样的例子举不胜举，尤其当我们将眼光投向那些长期被战争洗礼的地区，情况将更加惨不忍睹。全球化增长了某些人的利益，但是贫困依然存在，而且他们之间的差距正在日趋增大（Easterly 2006）。

全球化发展造成的贫富差距和辩证诠释学有什么关系呢？简单来说，其实世上根本没有完全独立的国家和民族，我们其实都是一个整体，东方和西方、南半球和北半球以及穷人和富人。但是我们可能忽视了人性的另一面，忘记给这样的一个弱势群体给予关注，最终，他们今天的问题将变成我们明天都要面对的。

本文原刊于《安徽师范大学学报》2008年第3期。

作者简介：艾伦·赫达（Ellen Herda, 1940—），女，美国旧金山大学教育学院教授，人类学家，主要致力于诠释学及其应用性研究。

阐释的一致性原则是语言和对话的根本，无论是在收集资料或者将所学应用于研究方面都要遵循。而且，我们从本土化辩证角度来看待“领导”这个概念，一个团体或组织会听从他们选出的领导的建议和想法，在这样的一个组织内扮演次重要角色的是成年的学习者。来自东南亚一个特殊人群的例子可以解释以诠释学为基础的社会经济发展模式。他们的名称叫做黄叶族，或者叫做马来布里人。马来布族的起源已经无从考证，现今少数住在泰国的北部，主要集中在帕和难两省，还有19人散落在老挝的沙亚佩雷省，可能还有少数居住在缅甸掸邦境内，人口总数大概400人左右。他们使用自己的土著语言，至今泰国境内的马来布族都过着原始的游牧生活，而在老挝境内的马来布族人没有固定的居住地，每隔十天左右就会更换一次栖息地寻找食物，他们用香蕉叶搭建起临时的遮蔽处，叶子在一周左右就会变黄，这也是黄叶族名称的由来。人们无法找到他们，只是在丛林里面随处可见发黄的香蕉叶搭建的窝棚。他们喜欢被称作黄叶族或者马来布族，后者的意思是森林里的人。

十年前我终于见到这一群人，他们穿着传统低腰服饰围坐成一个圈被西方的旅游者围观，当时我就决定帮助这一群人改善生活条件，使之和周围其他人一样过上平等的生活。马来布族长期被老挝的苗族人当作奴隶驱使，只是被给予少量的米饭、破旧的衣服以及很少的时候会有一头活猪。马来布族人不会算术不识字，多年以来，我和他们的首领交谈过多次关于他们的过去以及他们对将来的展望，他们依然怀念很久以前在森林里狩猎满载而归然后和自己的同伴一起庆祝的时光，但是随着泰国对其北面森林的大量砍伐，造成了食物的短缺，因此他们现在不得不靠在水稻和蔬菜地里为苗族人劳作而谋生。

叙述的变革力量成为保罗·利科（1992，1984）的重要思想精髓，它帮助马来布族人转变了对未来的期待，从对期望回到传统的原始狩猎过渡到耕种自己田地的可能性。他们和我讲述了很多的故事，我也和他们一起分享了童年的故事以及我的亲属们曾经怎样耕种他们自己的田地，我告诉他们，如果你们拥有自己的田地后就可以自由种植自己想要的东西。一个苗族的朋友接着不仅告诉了我们拥有自己田地的可能性，而且还带我们参观了他自己的稻田。语言、对话和想象的力量终于在多年后，在领导者和村民之间建立充分的信任和友谊的基础上显现出来。长期以来,马来布族人和当地的泰国官员和苗族人结下很深的过节,但是随着时间的流逝,马来布族人慢慢发现苗族人对自己比以往友好很多。我们的那个苗族朋友开始将自己经历的事情告诉苗族村民,并让他们相信,马来布族人和他们一样都是普通人。

我和我的学生们以及其他的朋友筹集资金购买电脑捐给当地的学校,同时也为他们购买食物、衣服和建立校舍,让马来布族人的孩子们能够走进课堂。几年后,来自西方的游客已经不再像传统的旅游者那样只知道呆呆地观看,他们开始更多地关注马来布族人的生活和福利。这样几年后,我们的关于发展的故事又开始改变,马来布族人自己讲述的故事里面已经包含了他们近几年得到的友善帮助,以及相邻的苗族人对待自己态度的变化,他们在苗人的田地里干活已经能获得比以前多很多的报酬了。在美国,马来布族人的故事也感动影响着一些人,越来越多的人开始对帮助马来布族人产生了兴趣。

我们这些帮助马来布族改变生活的人很快意识到简单地供给食物和钱财是远远不够的,更重要的是建立西方人和马来布族人之间的真正友爱和手足情意。我们——西方人、当地村民、青年或长者——来自不同的地方,身份的同一性有着不一样的界定,来自地图上任何一点或者来自丛林里。但是,通过讲述和叙述,我们就能分享各自的经历,尤其对于那些不知道不了解马来布族人生活的朋友,一个故事的分享可能就是一层关系的建立。海德格尔曾经说过:“语言是存在的居所。”(1971)语言是改变我们的同一性身份的有效的兼顾实践和理论的基础,它能帮助告诉我们“我们是谁?”我们通过别人认识自己,我们一起工作的人们受到改变的身份同一性部分,通过分享的叙述同一性让我们能够成为一个整体。我们自身的故事经历已经兼容并开始包括他人的体验。

传统的发展观是基于科学的设想和推断之上的,而且,传统的发展观还受到在经济增长和现代化等进程中形成的标准的影响,这些标准的形成还都得到西方科学定义的认可。现在应该到了重新评估这些价值体系和传统定义的时候了,并且希望能够通过对话和想象,将传统的价值观念体系提升到辩证的同一性层面之上。以辩证诠释学为根基,制定发展的政策与实践具有很大的灵活性，而且能够更加准确地针对问题所在，而不是以传统的由一群人制定的标准来衡量完全不同的另外一群人。这其中最重要的意义来自以人类本性为本的解释性的发展方向，Andretta(2005：173)说过："人类是唯一能将自己与经验区分开来，并提出关于存在问题的存在。"正是这些问题帮助我们找到了可能。我们这些外国人的问题和他们这些本土人(马来布族人)，都不是完成可持续发展所必需的东西，而是他们自己的和我们自己的问题，以及这些问题的答案，以发展为名义，为我们铺出了一条共存的道路。当我们允许并鼓励人们扪心自问的时候，其实是赋予人们寻求自身同一性的能力，因而他们就能进一步靠近发展的真正核心，肩负发展的责任。Mumford(2005：172)说，当我们给予每人足够的尊重时，这其实"产生并稀释了区域内的权利集中"，这才是"可持续发展的真正核心。"也就是说，当我们给予那些我们遇到的人的身份同一性足够的尊重时，他们就能开始真正的自我发展了。

直到现在，大部分的社会经济发展项目，都是靠经济的决策者们来决定成败的，而且科学的定义已经渗入与社会经济体系关联的项目策划和评估，这种方法行不通，是因为它依靠以需求为宗旨的有缺陷的模式，而不是以能力为参考的推进方式。在这个时候，我们迫切地需要一个新的改进的方法来做实地研究——一个能切合社会实际、理论联系实践的方法。(Jervolino 1996)。下面我涉及的每个领域都是以辩证诠释学为根基的实地研究的一个方面，下面的讨论能够稍微帮助我们了解一下辩证诠释学的应用。这三个领域分别是：语言的本性、对话和想象。

语　言

辩证诠释学的传统认为，语言是事件而不是结构框架(Phelps 1988；Herder 1999)，这样的区别将我们从语言的认识论转向语言的存在论：

语言认为是工具或者框架限制了我们的创造力、束缚了我们的行为并将我们与历史隔离。当我们明白语言是一系列动作或我们生活的媒介的时候，我们和历史上以及现今的一些团体的他人获得关联，而且，我们在这个世界的存在通过语言以对话的形式得以体现——一个传统的诠释学代表和他人建立关系的概念。

这个语言的关于框架与事件的区分,是起源同时也是解释性发展的分割点,事件能够给动作、更替和行动等可能性提供场所;而结构只起到局限的作用,事件在这方面比框架要自由很多。

对 话

对话是辩证诠释学的重要核心,在对话中起到交流作用的语言,是我们传统和希望的载体,每个人都带着各自的目的观点进入到自己的世界、文化和团体。我们总不能在保持中立的立场下进入到另一个世界或者村落里,而且,我们应该一直是在追求的道路上的。当遇到愿意和我们一起为了社会发展而一起共同工作的人群的时候,首先应该明确这一群人的文化背景是什么样的。如果被给予机会的话,所有人都能够进入到一个深入的对话里面去,在这样一来一去的对话中,听者和说话人之间的一层关系就会慢慢形成,这层关系是建立友谊和信任并达到理解的关键所在。通过真正的理解,而不是简单的行动和僵化的知识,终能将我们与他人建立联系并能最终通向社会的变革。

如我先前提到的,我们在对话中理解的一个观点并不能因为我们知道了并说出来了而被带进现实,而其实是被带进了一种存在,因为在语言里,有着一切存在的可能。通过语言,我们的记忆和想象得以互通,我们徜徉在寻找话题的对话里,换句话说,也就是寻找能够为实际所应用的方法。想象就是在这个时候进入到发展领域的。

想 象

发展中的又一关键是:那些处于弱势状态的人群必须明白,只有他们自己发掘赋予自身的能力,并通过给予他人帮助后最终给自己的个人能力一个确认。一个马来布族人能这样询问自己吗:“我能做什么?我除了能捡地里的蔬菜还有什么其他的能力呢?犁田的时候让我的儿子坐在上面就能把地犁得更好?”马来布族的首领他陶,一个具有深远谋略的人,一个已经为自己和自己的民族做了充分设想的人,心中已经藏了一个答案,他没有将眼光局限在犁和白菜之上。他是这个发展故事中的叙述并给予发展巨大的推动力的人,他和一位有着大学学历的和马来布族人相邻的苗族朋友大胆设想,这位苗族朋友因为给予马来布族人各种帮助而遭到本族人的嘲讽和轻蔑。这个梦想几年前诞生于我和他陶以及苗族朋友一次田间散步对话里。

新的计划梦想已经诞生在马来布族人和苗族农民的想象之中,剩下的就是购买土地、肥料和种子,还有一年可供那些首次尝试耕种作物的人们的粮食。这些计划也得到另外一些美国朋友的支持,通过叙述和分享,钱物善款都得以筹集用来实现这些计划,因此,土地、种子和肥料,还有一年的粮食都一应齐备。年终收获的季节到了,虽然收获的粮食并不能足够满足人们的需要,但是现实已经足够让其他的农民们看到了希望。三年后,所有的农民都开始准备走自己耕种丰衣足食的道路。

想象是需要勇气的,例如在这里意味着买地、种植和等待收获。对于大多数的种植人和收获者而言,马来布族人的生活一直处于自相矛盾的状态。传统的发展项目都是提供了种子和肥料之后,而不与那些知道怎样耕种的人建立友谊,所以常常的情况是提供的原料长期积压在一起腐烂。而在这里,我们看见给予帮助的人、苗族农民和马来布族人通过叙述和分享走到了一起,通过想象“可能的王国”,总结过去的得失,带入今天的实践。换句话说,我们的生活会变得怎样?我们互相知道多少?我们互相学习了多少?我们终究能成为什么样的人?当我们的关系变化时,我们的故事和背景也在变化,因为新的故事包含了新的经历,新的经历在我们眼前展开新的社会图景,并拼凑着他或者她的故事。叙述是成年人学习的关键。保罗·利科认为,不断的“学习自我叙述”是“学习以不同的方式和途径自我叙述”的关键。新的故事和经验是新的生活方式的源泉,这样的理念在马来布族人、苗族人和提供发展机会的人群之间贯穿着,我们在这其中学习到了很多的东西,包括连贯一致性社区的本性、感到满足的孩子们、人与人之间的和谐、对待环境的尊重和保护、以及和那些关心并给予马来布族人帮助的人们分享了故事和文化。

总 结

每个人都有将新的主意观点和存在带入到我们生活里面的能力,这也就是保罗·利科关于叙述的一致性的观点,两个背景不同的人能通过"叙事"建立真正的关系——两人之间的故事分享能够带给生活新的意义。

成功的社会经济发展对我们的未来是至关重要的,是因为随着全球化的发展,贫富差距却在不断扩大,成千上万的人被带入到一个矛盾冲突重重毫无怜悯同情的经济社会里。辩证诠释学传统下的社会发展并不是万能的适用于所有形式发展需要的。比如,发展的建立不能依靠政府机构来强制实施,这让发展能最终推动社会变革这一愿望的实现带来很大的困难。但是,叙述的同一性理论可以应用在各样的发展领域里,因为我们的叙述能够将分离的文化和社会意识形态粘合成一个整体。我们的故事将矛盾、苦难、希望、过去和展望的未来糅合起来,并让我们从中推究出我们生活的最终意义。我们每个人的身份一致性分为两个部分,分别是idem和ipso,其中idem的部分是一直跟随着我们无法更改的,是我们的本性;因此随着时间的推移,一个人能更改的部分就是他的ipso部分。一个是具有固定性,一个具有可更改性,两者构成了我们的叙述的统一性。马来布族人过去的故事也被包含在现在的故事之中,一个人对未来生活的展望取决于深藏在我们生活中的社会意识形态中的觉醒。西方的人类学家和东方的农民都能够于此提升各自的潜能、一致性和个人叙述能力。我们生活在一个通过语言慢慢改变世界的世界里面,通过语言、对话和想象,完全具备成为未来主人的能力。但是我们要各负其责,如果不能从过去的经历中提炼出能把握现今的要素,就不会有所谓的未来,也就是说,未来隐藏在我们的记忆再现之中。唤醒我们的记忆将能帮助我们认识到社会全景的重要性,这不仅仅在发展的领域内很关键,对我们每个人的生活而言也是至关重要的。这些步骤不能够被单独地一一提取出来实行,他们只有在和别人建立关系的前提下才能实现,对一个东方的人来说已经没有绝对意义上的东方叙述;同样对一个西方人来说也没有绝对意义上的西方叙述,而且叙述也没有单一的一种形式，将个人或社区的双重自然本性的理解带入到真实故事的创作之中，既是西方叙述也是东方叙述，我们将需要彼此共同书写我们的故事。

回顾与反思：
关于马克思主义诠释学的探索

潘德荣

囿于意识形态方面的制约，以前苏联为代表的社会主义阵营的大多数理论家对诠释学基本上采取了一种排斥的态度，很少有建设性的意见。关于这一点，我们从以下的论断中可见一斑："如果解释学可以使意识形态的内战得到缓和或者结束，那将是罕见的。而且，如果意识形态的内战不是进步势力和保守势力以及反动势力之间的内战，那么，这种内战到底是什么呢？在这场斗争中，资产阶级的解释学早就表明了自己的立场。它不是对一场意识形态的内战的回答，而是对社会进步向资产阶级世界挑战的回答。"[①] 这种见解，与目前我国诠释学研究的基本取向有较大的距离。我们研究诠释学，重点是在批判的吸收上。但有一点是相似的，施莱特尔说，"就马克思主义同当代的解释学所展开的争论来说，晚期资产阶级的解释学批判总的说来，成绩甚微。"[②] 不过，对于我们来说，对诠释学的探讨虽然"成绩甚微"，但已经有了一个较好的开端，即我们并不是纯粹地着眼于意识形态的分歧来衡量一种学说，而是更为注重它的学术价值。国内有的学者已提出了关于"合理重建"马克思主义诠释学的问题，力图"建立一门有中国特色的释义学"，有的学者甚至认为马克思主义的唯物史观与意识形态学说直接就是"实践释义学"。对这些观点.笔者并不完全赞同，但其思路，无疑具有某种启发性。尽管现在提出建构马克思主义诠释学的体系问题可能有点仓促，但着手做一些理论性的准备工作还是可行的。

本文原刊于《安徽师范大学学报》2001年第4期。

① J.施莱特尔：《解释学——当代资产阶级哲学的组成部分》，《哲学研究》1985年第2期。

② J.施莱特尔：《解释学——当代资产阶级哲学的组成部分》，《哲学研究》1985年第2期。

一、马克思与诠释学

与施莱特尔等人的观点相反,我国哲学界发表的多数论文对马克思主义与诠释学的关系问题作出了肯定的回答①。朱士群认为,"若说它(指马克思《关于费尔巴哈的提纲》——笔者注)同时包含着新释义学或辩证释义学的天才萌芽,我想并不勉强"②。俞吾金提出了类似的看法,他强调指出,马克思虽未使用过"释义学"这个术语,但实际上创立了"实践释义学"。他认为"如果用一个新名词来表达的话,我可以把马克思的唯物史观和意识形态学说称之为,'实践释义学'"③。

笔者对上述观点是持怀疑态度的。为说明这一点,我们有必要对马克思主义哲学与诠释学在整体上作一比较。首先,笔者注意到,马克思主义哲学与作为学派的诠释学几乎不存在什么联系,甚至在批判意义上的联系也没有发现,根据前东德学者桑德库勒(H. J. Sandküler)统计,在马克思主义创始人的著作中,只有一次使用过"诠释学"(Hermeneutik,或译为解释学、释义学、阐释学)的字样。在1858年致恩格斯的一封信中,马克思在批评拉萨尔时只是偶尔顺带的、并略含贬义提到了"诠释学":"die juristische Gewohnheit der Hermeneutik"(直译为"法律[解释]的习惯的诠释学")帮助拉萨尔得以对某些字句进行解释和比较④。正因如此,桑德库勒说,人们不能指望援引马克思主义经典作家的话来阐明唯物主义诠释学⑤。

---

① 朱士群:《现代释义学原理及其合理重建》,《哲学研究》1992年第9期。

② 俞吾金:《马克思的实践释义学初探》,《复旦学报》1995年3期。

③ 俞吾金:《意识形态论》,上海人民出版社1993版,第330—337页。

④ 见《马克思恩格斯全集》第二十九卷,人民出版社1972年版,第257页[德文版,第二十九卷,第267页]。马克思的信的原文在中译本中为:"看样子这本书(指艾·拉萨尔的《爱非斯的晦涩哲人赫拉克利特的哲学》——笔者注)充满了老年黑格尔派的精神。在对某些字句进行解释和比较时,看来解释法律的习惯帮助了他。"在这里,将"die juristisch Gewohnheit der Hermeneutik"译作"解释法律的习惯"似不妥,"Hermeneutik "一词在德文词典中、并不含有"解释"之义,它指的是一种学说,即"注疏学"、"注释学"或"诠释学"。因此,将它译为"解释"是缺乏依据的。但是这样一来,我们在《马克思恩格斯全集》的中译本中再也找不到"诠释学"一词了。在此,我必须作一说明,正是根据这个中译本,我曾说,在马克思主义的经典著作中,"我们尚未见到'诠释学'的字样。"(见拙文《现代诠释学及其重建之我见》,载《哲学研究》1993年第3期)特此说明,谨向读者致歉。

⑤ 桑德库勒:《通过唯物辩证法创立唯物主义诠释学》(Zur Begrundung einer materialistischen Hermeneutik durch die materialistischen Dialektik),Das Argument,1972年第77卷。

上述表明，马克思和恩格斯已接触到了诠释学，至于它为什么没有在他们的著作中有所反映，可能的解释便是，诠释学既没有“吸收”的价值，也没有批判的必要，就是说，无论对于理论建设还是革命实践，它在当时都是没有意义的。倘若如此，我们亦可从中看出马克思、恩格斯对诠释学的基本态度。

马克思主义哲学与现代诠释学，从整体上说，有两个重要区别。其一，马克思主义哲学是坚信社会“进步”的，在“理解”问题上，它必然坚持“理解”之“进步”和发展的观点。而作为当代诠释学主流倾向的哲学诠释学，是对“进步”观点持否定态度的，他们甚至认为相信“人类进步”的哲学是一种“坏的形而上学”。伽达默尔从未将一般意义上的“理解”与“进步”联系在一起，他认为每一时代的理解都是不同的，但没有一个时代的人有权力说他们自己的理解是更好的。第二，关于理解和解释的出发点和基础，恩格斯非常明确地表明：“直接的物质的生活资料的生产，因而一个民族或一个时代的一定的经济发展阶段，便构成为基础，人们的国家制度、法的观点、艺术以至宗教观念，就是从这个基础上发展起来的，因而，也必须由这个基础来解释”[①]。但诠释学家决不认为经济基础是理解历史世界的钥匙，虽然他们也承认“历史条件”制约着思维，但这一“历史条件”主要是指传统、习俗和语言。

我们指出了马克思主义哲学与诠释学在理解问题上的原则区别。但这并不是说，马克思主义没有自己的理解观，笔者只是旨在指出，马克思主义的理解观很难说直接就是诠释学的。所以，认为(关于费尔巴哈的提纲)中已包含了新的诠释学的萌芽，或“把马克思的唯物史观和意识形态学说称之为‘实践释义学’”，是缺乏根据的，至少，在马克思恩格斯的理论活动还未停止的时候，甚至在包括此后的马克思主义经典作家那里，我们仍未见到这一“萌芽”的发展形态。但是，这也决不是说，我们不能建立马克思主义的诠释学。我们可以从马克思主义经典作家现实的理解活动中，深化我们对马克思主义理解观的理解，并根据我们自己的实践，将其提升为马克思主义诠释学，这样，我们的任务就不是“合理重建”，而是“构建”，是创造。

①《马克思恩格斯选集》第三卷，人民出版社1972年版，第574页。

二、关于马克思主义诠释思想之研究

前苏联学者拒斥诠释学，而西方学者又是如何看待马克思主义与诠释学的关系呢？俞吾金认为，在探索诠释学发展史时，“西方学者……丝毫也没有注意到马克思在这方面的卓越贡献。”①不过，这一结论恐与事实不符。相反地，我们甚至可以说，西方学者是相当重视马克思主义的诠释思想的。以下的实例可以证明这一点：

(1)俞吾金在文中引证的海德格尔的两段话。(i)“不管人们以何种立场来对待共产主义学说及其基础，从存在的历史的观点来看，一种对有世界历史意义的东西的基本体验已经在共产主义中确定不移地说出来了。”(海德格尔：《关于人道主义的通信》，法兰克福，1975年，第27—28页)(ii)“因为马克思通过对异化的体验而达到了一个本质性的历史的维度，所以马克思的历史观优于其他的历史学。但据我看来，由于胡塞尔和萨特都没有在存在中认识到历史事物的本质性，所以现象学和存在主义都没有达到可以和马克思主义进行一个创造性对话的这一维度中。”(同上，第27页)引证了上述两段话之后，俞吾金总结说，“海德格尔深刻地洞见了马克思在理解并解释世界中的历史深度。”②

(2)法国结构主义者认为，“……那种把结构主义和马克思主义的关系看作是对抗性的解释是错误的。其实这个问题是包含在同一个马克思主义意识形态之内的。”③

(3)瑞安试图以解构主义来解读马克思主义，认为马克思主义与解构主义之批判原则和目标是一致的。还有一些解构主义者，“试图用阿尔多塞的工作作为桥梁连接传统的马克思主义和解构主义。”④

(4)特别应当指出的是桑德库勒的研究工作。他对建构马克思主义的“唯物主义诠释学”(die materialistische Hermeneutik)倾注了很大的精力。他于1973年出版了《实践与历史意识》(Praxis und Geschichtsbewußsein)一书，

① 俞吾金：《马克思的实践释义学初探》，《复旦学报》1995年第3期。

② 俞吾金：《马克思的实践释义学初探》，《复旦学报》1995年第3期。

③ 布洛克曼：《结构主义》，商务印书馆1980年版。

④ 罗蒂：《后哲学文化》，上海译文出版社1992年版，第137—138页。

其副标题就是“辨证的认识论和唯物主义诠释学之研究”。在另一篇论文《通过唯物辩证法创立唯物主义诠释学》[①]中,他明确提出,唯物主义诠释学乃是“实践的科学”(die praktische Wissenschaft)以及物质的、历史的生产中的意识生产过程之一部分。他不同意以往马克思主义者的这一观点:认为诠释学与唯物辩证法根本不相容,诠释学是资产阶级唯心主义和非理性主义的东西而必须予以拒斥。他指出,范畴之历史的与逻辑的演绎法是唯物主义诠释学的基础,辩证认识论是唯物主义诠释学前提。概而言之,我们应经由唯物辩证法而走向唯物主义诠释学。

上述材料,对于说明西方学者“相当重视”马克思主义诠释思想的论断应该是足够了。我们对建构马克思主义诠释学的研究起步较晚,无论从深度还是从广度上说,都还存在着一定的问题。尽管如此,学者们以马克思主义为基点,开辟了一个诠释学研究的新视野。

曹可建所剖析的对象主要是伽达默尔一脉的哲学诠释学。伽达默尔认为,诠释学不仅渗透到人类世界的一切方面,而且在科学范围内也有独立的意义,它包含了科学研究的一切领域。曹可建不同意这种看法,指出,在“本文”被极大的扩展了的情况下,“我们将再也无法分清解释客体与认识客体的区别,甚至由于解释学这种无限制地扩张活动领域的企图,一般认识论将会变得无事可做”。他坚持,“自然物——非精神的客观实在——是科学活动的对象;科学文献和著作——有意义的精神文化成果——则可以是解释活动的对象。”而自然对象本身,却无法说是能够“解释与理解”的,因为它不含有可以解释的意义。对于诠释学的归属,他认为“从理论领域上看,解释与认识、解释学与认识论应是个别与一般的关系。就是说,解释学相对于认识论,只具有部门学科的性质……解释学本身并不是哲学,不能用它来代替认识论。”[②]

曹可建的研究表明,国内学者已经从对诠释学的纯粹介绍开始转向批判的汲取与改造。然从整体上看,他似忽略了以下几点:(一)对于自然科学和人文科学所作的严格划分,并将诠释学限定在人文科学领域的观点,实质上是重复了狄尔泰突破施莱尔马赫一般诠释学时所表达的观点,如果联系

① 桑德库勒:《通过唯物辩证法创立唯物主义诠释学》(Zur Begrundung einer materialistischen Hermeneutik durch die materialistischen Dialektik),Das Argument,1972(77).

② 曹可建:《解释学与马克思主义认识论》,《湖南师大学报》1990年第3期。

到其后海德格尔和伽达默尔对狄尔泰的超越，那么狄尔泰的突破之利弊，是一个相当复杂的问题，无论如何，简单地回复到狄尔泰是不够的，辨证唯物主义认识论应提供新的说明；(二)认为诠释学不是“哲学”，似欠妥当。自海德格尔对诠释学所作的本体论变革，建立“诠释哲学”，及至伽达默尔建立“哲学诠释学”，诠释学已被提升为一种世界观，恐无理由不将其当作“哲学”，并且，承认诠释学是“哲学”，也决不意味它非取代“认识论”不可。

对此，霍埃作过一些有意义的分析。他认为，认识论与诠释学在主要宗旨上是不同的，认识论描述了知识何以成为可能，而诠释学则说明了理解何以可能。他写道，“从康德以来，基础主义的认识论一直在试图把知识与其他的信念形式分离开来，以确定客观上已经确定的东西。而解释学则不同，它否定那种认为哲学的基本任务便是提供基础、便是确保确定性的观念。它把知识看成是与理解之语境有实用关联的。”[①]在他看来，认识论与诠释学有四个区别：“当认识论寻求一种不受制约的观点以作为确定性的保证时，解释学则认为理解并不存在一种独特的无制约的立场”，此其一；“认识论通常基于视知觉，以作为知识例证之示例，而解释学则把非定见的释读当作理解的示例……纵使在那种被理解的东西并非是书写文件(比如，理解一个行为，一个自我或一个社会)的情形中，解释学理论家也可能会把被理解的东西当作是一种本文的类似物来处理”，此其二；其三，“与认识论坚持知识示例之短暂的真的观点所形成的第三个不同点是，解释学必须考虑到理解是变化的，所以释义也就需要不断地审查。这种差别是一个重点。解释学并不排斥真，但它必须意识到而且必须去公正地对待这样一个事实，即，释义是有其历史生命和历史局限的”；最后，释义必须被重新审查和改变的一个关键原因是，它们总依赖于——不论怎样含蓄——释义者的自我理解、原则和时间。所以，认识论否认反省会毁掉不证自明的道理，而解释学认为任何释义理解都负载着自我理解，故而自我理解的变化便导致对主题理解的变化。”[②]

霍埃的分析有其合理性的一面，对于我们如何解决诠释学在马克思主义哲学体系中的“定位”问题是有启发意义的，我们可以把诠释学当作与认

① 霍埃：《批评的循环》，辽宁人民出版社1987年版，第7—8页。

② 霍埃：《批评的循环》，辽宁人民出版社1987年版，第8—9页。

识论有区别的、并与之并列的一个部分，这种安排不是因为它们有着不同的研究对象，而是因其不同的观察问题的视角，这两种视角是相互补足的：在知识中包含着由理解而获得的知识，并且包括了对知识的理解；如果说知识主要是指客观意义上的"真理"，而理解中则蕴含了人的价值观念，那么，认识论与诠释学的区别主要表现为知识与价值的区别，因此，它们的统一在某种程度上就是知识与价值的统一。

三、基于实践的理解理论

朱士群提出了"合理重建"马克思主义诠释学的观点。他认为，"哲学释义学实际上是一种扩展了的阅读理论，不妨称之为阅读哲学。其公式可以概括为：本文—解释—理解。"[①] "释义学"(诠释学)的致命缺陷在于，本体论的主观主义导致认识论和价值论上的唯理解论、反认识论倾向和相对主义，因而，唯有从"存在即被理解"的唯心论躯壳中挽救出来，才能合理重建。他同意希拉里(普特南的看法，认为马克思主义有自己的理解理论，我们的任务是对它进行进一步发掘、整理，以达到"合理重建")。在他看来，"人化世界是为我之物，相当程度上依赖于它的读者"，这一点，正与马克思的"从主观方面去理解"相吻合。马克思主义重视世界观(在诠释学那里称为"前理解")的可改造性，这种可改造性是社会实践的产物。而诠释学恰恰是因为不懂得实践的意义，也就不理解"实践的向度使理解成为实践中的理解及对实践的理解"。基于此种见解，他认为马克思的《关于费尔巴哈的提纲》也可说是"包含着新的释义学或辩证释义学的天才萌芽"。由此，重建诠释学的关键是要补上"实践这一课"。

朱士群抓住了马克思主义的实践概念，试图以此为契机重建马克思主义的理解理论，是富有启发意义的，如果说，"实践"是马克思主义区别于一切旧哲学的分水岭的话，那么，以此为基点建立区别于一切其它诠释学的马克思主义诠释学的构想，不失之为一种有价值的设想。但问题在于，把实践引入诠释学是不是就可以解决理解所面临的一切难题了呢？不言而喻，人们现在常提到的"实践"概念主要是在"实践证明"的意义上使用的，它更多

① 朱士群：《现代释义学原理及其合理重建》，《哲学研究》1992年第9期。

的是指向人活动的结果,而不是人的现实活动。这里就存在着一个“实践证明”的有效范围问题,它却常为我们所忽视。事实上,实践检验的有效作用范围已被我们作了过度膨胀的理解。实践标准的有效性,无疑基于这样一个前提,即把实践活动的结果作为有别于理论的、外在于理论的参照物,才能成为标准。可是在很多理解的场合,却不可能有这样的参照物,或者,更确切地说,我们无法确定它们的参照物。虽然我们可以泛泛地要求人们按照“实践的向度”来理解,仍不能从根本上解决问题。因为“实践的向度”本身就存在若多种可能性,采取何种“向度”本身尚待证明,而不能成为证明的标准。特别是对于历史、社会领域的理解,我们很难以实践来证明其合理性,虽然历史是由人的实践活动构成的,然它作为历史,业已成为过去,我们能考察的惟有文物和文字,并且,从中获得的任何结论都无法通过“实践”来检验。在这个意义上,实践能检验的只是那种属于预测性的理论。不过,即便是这样的结论仍不是彻底的,明言之,它仍就是在传统哲学的框架里思考问题。我们应该承认,狄尔泰对精神科学和自然科学所作的区分并非是毫无道理的。从根本上说,整个人文科学领域都属于不可“实证”的,不仅是语言性的“本文”,而且包括人的实践活动,其意义(significance)都会因不同的理解者而被赋予不同的解释。诠释学之所以是必须的,就是因为它以一种特有的方式解决着“不可证实”的人类社会与历史的理解问题。以此观之,虽然我们已将实践成功地引入了认识论,但如何将之推及到理解理论,仍是一个悬而未决的问题。

相比之下,俞吾金的研究工作显然向着问题的解决迈出了一大步。他认为,传统的马克思主义哲学研究者常常误解马克思的一段话:“哲学家们只是用不同的方式解释(interpretiet)世界,而问题在于改变世界。”在他们看来,似乎一切旧哲学都是“解释世界”的,而马克思的哲学则是“改变世界”的。按照这种理解,不仅将马克思主义哲学与旧哲学对立起来,而且也将“解释世界”与“改变世界”尖锐地对立起来了。其实,在马克思那里,“对世界的理解和解释活动是与改变世界的实践活动不可分离地交织在一起的……在这里,我们遭遇到的是种双向互动关系。一方面,理解和解释活动规约着人的实践方式;另一方面,这种活动又是在实践活动的基础上得以展开的。从逻辑关系上看,实践活动乃是理解和解释活动的前提。传统的马克思哲学的研究者们由于割裂了理解、解释活动和实践活动之间的内在联系，因而既不重视对马克思的理解和解释理论的研究，更看不到由于实践概念的引入，马克思在这个领城里已实现了一个划时代的贡献。”[①]他由此断言：“实践释义学本质上就是马克思哲学”，此后的马克思哲学之研究和发展应当被置于“实践释义学”的基础之上，以实践释义学取代“从物质本体论出发去理解和解释一切”的“物质释义学”，以“意识形态批判”取代“抽象认识论”，这才是马克思哲学的“真谛”。

综观俞吾金对“实践释义学”思考，可以说不失之为建构马克思主义诠释学的一个新的思路。但是我们也不能不看到，他在迈出这一步时所表现出的犹疑与徘徊。事实上，他已经意识到“理解和解释活动的本质乃是把握观念的本文与人的生存实践活动之间的内在联系”，也注意到人们“对世界的理解和解释方式决定着它的行为方式”，然最终仍将整个理解与解释的基础归结为“实践”。诚然，如他所说，“离开实践，一切观念和本文也就无从索解了”。但是，同样可以确定的是，离开了人们的观念的东西，人们的社会实践活动也是无从谈起、无法理解的。

鉴上所述，建构马克思主义诠释学无疑应引入实践概念。诚然，实践是人们社会生活的基础，但是，我们也不能不看到理论、语言对实践的指导性作用(这种作用过去和现在都一直实实在在地影响社会的交往关系)，事实上，语言与实践构成了一个交互作用的循环。理论和实践的交互作用这一事实，决定了一切理解与解释都必须从理论与实践的相互关系中寻找答案。从语言与实践的关联中理解语言和实践，这本身意味着，作为行为的实践自身并不拥有那种不证自明、无可置疑并作为“标准”的权威性，它亦须通过语言的、观念的东西而被理解，正因为它们处于这样一种双向互动的关系中，我们把“语言与行为(实践)的相互诠释”确定为马克思主义诠释学的基本原则。[②]

---

① 俞吾金：《马克思的实践释义学初探》，《复旦学报》1995年第3期。

② 潘德荣：《理解、解释与实践》，《中国社会科学》1994年第1期。

不同学术传统和观点的沟通何以可能
——对哈贝马斯现代性理论的方法论分析

童世骏

尤根·哈贝马斯(Juergen Habermas)在《交往行动理论》和其它一些著作中提出了一个相当系统的现代性/现代化理论。从方法论的角度讲,哈贝马斯的现代性理论——也可以说哈贝马斯的整个批判理论——的最大特征,就是对不同理论传统的扬弃、沟通和综合。早在1969年,有人就指出哈贝马斯"似乎生来就有一种消化最粗糙的原料然后将其改造为秩序井然的整体的本领"。在1985年出版的《哈贝马斯和现代性》的论文集中,该书主编、著名美国哲学家伯恩斯坦(Richard Bernstein)在引用上面那句话的同时指出:"哈贝马斯对于人文研究之范围和复杂性的态度的最令人吃惊、最使人印象深刻的特征,是他设法把他所分析的任何东西都编织成一个融贯的整体。"[①] 经过他的分析和整合,思想史和当代学术界的不同理论传统和理论观点往往都成为他自己理论的一个方面或环节,它们的理论价值和理论局限都因此而得到凸显。在强调局域性、否定"宏大叙事"的后现代主义成为风气的当代学术界,这确实是一件"最令人吃惊、最使人印象深刻"的事情。但是,哈贝马斯并不是把不同的东西简单地混合起来。本文将通过对哈贝马斯的现代性理论在方法论上一些特征的分析,考察他是通过哪些途径综合不同学术传统的。这不仅对于理解哈贝马斯的理论本身,而且对于一般意义上的哲学方法论和社会学方法论,都会有一些启发。

本文原刊于《安徽师范大学学报》2000年第3期。

作者简介:童世骏(1958—),男,浙江萧山人,挪威卑尔根大学哲学博士,华东师范大学哲学系教授、博士生导师。

① Richard Bernstein (ed.), Habermas and Modernity, London: Polity Press, 1985:32.

一、普遍主义的预设

哈贝马斯交往行动理论的普遍主义立场包括两个要点。一方面,他认为存在着一些跨越所有语言和文化交往行动的普遍预设。另一方面,他认为一个交往行动者的认知发展水平越高,他对这些普遍的预设就越是清楚,并且越是能够在他的道德判断中对规范和原则采取一种普遍主义的立场。这个立场是哈贝马斯现代性理论的基本预设。历史理论和社会理论中的普遍主义有各种类型,这里要讨论的是与其它类型相比,哈贝马斯的普遍主义有哪些特点。

一种类型的普遍主义的基础是普遍和特殊的区分。根据黑格尔,普遍(共相)通过一系列特殊环节而发展自身。在他的历史哲学中,文明和历史事件背后的共相是所谓"世界精神"或"理"。世界历史作为一种"普遍历史"是一个由各个不同阶段构成的过程,其中每个阶段,作为"理性"的一个特殊环节,表现为一特殊的历史领域:东方的,古希腊的,罗马的和日耳曼的。只有在最后一个阶段,世界精神才达到了一个真正适合自身的阶段。在这个阶段,世界历史作为一个普遍历史得到了完成。因此,世界其它地区的发展并不是这些地区的文明本土发展的继续。相反,它即使是一种发展的话,也只是已经在日耳曼达到的东西的实行而已。显然,从这种观点看来,非西方社会的现代化只能是一个西方化过程,甚至是一个"日耳曼化"过程。在形而上学或历史哲学的层次上,黑格尔是一个普遍主义者;但在社会发展(现代性是其中的一个阶段)理论的层次上,黑格尔是一个欧洲中心论者,一个特殊主义者。黑格尔强调说共相是具体的,但他的"具体共相"其实却或多或少地是为在总体上勾画未来生活的种种可能性——一种具体总体性——所做的辩护。

历史理论和社会理论中的第二种普遍主义是以普遍的进化过程和它的不同阶段之间的区别为基础的。孔多塞(Marquis de Condorcet)、孔德(Auguste Comte)和19世纪的进化论者们属于这个范畴,虽然他们的社会进化观各不相同,在孔德看来,世界历史是一个普遍过程。但这并不是世界精神的运动的表现。相反,它是社会及其各个方面从神学阶段经过形而上学阶段向实证阶段过渡的普遍运动。根据这种理解，所有社会，包括非西方社会，都具有向社会进化的更高阶段运动的潜力甚至内在趋势。古典的马克思主义与这些理论一样持有社会进化的概念。在它看来，每个社会都属于社会发展的四个阶段（原始社会，奴隶社会，封建社会和资本主义社会）中的一个，并且将迟早走向最高阶段的社会即共产主义社会。在第二次世界大战以后的现代化研究中，这种类型的普遍主义占有优势。埃森斯塔德（S. N. Eisenstadt）对这种普遍主义立场作了这样的描述："这些研究假定现代性的发展构成了人类进化潜力的最高点，而现代性的核心因素原则上可以在大多数人类社会找到。因此他们寻找原则上可以在所有人类社会中促进或阻碍这种现代化之发展的种种条件。[①]但同时，这些研究似乎持有和黑格尔同样的想法：他们实际上把欧洲的东西当作普遍的东西。埃森斯塔德接着又说："但同时，他们含蓄地理所当然地认为欧洲的（或许还包括美国的）经验构成了这样一种现代社会和现代文明的最主要范式。"[②]从这个前提出发，他们"用各种现代性、发展或现代化的指标来评价各种社会，企图确定在何种程度上所研究的社会接近于现代工业社会的模式或现代工业社会的诸种模式，或者，是什么阻碍了它们按这些指标而发展。他们承认现代社会秩序是有可能从不同的社会内部形成起来的，并对这种可能性进行了探索。"[③]

就像黑格尔的历史哲学受到了理性主义的、实证主义的和进化主义者的历史理论攻击一样，后者也受到了历史主义的攻击。这不是一种类型的普遍主义受到另一种类型的普遍主义的批判；这是特殊主义、相对主义和情境主义对普遍主义的批判。历史主义把历史置于理性之上，把历史意识置于形而上学信念或科学知识之上。狄尔泰（W.Dilthey）写道："如果人类本性要获得其充分的实在和力量，获得人类经验的充分的丰富性的话，它只有在历史意识中才能做到这一点；它必须意识到人类的种种最伟大的显现，加以理解，并从中引出关于一个更美更自由之未来的具体观念。[④]但即使狄尔泰也不完全对历史主义感到满意，虽然他被认为是历史主义的主要代表。他说："任何历史的东西都是相对的；当我们在心中把它们拼装起来，它们的活

① S.N.Eisenstadt,*Patterns of Modernity* ,London:Frances Printer, 1987:5.

② Richard Bernstein (ed.),*Habermas and Modernity*,London:Polity Press,1985.

③ Richard Bernstein (ed.),*Habermas and Modernity*,London:Polity Press, 1985.

④ W. Dilthey,*Selected Writings*,H.P.Rickman, ed&tr. Cambridge University Press,1976:120.

动方向却是解体、怀疑论和无能为力的主观性。"[①]这样,狄尔泰说,19世纪末向我们提出了一个严肃的问题:"相对的东西必须更深刻地同普遍有效的东西相联系。对整个过去的同情的理解必须成为形成未来的一种力量。"[②]

在某种意义上说,狄尔泰也持一种类型的普遍主义历史观。这种普遍主义是建立在可能和现实的区别基础上的。就现实而论,存在着不同的文化和价值体系,对它们无法做出一般的概括。但就可能而言,解释学的努力可以帮助我们破除不同文化和价值体系之间的壁垒,达到相互理解,并趋近一个普遍有效的价值和目标。这是狄尔泰对历史主义和历史意识的"内在批判":"历史意识本身必须包括一些规则和力量以帮助我们面对过去,自由地、独立地走向一个人类文化的统一目标。"[③]这种普遍主义并不承认不变的规律,不管是形而上学类型的还是科学类型的。普遍的东西不是既予的,而是未来之自由、独立的批判、诠释和思想综合的结果。

麦克斯·韦伯(M. Weber)的许多思想同狄尔泰的相似。他也反对形而上学的和实证主义的历史哲学和进化主义,也希望避免历史主义的相对主义和怀疑论的结果。用哈贝马斯的话来说,韦伯采取一种"谨慎的普遍主义立场":"他不认为合理化过程是一种为西方所特有的现象,虽然在所有世界性宗教中可以找到证据的合理化首先只是在欧洲导致了一种类型的理性主义,这种理性主义既表现了特殊的、西方的特点,也表现了一般的、即作为现代性本身之特征的那些特点。"[④]在一定意义上,这种类型的普遍主义也是基于可能和现实的区别的:合理的是可能的,而可能的是普遍的,是可能的东西的一种实现。欧洲实际的合理化是特殊的。但是,正如哈贝马斯指出的,韦伯对其理论的发展并不是与其出发点完全一致的。他多多少少倾向于把现实的东西等同于可能的东西,把特殊的东西等同于普遍的东西,因而,西方现代化与现代化本身似乎是同一回事。总的来说,哈贝马斯的普遍主义接近于狄尔泰和韦伯的普遍主义。它也是一种"谨慎的普遍主义"[⑤];它也是

① W. Dilthey,*Selected Writings*, H. P. Rickman, ed&tr. Cambridge University Press,1976: 121

② W. Dilthey, *Selected Writings*, H. P. Rickman, ed&tr. Cambridge University Press, 1976:121

③ W. Dilthey, *Selected Writings*, H. P. Rickman, ed&tr. Cambridge University Press,1976.

④ J. Habermas,*The Theory of Communicative Action*, Vol.I,Thomas McCarthy,tr,Boston: Beacon Press, 1984:155

⑤ J. Habermas,*Authonomy and Solidarity*, Peter Dews, ed. And intro, London: New Left Books, 1986: 169.

建立在可能和现实的区别基础之上的。普遍的东西并不是现实的东西，也不是必然的东西。与马尔库塞一样，哈贝马斯拒绝承认现实性是唯一可能的向度。与卡尔·波普相类似，哈贝马斯拒绝对历史趋势做出预卜，因为在他看来，没有历史规律可作为这种预卜的基础："我们把朝向生活世界的'进步性的'合理化不是看作一个规律……而是看作一个历史事实。"[①]实际上存在着一个相对较大的可选择项目的范围，在这个范围中，社会及其各种部分可以活动或变动。看来似乎有多种可能性，那我们怎么能够把可能性同普遍性相联系呢？关键在于，虽然可能性是多种的，可能性的范围却是单一的。这便是哈贝马斯讲的"结构"和"逻辑"。逻辑，按照莱布尼兹以后的逻辑学家的说法，是所有可能世界构成的空间。但哈贝马斯的"逻辑"，当然不是由重言式构成的。他是一位哲学家，而不是逻辑学家。所以，他的逻辑所提供的是一个有限的可能性范围。就社会进化而言，可能性范围和现实性之间的区别，是社会进化的逻辑和社会进化的动力学之间的区别。就文化的分化和多重化而言，可能性范围和现实性之区别，是文化的结构或形式和它们的内容之间的区别。在哈贝马斯看来，社会进化的问题和文化分化的问题是密切相连的，他要求从以下两种方式对历史唯物主义进行"重构"：(1)从事件的历史动力学中抽象出认知结构的发展来，并且(2)从生活形式的历史的成型过程中抽象出社会的进化来。"[②]哈贝马斯说这两种抽象"有助于摆脱那些历史哲学赖以生存的基本范畴的混淆。"[③]

哈贝马斯的立场之所以是"普遍主义的"，是因为他承认所有社会中的社会进化的可能性空间或逻辑和所有文化的形式属性或结构是普遍的。他的立场之所以是一种"谨慎的"普遍主义立场，是因为他承认有范围相当广泛的多重的社会变化机制和多样的文化内容。

社会进化和文化分化这两种意义上的"可能性范围"在哈贝马斯的交往行动理论中归根到底是同一件事；它就是合理的交往行动或取向于理解的

① J. Habermas, *Authonomy and Solidarity*, Peter Dews, ed. And intro, London: New Left Books, 1986 :169.

② J. Habermas, *The Theory of Communicative Action*, Vol. II, Thomas McCzrthy,tr, Boston: Beacon Press,1987:383.

③ J. Habermas, *The Theory of Communicative Action*, Vol. II,Thomas McCzrthy,tr, Boston: Beacon Press, 1987:383.

行动的结构。在这里，我们可以看到存在于哈贝马斯和狄尔泰之间的又一个类似之处：对于理解的强调。但在这两位德国哲学家之间至少有一个深刻区别，狄尔泰是把他的普遍主义的信念建立在不同时代和文化之间的理解的将来结果之上，而哈贝马斯则把他的普遍主义更多地建立在理解过程本身的内在预设之上。任何人，只要进行交往，就已经与其交往同伴共同具有了一套预设。用哈贝马斯的话来说，这些前提是“虚拟地预设的”，因为它们对于交往行动来说既不是纯粹构成性的，也不是仅仅范导性的”[①]。离开它们，交往行动就决无可能；但无论何处，它们也都没有充分实现。现实的交往行动过程或多或少是受到强制和扭曲的。理解为交往合理化的过程正是一个交往行动的合理性潜力的逐渐实现的过程。在这个意义上，哈贝马斯像狄尔泰一样，也把他的普遍主义与取向于理解的行动的未来结果联系起来。哈贝马斯的观点可以从下面这段话中清楚地看出：“在法国革命的语境之中，康德思考了参与性公众的作用。他认定一种世界性的公共领域，随着新的全球交往关系的出现，这种世界性公共领域将破天荒成为一个政治现实。即使超级大国也必须承认世界范围的种种抗议。好战的诸国之间的自然状态的消亡已经开始，这意味着各国已经失去了某些主权。世界性公民身份的到达不再仅仅是一个幻影，尽管我们还远远没有获得这种身份。国家公民身份和世界公民身份形成了一个已经初现轮廓的连续统。”[②]

哈贝马斯心目中的未来并不是消除了所有差异的大同世界。相反，哈贝马斯（尤其在其后期）强调世界公民身份或世界共和国对于各种差异的包容。一方面，他说：“没有任何一种形式的社会文化生活不至少是隐含地适合于依靠论据来维持交往行动的，不管其实际的论辩形式是多么原始，通过商谈来形成共识的机制是多么不完善。”[③]另一方面，哈贝马斯的商谈伦理学把有关“对”（涉及不同个人或不同文化群体之间关系的规则）的问题和有关“好”（涉及某个个人或某个文化群体的价值和生活方式）的问题区别开来，

① J. Habermas,*Justification and Application:Remarks on Discours Ethics*.ciaran cronin,tr.,The MIT Press,1993:164.

② J. Habermas,*Citizenship and National Identity: Some Reflections on the Future of Europe*,Praxis International,1992:18.

③ J. Habermas,*Moral Consciousness and the Communicative Action*,Christian lenhardt and Shierry weber Nicholsen, tr.,The MIT Press, 1990: 100 .

认为当不同文化或价值的人们之间发生分歧的时候,以论辩或商谈为形式的交往能有所贡献的,仅仅是只有那些有关“对”的问题的分歧,而不是那些有关“好”的问题分歧。随着各个民族的生活世界理性化程度的提高,在有关“对”的问题层次上可以达成越来越多的共识,而不必同时拉平有关“好”的问题分歧。把“对”和“好”区别开来,在有关前者的问题上持普遍主义立场、在有关后者的问题上持情境主义立场,是哈贝马斯“谨慎的普遍主义”立场的一个根本方面。在现代化研究领域,这种普遍主义立场使得有可能在坚持一种全球性的普遍的现代化过程观念的同时,既不否定社会现代化之方式的多样性,也不否定现代价值系统的多样性。因为它是一种只承认众多可能性之幅度为普遍的东西的普遍主义,它要求每个人、每个民族对各种可能性作更自主、更负责的选择。这大概就是哈贝马斯为什么在刻画现代性的时候,用了一个可能来自存在主义的术语——“筹划”,并称之为一个“尚未完成的筹划”。[①]

在某种意义上可以说哈贝马斯对上述三种普遍主义作了一个综合。它首先是一种基于现实与可能之区分的普遍主义。但是把哈贝马斯和狄尔泰和韦伯区别开来的,别的不说,是这样一个事实:哈贝马斯不仅区别了“现实”和“可能”,而且区别了不同的“可能”——他区别了种种可能性的不同发展层次(因此它们可以被说成是“较高的”或“较低的”),区别了种种可能性的各种规范性特征(因此它们可以被说成是“较为可取的”或“不那么可取的”)。就此而言,哈贝马斯接近于那些相信作为社会进步来理解的社会进化的人们,尽管他运用的标准来自他的交往行动理论,而不是一种形而上学的或准形而上学的历史理论。哈贝马斯根据其交往行动理论,区别了社会进化的逻辑学和社会进化的动力学,并且把前者看作是普遍有效的,把后者看作是经验上偶然的,就此而言,他也保存了黑格尔对于普遍性和特殊性的区别,尽管经过他对这个区别的解释,黑格尔的“具体共相”的观念被多元化了。

在目前的现代化研究领域中,哈贝马斯的普遍主义仅仅是用来代替种种旧的普遍主义的尝试之一。埃森斯塔德的观点是另一种值得重视的尝

---

① J. Habermas, *Towards a Rational Society*: Student Protest,Science and Politics, Jeremy J. Shapiro, tr.,London:Heine mann,1971: 85.

试。他把单一性(独一无二性)的向度和特殊性(多样性)的向度结合起来,但否定了普遍性的向度。爱森斯塔德说:"这种观点的基础是一方面承认现代性这种文明以及其中的经验发展部分的独一无二性,另一方面承认对这种文明的符号的、意识形态的和制度的反映的极大多样性,以及不同文明和社会对现代性的不同的符号前提和不同的现代的制度形态和动力学进行诠释的方式的极大多样性。"[①]在埃森斯塔德看来,现代化本身并没有普遍价值;它必须被看成是起源于欧洲的一种特定类型的文明。因为它的经验性的成功,现代性的传播成了全世界范围的一个普遍趋势,而这个全球性趋势引起了许多不同的反应。这种观点的最严重缺陷是,从这种观点出发,对西方现代性的规范性批评、有关现代化过程的乌托邦思考,都是不可能的。

二、双重结构的范式

在《交往行动理论》中,哈贝马斯对其它一些现代性研究的范式进行了方法论上的评价:"如果我们把行为主义的那种不够复杂的路径撇在一旁的话,目前存在着对现代社会的现象进行研究的三种思路。"[②]

这种研究中的第一种是由本迪克斯(R.Bendix)等人提出的"结构分化理论",它把现代化过程同建制分化的层次联系起来。哈贝马斯评论说:"(这种理论)当然是对社会的现代化的各个分支作了分析的,但占主导地位的是对整个结构分化过程的一种单向度观念。这个过程不是被理解为一个次阶的分化过程,理解为系统和生活世界的分离过程,这种分离一旦达到足够程度,就使受媒介导控的子系统反过来对结构分化了的生活世界发生作用。其结果是,从这种研究视角出发现代性的种种病态本身并没有落入视线;它缺少概念工具来充分地区别(a)生活世界的结构分化,尤其是生活世界的种种社会成分的结构分化,(b)通过导控媒介分化出来的行动系统的越来越大的自主性,以及这些子系统内部的分化,最后(c)对按照社会的方式整合起来的行动领域同时起消除分化作用——也就是对生活世界的

① S.N.Eisenstadt,*Patterns of Modernity,*London:Frances Printer, 1987: 5.

② J.Habermas,*The Theory of Communicative Action,*Vol. II,Thomas McCzrthy,tr,Boston:Beacon Press, 1987:375.

殖民化——的那些分化过程。”①

第二种现代化研究是首先由帕森斯(T.Parsons)提出、后来由卢曼(N. Lulomann)加以发挥的社会系统理论,这种理论“仅仅从系统复杂性不断提高的角度来考察现代社会的兴起和发展。一旦系统功能主义清除了社会学传统的赘疵,它就对主要可以在按社会方式加以整合的行动领域的结构特征中发现出来的种种社会病态变得麻木不仁。它把交往地构成的生活世界的动荡提升到媒介动力学的层次;通过从观察者的视角把它们同化于系统间交换关系中的不平衡,它使得这些动荡失去了那些威胁认同的畸变的意义——而从参与者的视角出发,那些动荡就是被体验为一些畸变的。”②

构成第三种现代化研究的是不同类型的诠释性社会学,它们都企图澄清世界观和生活形式的结构。以一种同历史研究相联系的日常生活理论的形式,它对现代化过程的考察的角度是“为不同阶层和群体所特有的生活世界的角度;被拖入这些过程的那些亚文化的日常生活,是借助于人类学研究的工具而得到揭示的。有时候,这些研究被浓缩为从历史受害者的眼光出发写的历史片断。这样,现代化就呈现为那些因为在土崩瓦解的传统和生活形式的核心建立起新的生产方式和新的国家体系而付出人性代价的人们所承受的种种苦难。这种类型的研究使我们对于种种历史不同步现象的感受更加敏锐;它们提供了本雅明意义上的批判性回忆的一种刺激。但是,这种研究很少有余地来容纳经济发展的内在系统动力学,也很少有余地容纳合理化的生活世界的结构性逻辑。其结果是,现代性的社会病态在其中得到折射和反映的那些亚文化镜像,保持了未被领悟之事件的主观的偶然的性质。”③

哈贝马斯的结论是,这三种现代性理论的方法论错误在于:“结构分化理论没有足够。地区分系统的方面和生活世界的方面,系统理论和行动理

---

① A. Honneth and H.Joas(eds.),*Communicative action*,Jeremy Gaines and Doris L. Jones,tr., Press, Cambridge,Massachusetts,1991:376.

② A.Honneth and H.Joas(eds.),*Communicative action*,Jeremy Gaines and Doris L.Jones,tr., Press,Cambridge,Massachusetts,1991:377 .

③ J. Habermas,*The Theory of Communicative Action* Vol.I,Thomas McCarthy,tr,Beacon Press,Boston, 1984:377.

论则各自将这两个方面孤立起来，并加以过度泛化。”[①]与这些研究进路相反，哈贝马斯首先把社会的现代化看作是一个生活世界的合理化过程，其次用“系统”的概念来补充“生活世界”的概念，再次分析现代化过程中的生活世界和系统的可能关系。从方法论和元理论的角度来看，这些步骤的核心是哈贝马斯的由一对对范畴或概念所构成的双重结构研究范式。

首先，“社会进化”和“社会合理化”这对范畴。在哈贝马斯看来，现代化可以既被看成是社会进化的一个阶段，也被看作是社会合理化的一个阶段。把现代化理解为合理化，这种观点可以追溯到孔多塞，他把文明的进步放在以关于自然的数理知识为模型的科学知识发展和应用基础之上。把现代化理解为一个社会进化过程可以追溯到斯宾塞(H. Spencer)，他用生物进化的模式来诠释文明的进步。哈贝马斯说：“这样，像科学发展、资本主义增长、立宪国家的建立、现代行政的兴起等等就可以直接被当作经验现象来对待，并被认为是社会系统的结构分化的结果。它们不再有必要被解释成基于学习过程和知识积累的精神之内在历史的经验表征，解释成历史哲学意义上的合理化过程的标志。”[②]或许我们也可以把马克思的历史唯物主义当作把合理化的主题和社会进化的主题结合起来的一个例子。类似于斯宾塞，马克思把资本主义的兴起和发展当作一个由必然规律支配的客观过程；类似于孔多塞，马克思(尤其是恩格斯后期)强调社会过程和自然过程的区别——社会过程的发生并不是不依赖于人的自觉活动和学习过程(尤其是科学和技术发展的形式出现的学习过程)的。与历史唯物论和社会进化理论相反，韦伯把合理化主题当作他的现代化理论的中心。但这不是孔多塞意义上的合理化——韦伯的注意中心不是理论合理性，而是实践合理性，甚至目的合理性。从韦伯以后，现代化被多数现代化理论家视作一个合理化过程。但在帕森斯、尤其是他的一些弟子那里，韦伯的现代化理论引向一种新的进化主义：现代化再一次被主要看作是一个社会系统的结构分化过程。但是，系统的分化现在被认为是工具-目的合理化的结果，而不是一种准生物过程的结果。哈贝马斯以一种接近于马克思的方式也希望把合理性

① J. Habermas, *The Theory of Communicative Action*, Vol. II, Thomas McCzrthy,tr,Boston: Beacon Press,1987:377-378.

② J. Habermas, *The Theory of Communicative Action*, Vol. I,Thomas McCarthy, tr, Boston: Beacon Press,1984:152.

的主题同社会进化的主题结合起来；他设法既从韦伯那里又从新进化论者那里吸收观点进他的现代化理论，在其中，这两个主题互相从对方的角度加以诠释。在他的《走向对历史唯物主义的重构》中，哈贝马斯把现代化主要当作是用他的交往合理性观念加以诠释的社会进化过程的一个特殊阶段。在他的《交往行动理论》中，哈贝马斯把现代化主要当作一个导致一系列结构分化和系统分化的交往合理化过程。

其次，“发展的逻辑”和“发展的动力学”这一对范畴。发展的逻辑和发展的动力学的区别在哈贝马斯的现代化理论（其最初的形式是一种社会进化理论）中扮演了重要的角色。在哈贝马斯看来，历史唯物论因为未能做出这个区分，所以具有这样几方面的弱点。第一，在马克思主义当中，尤其在第二国际的进化理论中，有一个历史客观主义的传统：把社会进化理解为一个受客观规律支配的单线条的、不可避免的过程。其次，在马克思的社会理论的规范性基础方面缺少足够的清晰性。马克思心目中的资产阶级社会仅仅作为整个社会发展客观过程的一个阶段才能提供对它的内在批判可以诉诸的规范和价值。历史唯物论的这两个弱点是第三个弱点的一个结果：马克思把对于进化来说具有重要意义的学习过程局限于客观化思想的方面（生产力方面），而根据哈贝马斯，有足够的理由同时假定学习过程也发生在规范结构方面（生产关系和上层结构现象）。

在哈贝马斯那里，社会进化的动力学和社会进化的逻辑的关系，对应于马克思所说的基础和上层建筑的关系。基础和上层建筑的关系不是社会的两个静态层次之间的关系：这种关系不应该被看作是对社会的本体论诠释，而应被看作是对在社会进化过程中一个社会的基本领域所起主导作用的说明。而且，这种关系也不是一个变化过程的原因和结果之间的关系。相反，这个关系是一个问题和一系列答案之间的关系。根据哈贝马斯的解释，“马克思引进‘基础’的概念是为了划定一个问题域，对种种进化性创新，必须参照这个问题域加以说明。进化性创新只解决那些产生于社会的基本领域中的问题，这是一条定理。”[①]这些问题，有待于通过在道德-实践方面的学习过程的成果（其形式是文化和价值体系）的建制化来解决。在这种意义上，“文

① J. Habermas, *The Theory of Communicative Action*, Vol. I, Thomas McCarthy, tr, Beacon Press, Boston 1984: 144.

化仍然是一种上层建筑现象，尽管在向新的发展层次过渡的时候，它确实起了一种比许多马克思主义者迄今为止所假定的作用要更为显要的作用."[1]但是经济结构并不永远是基础。马克思的参照点是资本主义社会，而根据哈贝马斯，只有在资本主义社会，基本领域才同经济系统相重合。在原始社会和几个古代文明，调节生产资料之获得和控制、并间接地调节社会财富分配的功能，并不是通过市场实施的，而分别是由血缘系统和统治系统实施的。

在《交往和社会进化》中，哈贝马斯把文化当作"上层建筑"，在《交往行动的理论》中，哈贝马斯实际上把文化或生活世界当作"基础"。一方面，他仍然把"基础"等同于在说明从一个社会形态到另一个社会形态过渡的时候必须参照的问题域，仍然把"上层建筑"等同于对这些问题的一系列解答。另一方面，他提出了一个他以前所批评的"对社会的本体论诠释"，把"生活世界，包括文化、社会和人格这些结构性成分，当作基础，而"系统"——经济和国家——则建立在基础之上。哈贝马斯认为，在道德-实践意识方面的学习过程的成果在文化中得到具体体现，在法律中得到建制化。法律具有双重地位：它一方面属于"社会"的范畴，也就是说属于"参与者们借以调节他们在社会群体中的成员身份并因此而确保团结的那些合法秩序"的范畴。另一方面，它起经济和国家系统的构成原则和导控媒介的作用。在谈到民法和公法的基本建制作为"生活世界"和"系统"之间的沟通渠道可能起的两种作用时，哈贝马斯认为虽然在资本主义社会，正像马克思所指出的那样，资本主义载体阶层的生活世界——详细说明这种生活世界的是理性的自然法、乃至整个资产阶级思想的种种理想——是依赖于经济系统（哈贝马斯或许还会补充说：行政系统）之基础的社会文化上层建筑，但这并不是这两个层次之间的唯一关系。从规范的角度来说，相反的情形将是一种更好的选择；也就是说，将权力和货币这种导控媒介落脚于生活世界之中的种种建制，与其让它们成为系统施影响于生活世界的渠道，不如让它们成为使生活世界能够施影响于经济系统和行政系统的渠道。从概念和历史两方面说，正是生活世界的合理化导致了系统从生活世界中分离出来，以及系统和生

---

① J. Habermas, *The Theory of Communicative Action*,Vol.I,Thomas McCarthy,tr,Boston: Beacon Press, 1984:98 .

活世界各自内部的种种分化。在这个意义上，文化，而是经济，更不要说国家，才是基础。这种观点同马克思的历史唯物论确实有很大区别。

上面所说的其实是哈贝马斯现代化理论中第三对范畴——实际上也是最重要的范畴，也就是主要来自现象学传统的"生活世界"范畴和主要来自结构功能主义的"系统"范畴。

与"生活世界"和"系统"这对范畴相联系的是第四对基本范畴：交往行动和工具行动。因为生活世界是"基础"，哈贝马斯要求对现代化过程的研究首先从生活世界的视角出发。"生活世界"和"系统"的概念，分别对应于它们参与者的角度和观察者的角度、(取向于动机的)社会性整合和(取向于结果的)系统性整合，对于建构一个现代化理论来说都是必不可少的。但它们的地位并不是相同的："因为我们只能以意义理解的方式进入上述对象域也就是社会行动领域，所以所有社会现象在一开始就用这样一种语言来描述，这种语言来源于在这种对象域之中已经存在的行动者的语言，不管这一点是不是被公开说明——这里我建议使用的，是一种主要是交往理论的研究进路。"[①]这样，社会理论的出发点应当是一种行动理论而不是一种系统理论。

哈贝马斯的行动理论具有两个显著特点。首先，他根据所涉及的是主客体关系还是主体间关系对行动进行分类。取向于主客体关系的行动成为"工作"(或"劳动")，而取向于主体间关系的行动称为"互动"(或"交往")。哈贝马斯从两个方面对这两种行动之间的区别进行了刻画。一方面，它们受不同类型规则的支配：支配工作的是技术性规则，而支配互动的是"有约束力的共识性规范，这些规范确定有关行为的相互期待，必须被至少两个行动主体所理解和承认。"[②]在这种意义上，哈贝马斯也把互动称为"社会行动"，同"非社会行动"相对立——尽管，把"工作"或"劳动"称作"非社会行动"，显得有一些奇怪。另一方面，工作和互动之间又因为它们取向于不同目标而彼此区别：工作或非社会行动取向于成功，而互动或社会行动则取向于达成理解。在这种意义上，哈贝马斯把工作和互动分别称为工具行动和交往行动。在这两类行动中，哈贝马斯更重视交往行动，因为对于人类的出

① A.Honneth and H.Joas(eds.),*Communicative action*,Jeremy Gaines and Doris L.Jones tr,Press,Cambridge,Massachusetts,1991:254.

② I.B. Thompsron and D. Held (eds.),*Habermas: Critical Debates*,The MIT Press,1982:152.

现和人类生活作为人类生活的本质来说，交往行动的作用更为重要一些。而且，工具行动预设了主体和客观世界之间的分化，而这种分化之出现，离不开在哈贝马斯看来是内在于交往行动的合理性潜力之实现结果的那种智力发展。因此，哈贝马斯说："……我把那种目的是达成理解的行动看作是根本性的……这样，我的出发点是这样一个假定，即社会行动的其它形式——比方说，冲突、竞争和一般意义上的策略行动——是取向于达成理解的行动的派生。"[①]"策略行动"处于工具行动和交往行动之间的地位。像工具行动一样，它也取向于成功，而不是达成理解。但像交往行动一样，它也是一种类型的互动——它所涉及的是主体间关系而不是主客体关系。策略行动的主体用客观化态度对待那种不应该被如此对待的东西，也就是社会世界。人类生活的关键是交往行动，而一种扭曲的或畸变的人类生活形式奥秘可以在扭曲类型的或畸变类型的交往行动中找到。这就是为什么在许多场合，哈贝马斯用交往行动不是同工具行动相对照，而是同策略行动相对照。

对"社会行动"的这两种类型，哈贝马斯用语用学的工具来进行刻画：这两者的区别，对应于"言外的"(illocutionary)言语活动和"言后的"(perlocutionary)言语活动。所谓"言外"的言语活动，可以表述为这样一个公式：通过说X，我做Y。比如：通过说"吃了这种药你的病肯定会好"我做了一个保证。所谓"言后的"的言语活动，可以表述为这样一个公式：通过说X和做Y，我做Z。比如，通过说"吃了这种药你的病肯定会好"我做了保证，通过这种保证，我让他买下了这种药。哈贝马斯说："这样，我当作交往行动的是这样一些以语言为媒介的互动，在这些互动中，所有的参与者用他们的协调性的交往活动都追求言外目标，而且仅仅追求言外目标。另一方面，我称为以语言为媒介策略行动的是这样一些互动，在这些互动中，至少有一方参与者想用他的言语活动在他的对方身上产生言后效果。"[②]也就是说，策略行动实质上是一种貌似交往行动的工具行动，是一种把语言当作诱导或控制的媒介，而不是理解或沟通的媒介的伪交往行动。

① J. Habermas, *Communication and the Evolution of Society*,Thomas McCzrthy, tr.1979: 1.

② J.Habermas,*Communication and the Evolution of Society*,Thomas McCzrthy,tr.1979: 295.

三、三个向度的旨趣

哈贝马斯的双重结构研究范式使他有可能提出一个具有三个向度旨趣的现代化理论:否定的(或批判的)向度、肯定的(或实证的)向度和乌托邦的向度。这种理论的"否定的"或"批判的"向度,既是指哈贝马斯对于西方现代性的消极病态方面的批判态度,也是指他对自己理论之有效性的可错论的自我理解。他理论的"肯定的"或"实证的"向度,既指他对于西方现代化过程积极成就的肯定,也指他对于"实证"科学的知识、甚至"实证主义"哲学家工作成果的利用。最后,他的理论"乌托邦"向度,既指他关于一种有别于现行现代化模式新的现代化观念——根据这种观念,各个领域的强制被解放取而代之,也指他对于其现代性理论之实践意向的自我理解。

哈贝马斯继承了一般意义上的古典社会学传统,继承了古典马克思主义的传统,尤其是继承了法兰克福学派的批判理论传统。法兰克福学派批判理论家的直接目标是研究西方现代化的辩证法。在研究过程中,他们把现代化的辩证法归结为启蒙的辩证法,并进一步归结为否定的辩证法。哈贝马斯《交往行动理论》的最后一节是"社会批判理论诸任务",在其中这样谈论他的现代化理论:"它之为批判的,既是针对当代社会科学的,也是针对这些科学据说要把握的社会现实的。它批判发达社会的现实,是因为这些社会没有充分利用从文化上说它们可以利用的那些学习潜力,在复杂性的失控的增长面前一筹莫展。""但这种理论也批判这样一些社会科学进路,它们无法解读社会合理化的种种悖论,因为它们只是从一个或另一个抽象的角度出发把复杂的社会系统当作其对象,而没有说明它们的对象域的历史构成……"在这一节中,哈贝马斯还根据他的交往行动理论重申、重新解释了法兰克福学派理论家们的六个主题:后自由社会主义社会中的整合形式、家庭社会化和自我发展、大众传媒和大众文化,抗议之休止背后的社会心理学,艺术理论以及对实证主义和科学的批判。

哈贝马斯的批判理论之为批判的,还有两个意思:它对以前的法兰克福学派的批判理论持批判态度,也对自身持批判态度。它对霍克海默尔(M. Horkheimer)和阿多诺(T. Adorno)持批判态度,是因为他们像韦伯一样,没有看到西方现代化所采取的实际过程仅仅是一些不同的可能过程中的一个,没有看到即使在这个实际过程中,也存在着一些应当被承认的现代化成果,尽管这些成果采取片面的或不平衡的形式。它对自身持批判态度,是因为它承认它是受一种“可错论意识”的引导的。这可以从两个方面来理解。一方面,哈贝马斯现代化理论的基础是他的交往行动理论,而交往行动理论是可以通过论辩来进行批判的(在一种较弱的意义上、在与波普尔的理解不同意义上的证伪)。因为交往行动理论和有些既具有经验性又具有重构性的科学是彼此依赖的,对它进行批判的一个途径,是批判一个或几个这种经验重构理论。另一方面,作为在西方社会或西方“生活世界”提出的社会理论,它并不先验地同这个学习过程——西方现代化过程——中所发生的“遗忘”的可能性相隔绝。用哈贝马斯自己的话来说:“一种不先验地同这种遗忘的可能性相隔绝的社会理论,在来自其自身社会背景的前理解方面,也必须是具有批判性的,也就是说,它必须是有自我批判的准备的。”①

这些想法意味着两方面的重要变化,一是在批判的社会理论和社会现实之间关系方面的重要变化,一是在批判的社会理论和其它自然科学和社会科学理论之间关系方面的重要变化。哈贝马斯之所以对旧的法兰克福学派的批判理论感到不满意,一个重要原因是因为它对于现代社会的批判是一种总体的批判,而不承认西方现代化的积极成果。在我们的时代,响应这种态度的是种种增长批判论,新保守主义,以及一些受尼采(F. Nietzsche)和海德格尔(M. Heidegger)影响的后现代主义思想家,而这些思想家所属的传统同表现为恐怖主义的政治审美化倾向有某些思想上的牵连。哈贝马斯提出他的交往行动理论的背景之一就是他意识到这种整体主义的现代性批判的危险;他希望这种交往行动理论能够为一个现代社会的批判理论提供恰当的基础。而且,在发挥这种理论的时候,他采取了一种会被阿多诺和马尔库塞(H. Marcuse)这样的思想家认为是实证主义的研究策略:他广泛地借用实证科学和实证主义的科学哲学和语言哲学的研究成果。

在哈贝马斯看来,西方现代性,是西欧和北美的社会合理化和文化合理化过程的结果。国家和经济之间的分化,国家和经济作为一方,文化、社会

① J.Habermas, *The Theory of Communicative Action*,Vol. I,Thomas McCarthy,tr,Boston:Beacon Press, 1984:400.

和人格作为另一方之间的分化；文化、社会和人格之间的分化；以及科学、法和道德的研究、艺术和艺术批评的自主发展，这些就其本身而言都是社会进化的正常的和积极的过程。哈贝马斯一方面承认马克思的价值理论有助于认识资本主义现代化的代价，另一方面批评马克思低估了它的积极成就。就现代经济系统和国家系统而言，哈贝马斯说："马克思把资本主义社会设想为一种总体性，他的这种设想是如此强烈，以至于他无法承认受媒介导控的子系统所拥有的内在的进化上的价值。他没有看到国家机器和经济的分化也代表了一种程度更高的系统分化，它同时开启了新的导控可能，也迫使对旧的封建的阶级关系进行重新组织。这个层次的整合的意义，超过了对一种新的阶级关系的建制化。"[①]就现代生活形式而言，哈贝马斯说："马克思没有标准可用来将传统生活形式的破坏和后传统生活世界的物化区别开来。"[②]对于资本主义现代化过程中随着工匠、农民和农村平民的无产阶级化而出现的种种生活条件，马克思用"异化"这个概念来加以批判。但是，哈贝马斯说，"他无法在对传统生活形式的这种压抑性根除中区别开物化的方面和生活世界结构分化的方面。要做出这种区分，异化的概念是选择性程度不够的。……在后传统生活形式的阶段上，文化、社会和人格的分离给那些成长在现代社会并在其中形成其认同的人们也带来了痛苦，这种痛苦被看作是一个个体化过程，而不是一个异化过程。"[③]

哈贝马斯对于经验科学和实证主义哲学的态度，与经典的马克思主义和法兰克福学派的新马克思主义都很不相同。与马克思不同，哈贝马斯不承认经验科学在社会进化过程中的地位一定高于其它所有人类发明。他说，知识的内源增长是社会进化的必要条件，"但只有当一种新的建制框架已经出现的时候，那些尚未解决的系统问题才能够借助于已经积累起来的认知潜力来加以处理；从这里导致了生产力的增加。"[④]这种"新的建制框架"是新层次的道德实践意识的建制化，因此哈贝马斯说："人类不仅在对于生

① J.Habermas,*The Theory of Communicative Action*,Vol.I,Thomas McCarthy,tr,Boston：Beacon Press, 1984：339 .

② J.Habermas,*The Theory of Communicative Action*,Vol.I,Thomas McCarthy,tr,Boston：Beacon Press, 1984：341.

③ J. Habermas,*Theory of Communicative Action*,Vol. I,Thomas McCarthy,tr,Boston：Beacon Press, 1984：341-342.

④ J. Habermas,*Communication and the Evolution of Society*,Thomas McCzrthy, tr.1979：147.

产力发展具有决定意义的技术上有用的知识方面进行学习，而且在对于互动结构具有决定意义的道德实践意识方面进行学习。”[①]与马尔库塞不同，哈贝马斯并不认为以物理科学为典型的经验科学消极方面大到这种程度，以至于必须被所谓“新科学”所代替。经验科学——带有从技术上控制客观世界的人类旨趣的经验科学——超出了其正当的范围，确实会成为科学主义、实证主义和专家治国论这类意识形态的根源。但是在它们的正当范围内，有助于解决社会进化不同层次上出现的技术问题，尤其在资本主义现代化过程中。更何况科学研究作为理论性商谈的典型，是交往合理性潜力实现的最充分的一个领域。因此，现代科学的出现和发展，是交往合理化意义上的现代化过程非常重要的一部分。为此，哈贝马斯批评韦伯在他对西方现代化过程的研究中，对于现代科学之出现，并没有对新教天职伦理的出现那么给予足够的注意。这种科学观是对于科学反思的结果。在哈贝马斯看来，实证主义科学哲学的特点是对于反思的否定。哈贝马斯继承批判理论的传统，对实证主义进行了大量批判。但他同时又高度评价这个传统在研究认识中的、通过语言而达成理解中的和行动中的合理性条件方面所作的贡献，不管这里所说的认识、理解和行动是处在日常生活的层面，还是处在专家文化的层面。这些研究也体现了科学和哲学之间的一种新的关系，这种关系在哈贝马斯看来对于解决其现代化理论的终极基础问题来说，具有重要意义。他说：“就像科学史和科学哲学的情况所表明的那样，对于合理性条件的形式上的阐明，和对于合理性结构的具体体现和历史发展的经验分析，以一种特定的方式交织在一起。现代经验科学的种种理论，不论是沿着逻辑经验主义的线索，批判理性主义的线索，还是建构主义的线索，都做出了一种规范性的、同时又是普遍主义的申认，而这种申认是本体论的或先验哲学性质的基本假定不再能够覆盖的。”[②]哈贝马斯说，若要对这些理论作更好的判断，就应该把他所谓的“重构性科学”运用于它们。在这些“重构性科学”中，哈贝马斯尤其重视皮亚杰（J. Piaget）传统的认知发展心理学和英国日常语言哲学的形式语用学。在马尔库塞那里，日常语言哲学是实证主义的或单向度的思维的典型。

---

① J.Habermas,*Communication and the Evolution of Society*,Thomas McCzrthy, tr.1979：148.

② J.Habermas,*The Theory of Communicative Action*,Vol.I,Thomas McCarthy,tr,Boston：Beacon Press, 1984：2.

虽然对当代科学理论和语言理论持不同态度，马尔库塞和哈贝马斯在都重视可能的东西和现实的东西之间的区别这一点上持同样观点。哈贝马斯区别于马尔库塞之处在于：他不仅仅把现实的东西同可能的东西相对立，而且给予不同的可能性以一个结构，或者一个结构发展的逻辑。重要的不仅仅是诸多可能性或者可替代选择，而且是这些可替代选择的一个有限范围，而在社会进化的不同层面上，存在着不同的可替代选择范围。现实的东西确实可以而且应该根据可能的东西来进行批判，现实的东西确实是诸多可能的可替代选择中的一个实现，而它进化上的价值也确实应当根据它所属于的可替代选择范围的层次来加以判断（哈贝马斯现代化理论的实证向度）。无论是否定的判断还是肯定的判断，都蕴含了一种规范性的标准，这种标准当然属于可能的东西而不是现实的东西（哈贝马斯现代化理论的乌托邦向度）。在这点上哈贝马斯和马尔库塞是一致的。但哈贝马斯区别于马尔库塞之处在于，对他来说，这种规范性的标准，或者说乌托邦的观念，同现实的东西属于共同的可能性范围——它并不是对后者的全盘否定。哈贝马斯的乌托邦是对于现存的现代性模式的内在超越。

哈贝马斯现代化理论提出的时候，正是“乌托邦的终结”命题风行的时候。哈贝马斯对这个命题并不同意，因为他认为乌托邦思想和历史思想是关于现时代的意识也就是“时代精神”的两个内在部分。他说：“时代精神从两个相反、但彼此依赖和彼此混合的思想潮流中获得动力：历史思想和乌托邦思想的冲撞激发了时代精神。”[①]初看之下，这两种思想方式似乎是彼此排斥的。“历史意识，实际上弥漫着现实的经验的历史意识，似乎是被用来批判种种乌托邦模式的；乌托邦反思，如果极度旺盛的话，似乎具有开启那些超越历史连续性之限度的可替代选择和可能性的功能。”[②]但是在现代，哈贝马斯说，这两种思想方法已经合而为一：“现代的时间意识已经开启了一个乌托邦意识和历史意识在其中融合起来的视域。从法国革命那时起，影响现代各民族政治公域的时代精神的特点就是种种乌托邦精神逐渐进入了历史

① J.Habermas,*The New Obscurity: The Crisis of the welfare state and the Exhaustion of Utopian*, *Philosophy and Social Criticism*,1986 (Winter) : 1.

② J.Habermas,*The New Obscurity: The Crisis of the welfare state and the Exhaustion of Utopian*, *Philosophy and Social Criticism*,1986 (Winter) : 1—2.

意识。”[①]这种重合，或许可以用哈贝马斯的术语表述为一种具有解放旨趣(乌托邦思想)的自我反思(历史意识)。在谈到自我反思的时候，哈贝马斯说:“我无法想象任何慎重其事的批判的社会理论会同一种解放的旨趣之类的东西的没有内在的联系。”[②]坚持解放的理想，是哈贝马斯自认为是一个马克思主义者、认为社会主义是比资本主义更好的可替代选择的主要原因之一。就现代化这个主题而言，哈贝马斯的乌托邦观念可以归入“社会主义现代化”的范畴。

但哈贝马斯对解放的理想和社会主义的解释与经典马克思主义和“实际的社会主义”大相径庭。在哈贝马斯看来，马克思理想社会的核心，是一个劳动共同体的观念。但哈贝马斯认为，在我们的时代，乌托邦的重点有一个转变，从劳动的概念到交往的概念的转变，从劳动共同体到交往共同体的转变。对这种转变，哈贝马斯从两个角度进行辩护。首先，有两种不同意义的解放需要加以区分:对于外部自然约束的解放和对于内部自然的压抑的解放。这两者是互相依赖的，但它们并不重合。一方的发展并不自动地意味着另一方的发展。生产过程中释放的工具理性和在组织能力和计划能力中得到发展的功能主义理性，并不自动地“铺平通往合乎人性的、平等的、同时又自由的生活的道路。”[③]更重要的是，社会的自我成长的过程的特征赖以显示的不仅仅是新的技术，而且是不同阶段的反思，通过这种反思，被压抑的统治形式的独断性质被消除，建制框架的压力被升华，交往行动作为交往行动而获得自由。客观地说，以工作为基础的社会的终结，已经有了一些迹象:“工作、生产和收入的种种事实，对整个社会的状态越来越不起决定作用。”[④]用交往共同体的乌托邦来代替劳动共同体导致了我们用来设想未来生活方式的方法的变化。哈贝马斯把一种未来生活可能性的具体总体性的设想看作是乌托邦和恐怖之间不幸结合的根源。有些人认为乌托邦和恐怖的结合是不可避免的，但哈贝马斯则强调交往共同体的乌托邦并不蕴含着

① J.Habermas,*The New Obscurity: The Crisis of the welfare state and the Exhaustion of Utopian*, *Philosophy and Social Criticism*,1986 (Winter):2.

② J.Habermas,*Authonomy and Solidarity*,Peter Dews, ed.And intro, New Left Books,London,1986:198.

③ J.Habermas,*The New Obscurity: The Crisis of the welfare state and the Exhaustion of Utopian*, *Philosophy and Social Criticism*,1986 (Winter):16.

④ Richard Bernstein (ed.), *Habermas and Modernity*, Polity Press, London,1985:14.

这样一种结合:这种乌托邦所涉及的并不是未来人们应当采取的生活方式,而是未来人们决定他们生活方式的方式:“交往共同体的乌托邦内容萎缩到一种未受破坏的主体间性的形式方面……能在规范上加以勾勒的是日常生活的交往实践的那些必要而普遍的条件,是那种商谈性的意志形成过程的必要而普遍的条件,这个过程允许参与者自己来根据他们自己的需要和见识、出于他们自己的主动来实现一种更好的、危险更小的生活的种种具体可能性。”①

哈贝马斯把这种乌托邦同“社会主义”的观念结合起来,在他的“国家/经济/社会”三分法的框架中,同“经济主义”和“国家主义”对立起来。具体来说,他从以下三个角度来理解社会主义的含义。

首先,他把社会主义理解为对于资本主义现代化模式的片面性克服:“对我来说,构成社会主义的观念的,是资本主义合理化过程(用韦伯的术语来说)之片面性得到克服的那种可能性。这里所说的片面性指的是认知——工具合理性占据了统治地位,而这造成任何其它的东西都被驱逐到明显的非合理性的领域。”②

其次,哈贝马斯把社会主义理解为对于他所谓的“科层社会主义”和福利国家制度的片面性克服。就“科层社会主义”而言,其中的民主空白将通过引进美国实用主义传统的所谓“逻辑社会主义”而得到弥补;生活世界的“伪政治化”应当代之以自主的公共领域自我组织的充分发展;装饰为生活世界的系统应当转变为由法律来调节的、具有正式组织形式的行动领域,这些领域又应当使之依赖于真正意义上的生活世界的迫令;并且,国家机器(计划)和经济系统(市场)应当彼此协调一致。就福利国家制度而言,哈贝马斯承认福利国家最初是为应对经济系统对生活世界的侵犯而建立起来的。但是,为了保护生活世界而干预经济系统的结果是,出现了国家对于生活世界本身的侵犯。对于这种侵犯,哈贝马斯进行了尖锐的批评,同时又指出这种制度比“科层社会主义”要好得多。理由之一,是前者并不像后者那样消除国家和经济之间的分化。国家和经济的分化在进化上的优越性使我

① J.Habermas,*The New Obscurity: The Crisis of the welfare state and the Exhaustion of Utopian*,*Philosophy and Social Criticism*,1986 (Winter): 17.

② J.Habermas,*Authonomy and Solidarity*,Peter Dews,ed.And intro,New Left Books, London,1986: 91.

们即使在社会主义的条件下——在哈贝马斯心目中的社会主义条件下——也必须容忍一种“有所偏向的系统”。在哈贝马斯看来，我们为现时代所达到的较高程度的系统分化所不得不付出的代价，是某种形式的阶级统治。哈贝马斯的这种观点，很自然地会被看作其为法兰克福学派的传人立场“右转”的一个证据，但或许也可以被解释为“社会主义市场经济”观念的一种类型。

第三，哈贝马斯把社会主义不仅(消极地)理解为对于资本主义和“现实的”社会主义现代化模式片面性的克服，而且(积极地)理解为他心目中的交往共同体的乌托邦。从这个角度出发哈贝马斯说：“对社会主义我们只应该理解为这样一种努力，即在我们已经身处的历史条件下，指出解放的生活形式若要出现的话，必须要满足哪些必要条件——不管这些条件是什么。”这里哈贝马斯不仅把交往共同体的乌托邦同劳动共同体的乌托邦相对立，而且把多元论的乌托邦同总体性的乌托邦相对立。或用他的话来说，我们不应该“把可能的诸生活形式的高度发达的交往基础同关于成功生活的一种特定的观念混为一谈。”[①]这种交往基础，在哈贝马斯看来，允许多样的生活形式：“说到底，我们预期，在一个配得上社会主义之名的社会中，生活形式的多样性和生活方式的个人主义将会按指数增长。”[②]

四、结论

从本文前面三部分的内容，可以看出哈贝马斯是从以下三个角度或途径来沟通不同学术传统的。

第一，普遍主义和特殊主义的互补。不同学术传统、乃至文化传统具有一些普遍的共同东西，是它们之间能够沟通和对话的一个重要条件。但仅仅着眼于它们之间的共同性，往往不是进行沟通，而仅仅是进行还原，把一方的东西还原为另一方的东西。重要的是在共同的基础之上保持不同理论传统和立场的丰富多样内容。为此哈贝马斯从可能与现实、形式(结构)与

① J.Habermas,*The New Obscurity: The Crisis of the welfare state and the Exhaustion of Utopian.Philosophy and Social Criticism*,1986 (Winter): 17.

② J.Habermas,*Authonomy and Solidarity*,Peter Dews, ed. And intro,New Left Books,London. 1986: 176 .

内容、逻辑学和动力学这几对范畴出发来理解普遍和特殊之间的关系，把可能、形式和逻辑学方面的普遍主义，同现实、内容和动力学方面的特殊主义结合起来。

第二，范畴的区分和中介的结合。在哈贝马斯那里，理论上的范畴区分的依据是作为研究对象的“世界”和作为研究背景的“生活世界”中的各种范畴区别。这里我们可以认为哈贝马斯是受到了20世纪分析哲学的影响。致力于区别种种不同的范畴，是20世纪分析哲学对整个哲学事业的重大贡献。哲学的主要任务是对人类所面临的一系列基本关系的讨论；这些基本关系因此也可以叫做“哲学基本问题”。从这个角度来说，哲学基本问题既可以说是多个而不是一个，也可以说归根结底只是一个：哲学问题就是那些涉及在个体精神发展和人类文化发展中分化开来的各个方面之间关系的问题。思维和存在，主体和客体、世界和语言、自然和文化、事实和价值，以及原因和理由、规律和规则、经验性和先验性、分析命题和综合命题、研究的逻辑和研究的心理学等等——分析哲学的最重要价值，就在于对于这些分化的重视，对于种种“范畴错误”的敏感，以及为讨论种种基本关系问题提供了出发点，即使这种讨论最后导致的结果是对分析哲学家所提出的那些二分法的克服。哈贝马斯的理论中包含了大量的范畴区分。哈贝马斯的思路通常是这样的：首先，在两个方面（或两个层次）之间作一个概念区分，对有些基本的范畴区分还从语用学、心理学和社会学等经验科学的角度来进行论证，并且批评在概念上混淆这两个方面的种种谬误；然后，他设法确定这两个在概念上不同的方面在历史上或经验上却是以这种或那种方式并存着或混合着的；在这种事实性的确认之后，他常常作一个规范性的建议：找到某种东西可以在这两个方面之间起中介作用，以便克服这两者之间的冲突，或其中一方接管和吞并另一的趋势。“世界”和“生活世界”中的这些不同范畴之间的区别，在理论上常常表现为不同理论传统和立场之间的区别。因此，把这些方面区分开来的工作，也就是确定这些理论的核心工作；把区别开来的这些方面沟通起来的工作，也就是把对应于这些方面的理论传统或立场沟通起来——把它们作为一个统一的理论的不同的但是互补的方面——的工作。

第三，理论兴趣与实践兴趣的统一。作为马克思主义的传人，哈贝马斯致力于把“解释世界”的工作和“改造世界”的工作结合起来。作为法兰克福社会批判理论的直接继承者，哈贝马斯把“批判世界”当作“解释世界”和“改造世界”之间的中介。哈贝马斯理论中的三个向度——否定的（或批判的）向度、肯定的（或实证的）向度和乌托邦的向度，就是由此而来的。本文的分析表明，这也是哈贝马斯沟通不同理论传统和立场的一个重要途径。

第四编

『文化对话与阐释』

边缘处的理解
——中西思想对话的“印记”

张祥龙

中西哲学和思想相互理解的重要障碍是什么？是观念的“不可公度性”、双方在文化传统和社会结构上的巨大差异或“生活世界”的不同？

当我们试图翻译一部西方哲学著作，并力图使译文让中国读者也能够理解时，面临的主要困难是什么？译者们经常抱怨的是找不到合适的词语来翻译原著中的某些关键词，比如柏拉图的“eidos”（中文译为理念、理式、相，等等），亚里士多德的“eon”（存在、是、实存），黑格尔的“dialektik”（辩证法、矛盾法、对谈法），海德格尔的“Dasein”（此在、缘在、亲在、实在），等等。尤其是当原著作者有意识地做相互映衬、双关和隐喻等语言游戏时，对等的翻译几乎是不可能的。像海德格尔的“zuhanden”（应手、上手、用的称手），与“vorhanden”（在手边、现成的、现成在手）有词根映射，与“Zusein”（去存在）、“zu…”又有词头映射。此外，像海德格尔的“Ent-fernung”（距离、去掉距离）、“Ent-schlossenheit”（决断、去掉遮蔽）和德里达的“différance”（分延、趋别）等，都是在依据德文、拉丁文、法文本身的构词方式来做思想游戏，而在中文这种非拼音的表意文字中，存在着相应的构词方式和双关含义的概率几乎是零。法文的“differer”（来自拉丁文“differ”）有区别（differ）和拖延（defer）两个含义，名词化为“différance”时则如同英文的“difference”一样，只保留了区别这个正派的、逻辑上清晰的含义，而掩盖了拖延这个含糊的和时间化的意义。德里达造出“différance”这个与“difference”发音相同，书写上却有一个字母之别（第二个“e”变为了“a”）的词，不仅要逆逻辑化、意义抽象

本文原刊于《安徽师范大学学报》2000年第4期。

作者简介：张祥龙（1949—），男，哲学博士，山东大学哲学与社会发展学院教授、博士生导师，原任教于北京大学哲学系。

化的方向而动，恢复“区别”与“拖延”的双关，而且同时抗衡“语音中心论”传统，显示文字印迹相比于语音而言有更原本的构意功能。不过“印记”（trace，Spur）在这里不等同于书面文字的物理性质，而是那使得在场的语言（既包括书面语又包括口语）可能的“趋别”结构、“再现”结构的显现（参见德里达《声音与现象》第5章第3点）。“区别”和“拖延”联在一起就有了新的含义：“区别”本身含有了拖延、粘黏以及与不现成者或不在场者的关联，因而它不是概念式的区分，而是牵连着、引发着的分蘖和孳生。被区别者之间有着永远无法被当场实现出来的“阴隐性”联系。所以我试着将这个词译为“趋别”（或趋分），取其“趋向着（也就是拖延着、牵引着）”而不是已经完成了的“区别”之意，正如现象学意义上时间的三个维度是在相互趋别着而不是区别着一样。译为“差延”或“分延”，好处在于明白地显示出了“差别”与“拖延”的双关，但又失去了“différance”与“difference”在语音上相同的特点。在这个意义上，人们可以讲“différance”是“不可译的”，或是“译不准的”。

但是，这种词语上的和概念上的无公度状态并不从根本上阻塞翻译，以及由翻译引发的相互理解。所谓“译不准”，是指语词的所指无法取得实在的、唯一的一一对应，但问题在于人的理解主要依据的不是这种概念化思想要求的、能脱离语境的抽象对应，而是本质上更丰富的对应或呼应，比如能经受得住变形歪曲的拓扑式呼应。经过“译者注”或类似的“边缘式的”说明，像双关、隐喻等“惚恍”（《老子》21章）游戏就可以在很大程度上为另一种语言中读者所理解。如果再加上本语言中相似的游戏现象，则效果更佳。比如“春蚕到死丝方尽”（李商隐《无题》）中的“丝”，以“音同义（或“字”）不同”的方式影射着“思”；但这“意/字不同”的不同或区别并不是一刀两断式的，而是包含着“拖延”。“丝”的字面意思也影响着、牵挂着对“思”的理解和欣赏，它并非一个可被分析还原掉的替代符号。对这样的语言现象的说明会引向中文语境中对“différance”的理解。

至于对于异质文化传统、社会结构、时代背景、个人传记的介绍，肯定会泛泛地增进读者对译文的理解可能，但又代替不了对于语言的“游戏”现象本身的直接体验。这种介绍不可能是全面的，而且也是通过“翻译”的，不管是文字的翻译还是其他技术手段的翻译，因而又是有选择的。

有人总以为语言游戏造成的“晦涩”和“含糊”会从根本上妨碍跨语言的

理解,使翻译面临巨大挑战。他们却没有看到这样一个事实,即所谓"晦涩"的哲学思想者,比如赫拉克利特、黑格尔、海德格尔,印度的龙树和般若空宗,等等,却往往在中文世界中得到了更多的理解。我相信德里达也将是这样。

那么,本文所讲的"理解"到底意味着什么,或应该如何被理解呢? 简言之,理解(Verständnis, understanding)并不主要在于正确的命名、单一的对应和判断的真实,而意味着理解与被理解双方的相互引入,并由此而形成新的理解视野和行为。所以,理解是很原发的精神生命的生存方式,与"知道"(Kenntnis, knowing)不一样。知道一个东西(实体)的属性或一个事实,但并没有新的视域的开启和追求,则此知晓之中并无理解。"知道"与"不知道"总以某个现成视域以及由此而蜕化成的观念框架为前提。虽然有些"知道"与"不知道"会引出理解,但许多甚至绝大多数成人们的知道与不知道是不生育的瘪籽或死道。在中文里,"理解"可被更贴切地表达为"领悟""悟道"或"开道(开导)",它总能"举一反三""触类旁通"。当然,这"一"也是由双关、互射、隐喻等"相互构成着"的。举例来说,佛教及其翻译在古代中国就达到过"理解",而其他许多从当时"西方"来的文化和思想则从未能达到这一境界。最迟到南北朝的僧肇,中国人已能被佛教文本所引动,进入一个与中国传统(比如道家)相关联,但又确实是新的领会视野中,摩荡出一个又一个新流派和新思潮。经过三论、天台、华严,达到那极其灵变、新鲜和切身的禅宗的领悟形态,其流风不仅披及中国的思想、艺术和习俗的方方面面,而且影响到日本、朝鲜等东亚文化。按现在的某些佛学研究者的观点,无论是鸠摩罗什等人的翻译,还是天台、华严和禅宗大师们对佛教经典的理解,都不尽合乎梵文文本的原意。然而,且不说某个特殊时代的某一批学者的看法是否有权判定什么是客观的"原意",即便我们尊重这种研究的成果(事实也正是这样的),也会清楚地看到,理解可以在偏离(而不是割断)这种考据学意义上的原意的情况下发生。谁又能说中国佛教的繁衍中没有对印度佛教思想的理解?

现在,让我们回到文章开头处提出的问题:中西哲学思想相互理解的主要障碍是什么? 在我看来,这障碍就在于理解方式的不对头、呆板和框架化。换言之,就是对于理解的不理解或死解。许多人认定理解的关键是所指的同一化、术语的规范化、概念的准确(逻辑)化和方法的科学化,而翻译的"信"与"达"的理想就是按照这个被视为唯一正确的概念框架来设定的。这是一种本质主义和还原主义的"理解-翻译"观。它的潜台词就是:西方的经典形而上学和科学的方法放之四海而皆准,应该用来规范一切交流,避免错误。只有按这种方式进行的跨语言交流才叫"真正的翻译""可译",不然就是"错译",或"不可译""译不准"。这种看法起码仍然盛行于当今中国的知识界。"英语的霸权""西方话语的霸权"的根子就在于西方形而上学与科学理念和方法的霸权。它在近代科技、工业、商业和战争中的成功,使得人们相信它在哲学思想中也应该同样地成功。卡尔纳普《世界的逻辑构造》(1928年)和《语言的逻辑句法》(1934年)就是这种信念的典型体现。

以这种观点看待文化间的交流,就会认为最适合于交流的就是那些从本质上能够被单义化的信息,不管是通过数字化、实证化还是概念逻辑化来获得。因此,最适合于翻译的就是符合于这种存在和知识理念的信息族,比如商业信息、工业信息、科技信息等;过"低"或过"高"就都有越来越严重的"译不准"的问题,比如对口语(相声、通俗小说、电影),特别是俚语的翻译,以及对戏剧和诗的翻译。"哲学著作"的位置比较特别,一部分著作被认为近乎科学著作,比如西方阐发唯理主义原则的文字、古典经验主义的著作和现代逻辑分析学派的著作,不管其用语如何造作、推理如何复杂,还是被当作从原则上是可译的或比较可译的;而另一部分,即那些与"文学"揉在一起的(比如柏拉图对话中的某些部分)和利用语言游戏及语境本身来表达思想的(比如海德格尔、德里达、伽达默尔),则被认为是原则上不可译的或起码是难译的。中国的经典文献,比如《论语》《孟子》《老子》《庄子》等,按这种标准,是很难翻译的。但也有另一种反映,即相信通过西方传统哲学、文学、历史学、社会学或人类学的概念框架的梳理,能使之可译。

总之,在这种传统观点看来,那些仅以语言为传输信息的中性手段的文献是可译的,其传达的信息也是易于理解的,而那些与语言本身(语言的构成方式和语境)有瓜葛的文献是不可译的或难译的,因为对后者而言,语言本身是不透明的。

然而,问题在于,没有自然语言或第一语言本身的参与,不在语言游戏之中,不体验到语境本身的摩荡伸缩,人们能否达到"理解"的境地?整齐划一的翻译促进的是理解还是“汉语规范化”?“汉语的简化”和“译文的规范化”加深了我们对自己的文献和其他文化文献的理解,还是使之贫乏?是增进了中文的尊严还是向西文霸权的屈从?维特根斯坦认为,任何有意义的语言行为都可以看作“语言游戏”。海德格尔相信语言本身(生存语境)先于任何可指称化、概念对象化的语言活动,只有倾听语境的“道言”,我们才能在领会中发言。德里达主张语言与双关与趋分(différance,差延)不可分。使语言可能的“印迹”就出现于这双关着、趋分着的“间隔”(intervalle)或“间隙”(espacement,Riss)之中,牵扯着、翻转着、凑合着、搓揉着阅读和说话的双方,引出理解和进一步的理解。理解本身就在“分延”着或“区分”着,因而渴求着“进一步”的理解。这样看来,理解的根本不在于线性的对应,即能指符号与所指(包括所译原著的所指)的对应和相符,而在于结构中的多维可能的开启和沟通、语言游戏的形成和语境印迹的“播撒”(dissemination),也就是边缘感的活跃、“对应”在“遗失”后的“再现”以及构意间隙的蜂窝状出现。情况难道不是这样的吗?想一下学生们在什么情况下达到领会,会有助于这个思路的理解。只靠概念语词的定义、分析和讲解是远远不够的,必须有多种技巧的训练,这包括经典文章的背诵、做题、改错、对比、超前、拓宽、重复、做实验、时间间隔、交叉触机等等。这些训练带来了不同的维度、切入角度和语境感受,形成只有在语境(the contextual)中才能形成的“悬空”反应方式,即与(考题的)掩藏、不确定、陌生、可错打交道的方式,并由此而造成了各式各样的边缘感受。然而,训练过强会使技巧僵化为技术和机械操作,反失去了理解的可能;只有保持乃至增强训练中的游戏蕴意间隙化功能,技巧才会巧化为技艺,“边际效应”才会出现,逐渐引发出理解和领会。而只有在这种先概念的领会视域中,概念才会活起来,显示出它真正的意义。

游戏意味着自发的参与与完全的投入、有内在的参与方式(但不一定强化或硬化为“竞赛规则”)、包含无法被事先确定的关键因素,因而虽无实证意义上的真假可言,却总有成功与失败的交缠,总有新意义或趣味的临时构成和不断去构成它们的冲动(上瘾)。这就是人的局限,人的“缘起性空”的本性。人就不能被安排着去理解,被概念规定着去理解,被理想化、神化、肉体化、物质化地去理解,而只能在游戏的回旋空间中达到豁然贯通的理解。

上帝想怎么理解就怎么理解，非生命的物体似乎不需要理解，只有生命体、有情者需要理解，而且只会迂回曲折、费时费力、折腾来折腾去地理解。人的愚笨，人的不可避免地要去犯错误源于兹，而人的内在自由的不可剥夺，德行的不完全迂腐，也源于兹。

这样看来，文字的最可理解处，正是语言的自构漩涡处和游戏之处，即语言自身的呵痒蹭痒之处（比如笑话、诙谐），害羞、逆反而又率真之处（隐喻、反言、重言），舞蹈歌唱之处（诗、词）。据康福德（F.Cornford）讲，现在译为干巴巴的“理论”（theory）这个字对于古希腊哲人来讲“热情动人的沉思”，颇有深意或内在的道理，因思到精微处本源处，无不有能召人入其中的动人之处，天机盎然之处。庄子就清楚地意识到，他的思想不可能不以“谬悠之说，荒唐之言，无端崖之辞，时恣纵而不傥”地表达出来，进行“危言、重言、寓言”一类的语言游戏。然而，按传统的观点，正是这最可理解的文字最不可译，或者，只有将这类文字中的游戏性平整掉，通过概念化的框架规范之后，才是可译的。迄今为止，绝大多数中国先秦文献的西文译本就是这样译出的。通过这样的译本，或更重要地，通过这样的概念化、单义化的解释框架，就无法达到对于中国古代思想的原发理解，因为引发理解的语言技艺和游戏机制已经如同我们城里的野草一样，被砍削殆尽了。至于西方的哲学文献，由于不去追寻形而上学背后潜藏的游戏机制，比如数学、政治、法制、军事和艺术，只知在概念化层面上计较命题的含义，也就无法测知这种观念化理性运动的底蕴。当然，以这种方式就更不能领会西方古代和现代的那些非概念的、有“游戏”意识的思想者（比如赫拉克利特、詹姆士、艾克哈特）了。

没人会否认，翻译这种“游戏”文字要比译平板的文字从技术上更难，后者中的大部分工作现下已可以用智能软件代做。但是，这种艰难正是做一个需要理解的人所不可避免的。没有内在的不可测和为了对付这不可测而进行的随机创造，比如在另一个语种中试图去表达原作中的双关、隐喻、谐音，就不会有动人的理解。语言游戏现象使得线性的对应翻译不可能，但并未使翻译本身不可能；相反，它倒是逼人去进行那可能引发出理解的翻译，也就是丢开“一天译五千字”一类按部就班的计划，潜心于对原著的揣摸、品味和理解，然后在另一个语言的结构中，就合着那个特定语言的特殊表现方式，摸索和开创出一种新的表达。它是原作“播撒”出的“印记”，浮于一个微妙的平衡之中。相对于原作，这新的表达几乎肯定要做“扭曲”，拓扑式的翻转、拉挤、错位。这里既有造成断裂、歪曲而完全丧失原意的危险，又有不毁掉原本（原来的文本）生机而让其在新语境中成活的些微希望。“何处有危险，何处也就有希望”（海德格尔所引荷尔德林 Hoelderlin 的诗句）。没有这种危险之处，也就没有这种希望，这正是上边讲到的“边缘”和“空隙”的含义。真正的翻译是非机械的、将技术变为艺术的转化，有希望引出领悟的转化与“变易”。它总在涉险，“挽狂澜于既倒”或被狂澜吞没。

因此，我主张的翻译和交流的策略可用那句耶稣的名言来表达：“将是凯撒的还给凯撒，将是上帝的还给上帝”。对于那些被说成是“好译的”，好啦，让它们被“好好地”高效译出；对于那些虽然复杂冷僻，却还是“可译的”，可请专家学者们“可钉可铆”地去移译；至于那些被视为“不可译的”，首先要惦量清楚这“不”字的份量，千万不可将它们还原到“可译的”对应框架中译出，那无异于“快快点亮煤气灯，好看到黑暗的样子”（詹姆士语），或“砍下古树，以便研究它生长的奥秘”。这“不可译”不会活着变为上边讲的那种意义上的“可译”，而只可能在“试着去译”或“变易腾挪着译”中跨越文化间的“字幕文字差异造成的蔽障”。

对于这最后的，也是最困难又最有趣、最有可能引发出文化间的相互理解的翻译，还可给一个具体的建议，即这种译文应放弃“平整可观”和“以原著文字为中心”的要求，而以增加理解的维度为目的。所以，“译者注”要从以前的仆从地位上升为多中心之一的地位，形成与正文互映互喻的一个经纬结构，就如同中国古籍的注疏一般，甚或更突出得多。这不仅指译者注的份量和频率大大增加，也指注评的功能种类或维度的增加。译者不仅给出第一次出现时的关键词的原文及构词特点、游戏方式的说明，而且要显示出它们在行文中的应机表现，这些词相互之间的或明或暗的关系网络，它们在其他作品、包括其他作家的文字中的前兆、呼应、折射和流变，它们在其他的技艺和文化形态中的谐音与余韵，等等。而且，以“集注”的方式给出有此著作以来其他研究者、译者的译法、注释、解释、评议、变形转现等等。此外，译者可在某句、某段、某章及全文之后附上自己由此而生的反思、评点、感触，如“太史公曰”或“脂砚斋评”一般。由于明白地标出是译者的“独出心裁”，反会减少“在无形中歪曲原著”的危险。最后，一部完整的译本还应包含原著的原文,以增加一个维度。总之,译本以有机的多样、质的多维为尚,而不以“短、平、快”为荣。

因此,这样的译者不是翻译软件,也不只是文字工匠,而是边缘处的“幽显阐微”者,即文字游戏的参与者、化而再构者、“反思”者;一句话,理解的引发者和播撒者。传统的独白写作方式和简单对应的翻译方式不应该继续垄断思想交流的文坛。原著是工作平台,译作是工作作坊和工作本身。它不仅提交工作的实质成果或传统意义上的译文,而且要再现那达至理解的过程、结构和边缘语势、语戏和语境。早期维特根斯坦说,他在《逻辑哲学论》中所讲的是梯子、脚手架,理解了它们就明白了它们本身是无意义的,并将它们抛掉。魏晋玄学里也盛行“得意忘言”讲法。但问题恰是:我们要达到的首先是、最终也是理解和深意,所以我们永远需要梯子、脚手架和那些使梯、架可能的过程。原著只能在不断的“趋分/差延”的多维蛛网、蜂窝和迁徙途中才能得到某种理解。这种译本的读者也不再只是翻译结果的接受者,而是翻译过程的参与者,词句的掂量者,篇章的谋划者,困惑的承受者,边缘的感受者,猝然间的相遇者,以及思想方式的自我更新者。

从《易经》看中国诠释思想的辩证性

潘德荣

中国诠释传统的解释观念具有明显的辩证性。这种特点，已表现在中国最早的解释性著作中，我这里主要指的是《易经》。[①] 在孔子删定的"六经"中，对中国的文化传统和思维方式之形成与发展影响最大的古代经典就是《易经》。在中国传统文化思想史上，有三个影响深远的流派，即儒家、道家和佛家，其中除了从印度传入的佛家思想，产生于中国本土的儒家与道家，均将《易经》视为自己最重要的经典之一。孔子删定六经时，六经的顺序为：《诗》《书》《礼》《乐》《易》《春秋》，从汉代起，《易经》就被儒家尊为六经之首。另一方面，也有学者——如魏晋时期的王弼等——用老子学说的主旨来解释《易经》，并出现了将《易经》归为道家学说的趋势。[②] 在魏伯阳的《周易参同契》和陈抟的《先天图》《无极图》中，《易经》已被视为道家的典籍。这是因为《易经》本身言简意赅，晦涩难懂，容易产生歧义，并被作出不同的解释。《易经》本身就是解释性的，并且正因其解释而成为流传下来的经典，这一点，对于我们研究中国的解释传统有着特殊的意义。《易经》的解释观念之

本文原刊于《安徽师范大学学报》2000年第4期。

① 据古籍记载，在中国历史上有三部《易经》，依次为夏代的《连山》、商代的《归藏》和周代的《周易》。前两部已失传，我们现在所指的《易经》乃为《周易》。司马迁的《史记》记载，八卦为伏羲所创，并由周文王演为六十四卦。朱熹说"夏商之末，《易》道中微，文王拘于羑里而系《彖辞》，《易》道复兴。"（朱熹《周易本义》，《周易注》卷三）文王乃周代人，他"复兴"的《易经》被称为《周易》。《周易》被孔子定为儒家经典并加以进一步的解释以后，成为儒家思想中的重要组成部分。后代学者曾根据其他的材料对已失传的《连山》《归藏》进行过研究，试图还原这两部《易经》。根据他们的研究，《连山》《归藏》和《周易》的八卦卦象相同，只是排列的顺序不同。《连山》以"艮卦为第一卦，《归藏》以"坤"为第一卦，《周易》以"乾"卦为第一卦（钱叔陵《"同功异位"辞要》，载李证刚主编的《易学讨论集》，商务印书馆 1966 年版，第 69—74 页）。

② 李证刚主编：《易学讨论集》，商务印书馆1966年版，第119页。

辩证性表现为以下三个特点：

一、基于事物间或概念间的关联性

现在流传的《易经》包括有《经》和《传》两个部分。在被称为《经》的部分中亦可分为两个部分，一个是由卦象组成的符号系统，另一是用文字对卦象符号的解释系统。《传》乃是古代学者对《经》的进一步解释和发挥，[①]并因其重要而被视为经典。[②]

卦象是极为抽象的符号系统，其最基本的符号为"- -"(阴爻)、"—"(阳爻)，[③]用这两种符号以3个符号为一组进行组合，可形成8种组合形式，即通常所说的"八卦"，它们被称为"经卦"。这8个符号的每一个符号，或与自身重迭，或与另一符号结合，又能排列成如64种组合形式，被称为"别卦"。所有这些抽象符号都只具有隐晦的象征性的意义，如果没有各代学者持续不断的解释，我们根本无法知道其含义是什么，在这个意义上，对《易经》的符号系统之解释要比符号系统本身重要的多。可以认为，如果没有这些解释，特别是若没有后代学者所作的《传》对《经》的进一步解释，《易经》就可能不会流传下来，[④]也更不会形成延续至今的"易学"传统。在这个意义上，解释比本文更为重要。

从《传》对《经》的解释中，我们可以清楚的看出中国解释观念中的一个重要特征，这就是从对立统一的观点来解释事物或事件。以此出发，人们在解释一个单独的概念时，往往会从中析出对立的两个方面。我们首先注意

---

①《传》相传为孔子所作，但根据近现代学者考证，这一部分应属于从春秋、战国交替之际，直至汉初这一时期完成的作品。它们的作者也非一人。

② 马王堆汉墓出土的帛书《易经》，只有《经》而无《传》。汉墓的主人名利苍，死于公元前186年，这表明在汉初时《易经》中的《经》和《传》仍是分开的(《马王堆二、三号汉墓发掘的主要收获》，《考古》，北京，1975年第1期)。有人认为自郑玄(公元127—200)才将《易经》与《传》合一(张立文《周易思想研究》第82、206页)。很多古代学者相信《易经》中的八卦是由远古传说中的伏羲、神农推演而出，近现代学者则根据其中的解释词所记载的历史材料，推断《易经》中的《经》的部分是周初的作品。

③ 以"- -"代表"阴"，以"—"代表"阳"，是后人加在《易经》的《经》的部分中，还没有"阴""阳"概念，这两个概念是在以后形成的《传》的部分中才出现的。《传》的作者用"阴""阳"概念来解释《易经》，可能是受到了老子《道德经》的影响。而根据目前所能见到的古代文献，"阴""阳"概念的首次出现是在西周末年(公元前780年)："阳伏而不能出，阴迫而不能烝，于是有地震。"(《国语·周语》)

④ 李证刚主编：《易学讨论集》，商务印书馆1966年版，第118页。

到的是对《易经》书名的解释，一般认为这里的“易”字有三层意义，按照郑玄的说法，“《易》一名而含三义：简易一也，变易二也，不易三也。”（郑玄《易赞》）

我们先分析“简易”。《易经》之道的基本法则就是“简易”，“简易”的法则乃基于“乾以易知，坤以简能，易则易知，简则易从。”（《易经·系辞上》第一章）《易经》的作者（实际上是卦象的解释者）表达的是这样一种思想，整个宇宙虽然森罗万象，纷繁复杂，但其原理则是简单的，并因其简单而能为人知晓，所谓“易简而天下之理得矣”（同上）；也使人容易遵从其原则去实行。“易”的第二层意思是“变易”。“变易”所揭示的是世界的动态变化，而世间之万事万物，则在这种持续地变化中生成和消亡。如《易经》所说，“日往则月来，月往则日来，日月相推，而明生焉；寒往则暑来，暑往则寒来寒暑相推，而岁成焉”（《易经·系辞下》第三章）。“易”就是包括了开天辟地、阴阳运行、寒暑更替、生生不息等所有变化的“总名”（孔颖达《周易正义序》）。“变易”是《易经》的主要宗旨，这一点，是与《道德经》一致的（参见《道德经》第二、二十五、四十二等章）。“易”的第三层意思是“不易”。所谓“不易”，根据《易纬·乾凿度》的解释，“不易者其位也”。诸如天在上地在下、天尊地卑、君子贵小人贱等，上下、尊卑、贵贱的等级秩序是不变的（参见《易经·系辞下》）[1]。

在上面所说的“易”之三义中，第一层含义“简易”说的是“易”道的运作原则，与《易经》的内容没有什么关系；虽然《易经》基本上是立足于世界的动态变化过程——亦即“变易”——来解释事物或事件的，但在解释“易”的含义时，仍然赋予其“不易”之义。在这里，“变易”与“不易”构成了一对相互对立且又统一的范畴。这种强调概念的对偶性，从对偶概念之间的关联、相互作用和转化来解释事物的运动变化，是《易经》解释的重要特征。

《易经》是卜筮之书，其目的是为了预言未来，其基本方法就是对卦象的解释。前面所述的八个卦象符号（经卦）分别指代着八种含义，确切地说，是八个意义域。如“☰”（乾卦），基本含义为“天”，它所指代的意义域包括“天”“阳”“刚”“君”“父”“夫”“动”等义，“☷”（坤卦）的基本含义为“地”，其

① 被这样理解的“不易”与整部《易经》的主旨相抵牾，有学者认为对“不易”应在这个意义上来理解，即“整个宇宙是一刻不停的发展变化的，然其发展变化并不是乱动的，均遵有一定的规道，即一定的动的法则……而这一定的法则……是永远的，绝对的，这就是所谓的‘不易’”。（李证刚主编：《易学讨论集》，商务印书馆1966年版，第128页）

意义领域为“地”“阴”“柔”“臣”“母”“妻”“静”等义。这是《易经》系统中最基础的部分。经卦中的任何一卦，表征只是某种状态或特征。然世界上的一切都是变动不居的，经卦所指征的事物当然也不例外，但是，若依据经卦中的任何一卦自身而言，人们无从预言其变动的方向，也就无法预言人们所关心的事物的未来状态。在《易经》解释者看来，事物变动的方向，变好还是变坏，取决于这一事物与它物的联系。在《易经》中，就用两个经卦所组合成的一个新卦（别卦）来表示这种联系。如此，别卦虽为一个范畴，但在其内涵中却包含了两个经卦所蕴含的两种因素，乃是这两种因素的统一。别卦乃是解释的直接根据，对它作何种的解释，或者说通过这种解释来预言未来，取决于解释者对别卦所包含的两种因素相互作用的理解。并且，在一个经卦的多重含义中，选择哪一种作为所解释的特定别卦中的含义，也取决于对其相互作用的理解。

别卦“䷊”的卦象由一个“☷”（阴）和一个“☰”（阳）组成，被称为“泰卦”。在《易经》的《经》的部分中，将此卦所隐含的意义解释为：“泰，小往大来。吉亨”（泰卦卦辞）。这样的解释比较简单，因此《易经》的《传》的部分对此作了进一步的解释：“泰，小往大来。吉亨。则是天地交而万物通也，上下交而其志同也。内阳而外阴，内健而外顺，内君子而外小人。君子道长，小人道消也。”（泰卦彖辞）“䷊”之所以被称之为“泰”，寓意“吉亨”，乃是因为合成这一卦的“☰”（天、阳）和“☷”（地、阴）能够相交，天地、阴阳相交而万物生长；天地又含指位置的上下，在上者为“君”，在下者为“臣”，上（君）下（臣）相交意为君臣相谐，同心同德（详见第二节第三段）；组成别卦的两个经卦是按上下的位置排列，在上者被称为“外卦”，在下者为“内卦”，泰卦“䷊”的外卦就是“☷”（阴、小人、柔顺），内卦为“☰”（阳、君子、刚健），其“内”与“外”的关系也是协调合理的。内卦的含义所指涉的东西，与方位上的“内”（如君主居住的京城等）或人的内在方面（如人的内在精神、品格等）有关，外卦的含义与方位上的“外”（如臣民居住的相对与京城的郊外）或人的外在方面（如人的外在表现、行为举止）有关。按照儒家的理想，君主应当居于内，执掌权柄，被统治的臣民应居于京城之外；对于一个人来说，其内在精神应是刚健的，即所谓“天行健，君子以自强不息”（乾卦象辞），而其外在的表现则应是谦恭的，所谓“谦谦君子，卑以自牧也。”（谦卦初六象辞）[1]唯有如此，才能成就大事业。在《易经》作者看来，泰卦的卦象所表征的含义与这种理想完全吻合。总的说来，泰卦卦象中的天地、上下、内外的关系是合理的，具有一种肯定的价值。正因如此，这一卦所显示的才是一种吉祥的征兆，故称为“泰”。

《易经》中的解释，基本上都是按照上述思路展开的，简而言之，就是立足于事物或概念间的联结，分析其相互间的关系，作为解释的基础。

这便是《易经》解释方法的特点之一。

二、事物或概念的动态发展

在上面我们分析了《易经》的解释系统的基础，就是基于两个对偶的概念或事物的联结，通过对其相互关系的分析，展开对《易经》的卦象之解释。在这里，我将进一步指出，如果我们仅仅从静态的方面把握这种联结，并从静态角度来分析其相互关系，还是不够的；人们必须从动态角度，把卦象及其解释视为动态过程，才能理解《易经》。以“动”的观点来理解与解释本文，乃是中国解释传统的另一重要特征。《易经》作者认为：“易之为书也不可远，为道也屡迁，变动不居，周流六虚，上下无常，刚柔相易，不可为典要，唯变所适。”（系辞下第三章）在《易经》中，一切都被视为运动变化着的，因此，构成别卦的经卦符号所指代的事物是运动着，构成别卦的两个经卦符号之间的关系是运动的，别卦所预示的结果也是运动的。

在前面我们曾以泰卦为例，来说明《易经》解释方法强调概念的对偶性及对偶概念之间的联结之特点，为清晰地阐明这一点，我所作的基本上是对“泰卦”的一种静态的、结构性的分析，它是根据《易经·象辞》中既有的解释做出的，但未说明《易经》的作者与解释者将卦象符号“䷊”定义为“泰”的根据。在卦象符号“䷊”中，代表“地”的符号“☷”在上面，代表“天”的符号“☰”却在下面，就卦象本身的象征意义而言，其表征的意义可以说是非

① 这种内刚外柔的思想，也是与道家的主张一致的，老子尝说，“知其雄，守其雌”（《道德经》第28章）。在中国传统思想中，“雄”可意指尊、刚、强、动等义；“雌”蕴含卑、柔、弱、静等义。老子这句话的意思就是：知尊守卑、知刚守柔、知强守弱、知动守静。

常“坏”的一幅图像。根据中国人的宇宙图景，所谓“阳”“天”等的位置应该在上方，而“阴”“地”的位置应在下面，而卦象“䷊”却是天下地上，乾坤颠倒，阴盛阳衰，若将此进一步引申到社会领域，也就是君主、君子、父亲等在下，而臣民、小人、儿子等在上，将这样的卦象定义为“泰”，实有悖于中国人的传统观念。既然如此，孔子为何又将《易经》定为儒家的经典？在我看来，只有立足于动态的、发展的观点，才能真正解开《易经》的奥秘。

卦象“䷊”是对某种现存状态的描述，而《易经》是为了预测未来的，它要说明的是，某种现存状态究竟会向何处发展。如果某种事物的现存状态已是“最坏”的状态，那么该事物进一步发展只能向着“好”的方向运动了，这就是《易经》作者将“䷊”视为“泰”的根据。[1]“泰卦”在整体上向“好”的方向发展这一点是通对该卦的两个组成部分——即“☷”“☰”的互动关系而表现出来的。在古代中国人的宇宙观念中，天地未形成之前，原是一片混沌，用老子的话说，就是“有物混成，先天地生”(《道德经》第25章)。其中的“阳”气上升，成为“天”，“阴”气下沉，形成了“地”。所以，“上升”是“阳”“天”等的基本属性，代表它们的“☰”符号的正常运动的轨迹是向上的；而“下降”则是“阴”“地”的基本属性代表它们的符号“☷”的运动方向乃是向下的。“泰卦”卦象是“䷊”，其中的“☷”处于上位，它所代表的东西可以顺其自然往下降；而“☰”处下位，所代表的东西亦可正常地上升。如此，“阴”“阳”两气或它们所指代的事物均可按照自身的法则顺利地运动、发展，所以称之为“泰”。此其一；其二，“☷”处上位而降，“☰”处下位而升，在此升降途中，两者可以相遇，此所谓阴阳、天地相交。按照《易经》的观点，“天地交而万物通也。上下交而其志同也”(泰卦彖辞)，“天地交泰”(泰卦象辞)。盖因唯有天地相交，阴阳和谐，万物方能茂盛生长，民众亦丰衣足食；这里的“上下”可以引申为“君臣”，“君臣”志同一心的治理国家，便可达到国家强盛，民众安居乐业。[2]

与“泰卦”相反的“否卦”，卦象为“䷋”，代表“天”“阳”等的符号“☰”

① 《易经》的这一“物极必反”的思想也表现在《道德经》中。用老子的话来说，就是“反者道之动”(《道德经》，第40、25章)。

② 朱骏声：《六十四卦经解》，中华书局1958年版，第51—52页。

处上位，指代“地”“阴”的“☷”处下位，所谓阴阳天地各得其所，应该是寓意为“好”的卦象，但从运动的角度来看，在符号“䷋”中，“☰”已处上位，不可能再顺其自然上升，“☷”也沉到底端，无法再向下降，它们的自然发展之途受阻，这是不利的因素；它们因此而无法相交，因“天地不交，而万物不通也。上下不交，而天下无邦也。”（否卦彖辞）因此之故，“䷋”才被称之为“否”。

以上所说，都是就别卦卦象的整体判断而言。卦象的最小组成是“爻”，它有两种，即“- -”“—”，被称为“阴爻”和“阳爻”。每一个别卦都是由六个“爻”组成，其顺序是自下面上地排列的。在《易经》的解释系统中，对卦象整体的解释被称为“卦辞”，对单个的“爻”的解释为“爻辞”。如果说，卦辞是从整体上判定了某一个被解释的卦的运动方向的话，那么爻辞则是具体地展现了其运动的过程。每一个“爻”的位置，都代表了事物发展的一个特定阶段，解释这一“爻”的“爻辞”，就是对这一特定情境的解释，在“爻辞”中会给出的乃是具体的预言，告诉人们，在当前的情况下，可以做什么，不可以做什么；或者什么都不能做，只能等待事物自身的进一步变化，再相机而行。

“乾卦”的卦辞是：“乾，元亨利贞。”彖辞将此解释为，“大哉乾元，万物资始，乃统天。云行雨施，品物流行。大明终始，六位时成。时乘六龙以御天，乾道变化，各正性命，保合太和，乃利贞。首出庶物，万国咸宁。”（乾卦彖辞）这是对乾卦“䷀”的整体之解释，它预言了该卦所指代的事物的总体趋势。构成它的六个“爻”都是“阳爻”，表示这一事物在依循这一趋势的运行过程中的六个阶段。每一个阶段的情况是不同的，在“爻辞”中给出的乃是针对这一情况的判断。

乾卦“呈”的初爻（最下面的横线，指涉的是这一事物的开端）的“爻辞”是：“潜龙勿用”。为何“勿用”，根据象辞和文言对这一“爻”的进一步解释，乃是因为此时“阳在下也”（象辞），所谓“阳气潜藏……潜之为言也，隐而未见，行而未成”，（文言）所以“君子弗用也”。（文言）第二“爻”的“爻辞”是：“见龙在田，利见大人。”在这一阶段“龙”已出现，“天下文明”（文言）预示“圣人将显”，会有利于世界万物。（朱骏声《六十四卦经解》，北京，中华书局1958年版第5—6页）第四“爻”指代的是事物发展的第四个阶段，其爻辞是：

"或跃在渊，无咎。"此时的"龙"在飞跃，上下无常，进退无恒，尚在"自试"，目的是找到及时济人之法这种尝试是必要的，也不会有错的，所以"进无咎"。第五"爻"表示的是该事物发展的第五阶段，"爻辞"为："飞龙在天，利见大人。"事物发展至此，已臻圆满。在中国古人的观念体系中，"龙"象征"阳"，乾卦"☰"都是用阳爻"—"构成，所以其解释都取象为"龙"。"龙"已飞到了天上，表示"龙"或"阳"（"龙"在此亦代表圣人、大人）已到达其应处的位置，国家便可达到大治。这也就是"文言"中所说的"飞龙在天，上治也。"

在《易经》中，每一个卦象的运动过程，都是通过对它所包含的六个"爻"的依次解释而展现出来的。立足于事物的动态过程来理解与解释《易经》，是《易经》解释方法的特点之二。《易经》解释方法的第三个特点是：

三、基于事物间的或概念间的转化的解释

事物是运动的，其运动是沿着一定的方向展开的，但任何事物都不会永无止境发展下去，在它的发展到达一定的阶段时，必然会向其相反的方向转化。在《易经》中，卦象符号是出自对宇宙及人事的各种关系的摹仿，此所谓"易者象也。象也者，像也"（系辞下第三章）。卦象所代表的关系是"动态"的，它的"动"就是通过六个"爻"具体表现出来。按照《易经》，所谓"爻"，就是"效天下之动者也。"（系辞下第三章）世间一切事物的凶吉成败之秘密都隐含于动态的"爻"中，所以"爻"乃是判断的根据。"圣人有以见天下之动，而观其会通，以行之典礼，系辞焉以断其吉凶，是故谓之爻。"（系辞上第八章）"爻"的类型有两种，即"－－"（阴爻）和"—"（阳爻），分别代表"阴"和"阳"。在《易经》中，"阴"和"阳"被认为是构成世界的两个相互对立的基本要素（气），阴气和阳气相反相生，运转不息，乃是天地间一切事物盛衰存亡的根本，这便是"道"："一阴一阳之谓道。"（系辞上第五章）在中国的传统思想中，"阴""阳"概念的运用是非常广泛的，可用来指代不同的具有对偶关系的事物，如"阳"可表示"乾""天""太阳""白天""光明"，"阴"为"坤""地""月亮""夜晚""黑暗"；运用于人，又可引申为男女（"乾道成男，坤道成女"系辞上第一章）；可以指代两种动作，如"辟"与"阖"，《易经》中说，"阖户谓之坤，辟户谓之乾。一辟一阖谓之变"（系辞上第十一章），这种辟阖之变喻指动静

之变；也可指代推动事物发展的两种不同的“力”，即“刚”“柔”，世界上所有的事物的形成、发展、衰亡、变化，都是这两种力相互作用的结果：“是故刚柔相摩，八卦相荡，鼓之以雷霆，润之以风雨，日月运行，一寒一暑，乾道成男，坤道成女，乾知大始，坤作成物。”（系辞上第一章）简而言之，即“刚柔相推，而生变化。”（系辞上第二章）

由于事物的运动变化是由事物内部的“刚”“柔”两种相反相成的力来推动的，因这两种力的消长而产生变化，因此，事物的变化就呈现出一种往复循环的样式。用老子的话说，就是“反者道之动”（《道德经》第四十章）。这就是说，在事物发展到其极限时，就会向着它的相反的方向转化。《易经》作者也认为，“无平不破，无往不复。”（泰卦第三爻的爻辞）在《易经》中，卦象在整体上被理解为会向其相反方向转化的，如“泰卦”，“泰”在这里是“通”的意思，所谓“泰者通也”（“泰卦”序卦卦辞）。在《易经》的卦象体系的排列中，紧随“泰卦”之后的是与其正相反的“否卦”，作这样地安排的原因是：“物不可以终通，故受之以否。”（“否卦”序卦卦辞）“震卦”取象雷霆霹雳，寓意为“动”；但事物不可能一如既往地永远“动”下去，有“动”必有“止”，因此，“震卦”后面的就是“艮卦”，“艮”取象于山，以“山”的静止不动寓意“止”，从“震卦”转化为“艮卦”，表示事物由“动”转化为“止”；但事物又不会永远的停止不动，因此“艮卦”后面乃是“渐卦”，“渐”是渐渐地启动与前进之义，从“艮卦”变为“渐卦”，表示事物由“止”复又开始“渐进”（《易经·序卦传》）。

在《易经》的解释体系中，“转化”不仅存在于如上面所述的整体的卦象之间，而且在一个卦的内部的发展进程中。如“乾卦”，在前面我们已分析了《易经》作者对这一卦从第一至第五爻的解释，第五爻的爻辞用“飞龙在天”喻指某事物发展的圆满状态，这种最佳状态也就是该事物的发展极限，再往前运动，就开始走向其反面，所谓“盈不可久也”（乾卦第六爻之象辞）。所以这一卦第六爻，亦即最后一个爻的爻辞就是一个负面的判断：“亢龙有悔。”

综上所述，在《易经》的解释体系中，对偶性（解释对偶的概念或事物之间的相互关系）、运动性（解释概念或事物的动态过程）、转化性（向着对立面的转化）乃是其解释之方法论的三个特点。这些特点表明了中国解释传统的方法论上的辩证性质。

《周易》诠释若干问题思考

周　山

《周易》作为中国诸经之首，二千多年来，诠释文字难以计数。然而，今人对《周易》的诠释仍然见仁见智，人言人殊。《周易》诠释的分歧涉及以下几个问题：一是如何评判《周易》的本质；二是如何正确处理象数与义理之间的关系；三是如何准确把握《易传》在诠释中的参考作用；四是能否用西方文化作为价值标准诠释《周易》。

一

《周易》这一诠释对象，究竟应该置于何种语境之中，才能保证诠释的准确有效性？

今人使用《周易》这一概念，往往与《易经》《易传》混淆。其中之一，认为《周易》即《易经》；其中之二，《周易》包括《易经》《易传》两部分。所谓的"狭义"与"广义"之分。现在看来，这两种说法都是有问题的。首先，《易经》是"上古三易"的总称，包括夏代的《连山》、商代的《归藏》、周代的《周易》。以前曾一度怀疑《连山》《归藏》二易为子虚乌有，因而有《易经》即《周易》的说法。现在，我们从荆州王家台秦墓中发掘到的竹简中获悉确实存在《归藏》一书，而且其中大多卦名与《周易》一致，由此表明先人关于古代"三易"之说并非虚妄之辞；《周易》与《易经》便不能再视为二名一实。《连山》《归藏》《周易》分别为夏、商、周三代的《易经》，诠释《归藏》佚文，应将其置于商代背景之下；诠释《周易》应将其置于周代背景之下；作为春秋末，战国初、中期文化背景下的《易传》，虽为《周易》的首次诠释，毕竟与《周易》不同，不应将其视

本文原刊于《安徽师范大学学报》2003年第4期。

作者简介：周山(1949—)，男，上海人，上海市社会科学院哲学研究所研究员。

为《周易》的组成部分；李镜池说：“《周易》分‘经’和‘传’两部分，内容性质有很大的差别。”[①]这一种所谓《周易》广义之说，实属不妥。

《周易》即周代的《易经》，与《易经》《易传》有联系也有区别。本文所说的关于《周易》的诠释，便是关于周代《易经》的诠释。

《周易》究竟是一部什么性质的书？这是决定将之置于何种语境之中加以诠释的关键所在。综观《周易》诞生以来的三千年间，中国历史上的所有思想家似乎都对《周易》有所研究，都从《周易》中汲取营养。即便象明代的心学家，也都乐此不疲。但是，到了近代尤其现代，《周易》的学术地位急剧下降，不仅多卷本的《中国思想通史》中全无《周易》的地位，而且所有的《中国哲学史》专著和教科书中，也仅仅将《周易》作为《易传》的附属品稍事提及，作为“中国古代思想的没落倾向”加以批判。造成这一局面的根本原因，在于认为《周易》是一部占筮书。

根据最近30年的考古工作的新成果推断，《周易》中的符号系统即其64个卦象的前身，是数字卦；数字卦则直接产生于占筮。《连山》《归藏》的具体运作情况，我们无法揣知，《周易》诞生之后的早期，确实与占筮保持着密切的关系。《左传》《国语》中记载有20几个筮例，其中公元前七世纪的筮例，绝大多数是通过占筮获得相应的卦象、卦爻辞，进行决疑解难的推论。

由于有了这些历史的记载，认为《周易》是一部占筮之书的观点，便有了充足的理由。由此确定，卦爻辞是占筮的记录，吉、凶断语是“贞占”之辞，也便顺理成章。

但是，随着研究的深入，一些易学专家发现《周易》卦爻辞的构成并非如此，其作用也不是为了满足占筮活动的需要。我国现代著名易学家李镜池在20世纪30年代时认为，“我们相信《周易》是卜筮之书：其起源是在于卜筮；其施用亦在于卜筮。”“我对于《周易》卦、爻辞的成因有这样的一个推测，就是，卦、爻辞乃卜史的卜筮记录。《周礼·春官》说：‘占人……凡卜筮，既事则击币以比其命，岁终则计其占之中否。’所占一定有一爻数占的，因而有数种记录。到了岁终，就把所占的各种记录汇集比对，而计其占之中否。所以卦、爻辞中，很有些不相连属的词句，这不相连属的词句，我们非要把它分别

① 李镜池：《关于〈周易〉的性质和它的哲学思想》，《光明日报》，1961—07—21.

解释；若硬要把它附会成一种相连贯的意义，那就非大加穿凿不可。”[①] 30年之后，李镜池对《周易》卦、爻辞的诠释已经有了重大变更。他在完成于1962年5月12日的《〈周易〉的编纂和编者的思想》中写道：“《周易》的卦有不少是内容有组织联系的，并不是毫无系统的资料杂抄，每卦有它的重点，讲一个问题。”“由于每卦有一个中心问题，有内在联系，所以我们研究它，首先要找出它的中心问题，内容思想，不能孤立地本着一条一条卦、爻辞，或摘引个别辞句，随便解释或阐发其意义。”甚至还说：“《诗经》是抒情的，而《周易》是思辨的，思辨的著作，尤其值得我们去分析其中的哲学思想。”[②]

对于卦、爻辞价值评判的这一重大转变，李镜池在同一年写作《周易卦名考释》时，写了一段补记：“最近写《周易通义》一书，才明白卦名和卦、爻辞全有关系。其中多数，每卦有一个中心思想，卦名是它的标题。”5年之后的1967年4月15日，李镜池在给郭沫若的一封信中再次表示：“据我的研究，《周易》是有组织体系的著作。古今说《易》者还没有注意到此点，但此点不明，对卦爻辞就很难理解，理解了也不一定对。”[③]

李镜池是少数几位毕生注力于《周易》阐释的前辈学者。他的上述思想转变，对于我们今天准确阐释《周易》本义，具有重要的借鉴作用。《周易》性质的重新确认，直接影响到在诠释《周易》时将其置于何种语境之中；对于《周易》卦、爻辞尤其是吉、凶断语的诠释，也就两种模样。如果把《周易》置于占筮书这一语境之中加以诠释，吉、凶断语就是一种“贞占”之辞；如果把《周易》置于以类比为其特点的思维工具书这一语境之中加以诠释，吉、凶断语就是一种关于某类事物情况的价值判断。

例如，《比》卦的卦辞：“比，吉，原筮，无永贞，无咎。不宁方来，后夫凶。”意思是说，人与人之间相亲相助必然吉祥，即便占筮问讯，也必大吉大利，不会有错。但是，如果这种相亲相助不是出自真心，而是因为看到别人都在相亲相助，自己觉得不好意思，才违心地附和上去，其结果就会凶险。这一卦的初六、六二爻辞对“有孚比之”“比之自内”亦即真诚的、发自内心的相亲相助作出了“无咎”和“吉”的评判和肯定。《临》卦中的初九、上六爻辞，

① 李镜池：《周易探源》，中华书局1978年版，第20—21页。

② 李镜池：《周易探源》，中华书局1978年版，第226—227页。

③ 李镜池：《论〈周易〉的著作年代——答郭沫若同志》，《华南师院学院（社会科学版）》1982年第4期。

通过“吉”“无咎”的断语，对以真诚、敦厚之心治民的行为作出了肯定，而六三爻辞“甘临，无攸利；既忧之，无咎也”，则对虚情假意哄骗百姓的行为作出了否定。在《周易》64卦中，唯《谦》卦的卦、爻辞，都是“吉”“无不利”的断语，体现了《周易》作者对于谦逊美德的推崇。

通过卦爻辞与判断语之间关系的考察分析，可以清楚地感受到《周易》作者的价值取向。整部《周易》的卦爻辞及其吉凶断语告诉人们：应该做什么，不应该做什么。这是《周易》几千年来帮助人们思考问题、指导行动方向的重要功能。若将《周易》视为占筮之书，将其置于占筮语境之中加以诠释，不免以其昏昏使人昭昭，玄之又玄失却方向。

《周易》诠释中的语境问题，还有更深层面上的把握。如果说，将《周易》置于以类比为特点的思维工具书这一语境之中，将吉、凶断语视为一种价值判断加以考察，还不能保证《周易》诠释的准确有效性。这是因为，这样的语境定位还只是一种整体性定位。《周易》诠释还应包括下一个层面亦即每个重卦的语境定位。《周易》64卦分别拟象64种事类，因此，每一个卦象及其卦、爻辞，都处于一个特殊的语境之中。不仅所处位置相同的爻象所含之义不同，而且相同的卦、爻辞，因为语境不同，释义也就两样。例如，同为初六爻，由于所在卦的其他六个爻的阴阳情况及其阴阳爻所处位置的不一致，对初六爻象含义的诠释也就不一样；这种不一样的意义，也通过该爻象相应的爻辞尤其吉凶断语予以展示。例如，《升》卦的初六爻，与《井》卦的初六爻，相邻的第二、第三爻都是阳爻，所对应的第四爻都是阴爻，仅第五爻阴阳不同：《升》的第五爻为阴爻，《井》的第五爻为阳爻。然而仅此一爻之别，形成两个不同的语境：《升》为地下之木，形成木从地下生长、茁壮成长的“升进”，语境；初六虽弱小，且处于最底层，然而如同幼小之苗，破土而出是其本性，也是必然的趋势。《升》的初六爻辞：“允升，大吉”，也正揭示了这一爻象的本义。《井》为水下之木，形成木桶入水、井水上升的语境：初六爻以阴居于井底如同井底之泥，积之既久，人禽共弃。所以，《井》的初六爻辞说：“井泥不食，旧井无禽”。

总之，我们不仅要对《周易》这部书作出准确的语境定位，还要根据每一卦的特殊语境对《周易》的卦、爻象及其卦、爻辞进行诠释才有可能避免误诠的发生，才有可能接近《周易》，撩开其神秘的面纱，一睹真容。

二

《周易》作为一个以类比思维为特点的推理系统，主体是卦爻符号系统，卦爻辞是对卦爻符号的例说。象与辞之间的关系，近似于西方传统逻辑中64种逻辑式与其例说之关系。但是，由于《周易》的推类特点，卦爻符号不是纯净的"空架子"，卦爻辞在类推中的作用也远比"三段论"中的例说来得重要。

在二千多年的易学研究史上，关于卦爻符号（"象"）与卦爻辞之间关系的诠释，有两家精彩之笔。战国时期的《易传》作者，首开这一诠释记录：

圣人设卦观象，系辞焉而明吉凶。

爻者，言乎变者也。

系辞焉以断其吉凶，是故谓之爻。

圣人立象以尽意，设卦以尽情伪，系辞焉以尽其言，变而通之以尽利，鼓而舞之以尽神。

初辞拟之、卒成乎终。

《易传》作者认为，在卦象之后系之卦辞是为告诉人们关于卦象所蕴含的吉凶情况；系之爻辞是为了卦象所反映的对象的变化情况，其中初爻之辞拟成事物的开端，上爻之辞说明事物的最后形成。

另一精彩之笔是魏晋玄学旗手王弼关于言、象、意三者关系的诠解：

夫象者，出意者也。言者，明象者也。尽意莫若象，尽象莫若言。言生于象，故可寻言以观象；象生于意，故可寻象以观意。意以象尽，象以言著。故言者所以明象，得象而忘言；象者，所以存意，得意而忘象。（《周易略例》）

王弼从言、象、意等三个层面上诠释《周易》：言亦即卦爻辞产生于卦爻之象，其功用是"明象"，即对卦象所蕴含的意思加以说明。因此，当人们通过卦爻辞懂得了卦象之后，便应该将卦爻辞忘掉。如果心胸之间仍然记着那些卦爻辞，那就说明还没有真正理解和把握卦象。先人拟立卦象的目的是反映事物情况的意义，亦即事物情况发生发展的规律、道理。同一类事物情况的意义，可以用同一个卦象表示。当人们通过卦象懂得了它所象征的意义之后，便应该将这个卦象忘掉，而应记住它所象征的意义。如果不能将这个卦象忘掉，就说明对于它所象征的某类事物情况发生发展的规律性道理还未真正把握。王弼还特别指出，那些“明象”之辞都只是一种例说，不可被辞所拘，影响对卦象普通意义的理解。他说：

是故触类可为其象，合义可为其征。义苟在健，何必马乎？类苟在顺，何必牛乎？爻苟顺，何必坤乃为牛？义苟应健，何必乾乃为马？而或者定马于乾，案文质卦，有马无乾，则伪说滋漫，难以纪矣。(《周易略例》)

这段文字，是“得象忘言”观点的继续，认为对卦爻辞的理解，应该注重于譬喻背后的“义”，不可就事论事，仅仅根据卦、爻辞所涉及的内容去狭隘地理解卦象的象征意义。

“象数派”与“义理派”的对垒是《周易》诠释健康发展的一大障碍。象数研究走向极端，无视义理研究的合理成果，无视《周易》古经的哲学本质；结果是在卦象之外别生种种枝节，使本来古奥难解的《周易》更加玄之又玄、神秘莫测，迷漫着浓重的占筮迷信色彩。“互体卦”便是一例。按汉代易学家的诠释，六爻卦体除了可分析为上、下卦(或曰内、外卦)之外，还可根据二爻至四爻、三爻至五爻构成两个三、四爻相交的“互体卦”，并以此诠释《易传·系辞》中的“二与四同功而异位”“三与五同功而异位”等文字。不仅如此，汉代易学家还发明了“四画连互”“五画连互”等互体卦。由于“互体”“连互”的衍生，使得每一个六爻复卦出现了六种结构形式。这种“互体”“连互”的诠释并非《周易》创始者的原意，是象数派对《周易》的一种误读。

象数派在诠释《周易》时虽有不少明显的误读，但是他们从卦象中努力寻找诠释卦爻辞的根据的方法，还是应予肯定。并且，他们运用这一方法对不少令人费解的卦爻辞作出的解读，也持之有据、言之成理，是《周易》诠释中不可缺少的重要环节。

义理诠释是解读《周易》的一项重要任务。尤其是当我们确认《周易》的本质不是占筮而是以类比为特点的思维工具书，是中国最古老的哲学书之后，解读《周易》的中心应在其义理而非象数。但是，《周易》的义理诠释决不能离开象数，尤其是处于诠释的第一阶段即对卦爻辞的解读时，一旦离开象数，就会迷失方向。因为，每一个卦所以能造就一个特殊的语境，就在于每一个卦都有其特定的象数构造，一旦离开了这一个特殊的语境，卦爻辞的解读尤其是释义就会缺乏明确的语境依托而发生歧义，陷入“流而离本”的变味状态，误读乃至错读也就在所难免。

由于象数派与义理派之间的“相轻”，未能很好地吸收对方的长处，因而诠释工作往往难以尽如人意，难怪清初学者顾炎武要发出“尽天下之书皆可以注《易》，而尽天下注《易》之书不能以尽《易》”的感叹了。“观其象玩其辞”，无疑是准确诠释《周易》的正确方法。只有象数与义理的结合诠释，才能准确把握和完整体现《周易》所蕴含的丰富思想。

三

虽然顾炎武有“尽天下注《易》之书不能以尽《易》”的感叹，但在汗牛充栋的诠释著作中，还是有不少可观之作的。其间最成功的一种，就是被称为“十翼”的《易传》。《易传》的问世，使众多学子能基本读懂《周易》。在二千多年的易学史上，这是最成功的一次诠释，在此之后的《周易》诠释，都以此为根据；今人讲《周易》往往也将《易传》列入其中，形成了所谓广义《周易》的观念。

《易传》在诠释《周易》中的作用是任何一部著作都无法取代的。《易传》对《周易》的诠释阐微，充分发掘了《周易》中潜在的智慧，对中国文化尤其中国古代哲学的发展起着极其深刻的作用，以致有人认为正是《易传》的问世，使《周易》由占筮书转变成为哲学书。在众多的中国思想史、哲学史专著或教科书中，更是只谈《易传》而不谈《周易》。

我们并不否认《易传》在今天的《周易》诠释中具有重要的参考作用。正因为如此，对于这部诠释著作更要作出实事求是的分析评判，找出其因时代等局限所造成的失误，以免以误诠误。

其一，关于“忧患意识”的误读。

许多学者都认为《周易》中充满着忧患意识，究其原因，乃《周易》作者的时代、个人经历使然。其实，任何一个民族，都有过忧患的历史；更有一些身处忧患之境的志士，将忧患当作“寻常事”，写下了“留得豪情作楚囚”之类充满乐观精神的诗篇。因此，在忧患的年代、忧患的处境中写下的作品，与作品有无忧患色彩，并无必然联系。

认为《周易》充满忧患意识，肇端于《易传·系辞》中记载有孔子的一句

话:“于稽其类,其衰世之意邪?”这本是一句猜测性的疑问之辞,而《系辞》作者却由此进行了一系列的演绎:

《易》之兴也,其于中古乎?作《易》者,其有忧患乎?

《易》之兴也,其当殷之末世,周之盛德邪?当文王与封王之事牙阶是故其辞危,危者使平,易者使倾,其道甚大,百物不废,惧以始终,其要无咎,此之谓《易》之道也。

《系辞》凭借“衰世之言”这四个字,推测《周易》制作时间可能在“中古”,《周易》作者可能处在忧患之中;并进一步以“中古”推测“殷之末世,周之盛德”,以“忧患”推测“当文王与纣王之事”。从这些推测性的前提出发,得出了“是故其辞危”,乃至“惧以始终”亦即危惧忧患之词贯穿于《周易》始终这样一个结论。司马迁关于“文王拘而演《周易》”的说法,正是从《系辞》这两段猜测之辞得出的结论。

《周易》是否真的是周文王囚于羑里期间所写这件事并不重要,重要的是《周易》是不是如同《系辞》所说的那样,是一部“惧以始终”的忧患之作?

《易传》中,记载有孔子的一段语录:“危者,安其往者也;亡者,保其存者也;乱者,有其治者也。是故君子安而不忘危,存而不忘亡,治而不忘乱,是以身安而国家可保也。”粗看这段文字,似乎满怀忧患意识,其实不然。孔子仅仅是根据《否》卦的九五爻辞“其亡其亡,系于苞桑”而生发的议论,从正反两方面阐述危与安、亡与存、乱与治这三对矛盾的辩证关系,体现了古代哲人对于辩证法的理解和运用。在《周易》64卦中,处处蕴含着这种朴素的辩证思想,通过每个卦中的六个爻的自下面上的位置变化,既有从吉到凶的辩证分析,也有从凶到吉的辩证分析。不仅整个卦的发展规律是如此,而且爻的内部,也往往蕴含有吉凶转化的辩证因素,大致可以分析为三类情况:

一是按爻位及上下爻之间的关系,本来的不利因素被淡化乃至消失,这一类情况的断语以“悔亡”为标志。例如:《艮》卦六五卦,以阴爻居阳位而不正,本应有后悔之事,然而它又处在上卦的中位,有中庸德性,象征一个人虽处非位状态而能中肯待人,这样,后悔之事也就能够避免发生。所以,六五爻辞说:“艮其辅,言有序,悔亡。”

二是本来凶险的境遇,在发展过程中向着吉利的方向转化。这一类情况,比第一类仅仅是消灾的转化,更富有积极进取的精神。例如,《需》卦上六爻，不仅以阴居阴而阴柔乏力，而且处在《需》卦的极点，力与高位不相协调，因此身在上卦“坎”即险陷之境而不能解脱。但是，它与刚健的“九三”阴阳相应，只要“上六”保持其柔顺本性，恭恭敬敬地对待地位比较低微的“九三”，就能取得“九三”及其同类（上下两阳爻）的全力援助，所以爻辞说：“入于穴，有不速之客三人来，敬之，终吉。”

三是本来吉利的境遇，在发展过程中向着不利的方向转化。例如：《小畜》卦上九爻，象征积累的极端，因而蕴含着向反面转化的趋势。爻辞便以积云过度便会成雨、积德走向极端便成虚伪，妇人的贞操一旦强调过度也会走向反面，月亮一旦近圆便会向着亏缺转化等一系列的譬喻，阐述了本为好事的积累一旦走向极端便会向着反面转化成为坏事的普遍规律：“既雨既处，尚德载，妇贞凶，月几望，君子征凶。”

在上述三类转化中，第二类即由凶转化为吉的内容为最多，第三类即由吉转化为凶的内容为最少。并且，在《周易》64个卦辞384个爻辞（包括乾、坤的用九、用六之辞）中出现的凶、吝、悔、厉一类断语有九十余处，吉、利、亨、无咎一类断语则有二百数十处，亦即言“吉”断语较言“凶”断语多出数倍。由此可见：《周易》卦爻辞中确有由吉而凶的忧患之言，但其目的在于揭示事物发展的辩证规律；而同样用于展示事物发展辩证规律的由凶而吉的卦爻辞则更多。后者展示事物发展变化的趋向虽然与前者相反，但是所要揭示的事物发展规律的目的则一样。因此，“忧患意识”并不是《周易》的主要倾向，更不能说《周易》是一部忧患之作。《周易》中言“吉”之处远远超过言“凶”之处，这对于先人决疑解难、增强艰苦奋斗的信心，鼓舞战胜困难的勇气，起着十分重要的心理作用和积极行动的指导作用。正因为如此，《周易》才有历数千年而不衰的生命力。

由于《易传》作者片面地考察了由吉转凶的卦爻辞，因而误把辩证思维方法当作忧患意识，以致影响了后来的易学研究，干扰了对《周易》辩证思维方法的正常解读。

其二，关于占筮的渲染对后世诠释者的误读影响。

据文字记载，早在公元前603年，就有人不以占筮而直接援引《周易》卦爻辞推论吉凶。到了孔子生活的早期，这种直接援引卦象、卦爻辞进行预言和论说的情况已经相当普遍。正是在这样的文化背景下，孔子对于《周易》

的兴趣不在占筮而在义理，他的“韦编三绝”显然是对《周易》义理的研究，而不是对“推蓍蹈龟”的练习。然而，《易传》尤其《系辞》对《周易》的诠释，却仍充满了占筮迷信的色彩。

《易传》的这一重大失误，根源于对先贤思想的误读。《象》中有这样一句话：“圣人以神道设教，而天下服矣。”言必引“子曰”的《易传》，显然没有真正理解孔子的“敬鬼神而远之”的思想，没有认识到孔子的思想体现了对“神道”的淡化与对“人道”的重视这一特点，于是便千方百计对子虚乌有的“鬼神”进行探索：“精气万物，游魂为变，是故知鬼神之情状”(《系辞》)。把占筮与对《周易》的象数与义理的研究放在平等的位置上，将占筮视为君子的行为指导：“君子居则观其象而玩其辞，动则观其变而玩其占。”将占筮定义为“极数知来之谓占”，视为认识事物的最高明的方法。为此，还不厌其烦地将占筮方法作了详细的叙述。

《易传》推崇占筮、渲染迷信的重大失误，助长了春秋末期以后渐渐淡化的卜筮风气，因而遭到了有识之士尤其哲学家们的批评。荀子认为：“相阴阳，占祲兆，钻龟陈卦，主攘择五卜，知其吉凶妖祥，伛巫跛击之事也。”[①]企图通过搬弄蓍草而决定自己的行动，其结果不会“吉”反而“凶”。他举例说：“雩而雨，何也？曰：无何也，犹不雩而雨也。日月食而救之，天旱而雩，卜筮然后决大事，非以为得求也，以文之也。故君子以为文，而百姓以为神。以为文则吉，以为神则凶。”[②]事物的吉凶祸福，有其必然的规律；认识了这些规律，就能推知事物的发展趋势和最终的结局，而无须卜筮问神：“以贤易不肖，不待卜而后知吉；以治伐乱，不待战而后知克。”[③]荀子的结论很明确：“善为《易》者不占。”[④]

尽管有荀子这样的大思想家轻视乃至反对占筮，由于《易传》的影响，占筮在一定范围内依然相当活跃，尤其宋代理学家对此表现出空前的兴趣，朱熹不仅总结出一套占筮推理规则，还设计了一套祷告神灵的占筮程序。《易传》的这一失误，影响了此后两千多年关于《周易》思维方法的诠释，阻碍了我国科学思维方法的发展。

---

① 《荀子·王制》，诸子集成(影印版)，上海书店1986年版。
② 《荀子·天论》，诸子集成(影印版)，上海书店1986年版。
③ 《荀子·大略》，诸子集成(影印版)，上海书店1986年版。
④ 《荀子·大略》，诸子集成(影印版)，上海书店1986年版。

对于《易传》的上述两点失误，今天诠释《周易》时应该视为前车之鉴。

四

20世纪以来，中西方哲学与文化的比较颇为热门；用西方哲学诠释中国古典哲学原著，成为必做的一门功课。然而成果似乎并不尽如人意。有人疑惑：用西方哲学理论诠释中国哲学原著，是否合适？事实是，不管合适不合适，许多中国古典哲学原著及其作者的思想，已经甚至反复地被这样诠释了，并且在西方哲学的坐标上，找到了他们所处的位置。例如，按照冯友兰的诠释，《老子》的思想被安置于"客观的唯心主义哲学体系"，《庄子》的思想被安置于"主观唯心主义体系"；《易传》也被安置于"客观唯心主义体系"。所幸《周易》被近现代学术界一直视为占筮书而未曾正式列入中国哲学史、思想史的门墙，因而也未曾以西方哲学理论为解剖刀将其剖析并安置于唯物主义或唯心主义的坐标之上。

但是，当20世纪80年代以来"周易热"的兴起，诠释《周易》的著作不断问世，《周易》在越来越多人的眼里不再是占筮书，而是一部哲学书、一个符号推理系统的时候，究竟用中国传统文化还是用西方文化作为价值标准诠释《周易》，就成为一个重要问题，需要加以认真讨论了。

在讨论这一问题之前，我们不妨先检讨一下中国哲学史研究中，由于采用了西方哲学理论为价值标准而使中国先哲蒙受不白之冤的教训。因为涉及面太大，本文只讲一个例子：庄子生前是一个漆园小吏，因为流传下来一本《庄子》使他在中国历史上占有一席之地。他继承老子一脉，历物崇道、汪洋恣肆，"独与天地精神往来而不敖倪于万物"[①]，一语道尽了他的风貌。他善于观察事物而又不满足于一事一物之理；认为人的认识应该从"以物观之"的层面，上升到"以道观之"的层面。因而他从庖丁解牛的故事中引申出"缘督以为经"的普遍法则，向学生讲解"社树"的无用大用之理。"以物观之"是基础，"以道观之"是目的，所以批评惠施"逐万物而不返"。但是，今人既不注意他的"以物观之"，也不理解他的"以道观之"，却拿着西方哲学的"唯物主义"与"唯心主义"，"相对主义"与"绝对主义"等标签，硬要庄子对号入

①《荀子·天下》，诸子集成(影印版)，上海书店1986年版。

座。结果，“主观唯心主义”和“相对主义”这两个标签，在庄子头上贴了几十年。

我们不会同意用西医理论诠释《黄帝内经》，也不会同意用西洋画理论诠释中国的水墨画，但是我们却热衷于用西方哲学理论诠释、评判中国哲学，这就难怪那些热衷于中西哲学比较的学者在中国古典哲学中找不到西方那种“本体论”，甚至否认中国哲学的存在。

对《周易》的现代诠释，同样存在着能否运用西方哲学、尤其西方符号学等理论剖析《周易》理论体系和如何评价其丰富思想的问题。就其理论体系的形成而言，以卦爻符号为主体的《周易》，确实具备了西方符号推理系统的诸要素：阴、阳爻画可以看作为“初始符号”，64个卦体可以看作为“对象语言”，卦、爻、位、应、爻变等可以看作为“语法语言”，“明象”的卦爻辞可以看作为“自然语言”。但是，外表形式的相似并不能说明两者在本质上的相同。用“风马牛不相及”形容西方符号推理系统与《周易》之间在本质上的差异是毫不过分的。

首先是初始符号方面的差异。西方符号推理系统中的初始符号，一类是不表现任何内容的字母，如p、q、r、s等，另一类是字母之间的联结符号，如∧、∨，>等，分别表示合取、析取、否定等。《周易》的初始符号- -、—，则明确代表阴与阳两个类或两种属性；由阴爻、阳爻构成的八个经卦，也都各自代表着相应的物类。

其二，由于初始符号的确切的属性表达，由此构成的八个经卦所象征的物类的确定性，决定了64个重卦的“拟象”特点及其“尽意”功能。“以言明象，以象尽意”的隐喻特点，决定了《周易》符号系统是一个具有类比推理性质的符号系统，而且是人类历史上迄今为止独一无二的类比符号推理系统，完全有别于西方那些演绎性质的符号推理系统；类比推理的性质，同时也决定了《周易》推理的结论具有或然性而不是必然性。

我们不必因为《周易》是一部类比性质的符号推理系统而感到沮丧。相反，我们应该为此而自豪。演绎思维是人类思维活动中最基本最简单的一种思维方式，而类比思维则是人类思维活动中比较生动、比较复杂的一种思维方式。我们的先人选择类比思维作为一种主要思维方式，而且通过《周易》规范和影响着数千年华夏文化的发展。现在，我们开展《周易》现代诠释的目的，不仅是要发掘《周易》蕴含的丰富的思想资源，还要将《周易》的类比思维方式从形式方面加以发掘、整理，为建立一个具有中国传统思维特点的类比逻辑理论体系提供最直接的借鉴和帮助。

庄子与伽达默尔：忘己与体道

贤·霍希曼 著　刘梁剑 译

一、理解之始

在《对话与解－建－构：在伽达默尔与德里达之间》一书中，我读到伽达默尔的一段话：

每一件语言的艺术作品……要求我们摆脱惯常的经验，以及由其预期所限定的视域。用海德格尔的话来说：一件艺术作品将其自身向我们冲撞，给予我们一次冲击(Stoss)。冲击决非意味着对理解作品的人与作品之间的相互一致的安然确认。然而，根基于冲击之上，我们应当能够理解自身……一件语言的艺术作品，不仅撞击我们，给我们一次冲击，而且设定了我们要接纳它。当然可以肯定的说，这是一个长期的、经常不断重复的理解过程的开端。每书之追求理解的阅读都仅仅是在永远走不到尽头的道路上迈出了一步。任何一书赶上这条道路的人都知道他……将永远不可能穷尽本文作品的意义：阅读者总是要接纳由本文作品所不断给予的冲击和冲撞。诗歌作品如此富有感染力，以致于阅读者最终"进入"作品之中，并且在作品之中认识自身。这一事实既没有假定阅读者与作品和谐一致，也没有假定阅读者的自我确认。一个人只有失去自身才能发现自身。①

本文原刊于《安徽师范大学学报》2002年第5期。

作者简介：贤·霍希曼(Hyun Hochsmann)，女，哲学博士，美国新泽西大学哲学与宗教系教授，主攻伦理学、中西比较哲学等。

① 迪阿讷·P·米开尔菲尔德(Diane P. Michelfelder)、理查德·E·帕尔默(Richard E. Palmer)编：《对话与解－建－构：在伽达默尔与德里达之间》，奥尔巴尼：莎尼出版社1989年版，第55—57页。帕尔默赞同我在这篇论文中对伽达默尔的诠释，并且打算把道家诠释学吸收到他对伽达默尔的研究中去。

在这段话里面,“一个人只有失去自身才能发现自身”一句至为重要。读者对此是否同意?我们可以把伽达默尔的这一思想同庄子“忘己以体道”的思想做一比较。

但是我们怎样才能失去自身?一件艺术作品就是给予我们一次冲击——海德格尔的看法指出了一个起点。伽达默尔发展了海德格尔接受来自艺术作品的冲击这一比喻性说法,并且将其置为我们理解自身的基础。接受冲击就是与我们理解之界限相遭遇。冲击没有被反驳或者被重新表述为对理解作品的人与作品之间的相互一致的安然确认。恰恰相反,冲击作为对当前理解之界限的揭示而被接纳下来,由此带领我们深入到由预期所导引的新视域。受到冲击的时候,我们的习惯性反应是试图恢复镇静。然而,当我们受到来自庄子作品的冲击时,我们并不能恢复镇静:我们忘记了我们之所是,并且正是在这个意义上,我们失去了自身。我们在接近庄子作品之时受到冲击:无论从形式和内容上讲,过去没有、将来也几乎不会有。《庄子》一书生气盎然,充满原创性的思想,与圣人式哲学家的庄严著作殊不相类,以致于西方学者把它推崇为天才之作[①]。康德曾经说过:天才并不依傍任何法则,而其作品却是规则之源。庄子甚至超出了康德意义上的天才,因为我们不能从他的作品中抽绎出任何法则。

“冲击”的哲学意蕴何在?柏拉图认为哲学始于惊讶,亚里士多德进而认为,哲学始于惊讶,但“并不终止于惊讶的对立面”,即惊讶的消失。庄子则把我们带到了哲学思想的开端。我们发现自己处在哲学的源头处:一种惊讶的状态。在惊讶的状态中,我们陷入未知领域之中,失去了置身于熟悉领域之时的确定感。无论是在庄子的认识论,还是在他的伦理学与美学思想中,忘己都是体道的核心。一个人必须忘记已有之知,才可能开始寻求新知。老子和庄子哲学以本真存在为旨归,亦即倡导以道观物、同于天道。要达到此种同一,则必须忘记自身的个体存在而与整个生命界合一。庄子在不同的场合讲到了体道与忘己之间的关联。

西方哲学始于一位最易进入“忘己”状态的人——苏格拉底。苏格拉底会静静的站在一个地方,忘其所为,遗其所之,一直到他从紧紧攫住心灵的思绪中解脱出来为止。在这些时刻,苏格拉底忘记了他的无情拷问的哲学

① J.格内特(J. Gernet)在《中国文明史》(剑桥大学出版社1999年版)中直称庄子为天才。J.里格(J. Legge)在其著作中亦是如此。

方法。他既不再充当牛虻或助产婆的角色,也不再是一切美好"形式"的热爱者。苏格拉底忘记了周遭的一切,深深的陷于思想之中直到问题解决。当他站在那里,进行"心灵与其自身的对话"——柏拉图就是这样来描述"思想"的,我们并不清楚苏格拉底心中究竟何所思。柏拉图"认识就是回忆"的说法,把记起心灵已经遗忘的东西作为认识的开端。笛卡儿的怀疑一切,则是要忘记由共同经验所得之确定事实,甚至忘记由演绎推理所达之真理。孔子也曾经"忘己"。他称自己"其为人也,发愤忘食,乐以忘忧,不知老之将至云尔"(《论语·述而》)。庄子则用生动的例子阐明了"忘己"的认识论与伦理学意义。忘己,或者说,置身于自身之外,是认识事物本性的开始。

二、体道的途径

忘年忘义,振于无竟,故寓诸无竟。(《庄子·齐物论》)①

超越老子之"道",我们和庄子一起"振于无竟"而游于无穷。那么,游于无穷之际会怎么样呢?

天地与我并生,而万物与我为一。(《庄子·齐物论》)

我们发现自己置身于一切存在的始源处。等待我们的不是深渊而是存在之无限。我们发现自己不是作为孤立的个体而存在,而是作为宇宙万物不可分割的一部分而存在。栖居于道之中,首先就是超越时空界限到未知的领域探险。我们质疑一切,敢于越出由仪式、礼节、孝道和美德所框定的传统。

其问之也,不可以有崖,而不可以无崖。颉滑有实,古今不代,而不可以亏,则可不谓有大扬搉乎!阖不亦问是已,奚惑然为!以不惑解惑,复于不惑,是尚大不惑。(《庄子·徐无鬼》)②

求道者游于无穷,失去的仅仅的是压抑,而得到的却是自由与澄明!无所预设、毫无偏见的审视自身及自身周围的一切以同于无穷。这可以用一个比喻来说明:除非到了准备纵身跳下悬崖的那一刻,我们不会真正明白究竟是什么东西使得我们的人生值得一过。庄子的"道"为我们提供了无限的可能性。

① J.里格:《道家典籍——〈道德经〉与〈庄子〉》第一卷,纽约:多佛出版社1962年版,第196页。

② J.里格:《道家典籍——〈道德经〉与〈庄子〉》第二卷,纽约:多佛出版社1962年版,第113页。

庄子是中国最富有原创精神的哲学家，他的思想激荡着哲理性的想象，使我们有可能在一个崭新的起点上审查业已被大家普遍接受的思想观念，从而把我们自己从因袭的传统与时下的正统中解放出来。庄子以诗意的眼光描绘了一个“道”无所不在的、囊括从微小者直到至大者的宇宙，试图把握万物之因(《庄子·天运》)[①]。透过庄子的著作，我们看到了一个活力充沛、热情洋溢的庄子。他总是对万物万象的本性好奇不已，寻求在恒常变化的表象背后的终极实在。而且，庄子热衷于各种哲学问题的辩论。他并不是一位对世俗事务漠不关心的遁世者。恰恰相反，极力倡导变革，敦促统治者担当起治国重任以造福百姓。

人们称赞《庄子》是世界上最深刻又最有趣的书之一。它不断追问范围广泛的一系列问题，涉及形上学、认识论、伦理学、政治哲学和心灵哲学等诸多领域，对一些根本的哲学问题——包括实在的本质、知识的确定性、人生的意义、国家的正义、心灵的本质——有深刻的意识。庄子以其学识渊博著称于世，并且被认为是传统哲学的尖锐批评者。《史记》写道：庄子“善属书离辞指事类情，用剽剥儒墨，虽当世宿学，不能自解免也。其言光洋自恣以适己……”[②]庄子的著作充满了奇闻轶事和寓言比喻。但是，庄子的道家诠释学艺术决不限于对文学语言的运用。在同著名的名家惠施的辩论中，庄子的道家诠释学艺术得到了淋漓尽致的展现。庄子大肆嘲笑惠施过于好辩，但同时又认为惠施是唯一一位真正有挑战性的对手。这表明在庄子哲学中，理性的对话有着重要的位置。

庄子与惠子游于濠梁之上。庄子曰：

“鯈鱼出游从容，是鱼之乐也。”惠子曰：“子非鱼，安知鱼之乐？”庄子曰：“子非我，安知我不知鱼之乐？”惠子曰“我非子，固不知子矣；子固非鱼也，子之不知鱼之乐，全矣！”庄子曰：“请循其本。子曰‘汝安知鱼乐’云者，既已知吾知之而问我。我知之濠上也。”(《庄子·秋水》)[③]

名家与道家在这一场有关逻辑问题的角力斗智中，正是道家——如果道家是指庄子的话——用名家所擅长的逻辑方法征服了作为辩论高手的名

① J.里格：《道家典籍——〈道德经〉与〈庄子〉》第一卷，纽约：多佛出版社1962年版，第345页。

② 转引自冯友兰：《中国哲学史》第一卷，商务印书馆2001年版，第221页。

③ J.里格：《道家典籍——〈道德经〉与〈庄子〉》第二卷，纽约：多佛出版社1962年版，第80页。

家。在与世上的辩士争论时，庄子并非不显得雄辩。但是，人生毕竟不是论辩。当他的兴趣在于抓住活生生的道的时候，庄子极少诉诸论辩的说服力，而是以寓言、吊诡和奇谲的类推发人深思，道家很容易给人以反对理智、理性和知识的印象。《老子》与《庄子》中的一些文字的确如此。但是，就在他们对某些理论提出批评的时候，他们也在进行理性的争辩并提出一种道家理论。因为，正如亚里士多德所看到的那样，为了批评理论，我们不得不构建理论。庄子并不是依靠奇闻轶事的力量来说服人。诗歌，如果包含精心建构的推论的话，也是表达哲学思想的一种方式。

庄子的著作出现在孔孟等儒家大师之后，这可能与浪漫运动产生在启蒙运动之后的情形有点类似。从某种意义上讲，强调礼制和个体及其政治责任的儒家传统也象启蒙运动一样具有“理智的干燥”。庄子的著作，即使在叙述遥远的想象之事的时候，都不自觉的是对儒家思想的直接回应。作为思想家和诗人的庄子对中国的哲学和文学产生了深远的影响。“他有一双全然无畏的眼睛。”[①]

搁置事物之间的差异、忘记事物之间的区别，是求道的开始。从伦理学上讲，忘记事物之间的区别有什么重要意义？其意义在于：万物平等。承认万事万物都有自己的特点和位置，就是以天道观物。认识自己知识之界限，就是庄子所谓的知“道”。如果我们自称无所不知，那未免是得意忘形了。人们常常认为庄子反对知识，是一位彻底的怀疑论者。然而，庄子所反对的并不是知识，而是那种特殊的、被称为知识的书本理论。他倡导关于“道”的知识，认为这才是完全之知。

我们首先要忘记的是什么？就是我们最常忘的东西——语词。庄子说：“吾安得夫忘言之人而与之言哉！”（《庄子·外物》）当他这么说的时候，已经意识到对语言的批判所包含的悖论。忘记语词会怎么样呢？忘记语词的时候我们认识到自己知识的界限。智慧不是获得经由证明所达成的一致意见，而是默然占有关于自身知识之界限的知识。“有以为未始有物者，至矣。”（《庄子·齐物论》）[②]庄子对已经存在于知识和行为之中的惯例发起了猛烈的抨击。

① 葛瑞汉：《庄子〈内篇〉》，印第安纳波利斯：赫基特出版社2001年版，第33页。庄子的创造性可以与柏拉图的想象力相媲美。

② J.里格：《道家典籍——〈道德经〉与〈庄子〉》第一卷，纽约：多佛出版社1962年版，第190页。

庄子对儒家经典的批评，让我们联想到伽达默尔在解释发展哲学诠释学的任务之时对历史意识的评论。伽达默尔对理解艺术作品的经验的解释也与庄子遥相回应。他说，对艺术作品的经验带我们到理解的界限，并把所有使我们血肉相连的东西囊括无遗：

在与他人共处的生活中我们遭遇对界限的体验——难道我们所有的经验不正是以这一种经验为条件的吗？所有那些把我们带到一起的共同利益难道不也预设了这一种经验吗？或许对本文的经验总是包含了这样一个与界限遭遇的时刻；然而正因为如此，对本文的经验也包含了所有让我们血肉相连的东西。①

三、伽达默尔思想与道家思想的相同之处

诠释学可以说是关于理解的哲学，或者说是对我们解释自身行为之方式的追问。如今诠释学被广泛应用于法律、神学、文学和哲学等诸多领域。伽达默尔的工作影响了真理和意义理论。虽然他对海德格尔真理之“解蔽”的“事件本体论”(event- ontology)思想的运用引起了许多争议，但是他把对本文的理解看成是过去的本文与现在的解释者之间的“视域融合”(fusion of horizons)，这一思想提供了一个重要的进路。

哈贝马斯批评伽达默尔没有考虑到权力对本文解释之形成的影响。②在海德格尔那里，“此在”(Dasein)揭示着：存在是最始源的现象；对于人类来说，存在本身就是“一个事件”。伽达默尔在《真理与方法》中则把“此在”的本体论扩展到了批判诠释学的领域。③

伽达默尔对科学方法能否通达真理持批判态度。颇有影响力的逻辑实证主义企图把任何不能满足证实标准的东西斥为胡说八道。伽达默尔在逻辑实证主义者之后提出：对科学所宣称的客观性知识进行批判性重估是一

① 迪阿讷·P·米开尔菲尔德(Diane P. Michelfelder)、理查德·E·帕尔默(Richard E. Palmer)编：《对话与解-建-构：在伽达默尔与德里达之间》，奥尔巴尼：莎尼出版社1989年版，第55—57页。

② 盖勒·奥米斯顿(Gayle Ormiston)和阿伦·希里夫(Alan Schrift)编：《从阿斯特到利科尔的诠释学传》，奥尔巴尼：莎尼出版社1990年版，第213—244页。J.哈贝马斯：《社会科学的逻辑》，法兰克福：瑟天普出版社1970年版，第251—290页。哈贝马斯在其早期著作中对意识形态进行批判，旨在揭示出在文化中起作用的权力关系。

③ 伽达默尔：《真理与方法》(Wahrheit and Methode)，图宾根：莫尔·西贝克出版社1986年版。

件非常重要的事。同精神科学一样,自然科学也根基于自我反思的因素,并且被科学探究者的兴趣、期望和信仰所模塑。弗里德里西·阿斯特(Friedrich Ast)、施莱尔马赫(Schleiermacher)和威廉·狄尔泰(Wilhelm Dilthey)等语言学家和哲学家已经在寻找一条通达精神科学之真理的途径。[①]伽达默尔批评自然科学方法论及其强加于社会科学之上的企图。《真理与方法》批判康德的美学、狄尔泰的历史主义及其浪漫主义诠释学先驱,并对作为理解之工具的语言进行了探究。

在《哲学学徒》一书中,伽达默尔阐述了自己思想的出发点:

如果说我试图在构建一种哲学诠释学的话,那么从诠释学的前历史本身就可以得出,"进行理解的"(verstehenden)科学构成了我的出发点。然而,除了进行理解的科学之外,还要加上一种迄今为止尚为人所忽视的补充。我指的是艺术经验。因为艺术和历史科学都是我们自身对生存的理解在其中直接起作用的经验模式……因此,我的出发点是对唯心主义及其浪漫主义传统的批判。我清楚的认识到,我们先天继承和后天获得的历史教化的意识形式,即审美意识和历史意识,都呈现为我们真正的历史性存在的异化形式。通过艺术和历史所传达的源始经验决不可能从这些异化形式出发得到把握。

庄子所主张的,乃是从对直接所予之生存世界的充分意识中体道的进路。从上面的描述中我们很容易看出此种进路与诠释学之间的共鸣,诠释学追问识知的途径。因此,庄子体道的进路直接的就是一种识知的途径。伽达默尔试图通过艺术加以把握的直接而原始的经验与庄子对道的体悟相类似。然而,在庄子和伽达默尔之间有一个重要的差异:伽达默尔把我们真正的历史存在当成真实的存在,而在庄子那里,人的真实存在是一种自然存在。此外,庄子的道所关涉的存在不仅包括人类,而且包括其他所有的生命形式。

---

① 有关伽达默尔主要思想的参考书目及其简要讨论,可以参见 http://mythos andlogos. com/ Gadamer. html.

四、对儒家的解-建-构

道家对历史知识的批评比初看起来要激烈的多。他们从根本上拒斥儒家以传经习礼为基础的道德教育。老子与庄子所批评的乃是沉闷乏味的陈词滥调,这种陈词滥调已经使学识蜕变为"无聊人士的虚荣"。《大学》倡导成人之道,要求培养仁义之德性。与此相反,庄子却教诲人们"绝圣弃智"。

井蛙不可以语于海者,拘于虚也;夏虫不可以语于冰者,笃于时也;曲士不可以语于道者,束于教也。(《庄子·秋水》)[①]

井蛙、夏虫和曲士都被限制在主体视域所规定的界限之内。只有在意识到自身的缺乏之际,我们才可能开始获得知识。庄子对笼罩于规则之下的道德持批评立场,因为道德已经被证明并不减轻我们所遭受的痛苦。庄子打算用什么将道德取而代之?用自由、平等和自主。

庄子曾经用车轮匠与国君之间的一场对话来阐明为学的局限性(《庄子·天道》)。国君说自己正在读"圣人之言"。车轮匠说道:"然则君之所读者,古之糟魄已夫!"国君说:"寡人读书,轮人安得议乎?有说则可,无说则死!"车轮匠于是说了一番斫轮的技艺只能在行动直接获得而不可言传的道理:

斫轮,徐则甘而不固,疾则苦而不入,不徐不疾,得之于手而应于心,口不能言,有数存乎其间。臣不能以喻臣之子,臣之子亦不能受之于臣。(《庄子·天道》)[②]

车轮匠的知识技能既无法用言语来表达,也无法通过言语来传授给别人,而只能在斫轮的过程中得以直接展示。对于任何一种艺术和任何一门科学来说,其操作方法总是无法用分析技术加以穷尽或完全把握。真正的艺术绝非循规蹈矩的产物。美德不等于遵守规则。知识不是得自熟读古书而是个体在直接行动之中重新获得[③]。对科学理论来说,由于根本没有什么精确的规则控制着假说的形成,所以并不存在发现的逻辑。如果同意这一点的话,那么我们就会认识到:科学象艺术一样,创造或发明的因素

① J.里格:《道家典籍——〈道德经〉与〈庄子〉》第二卷,纽约:多佛出版社1962年版,第374页。
② J.里格:《道家典籍——〈道德经〉与〈庄子〉》第二卷,纽约:多佛出版社1962年版,第344页。
③ J.里格:《道家典籍——〈道德经〉与〈庄子〉》第二卷,纽约:多佛出版社1962年版,第343页。

在其中起着重要的作用。

五、何为道家诠释学

庄子关于知识的诠释学进路在孔子与求道者相遇的虚构故事中表现得最为鲜明生动。故事中的孔子对知识何以发生的理解，正是探索用一种诠释学的角度来理解知识。理解与行动并非分属于理论与实践两种品格。在道家诠释学那里，不存在逻各斯与实践的截然两分。下面我们来看看庄子对体现于直接行动之中的道家诠释学的阐述。

1. 醉者坠车

夫醉者之坠车，虽疾不死。骨节与人同而犯害与人异，其神全也。乘亦不知也，坠亦不知也，死生惊惧不入乎其胸中，是故逆物而不慴。彼得全于酒而犹若是，而况得全于天乎？圣人藏于天，故莫之能伤也。(《庄子·达生》)

圣人与醉者忘记自我，无所惊惧的守持自身，他们都得到了“道”的赐福。“真理就是没有一个人不失去冷静的酒神节的狂欢。”

2. 唯蜩翼之知

仲尼适楚，出于林中，见痀偻者承蜩，犹掇之也。仲尼曰：“子巧乎，有道邪？”曰：“我有道也。五六月累丸二而不坠，则失者锱铢；累三而不坠，则失者十一；累五而不坠，犹掇之也。吾处身也，若蹶株拘；吾执臂也，若槁木之枝。虽天地之大，万物之多，而唯蜩翼之知。吾不反不侧，不以万物易蜩之翼，何为而不得！”孔子顾谓弟子曰：“用志不分，乃凝于神。其佝偻丈人之谓乎！”(《庄子·达生》)

3. 游于悬水

孔子观于吕梁，县水三十仞，流沫四十里，鼋鼍鱼鳖之所不能游也。见一丈夫游之，以为有苦而欲死也，使弟子并流而拯之。数百步而出，被发行歌而游于塘下。孔子从而问焉，曰：“吾以子为鬼，察子则人也。请问，‘蹈水有道乎？”曰：“亡，吾无道。吾始乎故，长乎性，成乎命。与齐俱入，与汩偕出，从水之道而不为私焉。此吾所以蹈之也。”

4. 梓庆削鐻

梓庆削木为鐻，鐻成，见者惊犹鬼神。鲁侯见而问焉，曰："子何术以为焉？"对曰："臣，工人，何术之有！虽然，有一焉：臣将为鐻，未尝敢以耗气也，必齐以静心。齐三日，而不敢怀庆赏爵禄；齐五日，不敢怀非誉巧拙；齐七日，辄然忘吾有四枝形体也。当是时也，无公朝。其巧专而外骨消，然后入山林，观天性形躯，至矣，然后成鐻，然后加手焉，不然则已。则以天合天，器之所以疑神者，其是与！"(《庄子·达生》)

为了完成手头的工作，我们必须忘记自我。为了理解本文，我们必须搁置自己的观点。一个人惟有忘己才能让自己的真实本性得以顺其自然的发展。

六、庄子将孔子解-建-构为道家

孔子，这位好古乐学、尊崇礼仪与举止得体的谦谦学者，会如何看待那些根深蒂固的、引导我们度过卑微低下生活的偏执？在庄子冷嘲热讽的笔下，孔子乃是一位过分虔诚的到处传播其美德学说的专业布道者，经常遭遇坎坷。他在遇到老子之后，震惊得"口张而不能嗋"，三月而不出户。不过，庄子最终还是把孔子描绘为一位富有深切的同情心与坚定的意志力的哲人。他济世之心不懈，谦卑下人，终于闻道于老子。

庄子虚构了一场孔子与其门徒之间的谈话。孔子在这场谈话中承认，他所孜孜追求的完美道德既非德性涵养亦非礼仪教化而是与宇宙合一。孔子认识到，道不在于追忆过去，而在于遗己忘物与天合一。"忘己之人，是之谓人于天"(《庄子·天地》)①。这样，庄子笔下的孔子就变成了一位主张忘己忘物的人。

颜回曰："回益矣。"仲尼曰："何谓也？"曰："回忘仁义矣。"曰："可矣，犹未也。"他日复见，曰："回益矣。"曰："何谓也？"曰："回忘礼乐矣。"曰："可矣，犹未也。"他日复见，曰："回益矣。"曰："何谓也？"曰："回坐忘矣。"仲尼蹴然曰："何谓坐忘？"颜回曰："堕肢体，黜聪明，离形去知，同于大通，此谓坐忘。"仲尼曰："同则无好也，化则无常也。而果其贤乎！丘也请从而后也。"(《庄子·大宗

① J.里格：《道家典籍——〈道德经〉与〈庄子〉》第二卷，纽约：多佛出版社1962年版，第318页。

师》)

忘我之士懂得,循道而为者不是那些为了散播学说而四处奔波者,而是那些随时准备拥抱万物的无为者。[①]

若一志,无听之以耳而听之以心;无听之以心而听之以气。听止于耳,心止于符。气也者,虚而待物者也。唯道集虚。虚者,心斋也。(《庄子·人间世》)

我们一旦抛弃肉体,就可能游于无穷。抛弃肉体,直接就意味着首先要摒除感官印象,其次,作为知识之源的心智也需委之行箧。然后我们才接近于认识万事万物的内在本性。然而,我们还要忘记更多的东西:

有治在人。忘乎物,忘乎天,其名为忘己。忘己之人,是之谓入于天。(《庄子·天地》)[②]

忘己者同于泰初,有德者循天而行。在庄子看来,自然界之运作乃是万物返归其共有之本根,而万物归根乃是"虚空"之始。在行为完成之后的默然状态中我们与泰初合一(《庄子·天地》)。最后,让我们用庄子对万物一体的描述来结束全文:

性修反德,德至同于初。同乃虚,虚乃大。合喙鸣。喙鸣合,与天地为合……同乎大顺。(《庄子·天地》,此段译文参考了洪汉鼎译《真理与方法》第789-790页——译者)[③]

① 庄子的思想对中国的禅宗产生了深远的影响。禅宗之冥思即导源于庄子之"坐忘"与"心斋"。

② J.里格:《道家典籍——〈道德经〉与〈庄子〉》第二卷,纽约:多佛出版社1962年版,第318页。

③ J.里格:《道家典籍——〈道德经〉与〈庄子〉》第二卷,纽约:多佛出版社1962年版,第316页。

宋明儒学之分系问题及其诠释学上的意涵

林维杰

本文的重点不在于探讨宋明儒学分系理论的优劣，而是希望在不同理论的陈述介绍之外，通过一个本体诠释学的观点（成中英）将之综合。这种综合的做法并非取消个别分系理论的特殊性和重要性，而是在另一种不同的基础上赋予这种理论的差异以一种新的意义。从狭义的角度来看，宋明儒学的理论发展可得到一诠释循环下的新论述；从广义的角度而言，在同一讨论领域内的不同理论也可透过循环之观点获得一种新安排与新秩序。

一

宋明儒六百余年的义理发展和学术争辩，依不同学者的研究和观点，可以归结成三个不同的主张，此即一系说，二系说和三系说。

二系说的出现，乃源于把陆象山，视为旁门而非正宗①。明代王阳明的学说大盛之后，学者以“致良知”为心学，才进而将陆象山亦归为心学一系，以有别于程朱的理学一系。心学与理学两系统的分别，其实很难符合严格之“义理分判”的要求。视程朱为一系统，首先是将二程（程明道、程伊川）的学说视为同一个义理架构（其实是将程明道之学依附于程伊川之学），又视朱熹为北宋五子之集大成者，因此不但程明道原本的学术面目模糊不清，周濂溪及张横渠。也连带消溶在朱子学的阴影之中。二系说过于简略，在当代儒学研究兴起之后，也逐渐走入历史。

本文原刊于《安徽师范大学学报》2000年第4期。

作者简介：林维杰（1965—），男，中国台湾彰化县人，博士，“中研院”中国文哲研究所副研究员。

① 元末张九韶（美和）编“理学类编”，只收周张绍二程朱子等六家，未及陆象山，二系之门户分别，于此已见端倪。

三系说是牟宗三在其《心体与性体》提出的观点。他认为"朱夫子以一程概括二程，再以二程作中心，来概括周濂溪和张横渠，以此方式消化这四家"[①]的作法，大有问题。因为朱子继承的义理脉络事实上只是程伊川一家，而且二程的学问也有分歧，因此他将宋明儒学的发展分为三系[②]：

（一）五峰蕺山系（胡五峰，1105—1161，刘蕺山，1578—1645）：此系统乃承续周镰溪、张横渠、程明道而开展出来。此系客观面地讲论性体时，以易传中庸为主；主观面地谈论心体时，则以论语孟子为主，特别提出"以心着性"突出以心体彰显性体。

（二）象山阳明系：此系统并不依循"由易传中庸回归孔孟"的发展线索，而直接以论孟（特别是孟子）为主轴。就义理的内容和架构来讲，乃是纯粹就"心体"来谈一心的伸展与朗现。

（三）伊川朱子系：此系统以易传中庸和大学配合，而以大学为主。把易庸所讲论的道体、性体收缩提炼为"只存有不活动"的"理"。对于孔子所提出的仁亦视为只是理，对于孟子的本心，则视为经验心理学所谈的气心。此系统中，心与性体分割为二（不属于同一个层次），心与理（体）亦分为二。从一种道德意涵的存有层面来看，因为性体具有"只存有不活动"的性格，因此活动只能是心的活动。又因为心只是气质经验的存有，故活动也只能就气质性（经验性）而言活动。心遂平列出去成为认知心，而与性成为一个对峙的结构（主客体结构），牟宗三称之为"静涵静摄之系统"或"横摄系统"，以别于五峰蕺山系及象山阳明系的"纵贯系统"（心、性、天通而为一，性体是"即存有即活动"的存在，它的活动由心体来表现）。[③]

一系说则是由劳思光在其《中国哲学史》中提出的。此书出版稍晚于牟书，书中除了比较其它两说（二系说和三系说），也提出了其自身之"一系说"

---

① 牟宗三：《中国哲学十九讲》，学生书局1983年版，第391页。

② 牟宗三：《心体与性体》第一册，正中书局1985年版，第49页。此三系中邵雍（1011—1077）不列入考虑。

③ 牟宗三：《心体与性体》第一册，正中书局1985年版，第44—49页。劳思光认为：持三系说者将程明道之前的周濂溪及之后的胡五峰收归为明道一系，于是与陆王一系及伊川朱子一系有别，遂成三系之说。（劳思光：《中国哲学史》第三册上，三民书局1987年版，第42页），这个理解值得商榷。牟宗三虽认为五峰蕺山这一系是周张大程所传承的嫡系，但仍给它一独立的地位，主要原因是：(1)对比于程伊川的义理转向（不同于北宋前三家的脉络）（见牟宗三：《心体与性体》第一册，正中书局1985年版，第44页）；(2)将胡五峰所开创的湖湘学统从朱子学的压力中解放出来（同上，第46页）。

立论的根据[①]:一系说乃是视宋明儒学为一"整体",但并未忽略各家各派立说的差异性,而是通过一种动态的发展演变之观点,将各家各派的差异安顿于一个整体发展的过程中。在此观点下,此整体过程的"原始方向或要求"便成为一个共同的判断标准;就理论结构及其效力而言,也可以有一个共同标准,以裁定各阶段学说的得失。从整体性、原始方向和要求,以及理论结构和效力等三个原则来看。劳思光认为从事宋明儒学分析的三步工作为:第一,依各学说,判定其与孔孟的原意旨之距离,此为"历史标准";第二,再看各学说作为理论体系,其效力如何,此为"哲学标准";第三,通过上述两标准来决定各学说的分际[②]。因此"历史标准"和"哲学标准"是一系说理论中的两个基本检验原则。

就历史标准而言,劳思光的立论与牟宗三类似。同样是史实地承认"由易传中庸而至孔孟"这一线索。但与牟宗三不同的是,劳思光通过这条线索将宋明儒学的发展视为一个整体,由易传中庸的一路发展到以孔孟为依归。

劳氏认为,宋初二家(周濂溪、张横渠)之学说着重易传及中庸(重视天道与诚体),在哲学形态上皆属于"半形上学半宇宙论"。两人"尚未摆脱汉儒之'宇宙论中心之哲学'的影响,与孔孟之'心性论'距离尚大。"[③]周张二儒的学说,代表宋明儒学的第一阶段。

二程的学说,则是较为纯粹的形上学架构。此架构之所以不同于周、张二人的宇宙论及形上学相混架构乃在于"性即理"此一命题。[④]此一命题之提出亦为二程学问的共同特征。二程在"性"一观念上的理解虽有不同(明道视性为一切存有所共具,伊川视性为不同存有所分具)[⑤]。但就其论述重

① 劳思光:《中国哲学史》第三册,三民书局1987年版,第46页。事实上,唐君毅较早已提出类似的看法(见《中国哲学原论》原教篇,学生书局,第3—7页)。只是唐氏并未详细解说分系问题,故此不予讨论。

② 劳思光:《中国哲学史》第三册,三民书局1987年版,第47页。

③ 劳思光:《中国哲学史》第三册,三民书局1987年版,第48页。形上学与宇宙论在此之意义为:形上学之主要肯定必落在一个超经验的"实有"(Reality),而宇宙论的主要肯定则落在经验世界的根源及变化规律上(同上,第48页)。周濂溪的"太极图说"中以"无极"、"太极"混杂阴阳五行以及张横渠在"正蒙"中论"太虚"与"气"正是"半宇宙论半形上学"的表现。见劳思光:《中国哲学史》第三册上,三民书局1987年版,第98—109页及第174—177页。

④ 劳思光:《中国哲学史》第三册上,三民书局1987年版,第48页。"性即理"之论述属于形上学部分,乃因为性及理不属于经验领域而为超经验实有。

⑤ 劳思光:《中国哲学史》第三册上,三民书局1987年版,第43页。

点由宇宙论转而强调形上学实有(性)而言,两人是相同的。然而形上学架构与孔孟仍有距离,二程之学应代表儒学的第二阶段。至于朱熹,亦应属于这一阶段,此乃(1)因为他所讨论的"理""气""无极""太极"及"性"等内容均落在宇宙论与形上学范围内,而心下堕为气:"灵处只是心,不是性,性只是理。"[①]心只是气(只有经验义),当然不符合孔孟所强调的本体义及经验义;(2)朱熹本人亦有意消化北宋诸家的学说以建构一个系统,代表周、张、二程学说之综合。[②]

与朱熹同时之陆象山,才开始正式确立"心即理"的体系,这是宋明儒学的发展中首次突出了"主体性"的地位。陆象山的文章有许多是反驳朱熹的,而且也讲得很简易,不易成系统(因为不是分解性地建构),诸如"先立乎其大"(陆象山全集·卷三四)"学者须是有志"(陆象山全集,卷三五)等,但就"天之所以与我者,即此心也。人皆有是心,心皆具事理。心即理也。"(陆象山全集,卷十一)则可明显地看出他的学问与孟子学之间的血缘关系。故劳思光说:"就理论标准看,则陆氏代表者乃第三阶段……即立'主体性'而归向'心性论中心之哲学'之阶段,与孔孟本旨已渐逼近矣。"[③]然而,此阶段的代表学说仍有待于王阳明,直到阳明的"致良知"学说出现之后(分解性的建立),才构成了一套心性论"系统"。陆象山与王阳明代表着宋明儒学的第三阶段,亦即"最逼近孔孟本旨之阶段"。

上述的学说发展乃是由"归向孔孟"为一共同标准,这是一个就历史事实而定的历史标准,由历史事实之发展来看理论本身的是非与高低,劳思光区分了三种论述观点——"天道观"(周、张、大程),"本性观"(伊川、朱子),"心性论"(象山,阳明)。就理论发展的评价与效用而言,"天道观"不能解释何以人会逆天行事(不顺天道而行),这便须进一步分析本质本性,因此"本性观"是继"天道观"而有的下一步发展。但本性问题上不能充分解释人的主体之"活动"层面(此即实践问题),因此与本体性实践紧密相连的"心性论"代表宋明儒学的较高发展。就历史标准(三阶段)与哲学标准(三论述)的关系来说,单纯以三阶段归向孔孟原旨并不能说明理论发展的内在逻辑,必须有待于进一步申明三论述对于道德实践上的优劣,才能将它们安排在

① 《朱子语类》卷五。

② 劳思光:《中国哲学史》第三册上,三民书局1987年版,第49—50页。

③ 劳思光:《中国哲学史》第三册上,三民书局1987年版,第50页。

一合理的整体秩序上。

二

劳思光和牟宗三对于宋明儒分系的观点，从历史性原则来看，对“由易庸到孔孟”的理解大体上没有不同，但二人在哲学原则（或曰理论原则）就显示出差异性。牟宗三“三系说”的立论重点，在于强调个别理论在道德实践上的“合法性”及“可能性”。从这个角度，就可以了解为什么他要区分“纵贯系统”与“横摄系统”二辞[①]：因为“伊川朱子系”拆为心性情三分，心与性成为后天与先天、经验与先验、能知与所知的二元对峙结构。心发为后天的、偶然的收敛，由此而说敬，说涵养（涵养须用敬）；心又为心知之明，由此说致知格物（进学在致知）。这种架构乃是以“认知性格”来从事道德实践，是“横摄的”（主客对列）及“顺取的”（走出自身），依牟宗三的看法，不能成就道德价值。道德价值的成就只能通过“纵贯系统”（尽心知性知天，不能分主客）及“逆觉的”（自反其心，此为逆觉体证）。因此，宋明儒学的分系在牟宗三这一方面是以能否成就道德价值为标准。

劳思光则不同，宋明儒学被视为“一个整体”的发展过程。尽管将劳的三个论述平行来看，也具有价值评断在内，但他却动态地将它们视为某个整体发展的不同阶段，各学说理论乃是整体之不同部分。“整体”能够完成及成就，唯有各“部分”经过某种“合理的安排（后一阶段的发展在理论价值上胜过及取代前一阶段）。宋明儒学600余年的学术评断并不在于最后终于出现了“心性论”或“主体性”强调，而在于每个不同的“论”均有其在“整体性”中的一席地位。从另一个角度而言，谁都知道，要了解整个宋明儒学，当然要熟悉各个不同的理论及学说，但由此并不能构成劳思光所谓的整体，劳意谓的整体并非硬把一堆不相干的东西拼凑起来，而是由一群“相互关联”的部分建构起来。牟劳二位的不同立场，从总原则来看，一个是强调道德实践的合法与道德价值的证成（牟），另一个则是突显学说理论在发展上的整体相关性（劳）。本文觉得依后者的论点，颇值得进行一种诠释学角度的分析，因为“整体与部分”之关联的解读本来便是传统上诠释学的论题之一。成中

① 牟宗三：《中国哲学十九讲》，学生书局1983年版，第十八讲，第十九讲。

英晚近结合了中国哲学(主要是周易)和诠释学而创建的“本体诠释学”中的某些概念正适合我们作进一步的分析工作。

三

诠释学本由对古典文学、圣经与法典的诠释而来。由此而发展出的语文学诠释学、圣经诠释学及法学诠释学,就是对已经不熟悉的、由陌生语言写成的流传物(überlieferung)本文进行解释。流传物既然作为被理解的对象,那么此中便涉及如何去理解它的方法与原则。诠释学循环就是这样的理解原则与现象,它关联到“整体”与“部分”的关系。以圣经之诠释为例:圣经的“整体意旨”指导着对“个别细节”的理解,而这个整体意旨也往往经由日益增多的对个别细节之处理才能获得。因此,整体与部分乃处于某种“相互规定”与“相互说明”的关联中。这种理解上的往返架构一直被规定在“本文”,也就是说,在本文的“整体－部分”架构之内。此观点直到施莱尔马赫(F. Schleiermacher, 1768—1834)才加入了心理学成分,即本文虽是文字的组合,但也属于作者内心生活的整体。因此诠释的循环可以发生在个别的辞与上下文脉络之间(循环的客观面),也可以出现在某一瞬间的作者心境与整体性的作者内心生活(循环的主观面)。为了达致作者内心的生活世界,诠释活动归根结底就是一种预感行为(ein divinatorisches Verhalten),一种把自己置于作者的整个创作中的活动,一种对一部著作撰写的“内在根据”的把握①。诚然,在施氏的诠释学中包括语法及心理学两面,但心理学因素的讨论无疑是其特殊贡献。即使日后狄尔泰(W. Dilthey, 1833—1911)将诠释学导入历史学领域,从而使历史实在也可以是一本文,并且将诠释循环应用于历史世界,但是从着重“人”的心理主观层面(作者的内心世界及读者的移情预感)而言,施氏其实起了关键性的作用。

整个诠释学到了海德格尔有了重大的转变。在他之前,诠释学只不过是一种“技艺学”(Kunstlehre)或方法论,只是透过一些方法来掌握本文。纵使施氏已开始着重作者与读者的心理侧面,但将重点移到理解者自身,并且将诠释学带离技艺学传统而进入存有论领域者,是海德格尔。

① F. schlermacher, Werke III, 3, p. 355, 358, 364, hrsg. von O. Braun/ J. Bauer, Leipzig, 1910.

对海德格尔而言,"理解"是"此在"(Da-sein,即人)作为一种住在世界,习于世界,停驻于世界之"在有"(In-Sein)[①]开显自己及世界的三个结构之一。此三结构为"心境"(Befindlichkeit)、理解(Verstehen)、言说(Rede)。单就理解而言,它构成了此在的"视点"(Sicht),就此在关切(hesorgen)周遭事物而言,此视点表现为一种"环视"(Umsicht)。而环视的诠释学基础,或者说,理解之所以能够对周遭世界进行环视,乃在于理解结构中的前有(Vorh abe),前见(Vorsicht)及前掌握(Vorgriff)(同上150页)。这三个前(Vor-)结构成分的先起性早已在任何认知或理解活动前已经起了作用。果真如此,是否人们在任何理解活动中均会因这种前理解结构而无法达到对事物的正确理解呢?由这个问题就牵涉到所谓的循环或恶性循环(因为理解活动不应有预设,却又不能忽略前理解结构的存在)。海氏的回答是:"循环不可以被贬低为恶性循环,……在这种循环中包含着最原始认识的一种积极可能性。当然,这种可能性只有在下列情形下才能得到真实理解,这就是解释(Auslegung)理解到它的首要的、经常的和最后的任务就是不让已经有的前有、前见和前把握以一时的心血来潮或通俗概念出现,而是从事情本身出发来处理这些前有,前见和前把握,从而保证论题的科学性。"(同上,153页)所谓的诠释学循环,对海氏而言,就不再是依据文本在整体与部分间往返,而是理解者的前理解结构和事情本身(属周遭世界)间的循环,这循环是此有"存在结构"的现象(同上,153页)。

海氏高足伽达默尔顺着此存有学的线索继续发展,并且在历史性(Geschich- tlichkeit)问题上予以深化。他认为,循环就是"把理解活动描述为"流传物"的活动及"理解者"的活动的一种"交互游戏"(Ineinanderspiel)"[②]。所谓的理解活动,乃是理解者的"现在视域"(Gegenwartshorizont)与其对流传本文所建构的"历史视域"(historischer Horizont)的相互融合过程,伽氏称为"视域融合"(Horizontverschmelzung)(同上,132页)。不同视域的融合(理解者与本文)会形成一个更新的视域,这个新视域随着与本文的再接触而可能被更新的视域所取代,人的历史性就在这种视域与视域的融合过程中被深化。任何形式的存有(不管是人或本文),都有其历史性(都是一种历史性

---

① M. Heidegger, Sein and Zeit Max Niemeyer Verlag, Tubingen, 1986:54.

② H. G. Garlarnan, Wahrheit and Methade, I. J. C. B. Mohor Verlag, Tubingen, 1990:298.

地存在)。也因为这种历史性的存在背后所寓含的意义丰富性,故理解者与本文的每一次接触,均是一种不同的历史存在之间的富有深意的接触。透过此种接触活动,理解者的观点、看法、意见得以修正和更新,也就是说,深化了他的历史性。诠释学循环在伽氏便表现为:相对异质或绝对异质的传统间的对话过程。[①]

四

成中英在处理"诠释学循环"这一问题时,则重新回到整体与部分的关系。他指出,汉语结构首先就表现出这种循环的结构模式:"汉语具有"诠释圆环"的现象,我们称之为部分和全体相互决定原则。汉语一方面具有独立性的意义,但另一方面,将每一个单一的汉字与另外的汉字组合起来,就取得新的意义。"[②]汉语中的每个单字固然有其意义,但其意义却往往不是由其自身所决定,而是透过语句甚至整篇文章才能确定,而语句和全文也必须依赖个别汉字才能建构其意旨。这种语言现象当然也不是只有汉语才有,不过古汉语中不加标点符号的做法,似乎更能表现文章解读时的循环现象。理解者必须在单字和全文之间来回思量,才能知道标点得下在何处。由此一语言现象,成中英指出:所谓的"诠释圆环"便是从部分寻找整体,以决定整体;又从整体寻找部分,来决定部分。基于这种诠释现象,他在其理论中提出了循环的双重性理论(同上第一章,第三节),此即诠释圆环所具有的结构性和过程性(成中英认为"圆环"这译法更能表现此双重性)。

从结构性角度来看,圆环的构成基础是部分与整体间交互作用的双向关系,在此圆环中,没有起点,也没有终点;呈现在圆环中的各种理解关系表现为另一种整体结构。从过程性来看(这是较为动态的),圆环的运动(活动)就是过程,此过程之所以能够运动的动力是来自部分和整体之间的内在矛盾与和谐,他们交互影响,相互渗透,而改变圆环内的原有关系,促使旧的圆环解体而建构新的圆环。此新结构之形成,标示着新的理解关系的形成,用伽德默尔的话来说——一个新的视域。伽氏说道:"具有视域……就知道

① 在伽氏对诠释循环的描述中,有时提及整体与部分有时顺着海德格尔讲,并没有很清楚的说出自身的看法。

② 成中英:《世纪之交的抉择》,上海知识出版社1991年版,第65页。

按照近与远、大与小去正确评价这个视域内一切东西的意义。”[①]如此，每一个新理解结构（新视域）就呈现了一个新的意义体，此意味着，所有的部分所表示的较小意义能够在那意义整体中取得恰当的位置。

这种诠释圆环现象还可以运用到“本体”（或“本”与“体”）概念上。根据成中英，本体的两个涵义是：“一是广而大，一是精而深，精深广博，这就是本体，本体用另外的话说，就是一，原始的一，一元的一。”[②]后来他又进一步将本体中的“本”与“体”区别开：所谓的本，即实在（Reality），体则是实在的体系，本与体不可划分开来。本不仅产生了体，而且还在不间断地产生着体。但是体仍可能遮蔽和扭曲本，这时便需再次由体返本，通过本的再生或重新建构以取得体的更开放与自由的创造及发展[③]。惟此，则整体与部分的关系便进一步化为本源（本）与体系（体）的关系。体系的多变与多元对于本源来说，不只是必然的，而且是必须的，他是本（源）发展的前提，惟有在多元化的过程中，本（源）的各个方面才能够得到充分的发展。就本与体的关系来看，本偏于静态，但此静态并非完全的静态，在本的内涵中必然孕育着体系发展的能量，故本是“静而无静”。而体（系）的发展虽偏于动态，却又不是绝对的动态，因为体系的多元运动必然以本为依归，此又是“动而无动”。“静而无静”与“动而无动”的动静双显形态本是周濂溪妙契道体而提出的描述（“动而无静，静而无动，物也。动而无动，静而无静，神也。动而无动，静而无静，非不动不静也。”语见《通神》礼乐第十三），用来解释此处的本与本-体之关系，颇能突显成中英诠释循环理论的存有论性格。

与其它的诠释循环理论相比较，成中英的看法更倾向于一种不同理论体系或学科间的整合。此整合并非不相干的凑合而强称整体强显本源，而是在一有意义相关的基础上通过诠释圆环（或循环）原则把体系与体系，及本源与体系之间的关系作一种理解上的联系。他指出：“基于不同的方法程序的不同哲学体系……具备着一种诠释圆环的关系，因而，在最根本的层次上，便显示多元与一体的相互诠释以及多元与多元的相互诠释。“本体诠释学”的提出就是在差异多元中寻求一体，在一体和合中发现并创造丰富的差

① M. Heidegger, Sein and Zeit Max Niemeyer Verlag, Tubingen, 1986：307—308.

② 成中英：《文化、伦理与管理》，贵州人民出版社1991年版，第15页。

③ 成中英：*What is Onto-hermeneutics*，此文于1993年在北京召开之“第九届中国哲学会议”上宣读。

异和多样。"[①]

如果把前文所述的分系理论(特别是劳思光的一系说)放在成中英的学说架构下,可以明显地看出其于诠释圆环上的意义。

五

依前所述,劳思光将宋明儒学区分为"半宇宙论半形上学"(天道观),"形上学"(本性论)及"主体性"(心性论)三个阶段(论述)。放在成中英的理论架构下,三阶段透过三个不同观点的论述可视为三个意义相关的部分,此三部分经由理论上的辩证关系(即何者在道德实践上更能阐扬孔孟原旨)而交织为前后相续的一完整的全体。阶段的划分与整体的构成,并不出现"何者具优先性"的问题,两者乃是相互决定的,也就是说,每一个阶段的确定与划分关系着宋明儒学的整体。如果阶段的划分不同,那么由之建构起来的整体儒学风貌便将有所不同。反过来说,宋明儒学整体的意义确定也决定着每一个阶段,因为由各部分的综合讨论而达到的新整体可能改变原初对各部分(阶段)的构想。由部分－整体间的相互决定与来回审视,是第一个诠释圆环特征。

第二点涉及本与体的关系。传统上,诠释圆环的进行(在顺序上)乃是先由部分开始,由部分开始建构整体的意涵而达到一个初步的整体,然后再由初步整体返回原初之部分,而形成第二次对部分的重新理解。但是在成中英的本-体理论关系中,本是首出的,此更贴切劳思光之一系说理论中将"孔孟原旨"列为根本原则的观点。三个不同阶段的论述正是由本(孔孟原旨)而开展出来的体系,天道观、本性观及心性论正是针对孔孟意旨的回答。每一个后起的理论阶段均可视为:对前一阶段之背离和扭曲孔孟意旨而作的进一步修正和发展。由易庸之言天道来解释孔孟,依劳思光,必然在理论的优劣抉择下让位给强调"性即理"的本性观,而本性观又为心性论(强调心的实践性与活动性)所取代。在取代之过程中,每一个体系的出现均离不开本(源),或者说,必以本(源)为依归。此是第二个诠释圆环特征。

最后我们把三个分系说合看。每一个分系理论均可单独视为一种诠释

① 在伽氏对诠释循环的描述中,有时提及整体与部分,有时顺着海德格尔讲,并没有很清楚的说出自身的看法。

圆环的理解结构(依据理解的普遍性格而言,必定是圆环性的)。理解的活动(过程)在其理论确定中达到一种初步的稳定(表现为一结构),但是新理解活动的出现(如牟对二系说)便打破原来理解结构上的稳定性,而朝另一个理解的新结构活动。新结构可能也不是最终的,其为更新的理解观点取代之(如劳对牟的不同见解)是可能的。在理解活动中,并不存在完全的静态结构,也没有最终的完全结构。新结构并不意味着理论斗争上的胜利,而是表示新的理解关系。这是诠释圆环的第三个特征。

上述三个特征,突显了成中英的本体诠释学中某种极富特色的思考方式:任何新的、有成效的理论不只是对先前理论的修正,而且也是内容上的某种扩充。由此一来,不断出现的新立论也就丰富了我们的理解。但是,这种扩充或丰富并非是恣意的、毫无根据的,而是必须以本(源)为依归。也就是说,所有新的理解或理论开展的可能性必须环绕着本源、建立在本源之上,才是合法的理解或理论。正是在这一点上,成中英的本体诠释学在诠释学的主观主义(一切理解都是合法的)与客观主义(一切理解中只有某个理解是正确的)之紧张关系中,成功地避免了陷于单一立场的危机。

朱熹理学的解构与中国哲学传统的再诠释

王国良

朱熹理学的核心价值就是:天理与人欲、天地之性与气质之性、道心与人心、公与私、义与利、王道与霸道。其中天理、天地之性、道心、公、义、王道具有内在统一性,属于形而上层次,是居于主导、积极、正面意义的价值;人欲、气质之性、人心、私、利、霸道也具有内在统一性,属于形而下层次,是居于从属、消极、负面或应被消灭的价值,比如存天理、灭人欲,存义去利。也就是说,形而上层次的价值总是统治、遏制形而下层次的价值。朱熹的哲学体系号称是完备的天人合一的理论体系,对此人们从未加以怀疑。但笔者发现,朱熹哲学体系存在着严重的天人不合一的内在矛盾。

一

朱熹全面继承了北宋以来的儒学思潮,对北宋五子(周敦颐、邵雍、程颢、程颐、张载)之学进行加工、整理、提炼、锻造,进行综合创新,同时兼采众说,"综罗百代",建立起一个前无古人的集大成的理学体系。

朱熹的理学体系是孔孟以来中国文化的集大成者。它的形成还包括与他同时代思想流派的交锋与融摄,如与湖湘学派关于"中和"与"仁"说的论争,与陆象山心学学派的论争,与陈亮、叶适的事功学派的辩论等等。朱熹综合批判吸收了同时代学者的思维成果,融合儒释道及诸子各家之学,而归宗于儒,建立一个兼容统摄释道、把宇宙、自然、社会、人生、形上世界、现实

本文原刊于《安徽师范大学学报》2003年第2期。

作者简介:王国良(1956—),男,安徽合肥人,安徽大学哲学系教授、博士生导师。

世界融为一体的庞大新儒学体系，是中国哲学文化发展的一个高峰。特别是系统整合儒释道，成功地回应了佛学的冲击与挑战，证明中国文化对外来文化具有充分的消化吸收的能力，从一个方面表明了中国文化的伟大胜利。朱熹与吕祖谦曾携手合作，采摭北宋诸子之学成书一部曰《近思录》。该书的分类编排，次序规模以及所体现的理论体系，充分体现了朱熹"集大成"的理论设想。从中可以看到朱熹综合北宋五子之学的理论努力。

《近思录》虽然概括了程朱理学理论体系的基本内涵，但毕竟是由北宋诸子语录组成，不是朱子自己的理论论述。朱熹生平对自己的理学体系所作的最全面、也是最精约明晰理论概括的著作是《玉山讲义》。

贯穿于《玉山讲义》中的核心概念是传统儒家的"仁"。程朱理学之所以称之为新儒学，就在于程朱对孔孟的仁学加以重铸与创新，以仁释理，以仁释性，提出"仁包四德"，仁具"生生"之理，以仁统摄儒释道，即以仁兼容并取代道家之道与佛家之佛性。

朱熹总结的理论体系由以下要点构成：1.总原则是天人合一，通过性即理实现；2.性即理即仁；3.仁包四德；4.仁即生生；5.性一气殊（隐含天命之性与气质之性）；6. 存理灭欲；7.性情；8.体用；9.未发、已发；10.由批评陆九渊而有儒禅之异同之辨；11.由批评陈亮而有义利、王霸之辨。

朱熹理学体系的特点是由互相联系、基本上是两两相对的范畴组成的理论系统。我们先将主要的范畴按照内在的逻辑层次排列如下：理气、道器、太极与阴阳、理事、天理与人欲、天命之性与气质之性、道心与人心、性情、善恶、公私、义利、王道与霸道、未发已发、中和德性之知与闻见之知。除此之外，还有体用、本体与工夫、仁义礼智、心统性情、格物致知、孔颜乐处、鬼神、诚、"涵养须用敬，进学则在致知"，心即理、动静、理一分殊、主静等问题。

从主体部分来看，朱熹的理学体系是典型的以理为中心的形而上学哲学体系，与西方的"逻各斯中心主义"的形而上学体系在总体轮廓与基本特征方面并无二致。只不过程朱理学体系的核心与重点部分在于道德道义价值系统，而西方的形上体系逐渐偏重认知系统，故主客分裂严重。在朱熹的理论体系中，有一个超感性世界优先的原则。在具体的每一对范畴中，都有一个范畴居于主宰、主导、支配、优先地位，另一个与之对应的范畴处于从属、次要、消极、听命的地位。

以“理”为中心居于优先地位的一系列范畴构成超感性的理世界，以“气”为主的居于从属地位的一系列范畴构成实在世界系统。程朱认为理世界是人应该努力追求的真实世界，而属气的实在世界反倒是不真的世界，是应该被改造、遏制和消灭的世界。两组范畴各有其内在逻辑联系。就理而言，“天地间只是一个道理，性便是理”①，“程子‘性即理’，此说最好”②。以性理为一沟通天人，天地的本质也即人的本质，这是理学的根本特征，也是儒道佛三家学说的共同点。理在于心为道心，道心是生于义理或发于理之心，心、性、理三者互相贯通，共同表现为善、为公、为义，发之于政为王道。认识把握此理者为德性之知，操存持守此理者为涵养，为敬。

另一组以“气”为主的构成实在系统的范畴同样有着内在逻辑联系，气化流行，产生万事万物，人“皆受天地之气以为形”③，“自一气而言之，则人物皆受是气而生”④，气形成人的精粗清浊各异之气质，由气质产生人欲，“才说人欲，便是气也”⑤，人欲为情，为恶之源，为私为利，发之于政为霸道。对气、实在世界现象世界的认知了解为闻见之知。从成对范畴的对应关系来说，同样有着上下贯通的逻辑关系。理、气范畴下降为天命之性、气质之性，道心、人心，表现为天理、人欲之对立，也就是性与情的对立，在价值世界表现为公与私、义与利的对立，在政治方面表现为王道与霸道的对立，在认知方面表现为德性之知与闻见之知的对立。

朱熹有时也被迫承认人欲不能完全灭除，否则便荒谬绝伦，“饮食者天理也，要求美味，人欲也”⑥。朱熹与张载一样，提出气质有善有恶，要变化气质，但对气质之善很少发挥，主要讨论如何灭气质之恶。在一定程度和范围内朱熹也承认情的存在合理性，但从总体上说，却是继承了唐李翱以来的“灭情复性”说，与存公灭私，存义灭利保持理论逻辑的一致性。我们如对朱熹理论体系精熟看透，则任其纵横颠倒，上下其说，也不会感到困惑不解。

①《朱子语类》，中华书局1985年版，第68页。

②《朱子语类》，中华书局1985年版，第63页。

③《朱子语类》，中华书局1985年版，第57页。

④《朱子语类》，中华书局1985年版，第65页。

⑤《朱子语类》，中华书局1985年版，第68页。

⑥ 朱熹：《仁说》，《朱文公文集》，《四部丛刊》，上海商务印书馆。

相反，我们却能从朱熹的经常相互矛盾、甚至是荒谬可笑的（比如理弱气强、理不胜气）解说中，看到朱熹理论体系自身无法摆脱的悖论。要使朱熹的理学体系摆脱悖论的困境，必须对该体系实行整体的颠倒，转换与解构。

二

程朱理学体系的鲜明特征之一便是天人合一。从来的学者对理学的天人合一特征都没有产生任何怀疑。然而，理学最大的问题与矛盾便是天人不合一的矛盾。揭示出这一矛盾，我们就能看到理学体系的偏颇与失误。

朱熹理学体系的内在矛盾，学者多有论及。蒙培元提出以朱熹为代表的理学体系中有两个最基本的矛盾，"一是理本论同气化学说的矛盾"，"一是理本体论同心本体论的矛盾"[①]。笔者要指出的朱熹理学体系内在矛盾并不是上述两种矛盾，甚至与上述两种矛盾没有关系。朱子理学体系的内在矛盾主要是天人不合一的矛盾，虽然理学家们自己宣称，后来的研究者普遍认可朱子体系是天人合一的理论体系，但实际上朱熹体系并未达到真正的天人合一、天人贯通，而是利用概念歧义对天人之理作了不同解释，天人依然处于分割、隔离状态。朱子理学体系的天人不合一的矛盾主要表现在两个方面：一是宇宙论理路与人性价值论（核心价值）理路的矛盾；二是作为天人合一之理——仁的内涵解释的不一致的矛盾。朱熹体系中的宇宙论理路与人性价值论理路的矛盾，主要是指二者思维路径的不一致，导致天人的不一致。

在宇宙论方面，如果我们从朱熹的形而下的气本论观之，那么毫无疑问气为主、为本，理为从属、为用，理只能是气之理，只能通过气来表现、呈现自身，理只能是气化运行的规律性、本质性的呈现，理不能离开气而遗世独立。但是，即使我们承认朱熹是理本论，理为本，气为用，理逻辑在先，理先气后，理生气，朱熹至少也得承认理在气中，理不离气，理离了气便无"挂搭处"，理与气共在共存。理能生气，气之凝聚生物都有理的体现，但理不能遏制气的运行，大地山河即使塌陷而理依然长存，但大地山河塌陷也只是气之聚散阖辟，理不能消灭气，理更不是只有通过消灭气才能获得自身的存在，

① 蒙培元：《理学的演变》，福建人民出版社1998年版，第23页。

朱熹生发过理弱气强的哀叹，但从未说过理必须消灭气才能存在的昏话。

按照朱熹理学天人合一的逻辑贯通，人性价值论方面的理路应与宇宙论理路一致，比如天理人欲之分，就应该顺理成章地推导出天理在人欲中，天理通过人欲来体现，天理与人欲共存，天理不能离开人欲，二者不是誓不两立关系，天理并不是只能通过消灭人欲才能存在，人欲也不会消灭天理，不会遮蔽、掩没天理。同理，天命之性必须通过气质之性来表现，道心即在人心之中，公在私之中，公通过私来表现，每个私的实现即是公的完成。义在利之中，义离不开利，正当地谋利即义利统一，不正当地谋利，从理论上说，不是谋利而是谋"害"，因为不正当地谋利并不是真正的利。王道即在霸道之中，王道通过霸道来实现。"霸道"现在已经是贬义词，在政治方针决策方面继续用霸道一词已不合适。可将王道与霸道转换为德与力进行讨论。王道即是以德行仁，以德服人。霸道即是以力行仁，以力服人。孔子说"足食足兵，民信之矣"，可说是德力的统一、"民信之矣"为德，"足食足兵"为力。无食无兵，民可信之于一时，不可能信之长久。足食足兵而民不信任，古今罕见。德力行政不仅是对国内而言，同时还涉及对外政策方面，从来是以力服人为主，以德服人为辅。至少是德在力中，德通过力来实现。

以上是从天人合一方面来理顺宇宙论与人性价值论方面的致思路经。然而朱熹理论体系事实上并非如此。实际上朱熹的人性价值论的理路与宇宙论的理路恰恰相反，构成极不和谐的尖锐矛盾。

在宇宙论方面，朱熹最基本的观点是理在气中，理不离气，无论人们对朱熹学说作如何解释，都不能否认朱熹的这一基本观点。然而，在人性价值观方面，朱熹却不认为天理在人欲中，天理离不开人欲，人欲的实现即是天理的实现，而是认为天理与人欲可以分离而且必须分离，人欲的存在必然导致对天理的遮蔽与污染，只有灭除人欲才能使天理存在、显现，天理与人欲是反比例关系，灭得一分人欲，存得一分天理，人欲净尽，天理流行。总之，朱熹的基本态度是，存天理，灭人欲。天理自宇宙之理出，人欲从气出，既然理在气中，为何天理却不在人欲中呢？这样，作为宇宙论中的理气关系在人性价值论中就找不到对应关系的落实了。同样，在天命之性、气质之性的关系方面，天命之性不是通过气质之性来体现，人不能象自然物那样因其物性而成德成物，即物可各因其性而成树木、鸟兽，人不能各因其气质之性而成才成贤成英雄豪杰，而是必须改变自己的气质之性，实际上是消灭自己的气质之性才能保证天命之性的存在。在公私、义利关系方面同样是要公而无私，存公灭私，只有灭私才能存公。义利关系作为儒者第一义和最根本的核心价值观，朱熹主张存义灭利，不容一毫谋利之心，有利则无义，有义则无利。最后，德与力也是不能兼容两存，恃德与恃力就是三代与汉唐的区别。

总之，朱熹理论体系中存在着明显的宇宙论与人性价值论理路的矛盾。

三

朱熹理学体系天人不合一的矛盾的第二个方面，表现为对天人合一之理的内涵解释的不一致，因而在理论上没有实现天人合一，即人与自然的统一。

理学家把仁确立为最高原则，是儒学的进步，是儒学发展史上的巨大飞跃，是理学家的最大创新与创造，无论后世对理学如何评判，理学家的这一创造功不可没。仁不仅是人的内在本性与自然的本质，而且统摄人与自然，变成宇宙本体，成为天人合一的最高形上本体范畴。仁不再仅仅只有伦理的内涵，仁作为本体原则，理学家对仁的内涵作出新的解释，或者说，给仁的内涵充实了新的内容，这新内容就是理学家前后相继地认为仁的本质是生命之源，仁是生的意思，仁是生生、生生不息，是生物之心。这样，仁不仅有了新的内涵，从人道、人的精神性品格的范畴上升为天道，体现了自然世界与人类生存发展的生生不息、无有穷尽的过程，而且更重要的是，仁道与《易传》中的易道结合、统一起来了，“仁者，天地生物之心”[①]的命题与《易传》中的“生生之谓易”“天地之大德曰生”等命题结合起来，使“生生不息”成为中国哲学的第一原理和最高原则，与“天行健，君子以自强不息”具有同等的命义与价值。

人与天地万物本是一体，只要人冲破个体生命和形体的束缚，就能体会到万物一体之境界。但人虽与万物一体，又高于贵于万物，人得其秀而最灵，能够自觉体认到万物生生之理，就是我所固有之仁，“心，生道也，”“心譬如谷种，生之性便是仁。”[②]中医“切脉搏最可体仁”，脉络之仁岂不就是人的

① 《朱子语类》，中华书局1985年版，第112页。

② 朱熹，吕祖谦：《朱子近思录》，上海古籍出版社2000年版，第33页。

生命律动。“医书言手足痿痹为不仁，此言最善名状。”[①]麻木不仁，麻木者，生命力衰萎之征兆。程颐说“生之谓性，”“生生之理，自然不息，”把生生之仁提升为本体。人要放开心胸，体验天地万物与我一体，“天地之大德曰生”，“天地絪缊，万物化醇”。生之谓性，谓仁。生生之理为天道，其实现于人者，则为人道，人道即是天道。人道荷载天命，替天行道，天道靠人道来实现，此所以天命不息。

朱熹对生生之理之仁作了总结提高，提出仁是天地生物之心，“天地以生物为心者也，而人物之生各得夫天地之心以为心者也……盖仁之为道，乃天地生物之心即物而在。”[②]“仁者天地生物之心，而人之所得以为心者也。”[①]朱熹反复说明的“天地生物之心，”就是指天地之“生意”“生理”，天只有一个“生理”，天地“别无所为，只是生物而已，亘古亘今，生生不穷。”[③]人也是天地所生之物，故人心便是天地生物之心，人的生生是宇宙自然的最高表现，是自然生生不息的担当者。“当来天地生我底意，我而今须要自体认得。”[④]人能自觉体认生生不息之天理流行，故人能弘道，人的生存发展创造乃天赋之伟大使命，人生在世就是为了尽天命而自强不息，积极有为。

儒家把自然与人看成是有机连续的统一体，把人看成是自然界长期生生不已发育流行的最高产物，人能自觉地体认天命，体认生生不息之仁，穷理尽性，弘扬天命，使人的主体精神昂然挺立，人独立苍茫天地之间，又不遗弃自然，而是与天地万物成一体。作为即存有即活动的本体的仁范畴，不仅结合了《易传》的生存哲学，而且吸收了道家的自然意识，佛教禅宗的生命意识，把儒道释统一起来，使儒既融合释道又高于释道，终于战胜了释道，完成了儒学的创新，从这个意义上说，理学到朱熹之集大成体系，完成了北宋儒学复兴运动中所提出的融合战胜释道的文化使命与任务，儒学自身也进入到新的发展阶段。

按照天人合一的基本原理，生生不息之仁既是天地之性，也是人的本性。如果把天地自然之原理称为自然观，那么应该把自然观方面的生生不息推广到人性论、价值观与社会历史中去，至少是把人的本性理解为生生不

① 朱熹，吕祖谦：《朱子近思录》，上海古籍出版社2000年版，第31页。

② 朱熹：《仁说》，《朱文公文集》，《四部丛刊》，上海商务印书馆。

③《朱子语类》，中华书局1985年版，第1280页。

④《朱子语类》，中华书局1985年版，第115页。

息，理学家也确实认为人的本性是仁，而且儒家提倡一切道理能“推”。如果理学家真的把人性理解为生生，那么穷理尽性就应该解释为积极追求人的生存与发展，追求人的生命的强大与扩张，人的生命流行是自然界发育流行的继续，因此天意就是通过我的生生不已、自强不息来推进、实现和完成天命。

然而，理学家们并没有把人的本质解释为生生不息。也就是说，仁虽是人性、人心，是人的本质，但理学家在把人性理解为仁时，并没有把仁解释为生理、生意、生生，而是对仁作了不同的解释，把仁解释为爱，爱之理，甚至解释为“克己”。于是人的本性竟成了“克己”！很显然，生生不息与爱的内涵有质的差别，与“克己”更是天壤之别了！理学家较流行的说法是，仁在天为生，在人为爱。由于对仁的内涵在天人方面作了不同的解释，因此理学家尽管对天人合一说了千言万语，但最终的实质仍是天人分裂！天人实质的不合一，是宋儒最大的理论失误，是宋明理学走向保守僵化的理论根源。朱熹关于仁的天人分裂的典型表述是：“在天地则鞅然生物之心，在人则温然爱人利物之心，包四德而贯四端也。”[①]这显然是对仁在天人方面作了分别不同的解释，而且是不易觉察其中差别的解释。因为先秦儒家说仁者爱人，仁确实具有爱的涵义，但仁作为平等爱人的原则，属于伦理原则，朱熹则试图将仁爱提升作为平等爱人的原则，与作为生生不已之仁对等并列。应该承认，释仁为爱，并不算错，而且与先秦之说基本保持一致。但仁爱与作为天地自然之本质的生生、生理便不一致，而是各自表述。朱熹正是利用仁的概念内涵歧义在论述人性时静悄悄地将生替换成爱，以爱言仁。“将爱之理在自家心上自体认思量，便见得仁。”[①]“仁是爱底道理，公是仁底道理。故公则仁，仁则爱。”[②]“有个爱的意思是仁。仁是天理。”[③]“体仁足以长人，以仁为体，而温厚慈爱之理由此发出也。”[④]

就人性而言，朱熹对仁的具体规定是“心之德，爱之理。”[⑤]“心之德，德又

①《朱子语类》，中华书局1985年版，第114—115页。

②《朱子语类》，中华书局1985年版，第116页。

③《朱子语类》，中华书局1985年版，第118页。

④《朱子语类》，中华书局1985年版，第109页。

⑤ 朱熹：《孟子章句·梁惠王上》，中华书局1994年版。

只是爱。谓之心之德，却是爱之本柄。”[①]人有仁德，故有恻隐不忍、慈爱之心。

朱熹喜欢以自然季节之春天来比附仁，“要识仁之意思是一个浑然温和之气，其气则天地阳春之气，其理则天地生物之心。”[②]确实，欲观万物发荣滋长生生之意莫过于春天。“春天温和，故能生物，所以说仁为春。”[③]“春时尽是温厚之气，仁便是这般气象。”[④]人性为仁，人的本性自然也是春光灿烂，提到人的春意，自然让人联想起青春焕发，朝气蓬勃，生命洋溢，就象早晨八九点钟的太阳。但朱熹所说人所具仁之春意，全没有生命勃发之意，却转变成人的待人接物的“一团和气”，如程颢的气象就是“接人则浑是一团和气。”[⑤]“视（程颢）其色，其接物也，如春阳之温。”[⑥]仁通过春的比喻，到人这里竟成了随和、平易近人的伦理态度，虽然不能说没有积极意义，但毕竟令人哭笑不得，伦理温和态度虽然能使人觉得亲切，但并不能等于生命本身的生生发展。

朱熹以爱释仁，仁不离爱，其意思尚不算错，至少其意思尚未大坏。朱熹理学以爱释仁的最大问题在于从爱中推出父子君臣之理，把三纲五常宗法伦理确立为人的本性，提升为天理，导致天人的完全分裂。当朱熹试图以伦理纲常来解释自然世界时，又进一步以伦理吞没了生生不息之理。

朱熹以为，人“具生理、自然便有恻怛、慈爱之意，”[⑦]但“立爱必自亲始，”[⑧]“仁是根，恻隐是萌芽，亲亲、仁民、爱物，便是推广到枝叶处。”[⑨]“爱便是仁之发。才发出这爱来时，便事事都有，第一是爱亲，其次爱兄弟，其次爱亲戚，爱故旧，推而至仁民，皆是从这物事发出来。”[⑩]于是爱的亲疏贵贱等差

①《朱子语类》卷六，中华书局1985年版，第111页。

②《朱子语类》卷六，中华书局1985年版，第111页。

③《朱子语类》卷六，中华书局1985年版，第114页。

④《朱子语类》卷六，中华书局1985年版，第112页。

⑤编者注：作者原文注解为《朱子语类》卷六，经查，此句出自《近思录》卷十四，系谢显道描述程颢语：“明道先生坐如泥塑人，接人则浑是一团和气。”（朱熹、吕祖谦：《朱子近思录》，上海古籍出版社2000年版，第130页）而《朱子语类》卷六中未见“接人则浑是一团和气”一句，另有“蔼乎若春阳之温，汎乎若醴酒之醇”一句与此似有所关联。

⑥《朱子语类》卷六，中华书局1985年版。

⑦朱熹：《中庸章句》，二十章。

⑧朱熹：《孟子或问》卷一。

⑨《朱子语类》卷六，中华书局1985年版，第118页。

⑩《朱子语类》卷一一九，中华书局1985年版，第2870页。

之序便出现了。朱熹后学真得秀跟进说道,天地之心主于生物,而人之心主于爱物,人心又最灵于物,其中所蕴生意才一发出,便可近而亲亲,推而仁民,又推而爱物,无所不可,以至于覆冒四海,惠利百世,也是自此推之。朱熹认为,天下之理一而分则殊,从理一说,则仁爱之施无不遍;从分殊说,则仁爱之施又有差,如果以亲亲之道施于民,那就是亲疏无别;如果以仁民之道施于物,那就是贵贱无别。这就是理一分殊和爱有差等。

还有更为严重的问题。亲亲首先要敬长,于是"父子自会亲,君臣自会义,既自会恁地,便活泼泼地,便是仁。"①于是父子君臣的宗法伦理都随之引申出来了。

总之,朱熹从以爱释仁开始,最终把三纲五常提升为人的本性,天地之理。为了把三纲之类说成是天理,朱熹还对自然世界作了许多荒唐解释,不忍卒读。如:"宇宙之间,一理而已,天得之为天,地得之为地,而凡生于天地之间者,又各得之以性,其张之为三纲,其纪之为五常。"②"万物莫不有君臣之义……万物莫不有父子之亲……万物莫不有兄弟之爱。"③为了证明这些道理,朱熹还能举出实例:"虎狼之仁,豺獭之祭,蜂蚁之义,"④"虎狼之父子,蜂蚁之君臣,豺獭之报本,雎鸠之有别,物虽得其一偏,然彻头彻尾得义理之正。"⑤儒家有一个基本原理,就是"人禽之辨",认为人不同于并高于禽兽动物,人有仁义礼智,动物没有礼义。朱熹为了把纲常伦理提升为普遍性的原理天理便随缘解说,导致理学体系内部矛盾丛生。

为了保证纲常天理的实现,朱熹又重提"克己复礼为仁"。克去己私,复乎天理,使无私意间隔,"私欲尽去,便纯是温和冲粹之气,"⑥"做到私欲净尽,天理流行,便是仁。"⑦于是乎主敬、存心、求放心的功夫便不可少了,作为人性的生意、生道便被耽搁了,被遮蔽了。于是理学家们便呈现两种奇特的景观,一是有人大谈去私欲,却大饱人欲,二是有理学家们饭都吃不饱,父母妻子难养活,却俨然自以为圣人,以厚生、治生、谋生、做生意为鄙事。

①《朱子语类》卷六,中华书局1985年版,第112页。

②《朱子全书》第23册,上海古籍出版社2002年版,第3376页。

③《朱子语类》卷六,中华书局1985年版,第1438页。

④《朱子语类》卷四,中华书局1985年版,第58页。

⑤《朱子语类》卷六,中华书局1985年版,第60页。

⑥《朱子语类》卷六,中华书局1985年版,第112页。

⑦《朱子语类》卷六,中华书局1985年版,第117页。

由于对仁的内涵的不同解释，导致自然生生之理与人的伦常之理的矛盾与冲突，使自然生生不息之理终未能贯彻到人生观、价值观和社会历史中去，无论理学家如何强调天人合一，实际上天人并未实现真正合一，而是依然处于天人分离状态。生生之理未能被解释成人的本质，对儒学的核心价值形成严重影响，这就是与生生之理有关联的人欲、人心、人的气质之性，个体之私、功利、实力等受到伦常之理的压制、遏制，使理学体系内部产生严重的矛盾。理学吸收了佛道的思维成果，融合了儒释道三教，取得了巨大理论成就，特别是理学家把儒学的核心概念仁与易传的生生之谓易结合起来，使仁成为生生不息之理，为儒学的发展奠定了新的理论基础，实现了儒学的伟大创新，确实功不可没。另一方面，理学家在人生价值观和社会历史观方面将伦常抽绎、提升为本体天理，以一切方式来观照、保存此天理，将伦常天理视为人之本性，反而将人的真实生命本性耽搁了，遮蔽了，压抑了，扼杀了。

明清时期的儒学发展，从一定意义上说，是围绕着消解理学体系自身的矛盾这一主线而展开的。实现儒学核心价值的转换，把理学中的逆向思维颠倒过来，是消解这一矛盾的重要组成部分。从理论逻辑来看，理学在自然观方面的创新成果、生生不息之仁体，应该而且必须贯彻、推广到人性价值观与社会历史方面去，才能实现人性的重建、天人合一的重建，才能消解理学自身的矛盾。从王阳明开始，到戴震的明清时期，是理学的核心价值逐渐发生转换的时期。大多数思想家对转换理学的核心价值作了不同程度的努力。明清之际的易代政治变动也没有中断这一过程。不论是气学派还是心学派，都逐渐肯定人欲、气质之性、人心、私、功利的存在价值，把原来居于从属、消极、负面地位的人欲、气质之性、人心、私、利，提升到主导、积极、正面的地位，消解了天理、天地之性、道心、公、义的主导优先地位，实现天理与人欲的统一，天地之性与气质之性的统一，道心与人心的统一，公与私的统一，义与利的统一，颠覆了理学核心价值的霸权话语系统。王门后学代表人物王畿、王艮、罗汝芳、李贽等逐渐以自然生生解释人的本性，使人性本体从天理向人欲转换，发展出新的思想系统。王畿以“真性流行”解释人的本质、吴廷翰等人说“生之谓性”，陈确、颜元说生生之理，最后戴震把仁、即生生不息的运行解释成自然与人的共同本质，确立人的本质为生生不息，人道的根本原则就是生生不息，消解了理学体系天人不合一的矛盾，这是戴震对中国哲学的伟大贡献。

戴震哲学是明清以来思想家对程朱理学进行价值转换的总结,为重建天人合一之学提供了理论基础,代表中国先进文化的发展前进方向。

陆九渊心学诠释学思想辨析
——从“六经注我”与“我注六经”谈起

彭启福

陆九渊，江西抚州人，字子静，自号“象山居士”，生于1139年（宋高宗绍兴九年），卒于1193年（宋光宗绍熙三年岁末），是南宋时期与朱熹齐名的著名哲学家，与王阳明一起被认为是宋明理学中“心学”思潮的代表人物。

“六经注我”与“我注六经”是陆九渊最为著名的论题之一，学术界不少同仁将它们视为对文本诠释方法的辨析与取舍，①但本文主张超越狭义文本诠释的视角，将它们视作对于“为学”路径与方式的思考。以此为基点，进一步探讨陆九渊对“读书”“格物”“穷理”“道德本心”诸问题的分析，透显其“尊德性”与“道问学”相统一的学术理路，认为陆九渊所主张的乃是一种德性优先主义的心学诠释学。

“六经注我”与“我注六经”

“六经注我”和“我注六经”的命题，出自《语录上》：

《论语》中多有无头柄的说话，如“知及之，仁不能守之”之类，不知所及、所

本文原刊于《安徽师范大学学报》2011年第1期。

① 对陆九渊“我注六经”和“六经注我”诸命题的相关分析，可参见：(1)黄玉顺：《注生我经：论文本的理解和解释的生活渊源——孟子“论世知人”思想阐释》，《中国社会科学院研究生院学报》2008年第5期；(2)刘化兵：《陆九渊“六经注我，我注六经”本义辨析》，《中华文化论坛》2008年第1期；(3)刘爱敏：《论“六经注我，我注六经”》，《滨州学院学报》2006年第2期；(4)姜华：《论中国哲学“六经注我”的解释学方法》，《齐齐哈尔大学学报》2004年第1期；(5)许怀林：《宇宙·六经与我——陆九渊思想略说之二》，《东华理工学院学报》2005年第3期；(6)刘玉敏：《“六经注我”，“我注六经”——简述陆九渊的经学思想》，《东华理工学院学报》2006年第3期；(7)李凯：《“六经注我”：宋代理学的阐释学——兼谈朱熹在经学阐释史上的贡献》，《中国哲学史》2006年第3期；(8)胡伟希：《道·言·智·境：中国哲学诠释学传统及其问题》，《孔子研究》2002年第2期。

守者何事；如“学而时习之”，不知所习者何事。非学有本领，未易读也。苟学有本领，则知之所及者，及此也；仁之所守者，守此也；时习之，习此也。说者说此，乐者乐此，如高屋之上建瓴水矣。学苟知本，六经皆我注脚。[①]

或问先生何不著书？对曰：“六经注我，我注六经。”韩退之是倒做，盖欲因学文而学道。[②]

此处提出的“六经注我”和“我注六经”命题，通常被认为是陆九渊对文本诠释中两种方法论取向的概括：“六经注我”代表一种文本为我所用的读者中心主义诠释取向和诠释方法，“我注六经”代表一种遵从文本原意的作者中心主义诠释取向和诠释方法。或者我们也可以说，人们已经习惯用“六经注我”和“我注六经”来指称文本诠释中这两种对立的诠释取向和诠释方法。

这种流行的理解和诠释是否有足够的依据，或者说它是否符合陆九渊提出这些命题的本意呢？要弄清这一问题，就必须引入“语境分析法”，将“六经注我”和“我注六经”置入到其原初语境中来加以把握。

在第一段文字中，“六经注我”（即“六经皆我注脚”）是以“学苟知本”为前提的。陆九渊指出，《论语》中有许多没头没脑的话，一般读者之所以觉得难以理解，是因为他们拘泥于文字和书写文本，而不知更为根本的东西——即所谓“本领”。如果理解和诠释能够追溯到这种“根本”的话，那就能够做到“六经注我”了。将“六经注我”（即“六经皆我注脚”）解读为“曲文从我”一类无视作者原意的文本诠释方法，乃是一种脱离文本语境的“过度诠释”。其实，陆九渊在这里讨论的是为学（而不仅仅是读书）问题。他认为，为学不能停留在枝节末梢（文本中的话语），而应该把握根本（本领）。

在第二段文字中，“六经注我，我注六经”是在回答别人的问题时提出的。发人深思的是，陆九渊所回答的问题既不是“应当如何读书？”也不是“存在哪些读书方法？”而是“先生何不著书？”如果把“六经注我，我注六经”诠释为两种不同的文本诠释方法，显然与其原初语境不合，给人以答非所问的印象。更合理的诠释应该是把“六经注我，我注六经”理解为谈论“不著书”的原因。与此相关的佐证是，陆九渊进一步指出韩愈（韩退之）属于“倒

①《陆九渊集》，钟哲点校，中华书局1980年版，第395页。

②《陆九渊集》，钟哲点校，中华书局1980年版，第399页。

做”(即“我注六经”),因为他由“文”入“道”——“因学文而学道”。这种“我注六经”方式,注重“经文”的释解,是汉代以降盛行的经学求道方式。但很明显,陆九渊并不认同这种“我注六经”的“经学”方式,认为它颠倒了“本”和“末”,因此属于一种本末倒置的“倒做”。

由此可见,“六经注我”,或者说“六经皆为我注脚”,并不是在谈论文本诠释的合理方法,而是倡导一种正确的“为学”与“求道”的路径和方式。

值得注意的是,“六经注我”凸显了两个重要的思想倾向:第一是“内求”,直指本心;第二是“知行合一”,知本率行。

在谈到陆九渊和朱熹学术主张之间的差异时,人们常常指认两者存在着“尊德性”与“道问学”的根本分野,这种认识未必准确。其实,无论是陆九渊还是朱熹,都不主张将“尊德性”与“道问学”割裂开来,只不过在“尊德性”与“道问学”的统一方式上,两者存在重大的根本性的分歧。如何去实现“尊德性”和“道问学”的统一?朱熹力图从知识论的角度去实现:由“道问学”而“尊德性”,读书和格物也就成为“为学”与“求道”的首要任务;而陆九渊则主张从实践论的角度去实现:由“尊德性”而“道问学”,发掘道德本心比读书和格物更为根本。①在与朱熹的争论中,陆九渊其实是把朱熹归入到韩愈“我注六经”一路的,只不过他换了一种说法,指责朱熹的为学与求道方式流于“支离”,没有抓住根本。在“鹅湖之辩”与朱熹的论争中,他毫不隐讳地断言:自己所倡导的由“尊德性”而“道问学”的“易简工夫终久大”,而朱熹所执迷的由“道问学”而“尊德性”的“支离事业竟浮沉”。②

在陆九渊看来,“为学”与“为道”是合一的,“为学”不仅是“知”,“为道”也不仅是“行”,“知”与“行”是不能二分的。特别值得注意的是,“为学”和“为道”在路径上有本末之别:发掘道德本心为“本”,读书格物为“末”,抓“本”而不忘“末”是陆九渊的基本思路。

---

① 需要特别指出的是,陆九渊讲求“尊德性”,并非重行轻知,更不是否认“为学”的重要性。在和友人的一次对话中,陆九渊说到:“博学、审问、慎思、明辨、笃行,博学为先,力行在后。吾友学未博,焉知所行者是当为?是不当为?”(《陆九渊集》,钟哲点校,中华书局1980年版,第442页)可见,“博学”先于“力行”,而且也是判断“行”之妥当性与否的依据。但陆九渊讲的“博学”,真正的出发点和根基乃是“知本”,即对道德“本心”的发明,而不是“读书”。这样,在本源意义上,“知”与“行”、“道问学”与“尊德性”就是统一的。

②《陆九渊集》,钟哲点校,中华书局1980年版,第427页。

“虽出古书，不敢尽信也”

为学之道既然有着“本”“末”之别，那么理解和诠释的目标也就可以做个层次上的区分。在陆九渊的心学诠释学理论中，理解和诠释的对象也可以做一定的划分：(1)文本，特别是圣贤之书；(2)宇宙天地万物。与此相应，理解和诠释的目标可以区分为两种：(1)初始性的非根本目标——把握文本含义和作者原意；(2)终极性的根本目标——“悟道”或者“明理”。

据《年谱》记载，陆九渊对朱熹“欲令人泛观博览，而后归之约”的做法非常不满，并提出“尧舜之前何书可读”的疑问。[①]但客观地说，陆九渊既没有否定文本乃是理解和诠释的对象，也没有排斥读书的作用和价值，他不仅对儒家的经典悉心玩味，而且对佛家的经典也多有眷顾，完全称得上是一位“饱学之士”。

《年谱》中还记载说：陆九渊“从幼读书便着意，未尝放过。外视虽若闲暇，实勤考索。”[②]“平昔精勤，人所不知，惟伯兄每夜必见其观览检阅之不辍，尝明烛至四更而不寐。欲沉涵熟复而切己致思，欲平淡玩味而冰释理顺，此则与徒干没于训诂章句之末者大异。”[③]

在诸多书信与讲演中，陆九渊也时常旁征博引，《语》《孟》《易》《礼》《庄子》等各种圣贤经典之言信手拈来，随处可见。在《与王顺伯》的书信中，陆九渊自己也坦承说：“某虽不曾看释藏经教，但《楞严》《圆觉》《维摩》等经，则尝见之。”[④]《年谱》中也有关于陆九渊“读三国、六朝史”的记载。

可见，陆九渊不但没有否定读书的必要性，而且还非常重视读书。他感叹说过：“古先圣贤，无不由学”，“人生而不知学，学而不求师，其可乎哉？”[⑤]陆九渊认为，“秦汉以来，学道绝丧，世不复有师。以至于唐，曰师、曰弟子云者，反以为笑，韩退之、柳子厚犹为之屡叹。惟本朝理学，远过汉、唐，始复有师道。”[⑥]古代圣贤毕竟去世已久，难以亲聆教诲，读圣贤之书，无疑也就成为

①《陆九渊集》，钟哲点校，中华书局1980年版，第491页。

②《陆九渊集》，钟哲点校，中华书局1980年版，第482页。

③《陆九渊集》，钟哲点校，中华书局1980年版，第531页。

④《陆九渊集》，钟哲点校，中华书局1980年版，第19页。

⑤《陆九渊集》，钟哲点校，中华书局1980年版，第14页。

⑥《陆九渊集》，钟哲点校，中华书局1980年版，第14页。

师从古代圣贤的一种重要途径。

读书，当然是要弄清文本含义和作者原意。文本含义和作者原意的把握是文本理解和诠释的初级的非根本性目标，或者说第一层次的目标。陆九渊本人就曾多次与朱熹等人就古代经典的文本含义和作者原意展开争论，并就如何把握文本含义和作者原意进行过探讨，足见他对文本理解和诠释的这一目标是认同的。

但在他看来，之所以要读解圣贤之书，乃因其中表达了古代圣贤对宇宙天地万物之"道""理"的体悟，而这也是圣贤之书的根本价值所在。那些不能揭示天地万物之"道""理"的言论和书籍，虽然实际上也成为许多人的理解和诠释对象，但它们并不能将人们导向"道"和"理"，反而蒙蔽了人们的"本心"，所以陆九渊反对朱熹"泛观博览"的主张。在给朱熹的书信中，他甚至奉劝朱熹说：

吾人皆无常师，周旋于群言淆乱之中，俯仰参求，虽自谓其理已明，安知非私见弊说，若雷同相从，一唱百和，莫知其非，此所甚可惧也。①

……今亦欲得尊兄进取一步，莫作孟子以下学术，省得气力为"无极"二字分疏，亦更脱洒磊落。古人质实，不尚智巧，言论未详，事实先著，知之为知之，不知为不知。所谓"先知觉后知，先觉觉后觉"者，以其事实觉其事实，故言即其事，事即其言，所谓"言顾行，行顾言"。周道之衰，文貌日胜，事实湮于意见，典训芜于辨说，揣量模写之工，依放假借之似，其条画足以自信，其习熟足以自安。②

摒弃时弊，直承古代圣贤，是陆九渊的基本思路。在他看来，古代经典远比当时流行的各种言论和书籍可靠得多。

然而还值得注意的是，陆九渊虽然崇尚阅读古书，但却并不迷信古书。他写道：

古之圣贤，惟理是视，尧舜之圣，而询于刍荛，曾子之易箦，盖得于执烛之童子。《蒙·九二》曰："纳妇吉。"苟当于理，虽妇人孺子之言所不弃也。孟子曰："尽信书，不如无书。""吾于《武成》取二三策而已矣"。或乖理致，虽出古书，不

①《陆九渊集》，钟哲点校，中华书局1980年版，第26页。

②《陆九渊集》，钟哲点校，中华书局1980年版，第27页。

敢尽信也。智者千虑,或有一失,愚者千虑,或有一得,人言岂可忽哉?[①]

在孟子的影响下,陆九渊对古书也持一种谨慎而不迷信的态度。即便是古之圣贤,也不能保证自身思虑的完全正确。对古代圣贤的言论典籍,也不应当迷信和盲从。在文本与"理致"的冲突面前,陆九渊宁愿听从"理致"。

理在书外

在陆九渊看来,读书并不是为学的唯一途径,甚至也不是最为可靠的途径,被认为是体悟了"道""理"的古代圣贤,很大程度上是通过文本之外的途径来悟道明理的。他意识到:尧舜之前何书可读?而伏羲"以天地万物为师,俯仰远近,观取备矣,于是始作八卦。"[②]因此,宇宙天地万物也可以成为理解和诠释的对象,甚至与"经""典"相比,宇宙天地万物是更具有本源性的理解和诠释对象。因为"道""理"普遍存在于宇宙天地万物之中,而"经""典"之中的"道""理",不过是古之圣贤体悟到的"道""理"。我们研读古代"经""典",追寻圣贤原意,乃是为了以之为通道去把握宇宙天地万物之"道""理"。这种普遍存在于宇宙天地万物之中的"道""理"才是理解和诠释的终极性和根本性的目标。

在陆九渊看来,古代圣贤与普通众生虽然不能说毫无差异,但是二者在根本点上却是同一的:道德本心是相同的。他指出:

千万世之前,有圣人出焉,同此心同此理也。千万世之后,有圣人出焉,同此心同此理也。东南西北海有圣人出焉,同此心同此理也。[③]

心只是一个心,某之心,吾友之心,上而千百载圣贤之心,下而千百载复有一圣贤,其心亦只如此。[④]

显然,在中国经典诠释学的视域中,"圣贤"之"圣",乃是"人之圣",对古代"经""典"(圣贤之书)的诠释,也就因此具有了人与人之间相互沟通的性质。

古代"经""典"之所以具有重要的价值,能成为人们理解和诠释的重要

①《陆九渊集》,钟哲点校,中华书局1980年版,第22页。
②《陆九渊集》,钟哲点校,中华书局1980年版,第14页。
③《陆九渊集》,钟哲点校,中华书局1980年版,第273页。
④《陆九渊集》,钟哲点校,中华书局1980年版,第444页。

对象,不在于它们是圣人之言,而在于它们阐明了“道”“理”。朱熹曾经指出:

圣人千言万语,只是说个当然之理。恐人不晓,又笔之于书。自书契以来,二典、三谟、伊尹、武王、箕子、周公、孔、孟都只是如此,可谓尽矣。[①]

六经是三代以上之书,曾经圣人手,全是天理。三代以下文字有得失,然而天理却在这边自若也。[②]

而按照陆九渊的见解,即便是圣人之言蕴含着“道”“理”,那也是圣贤体悟出来的“道”“理”,所谓“智者千虑,或有一失”,对“圣贤之书”也不可迷信。在宇宙天地万物之中蕴含的“道”“理”才是更为本源的东西,“以天地万物为师”更为重要。也正是在这层意义上,陆九渊把通过对“经”“典”的解读去追寻和领悟圣贤原意看作是理解和诠释的初始性目标,而把追寻和把握天地万物之理看作是理解和诠释的终极性目标。他说道:“塞宇宙一理耳,学者之所以学,欲明此理耳。”[③]“宇宙间自有实理,所贵乎学者,为能明此理耳。此理苟明,则自有实行,有实事。”[④]可见,在陆九渊看来,学以明理,为学的根本目的就在于“明理”,“明理”乃是文本理解和诠释的终极性的根本目标。

值得注意的是,陆九渊在“经”“典”文本与事物本身的“道”“理”之间确立了一定的诠释学距离。这种距离的划定对于理解和解释而言具有双重意义:其一,“经”“典”固然可以成为通达事物之“道”“理”的可能性通道,但却不是唯一的通道,人们完全可以以一种面对事情本身的方式来把握宇宙万物之“道”“理”;其二,“经”“典”虽为“圣贤之言”,但圣贤与凡俗在“本心”上是相同的,所谓“同此心同此理”,因此,只要凡俗能“发明本心”“格物穷理”,是有可能直接把握宇宙万物之“道”“理”的。这种经典诠释理论,从一开始就摆脱了对“经”“典”的迷信态度,与西方早期圣经诠释学迥然有别。

在西方圣经诠释学的视域中,《圣经》乃是承载“神意”(上帝的启示和拯救计划)的文本,而读解《圣经》是领悟“神意”的唯一通道。同时,“神意”对社会和人具有一种不可抗拒的支配力。“神”(上帝)与“人”之间的界限是天

①《朱子语类》卷第十一,中华书局1986年版,第187页。

②《朱子语类》卷第十一,中华书局1986年版,第190页。

③《陆九渊集》,钟哲点校,中华书局1980年版,第161页。

④《陆九渊集》,钟哲点校,中华书局1980年版,第182页。

然的，不可逾越的。“神”（上帝）至高无上；而人则卑微无能。人们唯有信仰“神”（上帝）和听从“神”（上帝）的旨意和安排才能得到拯救。《圣经》之“圣”乃是“神之圣”。

而在中国经典诠释学的语境中，“经”“典”被认为是古代圣贤的作品（如“六经”被认为是由孔子编定的），记载了古代圣贤的言行启示，因而具有极高的权威，其地位远远高于普通的书籍。但即便如此，中国文化视域中的“经”“典”还是与《圣经》有着根本性的差异。中国古代圣贤（伏羲以降，炎、黄……尧、舜、禹、汤、文、武、周公、孔子等），不像《圣经》中的上帝那样完全归属于“神”和“造物主”的系列，而是更大程度上归属于“人”的系列。虽然今文经学主张“圣人无父，感天而生”说，而古文经学主张“圣人同祖”“伏羲为圣王始祖，为百王先”说，分别从不同的角度强调了“古代圣贤”与普通众生的差异，但这种差异，归根到底只能算作是人与人的差异，而不是人与神的差异。

正因为陆九渊确立了一个基本的信念，原始“经“”典”并不是“神意”，而仅仅是“人言”，所以他才得以对“经”“典”保持尊敬和景仰的同时，拒绝对“经”“典”的迷信。

“读书”与“格物”

在许多人的视域中，“格物致知”乃是宋明理学中程朱一脉的标志性主张，而作为心学开山的陆九渊是不讲“格物致知”的，这其实是在“尊德性”与“道问学”的二元对立框架中来解读陆九渊，并不符合其本意。

“格物致知”一说，出自《大学》，而《大学》作为先秦时期重要的儒家经典，不仅为程朱一脉所尊崇，而且也为陆九渊所重视。据《语录》记载：

伯敏问云：“以今年校之去年，殊无寸进。”先生云：“如何要长进？若当为者有时而不能为，不当为者有时乎为之，这个却是不长进。不凭地理会，泛然求长进，不过欲以己先人，此是胜心。”伯敏云：“无个下手处。”先生云：“古之欲明明德于天下者，先治其国；欲治其国者，先齐其家；欲齐其家者，先修其身；欲修其身者，先正其心；欲正其心者，先诚其意；欲诚其意者，先致其知；致知在格物。格物是下手处。”伯敏云：“如何样格物？”先生云：“研究物理。”伯敏云：“天下万物不胜其烦，如何尽研究得？”先生云：“万物皆备于我，只要明理。然理不解自明，须是隆师亲友。”……先生云：“某读书只看古注，圣人之言自明白。且如‘弟子入则孝，出则弟’。是分明说与你入则孝，出则弟，何须得《传》《注》。学者疲精神于此，是以担子越来越重。到某这里，只是与他减担，只此便是格物。”①

在这里，陆九渊主要谈论了三个问题：

第一，何谓“长进”？陆九渊认为，“求长进”应该区别于“好胜心”，不能用“以己先人”为标准来判断是否有长进。真正的“长进”，应该是“为所当为，不为所当不为”。这种对“长进”的界定，与其“尊德性”的主张是一致的。他不只是在“知识的多寡”或“认知的先后”上来谈论“长进”，而是引入了“当与不当”的行为标准。由此可见，陆九渊看待“长进”问题上的视域是实践论的，而非知识论的。

第二，如何“求长进”？陆九渊援引《大学》中“古之欲明明德于天下者……”一段言论，阐明要从“格物”下手，而“格物”就是“研究物理”。众所周知，《大学》中的这段言论亦为朱熹所看重，在《大学章句》中，他不仅梳理概括出“三纲领”“八条目”，加以章句诠释，而且依据自己的体会，做了“格物致知补传”，凸显了“格物致知”在“八条目”中的“起点”意味。饶有趣味的是，陆九渊也认为“格物是下手处”。而“格物”就是要“研究物理”，“穷究物理”，他指出：“格，至也，与穷字、究字同义，皆研磨考索，以求其至耳。”②所以，“格物穷理”也是陆九渊心学诠释学的追求目标。正是基于“格物穷理”这一基本理念，人们才有理由将陆九渊（以及后来的王阳明）的心学理论和程朱理学一起并称为“宋明理学”（或称“宋明道学”）。

第三，如何“格物”？陆九渊针对当时儒学界“留情传注”的经学研究模式，提出了直面“圣人之言”和“道德本心”的“减担法”。

值得注意的是，虽然都讲“格物致知”，“穷究物理”，但陆九渊和朱熹却有着不同的学术旨趣和方式。

朱熹讲“格物致知”，是与研读“经”“传”密不可分的。清代经史学家毕沅（1730—1797）在《续资治通鉴》中指出：朱熹“自少有志于圣道，其为学大

① 《陆九渊集》，钟哲点校，中华书局1980年版，第440—441页。

② 《陆九渊集》，钟哲点校，中华书局1980年版，第253页。

抵穷理以致其知，反躬以践其实，而以居敬为主。尝谓圣贤道统之传，散在方册，自经旨不明而道统三传始晦，于是竭其精力以研穷圣贤之经训。”[①]朱熹自己也说：“大凡读书，要看了又看，逐段、逐句、逐字理会，仍参诸解、传，说教通透，使道理与自家心相肯，方得……读书以观圣贤之意；因圣贤之意，以观自然之理。”[②]又说：“穷理格物，如读经看史，应接事物，理会个是处，皆是格物。”[③]可见，在朱熹这里，“读书看史”与“应接事物”都属于“格物”的形式，前者取得间接经验，而后者取得直接经验。朱熹的这种归结，表明了他对传统“经”“典”“传”“注”在阐明事物之理方面的充分肯定。用陆九渊的说法，朱熹这种“格物致知”的读书模式，属于“添担法”。

而陆九渊虽然也讲“格物”，并认为“格物是下手处”，但他对“格物”的理解却与朱熹有着相当大的差异。在“读书”与“格物”的问题上，陆九渊采取的是“减担法”。他认为，随着传统经学的兴起和滥觞，“圣人之言”之外和之后，各种“传”“注”“疏”“解”越来越多，而人们背负的读书担子也越来越重，委实是精神疲惫。更为重要的是，这些“传”“注”“疏”“解”往往给本来清楚明白的“圣人之言”蒙上诸多迷雾，使人们偏离了事物本来的“道”“理”。他指出：“圣人固言仁矣，天下之言仁者，每不类于圣人之言仁。圣人固言义矣，天下之言义者，每不类于圣人之言义。圣人之言，知道之言也，天下之言，不知道之言也。知道之言，无所陷溺，不知道之言，斯陷溺矣。”[④]这一说法，表达了陆九渊的一个基本思想：“圣人之言”与“天下之言”有着“知道与否”的根本性差异，直面“圣人之言”可以使我们接近事物之“道”“理”，而听信各种流行的意见（即所谓的“天下之言”）却会使我们陷溺“本心”。显然，在陆九渊看来，“读书”只是“格物穷理”的一个可能性通道，而不是“格物穷理”本身，读原始经典而听取“圣人之言”，将有助于“格物穷理”，读后来衍生的各种“传”“注”“疏”“解”而听信“天下之言”将有害于“格物穷理”，他批评朱熹“留情传注”的做法及奉劝他“莫作孟子以下学术”的原因也在于此。

陆九渊认为，学者的当务之急不是去读各种“传”“注”“疏”“解”，而是要采用“减担法”，将各种“传”“注”“疏”“解”悬置一旁。他指出：

---

①毕沅：《续资治通鉴》，中华书局1957年版，第4176页。

②《朱子语类》卷第十一，中华书局1986年版，第162页。

③《朱子语类》卷第十一，中华书局1986年版，第284页。

④《陆九渊集》，钟哲点校，中华书局1980年版，第273页。

某读书只看古注，圣人之言自明白。且如"弟子入则孝，出则弟"，是分明说与你入便孝，出便弟，何须得传注？学者疲精神于此，是以担子越重。到某这里，只是与他减担，只此便是格物。[①]

除了"圣人之言"自然明白以外，陆九渊主张"减担"还另有原因。在他看来，"若其心正，其事善，虽不曾识字，亦自有读书之功。其心不正，其事不善，虽多读书，有何所用？用之不善，反增罪恶耳。"[②]因此，"读书"的多少对于是否能够"明理"并不具有决定性的意义。

毫无疑问，在"尊德性"与"道问学"的关系上，陆九渊把"尊德性"看得比"道问学"更为重要。在他看来，"尊德性"是"本"，"道问学"是"末"。无论是"以天地万物为师"，还是通过阅读原始经典而师从古代圣贤，首先要做的都是"发明道德本心"。他明确指出："此心苟得其正，听言发言皆得其正。听人之言而不得其正，乃其心之不正也。"[③]之所以强调要"发明道德本心"，乃是因为人们格物穷理的障碍不仅只是"外蔽"或"他蔽"，即受"邪说所惑"，而且还有"内私"或"己私"。在他看来，"学者大病，在于师心自用。师心自用，则不能克己，不能听言，虽使羲、皇、唐、虞以来群圣人之言毕闻于耳，毕熟于口，毕记于心，祇益其私，增其病耳。"[④]因此，陆九渊主张通过"减担"的方法来防范"邪说"、减少"外蔽"，通过"寡欲"的方法来克服"己私"、减少"内蔽"，二者共同为"发明本心"保驾护航。从根本意义上看，陆九渊的理论乃是一种德性优先主义的心学诠释学。

①《陆九渊集》，钟哲点校，中华书局1980年版，第441页。

②《陆九渊集》，钟哲点校，中华书局1980年版，第285页。

③《陆九渊集》，钟哲点校，中华书局1980年版，第137页。

④《陆九渊集》，钟哲点校，中华书局1980年版，第36页。

从纷歧走向融通
——《锦瑟》阐释史显示的客观趋势

刘学锴

在中国古典文学作品的阐释史上，对李商隐《锦瑟》纷纭多歧、层出不穷的解读无疑是最引人注目的现象之一。如果从北宋刘攽的《中山诗话》算起，对这篇诗谜式作品的解读已经延续了近千年。一篇只有8句56个字的作品，竟引起历代读者如此执着的关注，这种现象本身就很值得探讨。本文不打算在纷纭的歧说之外再另添新说，而是企图通过对历代纷纭歧说的梳理，发现其中所显示的总趋势。从阐释史的角度说明：融通各有依据、各有优长的主要歧说，可能是使《锦瑟》的解读更接近作品的实际，更能显示其丰富内涵，从而也更能为多数读者所接受的一种解读方式。

宋元明三代对《锦瑟》的阐释

据现存文献材料，最早记述对《锦瑟》的阐释，是著于熙宁、元佑间的刘攽《中山诗话》：

李商隐有《锦瑟》诗，人莫晓其意。或谓是令狐楚家青衣也。

义山诗集编定于真宗景德至仁宗庆历间(约1004—1042)，第一首就是《锦瑟》，人们注意到它并力图解读原很自然。但《锦瑟》却一开始便显出了它的难解性。从“或谓是令狐楚家青衣也”的记述口吻看，这可能只是转述当时人对题意的一种理解，未必就是刘攽自己的看法，也未必真有事实或文

本文原刊于《安徽师范大学学报》2003年第3期。

作者简介：刘学锴(1933—)，男，浙江松阳人，安徽师范大学文学院教授，中国诗学研究中心专职研究员。

献依据。实际上，锦瑟是令狐楚家青衣之说，与其说是依据某种记载或传闻，不如说是读者的一种猜想。因为诗的首联很容易让人认为“锦瑟”是人名，诗即因见五十弦之锦瑟而联想到锦瑟其人的华年而作。而“锦瑟”作为人名，又颇似女子甚至侍女之名。因此“锦瑟是令狐楚家青衣”之说就这样产生了。它既是对题目含义的说明，也是对诗的内涵意蕴的解读。从考据学的观点看，这个“或谓”很可能查无实据甚至毫无依据，但从阐释学的观点看，却自有一定的文本依据。这正是此说虽乏实据却长期流传而且日后以“悼亡说”改换面出现的原因所在。

稍后于刘攽，北宋末年成书的黄朝英《靖康缃素杂记》则记述了从另一思路出发而同样具有合理性的阐释：

义山《锦瑟)诗……山谷道人读此诗，殊不晓其意，后以问东坡，东坡云：“此出《古今乐志》，云：‘锦瑟之为器也，其弦五十，其柱如之，其声也，适、怨、清、和。”，案李诗，“庄生晓梦迷蝴蝶”，适也；“望帝春心托杜鹃”，怨也；“沧海月明珠有泪”，清也；“蓝田日暖玉生烟”，和也。一篇之中，曲尽其意，史称其“瑰迈奇古”，信然。刘贡父《诗话》(按：即刘攽(中山诗话》)以谓锦瑟乃当时贵人爱姬之名，义山因以寓意，非也。

后世诗评家对“适怨清和”之说是否出于东坡颇有怀疑。很有可能是此论的发明者(也有可能是黄朝英本人)为了加强这一阐释的权威性而故意抬出两位当朝诗坛巨擘来撑门面。从阐释史的角度说，东坡是否发表过这一意见并不重要，重要的是它提供了一种从咏音乐的角度对《锦瑟》进行解读的新说。唐代有许多咏乐诗，其中著称者如李贺《李凭箜篌引》、韩愈《听颖师弹琴》、白居易《琵琶行》均以各种形象化的比喻描摹乐声和乐境。“适怨清和”说正是将《锦瑟》看成一首咏瑟声与瑟境的诗。如果不过分追究中间两联所展示的境界是否完全切合“适怨清和”四境，那么这一解读无论就切合诗题、首句及颔腹二联看，都有其文本依据与显然的合理性。但这一解读也有明显缺陷，即无法解释“一弦一柱思华年”和“此情可待成追忆，只是当时已惘然”。因为次句已明确显示听奏瑟而思忆人之华年，不管这人是诗人自己或他人。如果只是单纯咏瑟声瑟境，“思华年”及“追忆”“惘然”都无所取义。正如胡应麟所批评的：“宋人认作咏物，以‘适怨清和’字面附会穿凿，遂令本意惜然。且至‘此情可待成追忆’处，更说不通。”(《诗薮内编》卷四)

但托名苏轼的“适怨清和”说在南宋却有很大影响。其具体表现是这一时期对《锦瑟》的阐释，几乎都离不开咏瑟声瑟境这一话题，如张邦基《墨庄漫录》将“适怨清和”说成《瑟谱》中的四曲，邵博的《邵氏闻见后录》甚至说“庄生”“望帝”皆瑟中古曲名。胡仔《苕溪渔隐丛话》虽认为《锦瑟》以景物故实状瑟声“不中的”，但却反映出他也认为《锦瑟》是咏乐诗。更有将托名苏轼解《锦瑟》之法加以活学活用，反过来解读苏轼《水龙吟》咏笛之妙的（见张侃《张氏拙轩集》“孙仲益说《水龙吟》”条），可谓即以其人之道，还释其人之词。认为东坡不但用此法解读义山《锦瑟》，且用之自创咏笛词。

由于“适怨清和”说在阐释“思华年”及尾联时存在明显缺陷，因而有的诗评家企图对它加以改进。成书稍后于《靖康缃素杂记》的《许彦周诗话》说：

《古今乐志》云：“锦瑟之为器也，其柱如其弦数，其声有适、怨、清、和。”又云：“感、怨、清、和。昔令狐楚侍人能弹此四曲。诗中四句，状此四句也。章子厚曾疑此诗，而赵推官深为说如此。”

在“适怨清和”之外又添出“感怨清和”的或说，并将它和“能弹此四曲”的“令狐楚侍人”联系起来，“诗中四句，状此四曲也”。很明显，这是企图将“适怨清和”说与“咏令狐楚青衣”说融合起来。既补“适怨清和”说之脱离“思华年”与“惘然”，又补“咏令狐青衣”说之脱离中间两联。许氏的记述中未及苏、黄而是拉出了章子厚与赵推官。这正反映出此说的假托或传闻性质。许氏所引此说在《锦瑟》阐释史上的意义，主要表现在它在纷歧阐释出现后不久，即显示出融通歧说的努力与趋势。而之所以出现这种趋势，根本原因在于两种说法既各有其文本依据与合理性，又各有其缺陷，客观上需要互补。

金代元好问《论诗》30首之十二是直接对《锦瑟》作出新阐释的：

望帝春心托杜鹃，佳人锦瑟怨华年。
诗家总爱西昆好，独恨无人作郑笺。

此诗乃是首创《锦瑟》为义山自伤身世之作的一篇诗论。“佳人锦瑟怨华年”一句实即元氏对《锦瑟》主旨的诗意阐述：李商隐这位“佳人”正是借《锦瑟》这首诗来寄托他的华年之思、身世之悲。他的一生心事，都寄寓在如杜鹃泣血般哀怨悲惋的诗作中了。由于诗写得很概括，又有“独恨无人作郑笺”之语，历代论者多以为它仅仅是慨叹义山诗寄兴深微，无人能解其意，殊不知遗山已借点化义山诗语对《锦瑟》乃至义山一大批性质类似的诗作出了笺释。元氏对义山诗的真谛深有体悟，故对《锦瑟》的阐释也独具手眼。

至此，除自叙诗歌创作说及悼亡说以外，《锦瑟》阐释史上三种主要的解读（怀人说、咏瑟说、自伤说）均已先后出现（怀人说与悼亡说只是对象有别，后者实为前者的变异）。至明代，虽有好几位著名的诗论家都谈到过《锦瑟》，但基本上是沿袭旧说，很少新的发明。如王世贞认为中二联“作适、怨、清、和解甚通。然不解则涉无谓，既解则意味都尽”（《艺苑卮言》），虽赞同咏瑟说，又指出了它的缺陷。胡应麟则坚持咏令狐青衣说，指出咏瑟说之不可通之处。他列举诗中一系列用语，认为《锦瑟》的性质类似无题，只不过“首句略用锦瑟引起耳”，并将咏令狐青衣说简括为“题面作青衣，诗意作追忆”（《诗薮》），但他对中间四句的具体涵义却避而不谈，而这正是令狐青衣说难以解释的要害。胡震亨则对令狐青衣说、适怨清和说均加否定，认为《锦瑟》是商隐之情诗，系借诗中两字为题者，但他对诗的具体的内涵却无任何解释（见《唐音癸签》）。周珽认为《锦瑟》是闺情诗，不泥在锦瑟，看法似与胡震亨接近。但他所引屠长卿（屠隆）之说则基本上沿袭许彦周之说，即将令狐青衣说与适怨清和说融合起来。饶有趣味的是屠氏将“锦瑟”二字分属“令狐楚之妾名锦”及“善弹（瑟）”，谓其所弹有适怨清和之妙（见《唐诗选脉会通评林》）。从而将题面与诗面完全统一起来。这算得上是对“令狐青衣”说与“适怨清和”说最巧妙的结合了。

清人对《锦瑟》的阐释

清代《锦瑟》阐释史上最引人注目的现象是悼亡说、自伤说的双峰并峙和自叙诗歌创作说的异军突起，从而改变了宋元明三代令狐楚青衣说与适怨清和说长期主宰《锦瑟》阐释的局面。

悼亡说的发明，一般都认为是清初的朱彝尊。其实，最早启示悼亡说的应是明末清初的钱龙惕。他在《玉溪生诗笺》卷上笺《锦瑟》时分别引《缃素杂记》《刘贡父诗话》及《唐诗纪事》之说，并加按语云：

义山《房中曲》有“归来已不见，锦瑟长于人”之句，此诗落句云：‘“此情可待成追忆，只是当时已惘然。”或有所指，未可知也。唯彭阳公青衣则无所据。

钱氏引《房中曲》“归来已不见，锦瑟长于人”来类证心《锦瑟》，是以义山诗证义山诗的典型例证。尽管钱氏未对《房中曲》作笺释，但《房中曲》的悼亡内容非常明显，故钱氏之笺释离悼亡说的正式提出实仅一步之遥。朱鹤龄的《李义山诗集笺注》采录钱氏笺而又有所前进：

按义山《房中曲》：“归来已不见，锦瑟长于人。”此诗寓意略同。是以锦瑟起兴，非专赋锦瑟也。

指出“此诗寓意略同”于《房中曲》，悼亡说实已呼之欲出。果然，朱氏的《补注》中就明确指出：“此悼亡诗也。”

但朱鹤龄只下了判断，并未对《锦瑟》作具体阐释。朱彝尊乃进一步对全诗作了解读：

此悼亡诗也。意亡者善弹此，故睹物思人，因而托物起兴也。瑟本二十五弦，一断而为五十弦矣，故曰“无端”也，取断弦之意也。“一弦一柱”而接“思华年”三字，意其人年二十五而殁也。胡蝶、杜鹃，言已化去也；珠有泪，哭之也；玉生烟，葬之也，犹言埋香瘗玉也。此情岂待今日追忆乎？只是在当时生存之日，已常忧其如此而预为之惘然，意其人必婉弱而多病，故云然也。

这是自宋以来对《锦瑟》全诗作出详细解读的第一篇。它的主要发明是将题目“锦瑟”与所悼亡妻平日“善弹此”结合起来，从而比较顺理成章地得出首联是“睹物思人，因而托物起兴”的结论。如果说许彦周、屠隆谓令狐楚侍人善弹适怨清和四曲仅仅是一种猜测，别无依据，那么朱彝尊的“亡者善弹此”却是有义山的诗作有力依据的。除钱龙惕、朱鹤龄已引的《房中曲》“归来已不见，锦瑟长于人”二句外，在桂幕期间作的《寓目》（系忆内诗）有“新知他日好，锦瑟傍朱栊”同样可以作为其妻善弹瑟的证明。悼亡说之所以自清初以来长期不衰，主要原因就在于义山诗中有这样两个有力的旁证。朱彝尊的其他解说，问题自然很多。如解“五十弦”为二十五弦之“断弦”，以附会悼亡，便显属臆解。商隐开成三年与王氏结婚至大中五年王氏去世，夫妇共同生活的时间首尾14年。如果按朱氏所说王氏年25岁而殁推算，开成三年结婚时王氏才12岁，这是根本不可能的。开成三年义山年二十七，王氏为其续弦，年龄可能较商隐小一些，但至少亦当在十六七岁左右。说“无端”取“断弦”之意，更属望文生义。以下六句的解说，也多有牵强支离之处（尤其是第六句与尾联）。尽管如此，朱彝尊的阐释仍值得充分重视，原因就在于他抓住王氏善弹瑟这一中心环节，将生活素材、情思触发到诗的构思、制题连成了一条线。从钱龙惕到朱鹤龄再到朱彝尊，悼亡说从萌芽到正式提出再到具体阐释的进展过程可以看得非常清晰。

悼亡说在清代前期的《锦瑟》阐释史上占据主导地位。其时除个别论者仍沿袭“令狐青衣”说（如施闰章《蠖斋诗话》或“适怨清和”说（如冯班评《瀛奎律髓》）外，多数学者（包括对《锦瑟》持否定态度的学者）大都认为它是悼亡之作。其中较有影响的是何焯《义门读书记》：

此悼亡之诗也。首特借素女鼓五十弦瑟而悲，泰帝禁不可止发端。次连则悲其遽化为异物。腹连又悲其不能复起之九原也。曰“思华年”，曰“追忆”，指趁晓然，何事纷纷附会乎？钱饮光（澄之）亦以为掉亡之诗，与吾意合。“庄生”句，取义于鼓盆也。但云“生平不喜义山诗，意为词掩”，却所未喻。

何氏悼亡说与朱彝尊说不同之处有二：一是对诗的首联结合用典（五十弦）作了新的解释（悲思之情不可得而止）；二是紧扣“思华年”与“追忆”来证明此诗悼亡之“指趣晓然”，较之朱彝尊拐弯抹角解读尾联更为直捷。

此外，如陆昆曾、杨守智、姚培谦、程梦星、冯浩、许昂霄等注家均主悼亡说。其中，如陆氏解“蓝田”句，引戴叔伦“蓝田日暖，良玉生烟，可望而不可置于眉睫之间（前）”之语，姚氏解首联，谓“夫妇琴瑟之喻，经史历有陈言，以此发端，元非假借……怀人睹物，触绪兴思。‘无端’者，致怨之词”，均各有所得。相反，专攻义山诗文的冯浩对此诗的笺解却时涉牵强，谓“五句美其明眸，六句美其容色”，更显得不伦不类。比较之下，许昂霄的诠释则较少穿凿拘实之弊：

三四庄生、望帝，皆谓生者也。往事难寻，竟同蝶梦；哀心莫寄，唯学鹃啼。五六珠、玉，以喻亡者也。月明日暖，岂非昔人所谓美景良辰，今则泉路深沉，徒有鲛人之泪；形容漂缈，已如吴女之烟矣。（张载华、张佩兼辑《初白庵诗评》附识引许氏《笺注玉溪生诗·锦瑟诗解》）

综观清代《锦瑟》阐释史上的悼亡说，尽管它具有《房中曲》这样有力的旁证，但在具体解读中却始终存在一个误区、一个盲区。误区就是将“五十弦”解作“断弦”，从而导致王氏“年二十五而殁”这种显然不符实际的推论，且使对此诗的阐释一开始就陷于混乱。盲区就是很难将“悼亡”与中间两联所用的典故、所构成的象征境界很好地契合。尽管许多学者作出了一系列各不相同或同中有异的具体诠释，但真正切合文本的不多，即使像许昂霄的笺解，也只能较贴切地解说颔联。这说明悼亡说虽有明显的优长与有力的依据，但要想用它贯通全诗，却相当困难，尤其是腹、尾二联的解读，更往往显得有些无能为力。

与悼亡说双峰并峙而时间稍后的是自伤身世说。持此说较早的是《李义山诗集辑评》所录某氏朱批：

此篇乃自伤之词，骚人所谓美人迟暮也。"庄生"句言付之梦寐，"望帝"句言待之来世。"沧海""蓝田"，言埋而不得自见。"月明""日暖"，则清时而独为不遇之人，尤可悲也。

(义山集》三卷，犹是宋本相传旧次，始之以《锦瑟》，终之以《井泥》。合二诗观之，则吾谓自伤者更无可疑矣。

感年华之易逝，借锦瑟以发端。"思华年"三字，一篇之骨。三四赋"思"也；五六赋"华年"也。末仍结归"思"字。

"庄生"句，言其情历乱；"望帝"句，诉其情哀苦。"珠泪""玉烟"，以自喻其文采。

《辑评》朱批系何焯批，故学者多以为上述各条即为何氏批。但何氏《义门读书记》明言《锦瑟》为"悼亡之诗"，并作了具体解读。而此朱批却说是"自伤之词"，且谓"诸家皆以为悼亡之作"，这"诸家"中当然也包括了《义门读书记》的《锦瑟》批。二者显有矛盾。同一评家，对某首诗的解读固然常有前后不一致的现象，但朱批中并未提及先主悼亡，后改自伤之事，故朱批是否何氏批确实不能不打上问号。当然，从义山诗阐释史的角度看，朱批的作者是谁并不太重要，重要的是自伤说本身的合理性和价值。从《辑评》所录的这几条朱批看，尽管对每一句的具体解释未必尽妥，第一条与末条亦有歧异，但就整体而言，显然比悼亡说更能切合诗的文本。特别是"感年华之易逝，借锦瑟以发端，'思华年'三字，一篇之骨"数语，确实提纲挈领式地揭示了全诗的主要内容。谓"庄生"句"言付之梦寐"或"言其情历乱"，"望帝"句"言待之来世"或"诉其情哀苦"，虽有歧异，但都较符合典故原意，不像悼亡说解"庄生"句旁扯庄子鼓盆，离开典故本意。谓"珠泪""玉烟"系自喻文采，更与自叙创作说相合。故《辑评》朱批在自伤说的形成过程中带有里程碑性质。此前元好问《论诗》(其十二)“佳人锦瑟怨华年”之句,虽已喻示《锦瑟》系自伤华年不遇之作,但语焉不详,后世阐释《锦瑟》者亦未注意及此。《辑评》朱批很可能就是从元诗得到启发,演为美人自伤迟暮的具体阐释。

自伤说一经明确提出,因其与诗的文本较为切合,且具有较大的包容性,遂迅速流传开来,为许多注家评家所接受。王清臣、陆贻典等人的《唐诗鼓吹评注》、徐夔的《李义山诗集笺注》(见王欣夫《唐集书录》十四种)、杜诏的《唐诗叩弹集》、汪师韩的《诗学纂闻》、薛雪的《一瓢诗话》、宋翔凤的《过庭录》、姜炳璋的《选玉溪生诗补说》等均主自伤身世说。今录较有代表性的汪师韩、姜炳璋二家之说于下。汪云:

《锦瑟》乃是以古瑟自况……世所用者,二十五弦之瑟,而此乃五十弦之古制,不为时尚。成此才学,有此文章,即己亦不解其故,故曰“无端”,犹言无谓也。自顾头颅老大,一弦一柱,盖已半百之年矣。“晓梦”,喻少年时事。义山早负才名,登第入仕,都如一梦。春心者,壮心也。壮志消歇,如望帝之化杜鹃,已成隔世。珠、玉皆宝货。珠在沧海,则有遗珠之叹,唯见月照而泪;生烟者,玉之精气。玉虽不为人采,而日中之精气,自在蓝田。追忆,谓后世之人追忆也;可待者,犹云必传于后无疑也。“当时”指现在言。惘然,无所适从也。言后世之传,虽自可信,而即今沦落为可叹耳。

除首尾二联之解,或稍牵强,或属误解外,其他均不乏精采。解中间四句,或结合其身世遭遇,或结合其文章才情,均能紧贴诗句本身。特另提解第五句为“珠在沧海,则有遗珠之叹;唯见月明而泪”,既发前人之所未发,又紧扣诗句,是相当精采切当的解读。姜氏云:

此义山行年五十,而以锦瑟自况也。和雅中存,文章早著,故取锦瑟。瑟五十弦,一弦一柱而思华年,盖无端已五十岁矣。此五十年中,其乐也,如庄生之梦为蝴蝶,而极其乐也;其哀也,如望帝之化为杜鹃,而极其哀也。哀乐之情,发之于诗,往往以艳冶之辞,寓凄绝之意。正如珠生沧海,一珠一泪,暗投于世,谁见之者?然而光气腾上,自不可掩,又如蓝田美玉,必有发越之气,《记》所谓精神见于山川是也。则望气者亦或相赏于形声之外矣。四句一气旋折;莫可端倪。末二言诗之所见,皆吾情之所钟,不历历堪忆乎?然在当时,用情而不知情之何以如此深,作诗而不知思之何以如此苦,有惘然相忘于语言文字之外者,又岂能追忆乎?此义山之自评其诗,故以为全集之冠也。

同样是以锦瑟自况，姜氏之解较汪氏更为直捷。以哀乐分属颔联出句与对句，亦一新解。以蝴蝶梦为乐境，着眼点在原典中之“栩栩然”“适志”，即所谓“适”，其中实已触入咏瑟说之成分。腹联从“哀乐之情，发之于诗”着眼进行阐释，则又融进自叙诗歌创作说（此说发自程湘衡，见下文）。尾联亦贴紧作诗之情解说，虽稍迂执，但其整体思路是着眼于作为诗人之义山的自况，而非一般自伤说之着眼于身世遭遇之不幸。故姜说实可视为自伤说之变体，盖其已在内核上吸收了自叙诗歌创作说，并融入了咏瑟说的成分。“哀乐之情，发之于诗”，与后来主自叙诗歌创作说的钱钟书所说的“平生欢戚……开卷历历”几乎没有多少区别。从姜说正可看出自伤说与自叙诗歌创作说原可相通与兼融。姜氏时代后于主自叙诗歌创作说的程湘衡，“此义山自评其诗，故以为全集之冠也”之语，便明显源于程氏之说。

与自伤说同时产生的自叙诗歌创作说，据何焯《义门读书记》，其发明者应是程湘衡。何氏在上引“此悼亡之诗也……却所未喻”一段阐释后附述云：

亡友程湘衡谓此义山自题其诗以开集首者。次联言其作诗之旨趣，中联又自明其匠巧也。余初亦颇喜其说之新，然义山诗三卷出于后人掇拾，非自定，则程说固无据也。

但王应奎《柳南随笔》则谓：

玉溪《锦瑟》诗，从来解者纷纷，迄无定说。而何太史义门（焯）以为此义山自题其诗以开集首者。首联（略）言平时述作，遽以成集，而一言一咏，俱足追忆生平也。次联（略）言集中诸诗，或自伤其出处，或托讽于君亲，盖作诗之旨趣尽在于此也。中联（略）言清词丽句，珠辉玉润，而语多激映，又有根柢，则又自明其匠巧也。末联（略）言诗之所陈，虽不堪追忆，庶几后之读者知其人而论其世，犹可得其大凡耳。

从情理推断，何氏既已在《读书记》中明确记述此系“亡友程湘衡”之说，且在作出思考后认定“程说固不足据”，则其剿袭已被自己否定的亡友之说殆无可能。王应奎当是将何氏转述程说当成何氏自己的阐释。但由于王氏的记述，使后世得以了解程氏阐说《锦瑟》的具体内容。

自题其诗以开集首之说固无据，但自叙诗歌创作说却有其明显的优长与合理性。程氏将“一弦一柱思华年”解为“一言一咏，俱足追忆生平”，将一部义山诗集视为"锦瑟"之弦弦柱柱所奏出之曲调，应该说是紧扣题目与诗句本身的。将颔联解为"作诗之旨趣"，将"庄生"句解为"自伤其出处"，也较为贴切。将"望帝"句解为"或托讽于君亲"，虽稍嫌拘凿，亦自有典故方面的依据。谓腹联以清词丽句、珠辉玉润来形况义山诗之匠巧，也大体符合其创作实际。惜尾联之解泛而不切，特别是未贴近"只是当时已惘然"来解说。但此说在总体上的合理性是显而易见的。尽管在整个清代，持此说的除程氏外仅宋翔凤（见《过庭录》卷一六）、邹弢（见《三借庐笔谈》）数家，但其阐释既贴紧题目与诗面，又较切合义山创作实际，值得充分重视。

值得注意的是，宋元明三代相当流行的"适怨清和"说在清代基本上销声匿迹。这说明，清代学者普遍认为，这首题为"锦瑟"的诗，与瑟的声音意境无关、根本不具有咏瑟诗的性质。他们或以为锦瑟为亡妻喜弹之乐器，或以为乃义山自身或者诗歌创作之象喻，故不再从瑟声瑟境上着想，因而在解读颔腹二联时不再与瑟之声与境挂钩。这可能是清代学者在《锦瑟》阐释中最大的失误，即在阐述各自的说法时将前代一项理应充分重视的阐释成果轻易抛掉了。

除以上三种主要说法外，清代还出现了一系列其他新说，如叶矫然的"自悔说"（见其《龙性堂诗话》），方文輈（见梁章钜《退庵随笔》引）、吴汝纶（见其《评点唐诗鼓吹》）的伤国祚兴衰说，屈复的"就诗论诗"说等。其中屈氏之说颇为论者所称引，略云："此诗解者纷纷……不可悉数。凡诗无自序，后之读者，就诗论诗而已。其寄托或在君臣朋友夫妇昆弟间，或实有其事，俱不可知。自《三百篇》、汉魏三唐，男女慕悦之词，皆寄托也，若必强牵其人其事以解之，作者固未尝语人，解者其谁起九原而问之哉！"他并不否认历代男女慕悦之词有寄托，但认为如无作者自序，则只能就诗论诗，不能强牵其人其事为解。在反对无依据的任意牵合穿凿这一点上，屈氏的看法是正确的，足以矫义山诗阐释中的积弊。但他对《锦瑟》的"就诗论诗"之解却不免令人大失所望。《锦瑟》与《无题》诸诗，常被相提并论，实际上它们的性质并不相同。《无题》诸诗即使不探求其是否另有寄托，也能感受到它是深情绵邈的爱情诗，本身有独立的欣赏价值。而《锦瑟》，如果不明白它的寄托，本身就是一个只具形式美的谜团。梁启超说："义山的《锦瑟》《碧城》《圣女祠》等诗，讲的什么事，我理会不着……但我觉得它美，读起来令我精神上新鲜的愉快。须知美是多方面的,美是含有神秘性的。我们若还承认美的价值,对于此种文字,便不容轻轻抹煞”(《中国韵文里所表现的情感》)。这段话亦每为论者称引。其实他所说的含有神秘性的美,既包含《锦瑟》等诗在语言文字、声律、对偶等形式方面的因素所构成的美感,也包含情思意境的朦胧缥缈所形成的美感。但这不意味着,“理会不着”就可以“不加理会”,只是这种“理会”必须是诗性的,不能“既解则意味都尽”(王世贞语),破坏了诗歌本身的美感。总之,对屈复的“就诗论诗”和梁启超的“理会不着”,应有正确的理解。

最后,要特别提出来加以评述的是徐德泓、陆鸣皋在其合著《李义山诗疏》中提出的“就瑟写情”说。徐解云:

此就瑟而写情也。弦多则哀乐杂出矣。中二联,分状其声,或迷离,或哀怨,或凄凉,或和畅,而俱有华年之思在内也。故结联以“此情”二字紧接。追维往昔,不禁百端交感,又不知从何而起,故曰“可待”,曰“惘然”,与“无端”两字合照,惝恍之情,流连不尽。

陆解云:

“无端”二字,便含兴感意,而以“思华年”接之。物象人情,两意交注,首尾拍合,情境始佳。若仅谓写瑟之工,便成死煞。

徐的“就瑟而写情”,即陆的“物象人情,两意交注”;徐的“曰‘可待’曰‘惘然’,与‘无端’两字合照”,即陆的“首尾拍合”。简言之,徐、陆认为《锦瑟》是一首借瑟声抒写华年之思的诗,其根本特点是“物象”(指瑟声所显现的音乐境界)与“人情”两意交注。无论迷离、哀怨、凄苦、和畅之境,均有华年之思在内。他们解《锦瑟》,主要是抓住“思华年”这个中心和“无端”“惘然”等关键性词语,将声象与人情融合无间地联在一起,来揭示诗的丰富内涵(百端交感)。既避免执着一端(单纯咏瑟、怀人、悼亡、自伤、自叙诗歌创作),又不排斥每一种有一定依据的具体解说。引导读者沿着“无端五十弦”“思华年”“惘然”这条因瑟声而兴感的主线,在物象与心象、声情与心境的交融中多方面地体味诗的丰富内涵。从而使诗的蕴涵在不同读者的参与和再创造中得到最大限度的发掘。可以说,这是自宋以来对《锦瑟》的各种解说中最不执着穿凿、最通达而少窒碍的解说,也是最富包容性而能为持各种不同看法的读者所接受的一种解说。如果不是真正把握了《锦瑟》百端交感、意蕴虚涵的特点,不可能作出如此切当而富包容性的解说。清代注家评家普遍屏弃不取的“适怨清和”说,经徐、陆的吸取与改造,使之与“思华年”的“人情”紧密结合,遂使《锦瑟》的阐释在融通众说的基础上出现一个质的飞跃。

20世纪学者对《锦瑟》的阐释

20世纪的前80年,对《锦瑟》的解读基本上是沿袭前人成说而加以推衍发挥,但在有的解说中已显示出以一种说法为主,兼综诸说的趋向。间或出现某种新说,但影响不大。

张采田、汪辟疆都主自伤说。但张氏《玉溪生年谱会笺》不仅谓“一弦一柱思华年”句“隐然为一部诗集作解”,谓“望帝”句系“叹文章之空托”,明显融合了自叙诗歌创作说,且谓颔联“悼亡斥外之痛,皆于言外包之”,又揉合了悼亡说。解腹联附会李德裕之贬珠崖与令狐绹之秉钧赫赫,则融合了寓托政治的成分。汪辟疆《玉溪诗笺举例》所解较张氏更为贴切,而谓“望帝句,喻己抱一腔忠愤,既不得语,而又不甘抑郁,只可以掩饰之词出之”,谓“蓝田日暖喻抱负,然玉韫土中,不为人知,而光彩终不可掩,则文章之事也”,也明显融合了自叙诗歌创作论。

禹苍(周汝昌)的《说〈锦瑟〉篇》(《光明日报》1961年11月26日)则将此诗看成一首听瑟曲而引起对华年的追忆,抒写“春心”之苦情的诗。其融通咏瑟、自伤、自序诗歌创作说的趋向也相当明显。

20世纪后20年,发表了一大批专门阐释讨论《锦瑟》的文章。其中影响最大的当属钱钟书的自叙诗歌创作说与王蒙的“无端”说。

钱钟书对《锦瑟》之笺解,首见于周振甫《诗词例话》引钱氏《冯注玉溪生诠评未刊稿》,再见于其《谈艺录补订》,后者长达五千余字,洵为其晚年精心结撰之作,节引如下:

“锦瑟”喻诗,犹“玉琴”喻诗……借此物发兴,亦正睹物触绪,偶由瑟之五十弦而感“头颅老大”,亦行将丰百。“无端”者,不意相值,所谓“没来由”……首两句……言景光虽逝,篇什犹留,毕世心力,平生欢戚,“清和适怨”,开卷历历。所谓“夫君自有恨,聊借此中传”。三四句……言作诗之法也。心之所思,情之所藏，寓言假物，譬喻拟象；知庄生逸兴之见形于飞蝶，望帝沉哀之结体为杜鹃，均词出比方，无取质言。举事寄意，故曰“托，”；深文隐旨，故曰“迷”。李仲蒙谓“索物以托兴”，西方旧说谓“以迹显本”“以形示神”，近说谓“情思须事物当对”，即其法耳。五六句……言诗成之风格或境界，犹司空表圣之形客词品也……曰“珠有泪”，以见虽凝珠圆，仍含泪热，已成珍稀，尚带酸辛，具宝质而不失人气……“日暖玉生烟”与“月明珠有泪”，此物此志，言不同常玉之冷，常珠之凝。喻诗虽琢磨光致，而须真情流露，生气蓬勃，异于雄绘汩性灵，工巧伤气韵之作……七八句……乃与首二句呼应作结。言前尘回首，枨触万端，顾当年行乐之时，既已觉世事无常，抟沙转烛，黯然于好梦易醒，盛筵必散，登场而预为下场之感，热闹中早含萧索矣。

钱氏博通古今中外，文中详征博引，相互参证，对发源于程湘衡之自叙诗歌创作说作了最详尽而具现代性之阐释。其中最有说服力者有二：一为论述以“锦瑟”喻诗，引杜甫、刘禹锡诗为旁证，将题目与对诗意的理解统一起来，这一点是程氏之说中所无的。二是据司空图《与极浦书》引戴叔伦“诗家之景”语，谓“沧海”“蓝田”一联乃言诗成后之风格或境界，亦犹司空图之以韵语形容诗品。此解有一系列唐人诗文中以形象描绘喻示诗文风格之例可证。由于有以上二“硬件”，再加以博引旁征的论证、细密的分析和对诗语的妙悟，此说遂成为20世纪八九十年代《锦瑟》阐释史上一大显说。尤可注意者，钱氏虽主自叙诗歌创作说，但在实际阐释中已经融合吸收了“适怨清和”说与自伤说。如释首联云：“言景光虽逝，篇什犹留，毕世心力，平生欢戚，‘清和适怨’，开卷历历”；释“珠有泪”“玉生烟”云：“虽凝珠圆，仍含泪热，已成珍稀，尚带酸辛”。这些阐释中就或显或隐含有自伤及“适怨清和”说的成分。

王蒙的“无端”说则在更高的层面上显示了兼融众说的趋势。20世纪90年代以来，他先后撰写了一系列关于《锦瑟》及《无题》的文章。其中反复论证并一再强调的一个基本观点是：《锦瑟》的创作缘起（或动机）与内容是“无端”的。下面是论述这一基本观点的一些重要段落：

一种浅层次的喜怒哀乐是很好回答为什么的，是“有端”可讲的：为某人某事某景某地某时某物而愉快或不愉快，这足很容易弄清的。但是经过了丧妻之痛、漂泊之苦、仕途之艰，诗家的呕心沥血与收获的喜悦及种种别人无法知晓的个人的感情经验内心体验之后的李商隐，当他深入再深入到自己内心深处再深处之后，他的感受是混沌的、一体的、概括的、莫名的，只可意会不可言传因而是略带神秘的。这样一种感受是惘然的与“无端”的。这种惘然之情惘然之感是多次和早就出现在他的内心生活里，如今以锦瑟之兴或因锦瑟之触动而追忆之抒写之么？（《一篇〈锦瑟〉解人难》）

我们还可以设想，知乐者认为此是义山欣赏一曲锦瑟独奏时的感受——如醉如痴，若有若无，似烟似泪，或得或失……李商隐的《锦瑟》为读者，为古今中外后人留下了极自由的艺术空间。（同上）

盖此诗一切意象情感意境，无不具有一种朦胧、弥漫，干脆讲就是“无端”的特色……此诗实际题名应是“无端”。“无端的惘然”，就是这一首诗的情绪。这就是这一首诗的意蕴。（《〈锦瑟〉的野狐禅》）

含蓄与隐晦……其实质是对于感情的深度与弥漫的追求。爱和恨都不是无缘无故的，当然，深到一定的程度，爱和恨又都不是一缘一故那样有端的了……它们的费解不是由于诗的艰深晦涩，而是由于解人们执着地用解常诗的办法去测判诗人的写作意图……而没有适应这些诗超常的深度与泛度。（《对李商隐及其诗作的一些理解》）

王蒙的这一系列论述，从创作缘起到诗的内容意蕴、艺术手段、篇章结构、语言表达，对《锦瑟》及与之类似的诗作了极富创意的理论阐释。类似“无端”这种提法，在前人对义山诗的评论中并不是没有出现过。如杨守智评《乐游原》五绝：“迟暮之感，沉沦之痛，触绪纷来。”纪昀评同诗：“百感茫茫，一时交集，谓之悲身世可，谓之忧时世亦可。”所谓“触绪纷来”“百感茫茫，一时交集”，即可视为对“无端”的另一种表述。但他们都没有将它扩展为对商隐某一类诗，特别是对《锦瑟》创作缘起及内容意蕴特征的概括。对《锦瑟》，纪昀不仅不认为它“百感茫茫”，而且认为它内容本很简单：“盖始有所欢，中有所限，故追忆之而作。中四句迷离惝恍，所谓‘惘然’也。”以为它不过是一首普通的情诗。徐德泓解《锦瑟》，虽说过“追维往昔，不禁百端交感，又不知从何而起”这样的话，但像王蒙这样从理论上深刻阐述“无端”的，却前所未见。经他阐释，遂使《锦瑟》及同类作品的创作特征得到精到简括的揭示。它表面上似乎没有对诗的内容意蕴给出一个明确的答案，实际上“无端”即涵盖了“多端”，使古往今来一切有一定文本依据的纷歧阐释在更高层面上得到统摄与融通。不但解开了《锦瑟》本身创作缘起与内容意蕴的谜团，而且为正确解读这种非常态的诗提供了新的方法与思维。就这一点说，王蒙的“无端”说具有超越解读《锦瑟》诗的意义。

自宋至今，一千余年的《锦瑟》阐释史，概括地说，就是从纷歧走向融通的历史。而纷歧与融通，又都与《锦瑟》本身的性质与特点密切相关。

歧解迭出，既由于其创作缘起、内容意蕴的不明与“无端”，也由于其表现手段的非常态。颔腹两联所展示的四幅意境朦胧缥缈、不相联属的象征性图景，为持有各种不同看法的读者提供了多种解读可能。

自宋至今，对《锦瑟》的阐释最主要的异说有令狐青衣说、适怨清和说、悼亡说、自伤说、自叙诗歌创作说。这五种异说既各有其文本依据或旁证，有其各自的优长与合理性，又各有其自身的缺陷。这就在客观上提出了互补与融通的要求。

五种主要异说虽貌似互不相干，但实际上却是一体连枝，异派同源。这个“源”和“体”就是具有悲剧身世，在政治生活、爱情生活和婚姻生活上遭遇过种种不幸的感伤诗人李商隐。他的诗，就是上述种种不幸的表现与寄托。从这个意义上说，每一种异说实际上都是同一“体源”上的“枝”“派”。各种异说之产生，是由于不同的读者，站在不同的角度去感受，根据不同的内外证据去理解这首内容虚泛、表现“无端”的“惘然”之情的诗的结果。它们可以说都是对《锦瑟》这一艺术整体某一方面的真实反映与把握。因而对各种主要的异说加以融通，便有了合理的依据和基础。不妨说，纷歧的异说是分别认识其一枝一节，而融通则是将它们还原为一个有机的整体。那些牵合附会政治的异说之所以难以被融通，原因也在于它们既脱离文本，又脱离这个“体”与“源”。

融通的方式，基本上是两种。一种是以某一说为主，吸收融合它说的合理成分。这种方式比较常见，如上举许彦周之说即是以适怨清和说为主而兼融令狐青衣说，屠隆之说则是以令狐青衣说为主而兼融适怨清和说。汪师韩、姜炳璋、张采田、汪辟疆虽主自伤说，而又吸收了自叙诗歌创作说，张氏还包含了悼亡说的成分。钱钟书虽主自叙诗歌创作说，但又兼融了自伤说与适怨清和说。兼融的情况，主要视为主之说内涵的可容度。一般地说，像自伤、自叙诗歌创作说由于有较大的可容度，吸收融化异说便比较容易。

适怨清和说也有较大变通余地。而悼亡说与令狐青衣说由于所指过于具体,便很难兼融其他异说。从《锦瑟》阐释史看,可容度大的异说往往比较通达,而可容度小的则往往牢守阃域而少旁通。

另一种融通方式是在主要异说的基础上概括提升,从更高层面加以统摄。清代徐、陆的"就瑟写情"说与当代王蒙的"无端"说便属于这种方式。徐、陆之说既有适怨清和的成分,又有自伤的成分,但不是二者的简单融合,而是从更高层面兼融众说,他们所说的"情",内涵可以很广。王蒙的"无端"说更将《锦瑟》所抒的惘然之情视为一种综合了许多情感基因的形态混沌的既深又泛的情。两种不同的融通方式实际上反映了对《锦瑟》所抒之情的性质、内容、形态的不同看法,都各有其合理性。

人们对一个复杂对象的认识往往先从每一局部、方面开始,然后再整合概括,形成对它的整体认识。《锦瑟》阐释史上从纷歧到融通的总趋势正反映了人们认识复杂事物的历程。

至此,我们或许可以对《锦瑟》的主要异说作这样的融通:这是一首借咏瑟声瑟境以抒因"思华年"而引起的"惘然"之情的诗。颔腹两联所写的迷离、哀怨、清寥、虚缈之境,既是锦瑟的弦弦柱柱奏出的悲声,也是诗人在听奏锦瑟时引起对华年的思忆,与瑟声共振的心声心境,自然也不妨将它视为表现华年之思的诗歌中展现的种种境界。而诗人的怀人、悼亡之情也统包于上述诸境之中了。

论文学意义

——“意义整体”的动态生成和历史累积

陈文忠

伽达默尔在《真理与方法》中提出一个著名命题：“对一个本文或一部艺术作品里的真正意义的汲舀(Ausschöpfung)是永无止境的，它实际上是一种无限的过程。”[①] 艺术作品意义的“汲舀”为什么会永无止境？“诗无达诂”或“说不尽的莎士比亚”的根源何在？20世纪70年代以来，接受美学令人信服地揭示了读者在文学意义理解中的创造性地位，人们便不约而同地把它归结为前理解不同而见解各异的接受主体。然而，理解活动是对象和主体之间的对话过程，意义歧解或“诗无达诂”的根源也应当从对象和主体双方探寻。再者，任何一种人类活动都是对象性活动，接受对象缺乏丰润深厚的“意义整体”，接受主体的意义创造便失去了可能。巴赫金说得好：莎士比亚不只是靠他的接受者而变得强大，他之所以伟大而永恒，首先“是靠他作品中过去和现在实际存在的东西”。[②] 因此，探寻“诗无达诂”的根源，在强调接受主体的创造性因素之前，首先应当深入研究作为接受对象的艺术品的“意义整体”本身的复杂性。

意义整体的生成结构

“意义整体”这一范畴是伽达默尔在分析“体验”的概念史时提出来的。他认为，在狄尔泰这里，“体验统一体”本身就是“意义统一体”，在胡塞尔那

本文原刊于《安徽师范大学学报》2004年第4期。

作者简介：陈文忠(1952—)，男，上海市人，安徽师范大学中国诗学研究中心教授。

① 伽达默尔：《真理与方法》上卷，洪汉鼎译，上海译文出版社1999年版，第383页。

② 巴赫金：《文本：对话与人文》，白春仁译，河北教育出版社1998年版，第366—367页。

里，体验作为材料要素也进入到了意向性体验的意义统一体中。于是我们看到："'体验'这个词的形成是与一个浓缩着、强化着的意义相适应的。如果某物被称之为体验，或者作为一种体验被评价，那么该物通过它的意义而被聚集成一个统一的意义整体。"[①]由此可见，所谓"意义整体"，就是某物的意义结构以及对其体验凝聚而成的统一体，它揭示了事物意义的复杂性及其基本结构，对我们深入认识文学作品意义整体的生成结构富于启示性。那么，文学作品的意义整体是如何生成的？这一意义结构包含哪些基本要素？它是静态的封闭结构，还是动态的开放世界？中西阐释学史上恪守客观主义态度的传统阐释学和遵循历史主义原则的现代阐释学，对这些问题有截然不同的回答。

中国古代"复义"说和西方中世纪"寓意"说的提出，表明中西古代阐释学对文学意义结构的复杂性早有自觉认识，但在解决途径上则基本都是文本主义和客观主义的。"言不尽意"和"复意为工"，是古典诗学讨论文学意义复杂性的最初两个重要命题。"言不尽意"原为玄学命题，刘勰化玄学为诗学，在《隐秀》篇中提出"复义为工"说。刘勰所谓的"复义"，并非数量上"两意"，而是能使"玩之者无穷，味之者不厌"的多义。然而古代的"复义"说仍属客观主义阐释学范畴：首先，包括刘勰在内的论者虽然多少都能在作者、作品和读者的关系中谈论文学意义，却未能联系文学活动说明"复义"的构成要素和结构形态；其次，更主要是他们都把"文外之旨"和"言外之意"理所当然地归结为"圣贤之意"和"诗人之志"，认为对意义的阐释就是通过重建历史语境"发掘"和"复制"出圣贤之意和诗人之志。如仇兆鳌《杜诗详注序》所述：文学阐释的最高境界便是通过"身历其世，面接其人"，最终能"得作者苦心于千百年之上"；然而当阐释者对"得作者苦心于千百年之上"的客观阐释深信不疑之时，便无意间把文学的"复义"变成了作者的"单义"。

西方的"寓意"说产生于古希腊，中世纪得到进一步发展，成为《圣经》阐释的信条。但丁化神学为诗学，在《飨宴篇》中提出"诗的四义"说，第一次对意义整体的构成要素作了明晰分析。但丁的理论贡献是巨大的，他接过古希腊传统，用"诗的四义"说为世俗文艺辩护，提高了世俗文艺的地位，也拓展了文学意义阐释的空间。不过，以"诗的四义"为内涵的寓意说，远未解决

① 伽达默尔：《真理与方法》上卷，洪汉鼎译，上海译文出版社1999年版，第82—85页。

意义结构的复杂性:就其用意而言,批评家发现超越“字面意义”以外的意义层面,目的是使文本获得新生,荷马史诗和奥维德艳情诗中的异教之神以及但丁的《神曲》,在寓意批评家手里戴上象征面具便可以获得新的更为崇高的意义;就其结构而言,但丁的“四义”实为“二义”,即字面意义和讽喻意义,并对最终意义的限制极为严格,认为只有清晰表达的道德和精神意义才被认为是合理的。毋怪钱锺书将其与传统“比兴”说比较后指出:“吾国以物喻事,以男女喻君臣之谊,喻实而所喻亦实;但丁以事喻道,以男女喻天人之际,喻实而所喻则虚。一诗而史,一诗而玄。顾二者均非文章之极致也。”为什么?“言在于此,意在于彼,异床而必曰同梦,仍二而强谓之一;非索隐注解,不见作意。”[①]“四义”最终归为“一义”,文本仍为封闭结构。

近代以来,在语言学、心理学和美学诸学科的影响下,人们对文学意义复杂性的思考更为深入。但真正以开放的视野,从文学活动的动态过程思考文学意义的生成结构问题,是20世纪60年代现代阐释学兴起以后的事。在众多学说中,叶维廉关于文学意义动态传释的思考,对我们认识意义整体的动态生成具有更直接的启发性。首先,他对不用“诠释”而用“传释”作了说明。认为“诠释”往往只从读者的角度出发去了解一篇作品,而未兼顾到作者通过作品传意、读者通过作品释意(诠释)这两轴之间所存在着的种种微妙关系,而作品的意义整体正生成于作者传意、文本蓄意和读者释意的动态过程之中;进而,他提出应从“作者、作品、读者这三极”去考虑文学意义的构成和意义传释;最后,针对“传释”中的一系列问题,他从现代阐释学出发证明“客观性的诠释”无法确立,提出了自己的“五个传释活动的范围”的理论:即作者观、感外物所得心象(意义一);作者所得的心象在表达后(意义二)与原来的心象(意义一)已经不同;作品诞生以后是一个独立的存在,而在与读者的交谈中作品中文义的派生(意义三)又与意义一、意义二有相当的出入;读者接受作品时常把自己的观点加在作品之上,所以读者从作品所得的心象(意义四)与前三种意义层次又可能有差距;假定作者和读者看到的是同一物象(假定是同一个山),他们从外物所得的心象还是不同的(意义五)。[②]这是迄今为止对意义整体的生成过程和构成要素最系统的考察之

① 钱锺书:《钱锺书集·谈艺录》下卷,三联书店2001年版,第661页。

② 叶维廉:《中国诗学》,三联书店1992年版,第137—138页。

一,可以作为我们进一步研究的前提。

文学意义的动态生成与文学活动的整体过程密切相关。作者、作品和读者是文学活动的三极,文学意义正生成于由作者传意、到文本蓄意、再到读者释意的动态过程之中。文学的意义整体不是一个封闭的、圈定的、可"载"可"掘"的不变的单元,而是以文本这个开放的审美空间为中介,通过作者与读者永无止境的对话,不断衍化、生长和累积的开放世界。任何割裂文学活动三极之间的有机联系,把文学意义限定为单一的"作者原意"、或单一的"文本含义"或单一的"读者意味"的看法都是片面的,也是违背历史主义阐释原则的。此外,现代叙事学认为,一部小说实质上是一位作者"偷听"到某个"叙述者"讲的故事而写成的叙述文本,因此在作者和作品之间还存在着一个叙述者。这个"叙述者"受制于作者又不同于现实中的作者本人,他承担着多种功能,并在特定的作品中传达作者的心思取向和审美理想,构成作品的叙述意向。据此,文学意义的生成受制于四个环节、包含四个要素:即从最初的创作意图、创作中的叙述意向、到凝聚为文本意蕴、再到接受者的审美意味,文学的意义整体就是由此四要素融成一体的多元结构。意义整体的四要素又可分为两个维度:创作意图、叙述意向和文本意蕴这三个相对稳定的贮存性要素构成意义整体的共时性维度,读者的审美意味这一处于不断变动中的生产性要素则可视为意义整体的历时性维度;共时性维度是意义整体的基础,历时性维度是意义生长累积的动力,作品的图式化构成和读者的具体化阅读二者互为诱发,不断累积,从而使一部伟大作品的意义整体始终处于绵延无尽的历史生成之中。精神产品有一个特性,它永远对精神起着推动作用。无论是一部宏大的叙事作品,还是一个精美的抒情意境,作品的意义之所以成为汲舀不尽的泉中流而不是一饮而尽的瓶中水,其深层根源正在于此。

意图世界与艺术世界

作者的创作意图是文学意义生成的原始起点。从一首短诗到一部史诗,无不受胎于作者特定的意图。不过创作意图在意义整体中究竟处于何种地位,却有种种不同看法。桑克梯斯是19世纪意大利最重要的批评家,贯串在桑克梯斯的文学史和批评论文里的基本概念之一，就是作家意图跟作品实际往往不相符合，以至彼此矛盾。[①]到20世纪，对作家意图与作品意义关系的认识，出现绝然对立的两种看法。罗兰·巴特继“意图谬见”说之后进一步宣称“作者之死”，赫施针锋相对举起“保卫作者”的大旗。而从创作实际看，客观思想大于主观思想、作品效果超越创作意图在文学史上屡见不鲜。因此，要正确认识创作意图在意义整体中的位置，必须深入创作过程，阐明作家的“意图世界”与作品的“艺术世界”之间的复杂关系。

作家的意图表述分为两种情况：一是作为文学观念的宏观创作原则，一是指向具体作品的微观动机意图。宏观创作原则可能支配作家一生的艺术选择和创作取向，但并不直接成为具体作品的艺术主题，因此它对具体作品的意义阐释只具有间接的参照意义。微观的动机意图可视为作者对具体作品主题的自我阐释，也是作者在创作中努力实现的具体意图，它对作品意义的理解具有更为直接的作用。然而，正如茅盾在45年后的1977年重申《子夜》的创作意图时感慨：“要说《子夜》的写作意图，无非如此这般。但意图同实践，总有距离，就《子夜》而言，它能完成意图的百分之几呢？”[②]茅盾的感慨是有道理的，意图与实践常常处于矛盾之中。具体地说，意图世界与艺术世界的复杂关系可能有三种类型。

第一种是直呈型，作家的创作意图直线性地呈现在作品之中。“意图”一词的原意指希望达到某种目的的打算。直呈型意图则令人联想到“瞄准”：瞄准某物，意味着一个目标和一个发射物正处于一条直线上。这种情形只有出现在论述性文字中时才是恰当的，在文学创作中出现意图的线性直呈，往往被认为是缺乏才能的表现。桑克提斯就这样认为：“愈是小作家，愈能确切地表现出他意图中的世界，例如布罗内托·拉丁尼和费德利哥·弗来齐。在他们的作品里，一切都简单明了、有条理、不矛盾，现实变成了一个空虚的外象。”[③]这类作品的释义固然不会遇到多大困难，但即使出自大家之手也难以得到好评，生动活泼的现实已在空乏的哲理里消失，作品变成了蒙着故事情节面纱的道德和政治教本。

第二种是超越型，作品的客观效果超越作家的主观意图。作者的最初

① 伍蠡甫：《西方文论选》下卷，上海译文出版社1979年版，第464页。

② 茅盾：《茅盾论创作》，上海文艺出版社1980年版，第62页。

③ 巴赫金：《文本：对话与人文》，白春仁译，河北教育出版社1998年版，第464页。

意图可能只是一种酵母，经过天才的生花妙笔，作品远远超出原初设想，获得意外的成功。在海涅看来，塞万提斯的《堂吉诃德》就是这样一部杰作：那时候武侠小说风靡了西班牙，伟大的塞万提斯写这部大作，抱着什么宗旨呢？“显然他只是嘲讽那类小说，想点明它的荒谬无理，供大家笑骂，就此把它扫除。他非常成功……不过，天才的那枝笔比执笔的人还来得伟大，笔锋所及总远在作者意料之外。西万提斯不知不觉之中，对人类那种激昂奋发的热情，写了一部最伟大的讽刺。这是他没料到的。”[①]这在中外文学史上是极为普遍的现象。假如今天我们可以会见曹雪芹和莎士比亚，他们谈创作《红楼梦》和《哈姆雷特》的意图就可能使我们大失所望。当然，一个人做事只能按照自己的能力而不会顺着自己的心愿。作家的创作同样如此，因此也不免出现相反的情况：“意图是好的，但成果不佳”。不过无论“超越”还是“不佳”，都表明在绝大多数情况下，从作者意图到作品意义并非“瞄准”式的直线关系。

第三种是矛盾型，作品实际跟作者意图正好相反。深受悲观哲学影响的19世纪意大利诗人来欧巴地就是典型一例，细读其作品，给人一种矛盾之感：“他不相信有进步，可是他恰恰使你要求进步；他不相信有自由，可是他恰恰使你爱慕自由。他把爱情、荣誉、道德等等一笔勾销说都是幻觉，可是他在你心里挑动了对这些东西的无穷的欲望。”[②]出现这种现象不外乎两方面原因：或者作者的最初意图只是一些计划和理想的宣言，当他真正深入接触所要表现的现实，就可能改变主观意图服从客观真实；或者创作之初作者完全能按照自己的意图遣辞造句、推进情节、控制人物的喜怒哀乐，随着情境的深入，人物和故事从某一定向获得自己的生命，作者便可能身不由己地服从性格逻辑和情节逻辑而背离初衷。本文认为，白居易《长恨歌》的多主题或主题前后矛盾现象，根源当属后者。白氏继承诗骚传统而意在“美刺兴比”，主张“文章合为时而著，歌诗合为事而作”，从而起到“补察时政，泄导人情”的作用。《长恨歌》虽属“感伤诗”，也不会远离这一创作宗旨。从作品本身看，《长恨歌》首段强烈的批判和讽刺色彩有力表现了“美刺兴比”的讽喻主题；然而，随着诗中情境的发展，作者的诗笔由“讽喻”帝王，不知不觉地

① 钱锺书：《钱锺书集·写在人生边上的边上》，三联书店2001年版，第303—304页。

② 伍蠡甫：《西方文论选》下卷，上海译文出版社1979年版，第468页。

转向“同情”杨妃，最后则热情“歌颂”起李杨的忠贞爱情。这一“转向”所造成的意图矛盾，极有可能是诗人被诗中“花钿委地无人收，翠翘金雀玉搔头。君王掩面救不得，回看血泪相和流”的生死离别场面所感动，自此挣脱理性桎梏而遵从情感逻辑，顺着爱情主调一泻而下，终于使作品由开篇“春宵苦短日高起，从此君王不早朝”的政治讽喻，变而为最后“在天愿作比翼鸟，在地愿为连理枝”的爱情颂歌。李健吾认为，从作者的经验到表现是一个坎坷的“天国历程”，结局多半倒是颓然而废。诚哉斯言！

“以意为主”是古典诗学的核心命题，王夫之更将其提到空前高度，认为“意”不仅是创作中行文布阵的主帅，也是衡量作品境界高低的尺度。创作冲动源于作家的人生思考，艺术作品是表达人生思考的审美载体，没有意图的创作是不存在的。从艺术发生学角度看，创作意图是艺术成品的胚芽，是艺术构思的酵母，也是文学意义生成的原始起点。因此，创作意图在意义整体中具有原发性和基础性的地位。对文学意义的阐释绝不能放弃对作者意图的考虑，就大多数作品而言，它是一种重要而有效的参照。然而，意图同实践之间总有距离，或效果超出意图、或意图表现不足、或创作实际走向原初意图的反面。因此，在意义阐释中虽然不能离开对意图的考虑，但不能把作者对动机和意图的自我阐释作为理解意义的唯一根据，更不能把作品的意义归结为作者的原意，而应从艺术品的整体出发理解作品的全部意义。如果诗人在艺术世界中成功地实现了他的意图，作品本身就是最好的明证；如果没有实现，他的原初意图对实际作品就没有实质性意义。艺术文本是承载意义整体的物质载体，也是接受者体验和理解审美意义的直接对象。

文本意蕴的多元开放

意图世界与艺术世界的矛盾表明，创作意图是意义结构中不可或缺的原发性要素，但对意义的“汲吕”又只有从文本入手，而不能以原意为指归。文本意蕴具有多元开放性，这种“多元开放”包含双重涵义，即“意蕴”的多元开放和“文本”的多元开放。一方面，艺术意蕴不是单一的抽象观念，而是弥散和流贯于作品整体的人性和人情；另一方面，作为意蕴载体的艺术文本不是平面的封闭文本，而是多层面的复杂结构，也是充满不定点和互文性的开放世界。

清人刘熙载有句名言："文，心学也。心当有余于文，不可使文余于心。"（《游艺约言》）文学创作不是宣讲教义、图解概念，而是刻划人性、抒写人情；人心是文本的主帅，文本是心灵的载体。艺术的要务就在于它的生动地心灵性的表现，以及通过这种表现过程而揭露出来的心情和性格的巨大波动。作为生命的动力之源，人心和人性是一个复杂的世界，作为人类心灵的观察者，诗人和作家无不力求真实完整地表现人的心灵世界。一首小诗、一部巨著，文本意蕴的"汲舀"不尽，首先在于作品具有的人性深度和心灵广度。泰纳说得好："如果一部文学作品内容丰富，并且人们知道如何去解释它，那么我们在这作品中所找到的，会是一种人的心理，时常也就是一个时代的心理，有时更是一个种族的心理。"①相反如果它只是一卷宣讲教条、图解政策的宪章或公文，就决不会有如此深广的意蕴和恒久的魅力。文本意蕴"汲舀"不尽的另一个原因，还在于作为意蕴载体的艺术文本是一个多元立体的形象世界，也是一个结构复杂的开放世界。首先，艺术文本是一个立体的形象世界。文学的要务在于表现变动不居的心灵世界，而流动的情感情绪和潜隐的心灵世界是难以直观的，只有通过生活情境和矛盾冲突的描写才能为人感知；同时，人的情感情绪和性格意趣的存在形态与理性语言在逻辑上是互不对应的，前者是具体的、丰富的、恍惚迷离而不可名状的，后者是抽象的、概括的、凝固化了的理性结构。因此，要真实表现流动不居、不可名状的人心和人情，就必须塑造同构对应的生活幻象或艺术形象，或作直接呈现、或作间接暗示。而"形象大于思想"是审美认识的普遍规律，潜隐的人心和人情一旦获得形象的显现，便具有了感性具体的丰富性和多样性。其次，文本形象又是一个结构复杂、蕴涵多意的开放世界。卡勒对"文本意义"作了这样的分析："我们不能只问'意义'是什么。意义至少有三个不同的范畴，或者叫层面，即字的意义，一段言语的意义和一个文本的意义。"②由部分到整体、从表层到深层，文本形象的感性呈现至少可以区分为言、象、境三个层面：即语词层面、意象组合层面、意境或形象体系层面；与此相联系，文本意蕴也至少有三个层面：即单个语词的意蕴、一组意象的意蕴、整体意境或

① 伍蠡甫：《西方文论选》下卷，上海译文出版社1979年版，第241页。

② 乔纳森·卡勒：《文学理论》，李平译，辽宁教育出版社1998年版，第59页。

形象的意蕴。

首先是语词意蕴的开放性。黑格尔说得好："每一个字都指引到一种意蕴。"[①]文本意义发生的最简单现象是对于一个语句的理解过程，而在一个语句中，每一个语词都具有某种意义，语词是构成文本意蕴的基本元素。语词意蕴的开放性有多方面原因。其一，每一个语词都可能具有四重属性："一个词是有声音的和吐发出来的，是有意义的，是表现感情的，并且能唤起形象的。"[②]文学语言不同于实用语和科学语，也不同于演说语和日常口语，而是以生动的形象外观和丰富的情感色彩体现审美意蕴的意象语言。文学语言作为意象语言，其根本特点在于以意象创造为宗旨，语词的声音、意义、情感和形象四重要素和谐统一，从而既能唤起人们对表象的生动直觉，又具有最丰富的表现力，引发人们对言外之意的无穷想象。其二，诗人笔端的语词是民族文化的载体，尤其是用字、典故、隐喻、象征种种"诗家语"，深深植根于民族的历史结构和文化传统之中，富于高度的内涵，充满了历史上的事件和记忆，也给读者以丰富的联想。杜诗有"无一字无来处"之说，诗人遣词造句，把诗笔伸向历史的深处，取用富于高度内涵和历史想象的语词，描绘眼前景，抒写胸中情。读杜诗，几乎每一个词都可能找到历史的渊源，听到历史的回响。"千家注杜"者的"笺注"所提供的，正是笺注者所听到的历史回声的交响，是他认为诗人在创作该诗时整个心灵空间里曾经进进出出的声音和语象。其三，句法的含混模棱也可能造成话语文本虚涵多意的开放性。李煜词《浪淘沙》结句："流水落花春去也，天上人间"，此句虽不晦涩，却颇迷离。俞平伯《读词偶得》对此句曾提出四种不同读法，[③]俞氏本人取第四种解释，而以前三种为"不好"或"不妙"。然而恰如叶嘉莹所说："其实李后主这句词的佳处所在，原来却正在于它的语法的含混模棱，与语气之沉着真率的一种微妙的结合。读者既可由其含混模棱的语法而生多种解说及联想，又可因其沉着真率的语气而有极深切之感动。"[④]

其次是意象和意象群意蕴的开放性。在"言、象、境"的三维结构中，意象和意象群是文本结构的第二个层面，也是艺术品的核心层面。这一层面

① 黑格尔：《美学》第一卷，朱光潜译，商务印书馆1979年版，第25页。

② H.帕克：《美学原理》，张今译，广西师范大学出版社2001年版，第155页。

③ 俞平伯：《读词偶得》，上海书店1984年版，第35—36页。

④ 叶嘉莹：《中国古典诗歌评论集》，广东人民出版社1982年版，第142页。

的开放性主要体现在两大方面。其一，文学意象不是一个可触可感的物质实体，而是一个充满空白点和不定点的图式化世界。文学用语词刻画形象，作为精神符号的语词并不直接刺激人们的感觉器官，因此文学形象缺乏清晰性和确定性，千言万语的肖像描绘远不及一幅肖像画使人感到那么生动鲜明；同时，语词具有概括性，而描绘的对象无不是个别独特的，语词的概括性和对象的个别性之间无法克服的矛盾，使诗人和小说家笔下的每一个物象都成为充满空白点的图式化结构，从而造成文本意蕴的不确定性和开放性，为读者提供了广阔的想象空间和审美再创造空间。《红楼梦》对初进贾府的林黛玉作了诗意的描绘："……闲静似娇花照水，行动如弱柳扶风。心较比干多一窍，病如西子胜三分。"这幅充满隐喻和典故的文字肖像提供的联想空间，远比色彩肖像《蒙娜丽莎》要广阔得多。因此，鲁迅"从文字上推见"的林黛玉，完全不同于梅兰芳扮演的林黛玉。其二，意象和意象群的复杂组合，常常使一组意象、一个画面具有多样的阐释可能。意象是整体意境和形象体系的构成元素，"一个意象是瞬息间呈现出的一个理性和感情的复合体……正是这种'复合体'的突然呈现给人以突然解放的感觉；不受时空限制的自由的感觉，一种我们在面对最伟大的艺术品时经受到的突然成长大了的感觉。"[①]而任何一部作品都是意象和意象群的复杂组合体，这种意象的和弦开放出了多元的阐释空间。读者李健吾和诗人卞之琳对《断章》解释的分歧，便是由于各自对《断章》的意象结构或意象和弦的不同理解所致。其实正是由于意象和意象群意蕴的开放性，一行美丽的诗才会永久在读者心头重生。在叙事作品中，每一个人物形象实质上也是一个审美意象，然而，由于人物性格、人物行动和人物关系的复杂性，杰出作家笔下的文学人物往往成为具备人性的全部丰富性的圆型立体人物，这样的人物形象所开放的意蕴空间远比一个抒情意象要大得多，于是，一千个读者便有一千个哈姆雷特，一千次阅读也会有一千个阿Q。

最后是意境整体和形象体系意蕴的开放性。言以明象，聚象成境。作为一个整体存在的艺术生命，它的各个组成部分都具有某种意义，文本意蕴的完整阐释便是部分与整体之间回返往复的循环过程。"倾国宜通体，谁来独赏眉？"读者从部分入手最终达到对整体的把握，同时也只有把握整体才

① 戴维·洛奇：《二十世纪文学评论》上册，葛林译，上海译文出版社1987年版，第108—109页。

可能领略到作品的真精神。作品的完整意境和形象体系基于部分而又超越于部分之和，像一个活的生命体展示出多方面的美，蕴藉着神秘幽深的意味；同时，作品的各个部分，包括隐喻、典故、神话以及局部意象群等等又在整体中获得自身的意义，从而使文本整体形象成为一个多面体，每一个侧面都开放出一个意义空间。黑格尔关于“形象的每一点都化成灵魂的眼睛”①的论述，对于认识作为多面体的文本意蕴的开放性富有启示意义：既然形象的每一点都已化成“灵魂的眼睛”，那么每个文本不仅成了汇聚丰富人性内涵的精神之海，每一个“灵魂的眼睛”同时也就成了接受者窥视心灵世界的一个窗口，从而为意义的理解提供了无数条通道，开辟了无限的空间。正是在这个意义上，亨利·詹姆斯说：小说的房屋“不是一个窗户，而是一百万个窗户”。于是，无论《堂吉诃德》还是《红楼梦》，接受者面对如此庞大的形象体系，从不同的角度，发现不同的意义、作出不同的解释，就不难理解了。

《大乘广五蕴论》曰：“问：蕴为何义？答：积聚是蕴义，谓世间相续，品类趣处，差别、色等总略摄故。”在佛教哲学中，“蕴”是积聚、藏蓄、集合体的意思，也就是说积集同类法为一聚称为蕴。而文本意蕴的开放性既包含“意蕴”的多元开放，也包括“文本”的多元开放：艺术文本的“意义”不是单纯简明的理性观念，而是生生不息生命情感，承载意义的“文本”不是平面的封闭结构，而是具有“一百万个窗户”的开放世界；一个艺术文本积聚、蕴蓄着永远汲舀不尽的丰富意义，所以便把文本意义称之为“意蕴”。

进入艺术世界的作者声音

叙述意向是意义整体的第三个基本要素，它与创作意图和文本意蕴一起共同构成意义整体的共时性维度。何谓“意向”？意向者，主体的心灵意指或情思取向；叙述意向，则是指作家通过他的精心构思和刻意表达并借助叙述者或抒情主人公体现在作品形象体系中的情意指向和审美评价。叙述意向不同于创作意图，如果说创作意图还只是站在作品之外的作者的自白，那么叙述意向则已是进入艺术世界之中的作者的声音；叙述意向也不同于文本意蕴，如果说文本意蕴是独立自足的客观文本积聚或呈现的全部意义

① 黑格尔：《美学》第一卷，朱光潜译，商务印书馆1979年版，第198页。

的总和，那么叙述意向则是作为创作主体的作家对多元开放的文本意蕴有意识的选择和强调。尽管从意图世界到艺术世界经常出现“意不称物，文不逮意”的矛盾现象，但是创作意图的难以完全实现并不等于作者在作品意义的生成中无所作为，恰恰相反，作者始终是作品中的一个“在场者”，诗人和小说家的心思意向会像弦外之音，随处在作品里透露出来。

先看抒情性作品。李白五绝名作《玉阶怨》，萧士赟有句著名评语：“无一字言怨，而隐然幽怨之意见于言外。”俞陛云以精细的解说更进一解：“题为玉阶怨，其写怨意，不在表面，而在空际。第二句云露侵袜湿，则空庭之久立可知。第三句云却下晶簾，则羊车之绝望可知。第四句云隔簾望月，则虚帷之孤影可知。不言怨而怨自深。”[①]这里萧士赟所谓“隐然幽怨之意见于言外”、俞陛云所谓“其写怨意，不在表面，而在空际”，都是指含蓄传达了诗中的宫廷怨妇的“幽怨”之意。其实，作为代言之作，除怨妇的“幽怨之意见于言外”，作为代言者的诗人对怨妇的同情和怜惜之意同样写在诗中“空际”而隐然可见。诗境客观呈现的怨妇的幽怨之意和诗中“空际”潜藏的诗人对怨妇的怜惜之情，共同形成全诗抒情内涵的双重结构。如果说《玉阶怨》中诗人的情感评价潜藏于诗境的“空际”，那么在杜甫的不少诗篇中诗人直接站出来发出自己的声音。清人刘凤诰细心地发现，杜甫往往把直接表达自己意向愿望的诗句置于结尾：“少陵志气恢闳，心存济世，古诗直摅胸臆，往往于结句作殷殷属望之词。”[②]气势恢闳、直摅胸臆的诗句，表达了诗人忧国忧民、心存济世的殷殷之情。应当指出，所有抒情性作品的意义整体，无不都是诗境呈现的客观意蕴和诗人在诗篇中直接或间接地发出的声音的有机统一。

再看叙事性作品。在篇幅宏大、功能全面的叙事作品中，叙述意向的表达方式更为多样，作者声音的内涵更为丰富。作者在自己的不同作品中，会因主观意识和客观对象的变化而表达不同的情感态度。吴组湘在比较茅盾《子夜》和早年的“三部曲”时指出：“《子夜》的态度与内容都显然与作者早年的‘三部曲’不同。‘三部曲’的主意不过是描摹1927年时代的小资产阶级革命青年的意识形态，作者自己也只是取一个刚刚觉醒的小资产阶级以一种

① 俞陛云：《诗境浅说续编》，上海书店1984年版，第10页。

② 张中绂：《杜甫诗话六种校注》，齐鲁书社2002年版，第190—191页。

感伤与颓废的情调去写作的，所以篇中一贯地笼罩着失败与绝望的空气，指给自己以一条虚无迷惘的道路。《子夜》则是在作者摸出了那条虚无迷惘的路，找着了新的康庄大道，以其正确锐利的观察对社会与时代有了进一步的具体的了解后，用一种振起向上的精神与态度去写的；它在消极的意义上暴露了民族资产阶级的没落，在积极的意义上宣示着下层阶级的兴趣。”[①]吴组湘的这段评论不仅揭示了《子夜》和“三部曲”叙述意向的不同情调，而且提出了一个具有普遍意义的理论问题，即作品的叙述意向和作者的思想情感评价有两种倾向：作家可以对他所描写的生活和性格表示满意，对它的某些特点表示同情和赞赏，这是一种肯定性叙述意向；作家也可以表达对自己所描写的生活和性格的不满，对它的黑暗和愚钝表示愤怒和抗议，这是一种否定性的叙述意向。其次，一般地说，叙事作品篇幅宏大而功能全面，因此叙述意向的内涵也往往比抒情性作品更为丰富。刘心武谈到《钟鼓楼》的叙述意向时表示：“我是从政治、历史、经济、道德、伦理、社会学、民俗学、心理学、人类学乃至于生理学、物理学等多种角度来表现、剖析人物，来展现、研究世态的，因而表面上看去我写的是些琐屑的凡人小事，触及的却是当代北京市民文化的一部发生发展史”。[②]学科名称的叠床架屋不免有夸饰之嫌，但倘是一位真正伟大的作家，确能以开阔的视野、敏锐的体察，立体地、多层次地表达对人生的思考、理解和思想情感评价，这也是亨利·詹姆斯所谓小说的房屋有“一百万个窗户”的另一重要根源。再次，现代叙述学把小说分为主观讲述和客观呈现两种类型，与此相联系，叙述意向的表达也有或显或隐两种不同方式。二者相比，隐性叙述意向的准确阐释比显性叙述意向显然要困难得多，它要求阐释者具有更大的耐心，更敏锐、更精细的审美感受力。

无论叙事作品还是抒情作品，作为主观性意义的叙述意向是其意义整体中客观存在的现象。因此，这一问题也已引起学者的关注和思考，其中，波斯彼洛夫的“文学作品的激情”说和布斯的“隐含的作者”说，最值得重视。在《文学原理》和其主编的《文艺学引论》中，波斯彼洛夫分别从客观依据、主观根源和内在结构三个方面对“文学作品的激情”或作家的思想情感评价作了深入阐述，为我们准确把握意义整体中的叙述意向提供了有益的

① 吴福辉：《二十世纪中国小说理论资料》第三卷，北京大学出版社1997年版，第208页。

② 刘心武：《斜坡文谈》，上海文艺出版社1987年版，第97页。

理论参照。“隐含的作者”是布斯在《小说修辞学》中探讨“小说中的作者声音”时首创的概念。所谓“隐含的作者”就是作者在创作中通过各种“人为性技巧”,通过叙述者的声音和观察者的取向,在作品中塑造的自己的“隐含的替身”或作者的“第二自我”。[①]无论诗歌还是小说,艺术家正是通过潜藏于作品中的“隐含作者”发出他的声音,体现他的情感态度和价值判断。同时,由于每一位作者在不同作品中都含有不同的替身、不同的思想规范组成的理想,从而也会在读者头脑中形成不同的精神肖像;“正如一个人的私人信件,根据与每个通信人的不同关系和每封信的目的,含有他的自我的不同替身,因此,作家也根据具体作品的需要,用不同的态度表明自己。”[②]如果说波斯彼洛夫的“文学作品的激情”说有助于我们从创作过程认识叙述意向的生成特点;那么布斯的“隐含的作者”说,则有助于我们既从创作更从接受的角度认识叙述意向在文本中的存在形态。

叙述意向不仅是意义整体不可或缺的构成要素,而且在意义的生成过程和意义的理解阐释中发挥着多种功能,主要体现在三个方面,即主题提摄功能、风格强化功能和阅读指引功能。首先是主题思想的提摄。通常认为,“思想”和“主题”是作品的意义整体中处于不同层次的两个概念。作品的思想是丰富而多样的,作品的主题则是集中而明确的。一个整体如果各部分只是以外在联系结合于空间和时间之中,却没内在的统一涵义贯穿其间,只能称之为机械的整体。同样,一部作品的意义整体如果没有集中而明确的主题贯穿其间,也只能是一个机械整体而非有机整体。那么主题思想的明确性和主导性是如何形成和确立的?一言以蔽之,正是进入艺术世界中的作者声音通过对作品所描写的性格和情境的理解和评价,建立起文本意蕴的中心指向,从而形成主导性的艺术主题。从这个意义上说,倾听艺术世界中作者的声音,抓住作者的叙述意向,是准确把握艺术主题的前提条件。其次是审美风格的强化。一部真正的艺术作品的意义整体无不显示出独特的审美风格倾向,是一个具有鲜明风格特色的意义结构。意义整体的风格倾向和风格形态的形成,一方面取决于作品所描绘的性格或情境本身的客观特点,另一方面又取决于主观的叙述意向对性格或情境客观特点的强调和

① 布斯:《小说修辞学》,华明译,北京大学出版社1987年版,第80页。

② 布斯:《小说修辞学》,华明译,北京大学出版社1987年版,第81页。

强化，是艺术家的主体性与艺术的真正的客观性的有机统一。波斯彼洛夫不仅提出了“激情”的概念，而且对“激情的种类”作了全新的概括，认为除传统的审美范畴所论及的崇高与卑贱、悲剧性与喜剧性之外，“如英雄精神和戏剧性，浪漫主义精神和感伤，幽默和讽刺，所有这些都是文学作品激情的种类”①。这里所说的作品的激情种类，实质上也就是体现在不同作品中的意义整体的风格类型。论及不同作品激情或风格形态的形成，波斯彼洛夫批评了黑格尔“激情”说的客观主义缺陷，强调了“艺术家本人的思想与感情的激情，表现在形象中的他对人物性格的感情认识的激情”的重要意义；例如，“崇高就不仅是作品中人物活动的激情，而且是决定作品的风格特点和表现在作品中的作家本人创作思维的激情”。②确实，正是主体的创作激情和叙述意向，制约和强化了意义整体独特的审美风格倾向。最后是阅读取向的指引。叙述意向作为潜藏于作品中的隐含作者，它在提摄主题思想的同时又担负起指引读者阅读取向的任务。因为大多数值得阅读的作品都是具有众多可能的主题，包含众多可能的神秘经验和象征性意味，以致要发现和赞同其中的任何一个都非轻而易举。于是读者在阅读中对作者有一潜在要求：在众多的价值取向中他应当作何选择、作者要他取何种立场？作为“隐含作者”的叙述意向正满足了读者的这一基本要求：“‘隐含作者’有意无意地选择了我们阅读的东西；我们把他看作真人的一个理想的、文学的、创造出来的替身；他是他自己选择的东西的总和。”③《阿Q正传》中的隐含作者对阿Q精神的“哀其不幸，怒其不争”，《伤逝》中的隐含作者对子君和涓生的爱情婚姻由赞美、到不满、再到反思的复杂心情等等，叙述主体的这种情感评价指引着读者的审美之旅，也指引着阐释者对意义中心的选择与提摄。

审美意味与意义整体的累积

“意味”作为古典诗学范畴，通常是指作品内涵的意趣、情味。然而，“意”“味”分训，“意”既有作为名词的意义、意蕴和意趣之义，也有作为动词的意匠、意想和意料之义；“味”既有作为名词指称对象审美特质的滋味、情

① 波斯彼洛夫：《文学原理》，王忠琪译，三联书店1985年版，第245页。

② 波斯彼洛夫：《文学原理》，王忠琪译，三联书店1985年版，第242页。

③ 布斯：《小说修辞学》，华明译，北京大学出版社1987年版，第84页。

味和趣味之义，也有作为动词标示主体审美理解的吟味、赏味和品味之义。本文各取“意”“味”二语的后一种含义，以“意料”之“意”和“品味”之“味”，合成“意味”一词，用以指接受者对文本意义的创造性理解及其成果。所谓审美意味，就是接受者对文本意蕴的品味、领悟、理解和阐释，在意义整体中，它具有激活和累积文本意蕴的动力性和增殖性功能。

狄尔泰认为，所谓“意义”，既是人们的“表达”所表达出来的东西，也是人们的“理解”所理解的东西；完整的“意义”是“表达”和“理解”的统一体。在著名的《历史中的意义》一书中，狄尔泰更是反复强调“意义”与领悟和理解的内在联系：“意义这个范畴与理解过程具有某种特别紧密的联系”，因而“意义这个概念就首先出现在与理解过程的关系之中”。[①]伊瑟尔在其《虚构与想象》中再次强调了狄尔泰的思想，指出：“‘意义’主要是既定文本（作为一种想象的完形）与读者之间进行语义学交流的结果。因此，意义只是想象的实用化。”[②]狄尔泰和伊瑟尔的这一思想对我们正确认识“意义整体”的动态生成和历史累积具有重要启示意义：文学的“意义整体”既包含文本所表达出来的意图、意向和意蕴，也包含接受者所领悟和理解到的意味，是共时性维度的意图、意向、意蕴和历时性维度的审美意味的有机统一体。尧斯有句名言：一部文学作品的历史生命如果没有接受者的积极参与是不可思议的。同理，一部作品意义整体的生成如果没有接受者的审美意味的参与同样是不可思议的。接受者的审美意味作为动力性和生成性要素，在意义整体的动态生成和增殖过程中发挥着相互关联的双重功能，即文本意蕴的当下实现和意义整体的历史累积。

首先是文本意蕴的当下性实现。一部艺术品的生命意义有两种存在方式，即文本性存在和心灵性存在：一方面，一部艺术品的创作过程一旦完成，便获得一个稳定的表达结构；另一方面，当它进入接受过程，又以不同的面貌存在于不同读者的心灵之中。文本性存在是作品生命意义的潜在基础，心灵性存在是作品生命意义的当下实现；而接受者的审美理解和审美意味，正是艺术品的生命意义由潜在的文本性存在转化为当下的现实性存在的中介。伽达默尔的阐释学美学强调审美理解和审美经验对艺术品存在的本质

① 狄尔泰：《历史中的意义》，艾彦，逸飞译，中国城市出版社2002年版，第56—63页。

② 沃尔夫冈·伊瑟尔：《虚构与想象——文学人类学疆界》，陈定家等译，吉林人民出版社2003年版，第35页。

意义，并以神殿庙宇为例阐述自己的观点："艺术的万神庙并非一种把自身呈现给纯粹审美意识的无时间的现时性，而是历史地实现自身的人类精神的集体业绩。所以审美经验也是一种自我理解的方式。"[①]伽达默尔令人信服地说出了艺术的生命意义存在的真理。艺术品只有在被品味、被理解和被阐释的时候，才具有意义；它的生命意义才得以实现。邓以蛰论"气韵生动"有"天地之心，画者之心，鉴者之心"三心为一心之说，并进而指出："画之结果既在气韵生动，而气韵生动为精鉴者之事，是画之价值出于精鉴也"[②]。确实，画之气韵生动作为审美价值的极至，同样离不开"鉴者之心"的品味、理解和阐释。

其次是意义整体的历史性累积。韦勒克说得好："一件艺术品的全部意义，是不能仅仅以其作者和作者的同代人的看法来界定的。它是一个累积过程的结果，也即历代的无数读者对此作品批评过程的结果。"[③]这个"累积过程"是如何实现的？一言以蔽之，它同样是读者的审美理解和审美意味积极参与的结果。一方面，所谓文本的心灵性存在；亦即文本意蕴在读者心灵中的"重演"，然而这种心灵的"重演"绝不是消极的显现，而是积极的再创造。由于文本意蕴的多元开放、接受主体的前理解结构以及对象和主体之间的时间距离，文本在心灵中的重演过程必然是审美意味的再创造过程。另一方面，当一代又一代的读者再创造的审美意味"累积"到意义整体之中，便形成了意义整体的历史之链。恰如尧斯所说："第一个读者的理解将在一代又一代接受之链上被充实和丰富，一部作品的历史意义就是在这过程中得以确定，它的审美价值也是在这过程中得以证实。"[④]《堂吉诃德》是举世闻名的杰作，堂吉诃德这位奇情异想的西班牙绅士，自17世纪以来几乎走遍了世界。各个时代、各个国家的读者对他有不同的理解，这些形形色色的见解不断深化和丰富着堂吉诃德的性格和面貌。诚如杨绛先生所说：塞万提斯塑造的堂吉诃德"是一个非常复杂的性格"，而经过400年的审美阐释，"堂吉诃德累积了历代读者对他的见解，性格愈加复杂

① 伽达默尔：《真理与方法》上卷，洪汉鼎译，上海译文出版社1999年版，第124页。

② 《邓以蛰全集》，安徽教育出版社1998年版，第258页。

③ 韦勒克，沃伦：《文学理论》，刘象愚译，三联书店1984年版，第35页。

④ 姚斯，霍拉勃：《接受美学与接受理论》，周宁，金元浦译，辽宁人民出版社1987年版，第25页。

了"[1]。小说人物，戏剧人物，一篇美文，一首诗歌，所有杰出作品的意义整体，无不因一代又一代读者审美意味的增殖和累积而得到丰富，从而形成绵延不尽的意义之链。

接受主体的审美意味对意义整体的增殖和累积意义不仅仅在于作品本身，实质上这也是一部艺术品在历史的长河中持续发挥作用的过程：陶冶性情，塑造心灵，参与文化建设，实现其社会效应和社会功能。艺术作品由文本性存在转化为心灵性存在，对接受者不再是陌生世界，而是属于接受者自身的世界。接受者由于在这个世界中更深刻地认识了自己，从而更本真地被转移到这个世界中去，作品也就与接受者保持一种意义连续性，这种连续性把艺术作品与实际存在的世界联系在一起。如李健吾认为，一首诗，当你用尽了心力，即使徒然，你最后得到的不是一个名目，而是人生，宇宙，一切加上一切的无从说起的经验——诗的经验。从这个意义上说，对作品的理解和解释就是一种应用，"应用是一切理解的一个不可或缺的组成要素"[2]。

艺术作品的意义吸舀和历史积累之所以永无止境，既离不开接受主体的创造性理解，更以接受对象潜在的"意义整体"为前提。从这个意义上说，并不是每一部作品的意义都是汲舀不尽的，只有真正积淀深厚意义丰润的伟大作品而不是一览无余的浅薄之作，才可能具有汲舀不尽的无穷意义，才可能形成绵延不尽的接受历史，也才可能持续不断地发挥审美和文化的功能。

---

① 《杨绛作品集》第三卷，中国社会科学出版社1993年版，第4页。

② 伽达默尔：《真理与方法》上卷，洪汉鼎译，上海译文出版社1999年版，第396页。

中国传统考据学与西方阐释学

方汉文

一、经典与阐释

无论东方与西方,都有对于文化经典进行阐释研究的传统,由此形成了中西不同语境下的解释学,研究这两种异质文化中的文本特别是经典文本的解释,对于当前的文化研究文学研究都有重要的意义。

考据学是人们熟悉的学科,从大的范围来说,其中包括音韵、训诂、文字考释,也包括义疏、笺注、传疏、注释等多种解释方式。所谓阐释学,名称源于希腊文的"解释"(herméneuein),这是希腊神话中神的使者赫尔默斯(Hermes)的名字演化而来,由于这个神负有译解、传达、解释神旨的重任。英文中的阐释学是hermeneutics,德文中是Hermeneutik。由于历史原因,阐释学本意并不是对于普通的疑难问题的解释,而是对于神的旨意,对于来自另一个世界的声音的传达,所以它同时有解释、宣告、翻译等多重意义,这是从语源学角度来分析阐释。另外,在历史和语义方面,阐释学最早是以对于圣经的解释来命名的,以后又发展为对于其他文本的理论。阐释学的历史发展对于它有决定性影响,使得它的定义和学科范围难以划定。主要分歧在于它是一种方法抑或不过是一门独立的人文科学?它的本质是对于文字语言的注释,还是理论体系?我们认为,阐释学是一门人文科学,它的方法是以文本的语言文字意义解释为基础,进入到文本历史观念的解释。所以正像帕尔默(R.E.Palmer)在《阐释学六义》中所说:"阐释学有别于注释学,亦即解释之方法学"。

中国传统的考据学能否看作是一种阐释学呢?

本文原刊于《安徽师范大学学报》2003年第4期。

作者简介:方汉文(1950—),男,陕西西安人,苏州大学文学院教授、博士生导师。

我们认为中国传统的考据学从本质上来说就是一阐释学。从历史上来看，考据学具有实证方法的研究特点，所以有的学者往往轻视考据，以为考据不是著述。如清代学者袁枚就认为："形而上谓之道，著作是也。形而下谓之器，考据是也"。以古文为著，以考据为述，重古文视考据。这种见解遭到当时的学者孙星衍等人的批驳，他在《答袁简斋前辈书》中指出：

古人重考据甚于重著作，又不分为二。何者？古今论著作之才，阁下必称老、庄、班、马，然老则述黄帝之言，庄则解老之说，班书取之史迁，迁书取之古文《尚书》，《楚汉春秋》，《世本石氏星经》，颛顼夏、殷、周、鲁历，是四子不欲自命为著作。①

我们不能同意他所说的古人重考据甚于著作的说法，但是认为他所说的考据与著作不分为二是正解的。孔子自命述而不作，《论语》中处处引述经典，但从宣传儒家思想来说，仍然可以说是一种"作"。注疏经典如郑玄、马融、王弼、郭象等都成为大学者，就是因为他们把考据、注疏与著作结合起来，阐释经典著作的理论，自成一家之说。所以我们认为中国的广义考据之学，其实也是一种阐释学。

二、中西阐释学的历史发展

中国从汉代开始对文学经典《诗经》以及《楚辞》等文学著作进行阐释，到清代学者为止，以历史时代划分，主要有五个时代：

1. 汉代阐释学：汉代出现了第一次经典研究的高潮——两汉儒学；秦燔书之后，汉刘向校经传诸子诗赋，其后则有马融、郑玄等一代经学大师。"经学"——经典阐释学成为中国学术经史子集四部之首，其中就有《诗经》的阐释。《汉书·艺文志》载有："《鲁故》二十五卷，《鲁说》二十八卷，《齐后氏故》二十卷，《齐孙氏故》二十七卷，《齐后氏传》二十九卷，《齐孙氏传》二十八卷，《韩故》三十六卷，《韩说》四十一卷，《韩内传》四卷，《韩外传》六卷，《毛氏故训传》三十卷。可以说基本上记载了毛刘鲁韩四家的主要著作。从体例来说主要是说、传、故三种。另有少量注释《楚辞》等非经典的著作。

2. 魏晋阐释学：魏晋是中国形而上学思维发展的一个重要时期，玄学等

① 郭绍虞：《中国文学批评史》，上海古籍出版社1979年版，第587页。

与诸子学说相继承又具有独创性的学说大量涌现。注经成为当时学者阐发自己思想的重要方式。以《诗经》为例,《随书·经籍志》载注经著作39部442卷。特点是四家诗只有毛韩两家,韩诗仅有两部,其余全是毛诗。毛诗的统治地位已经确立,另外,注释范围扩大,有音证、诗谱、诗驳、奏事、草木虫鱼等。注释方法中最重要的变化是出现了义疏。毛诗义疏类著作有十种,作者时代与研究重点各有不同。这是受佛经注释音义两法的影响,义疏就是讲疏,来源于佛门讲经、玄学清谈。它以经义音的结合为特点,主要讲解释经典大义,不受经典本义的严格限制,讲经者可以阐发自己的思想观念。义疏的兴起相当于西方阐释学从文字注释中解放出来,步入意义阐发的时代。这种阐释对于当时的学术研究有巨大的推动作用,魏晋玄学名理佛理等思潮也是在汉学和佛学经典阐释的基础上发展起来的。

3. 隋唐阐释学:唐代在方法上首先采用正义方法,唐太宗命国子监祭酒孔颖达等人撰五经正义。正义是义疏方法的提高,即用一种统一的、标准化的方式,对经典作出规范注释。这种方法的指导思想是建立标准化的经典解说文本,但结果却是囿于旧说,只能对前人注解进一步发挥。即所谓"疏不破注"。而且它只采一说,不能参酌众说,比起汉代多家传诗来其实是退步。我们上文所引用的《毛诗正义》就是唐代孔颖达的杰作,它的局限性就表现为对于毛传郑注的全部接受,不能提出新解。这种精神是与阐释学发展的趋势相违背的,所以刘师培批评唐代的注疏家是"专守一家,举一废百之学"。这种批评有过分之处,但恰击中要害。唐代阐释学的主要贡献之一是非经典文本注疏的发达,特别是对诗文辞赋的综合注疏还是首次出现。这类著作以李善注《文选》最出色,注释引用群书千种以上,除去与前人相同的注音解故之外,由于世代累积文本较多,出现大量典故,解释典故成为解释学的又一重要内容。

4. 宋明阐释学:宋明理学是中国儒家学术体系从诸子之后的又一个重要阶段,它的主要发展方式也是经典阐释。其特点则是从更高层次返归汉魏的义理研究,把考据注疏置于义理之下。这种义理研究是体系化的,主要是宣传新一代儒学(与先秦两汉旧儒学相对举)的理论主张。它的贡献在于使中国阐释学走向系统理论建构,改变了以注释为主的学科特点,注重理论建树。而且超越唐代统一思想的缺陷,融会佛学、道家等多种学说。宋朱熹作《四书章句集注》使得“四书”独立于六经之外，另成系统，对中国传统思想的发展有一定影响。但它的缺点也明显，那就是理论与经验相脱离，义理与考据相对立，导致空疏浮泛。与历史上的阐释学家相比，宋儒片面发展了汉代解释学的“大义”，并且与文本相独立发展。宋儒也有不少有影响的著作，如朱熹《诗集注》《楚辞集注》、洪兴祖《楚辞补注》、汪瑗《楚辞集解》等。对于历代诗赋家的注释就更是佳作迭出。宋代注释家发展了评点这一独特的手法，从诗文到小说，都有大量评点作品出现。

5. 清代学者以考证为特色的经典阐释学是可以与汉代经学相比的又一个高峰。与西方实证主义研究几乎同时，中国的实证研究也迈开了步伐。清代阐释学以考据为主流，全面发展。首先，注经数量质量都是空前的。《清史稿·艺文志》等著录新注解经籍2830多种，其余未收入者不计其数。清代学者无征不信，治学严谨，成就是前所未有的。其次，杰出学者传世之作数量质量也是史无前例，《诗经》注释著作至清一代已经浩如烟海，清代学者却能推陈出新，陈奂《诗毛氏传疏》、马瑞辰《毛氏传笺通释》、姚际恒《诗经通论》等都有实质性的进步。而且，极大地发展了考据方法，使其成为内容极为丰富的学科。特别是语言、文字、音韵之学、校勘、辑佚、目录等相关学科也翕然而起，形成以文字考据为中心的学科群体，星汉灿烂，彪炳史册。

西方阐释学基本经历了三个大的历史阶段：

(1)早期是东西方文化混融时期，罗马帝国建立后，公元391年，基督教被定为国教。古希腊哲学被基督教神学所取代，阐释学的精神与导向也发生根本转折。这种阐释学主要是用古希腊的学术研究方法对圣经进行研究，西方阐释学也就成为基督教神学理论的主体，也称为经院哲学。出现了普洛丁纳斯(Plotinus, 205—270年)、奥古斯丁(Saint Aurelius Augustin, 354—430年)、托马斯·阿奎那(Saint Thomas Aquinas, 1226—1274年)等不同历史阶段有影响的理论家。基督教阐释学的宗旨是对于神的精神的阐释，而不是对于真理意义的追寻，真理和存在的意义探讨只是神性光辉的陪衬。用罗马神父特图里安(Tertulian)的名言来表达就是：“Crecdo abs uido”(笃信而勿穷理)。出于这种目的，阐释学的宗旨在于传达的“正确性”。阐释学的文本意义明显，由于圣经的历史形成过程中有新约与旧约的不同，有种种不同观念的来源，因此阐释学的任务在于消除矛盾，形成完整系统的神学体系。其次,由于圣经这样的古代经典具有古代人思维方式和语言的特征,有神学特有的神秘主义观念表达方式,这就是从斐洛时代就困扰着经学家们的隐意(Hintersinn),使得对于譬喻语言的解读也成为主要内容。中世纪经院哲学主流受新柏拉图主义影响极大,所以在语言与意义的关系上,奥古斯丁等人反对"文字魔力",也反对世俗道德,力图阐扬宗教原旨。在文学文本解释中,他痛悔于自己青年时代沉迷于希腊文学,失去对于神旨的领悟。这种观念与中国历史上的言意之辨大同小异,老子所谓"美言不信",同样是有历史针对性的,而且同样反映于经典解释中,从这里也可以看出人类符号的历史功能毕竟有明显的局限性。

(2)中期阐释学发展于文艺复兴运动之后,反宗教、反封建,复返古希腊人文主义精神的追求使得欧洲产生了巨变,近代科学精神、近代人文主义、近代宗教三大精神支柱同时在这一历史时期建立。当时在其他方面落后于意大利等先进国家的德国,在宗教改革中走到了时代的前列,路德宗教改革改变了这个民族的地位。过去在欧洲民族文化中理性思维并不突出的德意志民族,这时的变化影响它以后几个世纪的发展。德国阐释学首先把来自古希腊的人文传统与神学精神结合起来,1654 年,丹豪斯尔(J. Dannhauser)发表了《宗教阐释学或圣经阐释法》(Hermaneutica Sacre Sive Meth odus exponèndrum Sacrarum Literarum),这是第一部书名中有"阐释学"的专著,是近代阐释学学科建立的一个重要标志。18 世纪以后,在德国哲学家鲍姆嘉登(A.Baumgarten,1714—1762 年)等人的努力下,阐释学从经典的教条解释转向语言与历史环境的研究,出现"文字 - 历史学派"(Grammatĭsch HistoristicheSchule)。在他们的精神影响下,涌现出德国浪漫主义哲学家施莱尔马赫(E. E. D. Schleier Macher, 1768—1834 年)、狄尔泰(Wihelm Dilthey, 1833—1911 年)这样的阐释学大师。由此,阐释学具有如下重要进展:

其一,从经典解释的实践发展成为哲学思想体系,施莱尔马赫称之为"普遍的阐释学"(Allgemeine Hermeneutiken),这也是一门独立的学科。这就为其后的现代阐释学开创了道路,把阐释学放在一个更为广阔的背景中,扩大了它的范围,改变了它的性质。

其二,它不同于传统经典阐释学,研究对象不只限于经典释注,而是以人类的"理解"为对象;从对神的理解艺术变为对人的理解艺术。但它又继承了传统解释学"正确理解"的目标,使这一学科有延续性。

其三,阐释学与近代学科一样,以方法论为显著特色。从文字解释变为"心理解释",这一方法论的基础在于这样的观念,即个体的人与全人类有共通性,但又有独特风格。因此,在文本研究中,一方面要从部分到整体,另一方面又要从整体到部分,形成了"阐释学循环"。在文学文本中,风格是个体性的,从语言与风格入手是必须的,然后才能理解作者。而且,解读作者又不是最终目的,目的在于达到对于联系(Zusam-menhang)和意识的最终理解,这一层次是作者本人甚至不可能认识到的,但作品中却可能表达出来,所以阐释者可以比作者更了解作者。中国孟子论文曾有"知人论世"的说法,以后又进一步发展出刘勰等人的"原道"理论。施莱尔马赫、狄尔泰的学说近似于孟子主张,只是不要简单化理解孟子。了解他们的学说,就明白了我们上文所说的海德格尔的语言与存在理论的来源。如果再作一次类比,海德格尔的观念则近于刘勰的某些说法。

其四,阐释学是一门挟持甚大的学科,它的主要代表人物对它定义有:(1)生命的阐释学(Hermeneutik des Lebens),即超越文字与现象,囊括人类整个"历史世界"的科学。目的是要求精神科学返回到人类生命与经验来。(2)其特性是批判性的,特别是康德所说的无所不包的"批判",当然其重点是对于"人类理性的批判",这正是康德后期著作中一个重要的方面。出现这种方向与特征,可能与其代表人物施莱尔马赫、狄尔泰都受到康德思想影响有关。由于力图无所不包,所以阐释学发展中出现一种倾向,即学术观念甚至研究范围、方法都比较模糊,使这样一门本来应当发展较深入并有专业特征的学科呈现一种泛化的趋势。

三、中西阐释学的差异与同一

中国的考据学虽然与西方阐释学有相通之处,但由于中西文化差异,二者从具体内容到表达形式都有所不同。首先我们从其内容上进行分析,以下两者主要构成的不同可供参照:

中国考据学	西方阐释学
经、传、记	文史学方法

注疏(含笺注、义疏)	哲学方法
考据	语言学方法
文字	话学
集注	接受美学
校注	
评注	
译注	

由于文化差异,双方在方法上大致而不绝对地呈现出对称状态,所以我们的比较研究也不能苛求完全一致或绝对相反,只是一种辩证性的反映文化异同的联系。只能择其荦荦大端,把握本质性的联系,如果概括地说,中国考据学与西方阐释学之间有相当大的差异。

其一,中国考据学以道德理性为依据,而西方阐释学以神学理性为依据。

当世界各民族走出神话时代之时,因自己的特性进行了文化选择。希伯来人选择了一神教宗教,古希腊人与中国人都没有选择一神教。希腊人把宗教与思辨理性结合为一,以存在与理性逻各斯为准则。而中国人把天与人的辩证合一作为最高宗旨,以道为行动鹄的。西方学者及部分中国学者把中国文化精神看作是祖宗崇拜是不合乎事实的。同是祖宗,而且商先于周,为什么孔子从周而不从商,因为周得道而商无道,所以并不是崇拜祖宗而是崇拜道义。子曰:“周郁郁乎文哉,吾从周。”文之为德,从这里还看得不够清楚吗?所以不选择一神宗教,也不去使“宗教信仰理性化”,而直接选择了辩证理性,这并非民族文化落后的表现,也不是一种不幸。一定程度上,这可能是中华民族文化最有历史意义的选择。

其二,在经典阐释中,中国考据学注重社会教化作用,而西方阐释学重视宗教忠诚。

从长远来说,经典的社会教化对于形成民族精神是非常重要的。特别是对于爱情诗的阐释中,中国儒学阐释学者特别是汉代儒生,从思想观念上继承孔子贬低郑卫“淫诗”的主张,从阐释方法上,以微言大义、隐义索解为主,曲解诗义。这种作法对于维护传统思维观念有巨大作用。但是其负面作用也是十分明显的,这就是使诗完全丧失审美与情感意义,成为一种道德说教。而西方阐释学在相当长的历史时期里，几乎成为宗教的附庸，神旨的宣教是其主要内容。

其三，中国经典阐释学重视文字训释，而西方重视义理阐发。

从汉代开始的经典阐释与考据，到了清代乾嘉学派时期，发展成为以小学为中心的学术态势，这并不是一个偶然现象。从方法论来说，中国考据学一直以文字、音韵、训诂为主要研究手段。近代科学精神在中国学术中兴起，其具体表现为清代小学家的成就，这就是梁启超为什么把中国清代学术称之为“中国的文艺复兴”的原因。而西方阐释学从方法论上有自己的特点，它重视形而上学方式的义理玄思，其主要代表人物其实并不是文字学家而是哲学家。施莱尔马赫、狄尔泰等人关注的是阐释精神，这是与中国学者所不同的。从表面上看来，中国考据学似乎是“为学问而学问”，并不如西方阐释学那样可以超越学术界限，对整个思想界产生影响。实际上并非如此，梁启超曾经指出，以考据为中心的清代学术对于中国科学精神的产生起了重要作用：“自经清代考证学派二百余年之训练，成为一种遗传，我国学子之头脑，渐趋于冷静缜密。此种性质，实为科学成立之根本要素”①。这一预言，在20世纪后期以来中国走向世界的过程中得到了证明。

① 梁启超：《清代学术概论》，东方出版社1996年版，第97页。

第五编

『中国诠释学的建构』

关于中国哲学解释学的一些基础性理解

——道、意、象、构、言

林安梧

"说明"是外在因果的表述;"解释"是内在理由的阐发

老子书里面讲"为道日损",讲"为学日益"。[①] "为道"和"为学"有很大的不同。"为学"是一种积极性的建构与累积;"为道日损"呢? 看起来像是个消极性的瓦解,但可不要忘了,这个消极性的瓦解,他可能带来一个开显,由这个瓦解带来一个新的"开显"(我用"开显"这个字眼,其实就是道的显现)。当我们谈到"诠释"的时候,或谈到"解释"的时候,有一个非常重要的地方。就是:从原先的语言、文字、符号,乃至于象征,由这些所构成的那一大套系统,你穿透进去,瓦解了,之后你让它的意义释放出来。"解释"其实就是让语言文字瓦解,然后意义释放出来。就好像一粒麦子掉到泥土里,长出它的苗芽来。这是生长,它这个生命体,要从这个角度来理解、解释。

有一对词,现在海峡两岸的用法不太一样。一个是"解释",另外一个是"诠释"。台湾的"诠释"大陆大体就用"解释"这个词,"解释"这个词大陆则用"说明"。对应于英文来讲的话,"说明"是explanation,而"解释"是interpretation。 Explanation 跟 interpretation 它的基本上是很大不同的。"说明"(explanation)重点是一个外在的、扩张性的因果说明;而"解释"(interpretation)是进入到那个事理内部的理解和诠释。它的重点不在说明事物的因

本文原刊于《安徽师范大学学报》2003年第1期。

作者简介:林安梧(1957—),男,中国台湾人,哲学博士,台湾慈济大学宗教与文化研究所教授兼所长,曾担任台湾师范大学国文学系教授。

①《老子》48章:"为学日益,为道日损,损之又损之,以至于无为,无为而无不为。将欲取天下也,恒无事;及其有事也,又不足以取天下矣。"(黄钊:《帛书老子校注析》,台北:学生书局1980年10月初版)

果，在阐明那个事物存在的理由，它的重点是在reason，就是理由。这跟explanation，它的重点在causation，所谓的因果，不太一样。大体来讲，自然科学多半就是explanation（科学的说明）。大陆所用“科学的说明”，在台湾就是“科学的解释”；那么大陆讲“人文学的解释”，台湾就是“人文学的诠释”。现在我觉得，大陆这个区别比较清楚。“说明”就是科学的说明。“说明”嘛！就是“说”这个活动我让他“明”嘛！“说明”其实是比较外在性的，而“解释”比较是内在性的。“解释”重点在内在的理由，“说明”比较是外在的因果。

比如说：你今天怎么迟到啦？这怎么迟到的？你说车子坏了。很清楚的，是外在的说明。为什么迟到了？说不定还有一个内在的理由啊！内在的理由是很复杂的，你可以发现到那个内在的理由、内在的诠释，比较不是那么客观的。它可以牵涉到很多是属于内在的、主观的。人文学基本上重点在于内在的解释，而不在外部的说明，这一点大体可以理解。那么谈“解释”的时候，很显然的，我们的重点要先有一个消极性的“瓦解”过程，再达到一个新的“开显”的过程，并且落实下来，用另外新的语言把他表达出来，那个牵涉到一个积极性的“建构”。这意思也就是说：任何一个“解释”，都必须穿过了你既有的材料，进到那个“本源”，再“显现”出来，再经由另外一大套语言、文字、符号去“建构”以下所开显的东西。

那个过程是这样的：一个事实已经发生了，你对这个事实总要有记载。这个记载，你再去发掘它的意思何在？这有三层意思：“事实”为何？“记载”如何？“意义”又是如何？这三个不同意义层次。在《孟子》这部书里面，谈到历史说：“其事则齐桓、晋文，其文则史，其义则丘窃取之矣”[①]，这里区别了三个，就是“史事、史文、史义”。史事——历史的事实；史文——历史的记载；史义——历史的意义。这是三个不同的层次。所以，就春秋而说的历史意义，当然它的重点在于道德的判断。做一个道德的判断，做一个理的判断，一个道德之理的判断。但是，我们现在讲这个历史的意义，我们比较广的来讲它。所以意义的解释，他当然不会只是道德，它当然包括各种层次。但是简单的说，是牵涉三个不同层次：“历史的事实为何？历史的记载为何？历史的意义为何？”而所谓解释的问题，如果就史学上来讲的话，重点在于历史

①《孟子·离娄下》：“孟子曰：王者之迹熄而诗亡，诗亡然后春秋作，晋之乘、楚之梼杌、鲁之春秋，一也。其享则齐桓、晋文，其文则史。孔子曰：‘其义则丘窃取之矣。’”

的意义。那么就经典来讲的话,三个不同层次就是"经典文献是如何?经典的义理为何?这整个意义的诠释为何?"

理论逻辑次序之先后,重点在于"内在的契入理解";时间历程次序之先后,重点在于"实际行动的进程"

训诂学它所强调训诂跟义理的关系,就是戴震所提的"训诂明而后义理明"这样的方法。"训诂明而后义理明",是强调对语言、文字的脉络掌握,你才能够真正去了解它背后的义理。这个说法,基本上并没有什么错的。但是,"训诂明而后义理明"我们能不能用另外一个提法,就是"义理明而后训诂明"?这也可以啊!但是这两个"而后"的意思就不太一样了。

讲"训诂明而后义理明",这个"而后"比较是一个时间的先后,比较是一个历程的先后。也就是我必须从事于训诂的活动在先,之后我才能够理解这个文句背后的义理。但是如果是"义理明而后训诂明"这个"而后"的意思,其实不是个时间历程的先后,而是一个理论的、逻辑次序之先后,这个意思是什么呢?是我要对我要去训诂的任何一个文句之能够有所明,是因为我对于那个义理,有一个内在的、深入的一种契入理解。这种契入理解,很可能起先仍然是隐的状态,但是多少我要对它有所契入,才能够让它从这个"隐"的状态转成"显",而显现出来,这叫"义理明而后训诂明"。理论的、逻辑次序之先后,跟时间历程的次序先后,是不同的。这个先后常常会被混淆,譬如说:"修身、齐家、治国、平天下"[①],这个是一个时间的历程的先后。这个"身修"而后"家齐","家齐"而后"国治","国治"而后"平天下",这是时间历程的先后。"物格"而后"知致","知致"而后"意诚","意诚"而后"心正","心正"而后"身修",这个就不是时间历程的先后;这个就是理论的、逻辑次序的先后。《大学》常常被读得不通,最主要的问题就是:没有把这两层先后分清楚。

物格而后知致,并不是说你要先去格物,格物格完了以后你才致知,致

①《大学章句》:"古之欲明明德于天下者,先治其国;欲治其国者,先齐其家;欲齐其家者,先修其身;欲修其身者,先正其心;欲正其心者,先诚其意;欲诚其意者,先致其知,致知在格物。"

知致完了以后你才诚意，诚意诚完了才正心，正心正完了才修身，不可能啊！它必须是说：后返的去做一个推溯。“后返的推溯”而知道修身的基础在于正心，正心的基础在于诚意，诚意的基础在致知，致知的基础在格物，这叫理论逻辑的，一个理论的、逻辑的，后返的推溯。这个后返的推溯的历程，是理论的、逻辑的次序，而不是时间的先后的，这个要搞清楚啊！没搞清楚的话呢！那你做格物，世间物你哪里能格得完。我物格完了才致知，然后致知致完了才诚意，诚意诚完了才正心，正心正完了才修身，那这一辈子就是：第一关都没做完就死了。所以这个要分清楚，它是个理论逻辑的次序。

那你说《大学》是不是不清不楚的？没有，它很清楚的。“自天子以至于庶人，壹是皆以修身为本”[①]。这里是说，从天子到庶民全部都是以“修身”做根本。是修身做根本，不是格物做根本，所以修身是展开道德实践的起点。而这个起点背后有一大套理论的根据，理论的、逻辑的次序，那就是格物、致知、诚意、正心。《大学》要这么讲才能讲通，要不然《大学》读不通的。

这样，你就可以了解到，“训诂明而后义理明”是就整个语意解释的时间历程先后而说；至于“义理明而后训诂明”，是就展开章句训诂解释之所以可能的理论的逻辑次序而说。

进行解释时，理论逻辑之次序与时间历程之次序，是一体的两面，有一种互动关系，即所谓“解释学的循环”

义理明在于训诂明之先，而明训诂跟明义理，其实如果你把这两个东西连在一块儿，硬是要去分孰先孰后的话，这里头就发生了一种所谓解释学的循环。你要理解部分，你必须预取你对整体的理解；你要理解整体，必须就从部分来。

① 《大学章句》：“自天子以至于庶人，壹是以修身为本。其本乱，而末治者，否矣。其所厚者薄，其所薄者厚，未之有也。”

它构成一个循环,这叫"解释学的循环"(Hermeneutical circle)[①]。这是一定会发生的:你要理解全体,一定要理解部分;你要理解部分,你就要理解全体。你不理解全体,你就不可能理解部分;你不理解部分,不可能理解全体,这不就是一个循环吗?这其实在告诉你,你展开任何一个理解活动,虽然是部分的,但是你必须预取隐约的有一个整体的东西存在。因为你预取了一个隐约的整体存在,已经存在那里,所以你才能理解那一个部分,这是一体两面的,有一种互动的关系。

"不明训诂,怎么懂义理呢?"不可能。但是你对那训诂要做判断,你要做恰当的判断,譬如我们刚刚讲:"集义所生,非义袭而取也。"[②]这个"集",你有文字学的知识,你知道这个"集",原来是"鸟栖于树上"这个意思;当它的意思是有群人集合在一块,就有"合"的意思;有另一个意思,就是"栖息、栖止"的意思。"集"字有"栖息";有"栖止";有"集合"的意思。由"集合"然后讲"合于",那讲"集义所生"就是"合于义而生"。其实那就不如讲"栖止于义而生"。因为讲合于义,如何的合,这就很麻烦了。是"内在"的合?还是"外在"的合呢?那就麻烦了。但是如何讲"栖止于义"?"栖止于义"就是你站在那里,你跟它连在一块儿。这其实也没有那么大的不同,但是,你用的字眼会比较接近。

譬如说,"抟"跟"搏"。"抟扶摇而上者九万里也"[③]或"搏扶摇而上者九万里也"。以你对汉字的理解,你知道"抟"跟"搏"不同。你能知道:"搏"是拍

①《西洋哲学辞典》(布鲁格编著,项退结编译,华香园出版杜1992年版)〈诠释学条〉:"……在理解中,某件事物被认知为某件事物,亦即某一个别事物在更广的视线以及范围更大的整体关系中被把握到。个别事物——一个字、一个文句、一个历史作品或事件——仅由其意义视域整体而得以彰显,而此整体又祇由个别对象始能为我人所及。这样,理解就无可避免地在具体事物与赋以意义的关系整体二者的圈子之中摆动:这就是诠释学循环圈……事物的视域由某一先有理解才呈现于理解的人;然而先有理解始终受到不同程度的限制。既然如此,事物就不可能以纯粹客观事实的身分显示自己:任何理解必然是有限而为历史情况所牵涉。尽管如此,事物的意义却不消失于主观化的先有理解之中,因为先有理解或先有结构,基本上并非一成不变,而是向着新的意义内容开放。先有理解与事物本身的视域之间兜着圈子,这样可以使先有理解得到改正而更深入……历史事物既在不同而变化不已的理解视线中,向着各种新的意义向度诠释自己,理解者的视线与事物意义的展现,都在对话的沟通之中不断成长。

②《孟子·公孙丑上》:"其为气也,至大志刚,以直养而无害,则塞于天地之间。其为气也,配义与道;无是,馁也。是集义所生者,非义袭而取之也。行有不谦于心,则馁矣。"

③《庄子·逍遥游》:"谐之言曰:'鹏之徙于南冥也,水击三千里,抟扶摇而上者九万里,去以六月息者也……'"

击的动作(展翅拍击貌);而这个"抟"是旋转的动作(盘旋而上貌)。所以在这里你能够判断,用"抟"应该比较好。你也不敢说它绝对对,但是它至少比较好,所以会选择,这是一个选择,选一个"抟"字。

譬如闽南语现在最常讲的"打拼",其实就是"拷拼",也就是普通话中"拼搏"的精神。现在讲"打拼",这显然是错的。那为什么在训诂上也有"拼搏"?比如说,我们常常很习惯的就说"热闹、闹热","台风、风台",这个用语很早就已经出现了。那这时候你就知道,可以确定,"拼搏"就是"搏拼"。如果你到过南洋地区,在马来西亚、新加坡,有很多福建人。我就看见过他们挂了一个匾额,上面写着两个字,就写这个"搏拼"。这两个字用闽南话讲就是打拼,"打拼"原写法也就是"搏拼"。这时候你就可以肯定了,现在讲"打拼"都是错误的。但问题在于语言文字是约定俗成的,当一群人都用错的时候,你也就只好认了,用久了那就也可以了。在训诂上也是有这样的条例。我们今天不是要讲训诂学,我们是要讲"解释的层级",顺便提到。所以,"解释"显然的,不能够只就语言文字这个层次,或只就语句这个层次去说。

诠释的层级——第一层:"言"(语句的记忆);第二层:"构"(结构的把握)

关于解释的层级,这些年来我用了"道""意""象""构""言"这五个层级来说。"言"就是"句子",就是英文的sentence。"言"这个字是什么?"解释"时,你光是记得那个语句还不够。由这个语句和那个语句间,构成了一个逻辑结构,有一个construction(结构、构造)或一个structure(结构)①,它有这样一个东西,有一个构造,所以我们去理解一个东西的时候,不能够只是去记得他讲了什么。对语句,你所采用的,往往是你的记忆的活动,但是你不能停留在记忆的活动,你必须往上提,必须是一个结构性的把握。

道——无言

①《西洋哲学辞典》(布鲁格编著,项退结编译,华香园出版社1992年版)〈结构条〉"拉丁文中原意只有条理的砌墙工作;哲学中指一个整体之不同阶层的秩序,而整体中包含从属的局部秩序。康德已应用这一概念表示一个有机体各部分之有意义的统一。"

意————意向

象—————图象

构——————结构

言———————语句

【诠释的层级】

什么叫结构性的把握？比如认识一个人。我问你："这个人你怎么认识他呢？"你说："我已经认识他了"。那就是说，我对他已经有一种"结构性的把握"；而不是他跟我讲了哪几句话，我把他的话一一记下来。把他说的话一一记下，这不能对他有一个结构性的把握，因为材料永远无穷无尽的嘛。

譬如说读《孟子》书，你说这《孟子》我已经读完五遍了，我最了解孟子了，这话是不通的。你读五十遍了，不通的还是不通。以前有一个人说："我是最了解中国历史的，这个《二十五史》，我读过三遍了，一个字一个字读过了。"我心里想着："有一种人，读了十遍还是不了解的。"因为它这个地方牵涉到了：你是就这"语句上的记忆"呢？还是进入到"结构性的把握"了？结构性的把握就是，你能够推出你没读到的语句，从结构上来推出。

但是结构的推出，那还不如一个更高层次的——那就是一种"图象性"的体会，或者一种"图象性"的想象（imagination）[①]。理解这个世界一定要用到想象，想象能力很差的人，是很难理解这个世界。你要自己设身处地想象一下，你到那个境地，你会是怎么样？例如：听说李白捞月而死，这是很美的一个景象。如何捞月？为什么要捞月？你们在这里想一想图象。

诠释的层级——第三层："象"（想象的发挥）；第四层："意"（心灵的指向）

人们认知一个事物，能够用一个结构性的方式把它表达出来之，你怎么样能突破记忆的个别性的把握，进到一个总体的结构性的了解？记忆原来是一种堆积，你如何突破记忆的堆积，到一种结构性的把握，进到一种想象

①《西洋哲学辞典》（布鲁格编著，项退结编译，华香园出版社1992年版）〈想象力〉条："想象力与记忆不同，是自由的组合印象内容的能力。想象力由记忆采取材料，自由的把这些材料熔合成新形式，但却局限于联想规律及感受与冲动的范围以内。想象力也不时因自由或被动的注意力之转移而替精神的创造服务。"

的交会，一种生命的交会？进到“想象”这一层，非常重要。人类如果没有想象力，就难以构成图象，那么理解很多东西就会很有限，你没有办法理解比较高的东西，再更高一层进入到所谓的心灵的指向（intention）[①]。这心灵的指向，就是他要透过体会，归到一个指向，一个意向上来。

譬如说有人找你去作一个演讲，你如果是画一个图，一个结构性的图，再透过幻灯片，投影机投映出来那就清楚了。我在脑子里想一个图象，经由那个图象，一个一个把它说出来。或者说我藉助于一些图象，把它说出来，这是一个意象，而它里面有一个更深层的intention。这图象的阶段，你的创造力比“语句、结构”这个阶段还强。语句的记忆，就像小学生演讲的时候，背讲稿。我记得我小学一年级、二年级、三年级那时候参加演讲比赛，老师要我演讲的时候，把手背在后面，背稿子演讲。这种演讲就是一种语句的记忆。如果演讲落到“语句”这个层次呢，非常的辛苦。你要是忘了台词，怎么办？

你要有结构；再往上一层有图象；再更高一层，上台要讲什么，不知道，只知道有一个方向，依照这个方向讲出来，就是一个完整的东西。演讲可以这样讲，由“意向”而“图象”而“结构”，讲一个完整的结构。至于更高一层（无言之境），就是道（Tao）。证悟无言之境，“道”就是一个证悟，就是体证，完全浑合为一。我们读书，一步一步的上升到道，你上升到“道”的时候，那当然很高超。但是我们很难进到见“道”的层次。

诠释的层级——第五层：“道”

陆象山批评朱子说：“朱夫子泰山乔岳”意思就是称赞朱熹人格很高尚，学问很渊博。“惜不见道，所以枉自耽搁”[②]这句话是可惜朱夫子他没有“见道”。依照陆象山所体会的朱熹，朱熹大概到“图象”这一层。（我想应该也有

①《西洋哲学辞典》（布鲁格编著，项退结编译，华香园出版社1992年版）〈意向的条〉：“广义说来，凡是有方向的一切，均可称为意向的，例如存有者之于存有，行动者之于他的行动及其对象等。狭义的说，意向的是意识地指向某一对象。想象、概念、认识与意愿的一应行动，都属于这个范畴，它们同样地“意向”着某些享物。

②《宋元学案》（足本宋元学案下，页九二四，广文书局，1979年4月再版）卷五十八〈象山学案〉：“一夕步月渭然而叹。包敏道侍问曰：‘先生何叹？’曰：‘朱元晦泰山乔岳，可惜学不见道，枉费精神，遂自耽阁，奈何？’包曰：‘……’”

到“意向”这一层）但未达到“道”这个层次。陆象山是自己认为自己可以到达“道”的层次，所以他提“六经皆我注脚”，就是“我注六经，六经注我”[①]。“我注六经”的层次是由下（语句、结构）往上（意象、道）。“六经注我”当然是由上（道、意向）往下（图象、结构、语句）的层次。这个“我”已经不是一般经验性的我，而是达到一个绝对的、至高无上的一个“道”（道体），这时候“道”和“六经”自然合而为一，六经皆是道之显现也。所以“六经注我”这个注，是做为道的“注脚”。“我注六经”，就这个道“贯注”到六经里面。这两个，意思不太一样。就以心学来讲的话，“吾心即宇宙，宇宙即吾心”“我注六经，六经注我”，就到这个“道”的层次，就是我们讲的“见道”。

到底陆象山有没有见道，就理上讲是有。但是实际的修为和实践上是否到达“道”，就不知道了。不一定有，但是在学理上，他们的东西是一定要到达“道、意向”这两个层次的。到达“道、意向”这两个层次的，这学问就从肺腑中流出，不假安排。还要有所安排，就代表学问还在语句、结构的这个层次。

听说，有一个人在演讲，你把他的讲纲撤走，把他的投影片通通拿走，他演讲就别讲了，他讲不下去了，因为他靠那些东西演讲，这很有意思。这个地方你们可以去想一想，像现在做学问常常只是资料的堆积。资料的堆积就是在“语句、结构”里寻方法，就只达到“语句、构造”这个层次。这几个层次仔细去想一想，看自己可以要求自己到达哪一个层次。

“道”“意向”“图象”“结构”“语句”这就是所谓的“道”“意”“象”“构”“言”这五个层次。那么，你怎么样让自己能够往上提升呢？要能够穿过语句的遮蔽，进入结构性的把握；穿过结构的藩篱，进到一种图象的相遇；穿过图象本身的遮蔽（它也有另外的遮蔽），进到心灵意象的体会；再由这里回到道的契悟，一层一层的向上。

王阳明刚开始跟娄谅（一斋）学习“格物致知”的时候，基本上停留在语句、结构的层次上。这娄谅（一斋）是，明代朱子学的大师之一。王阳明18岁从南昌回浙江，经过广信，他的夫人是江西人，当结婚之后他们路过九江，王阳明就向娄谅请教如何格物致知。娄谅教他宋儒格物之学，并告诉他说，圣人可以学而至，阳明觉得很有道理，请教之后，于是开始去格竹子之理。

---

① 《象山全集》卷三四《语录》：“或问先生何不著书？对曰：‘我注六经，六经注我’。”

王阳明有一个朋友格竹子之理，结果格了一两天就病倒了。阳明努力的坐在竹子前面，开始思索竹子之理，格了七天也病倒了。那时候他讲的"格物"是错的，所以他就认为是不是自己没有圣贤之份，于是后来就不做这个事了。当然，阳明学问后来又有好几个转折，我们今天不是要讲阳明学。只是要讲后来他做了一个很大的翻转，就是到了贵州龙场驿，他悟道了。他悟道了，就使得他对于"格物"这两个字，做了一个很大的翻转的理解。

他说"格者，正也"。"正其不正，以归于正也"，这格物释成正物，"格者，正也"[①]。然后把物解成事，格物变成好好的把一件事情做好，这格物是致良知于事事物物上，你要如何把一件事情做好呢？就是把你的良知推扩到任何一件事物上，彻底的把它做好。这样的话，知行不就合一了吗？这里说的这个"物"就是"事"，这个"事"是"意之所在"，"意之所在"即是"物"，所以"格物"就是"诚意"的功夫啊，这就连在一块了。意是"心之所发"为意，这"诚意"就是"正心"啊，所以"诚意、正心，格物、致知"，心意知物；"格物、致知、诚意、正心"通而为一，心意知物，这就通起来了。阳明有名的四句教"无善无恶心之体，有善有恶意之动，知善知恶是良知，为善去恶是格物"[②]这连在一块儿讲，这是他所谓的心学。心学就是这整个彻底通贯起来（物=知=意=心）。这个跟朱子学整个理解不同，朱子理解格物致知是另外一套理解方式。

学问之道：需先穿透语言、文字的遮蔽，上通于道再由道而开显

如上所述，我们发现原来对语句的解释，会有那么大的差别，到最后牵

①《传习录》卷上七十一："问格物。先生曰：'格者，正也。正其不正以归于正也。'"

② 人身的主宰便是心（"身之主宰便是心"），此心是纯粹至善的道德本心，当其未发时实折归本于寂，固无善恶相，亦无善恶念，但就其为天理发动明觉之可能则是至善。要以言之，心之体是至善的，当其未发归本于寂则是无善无恶。意则是心之所发（"心之所发便是意"），意念是心所发动而出的，意念既发必有所在，其所在便是物（"意之所在便是物"），既为"物"便有所执，有所执而成相，既成相则有善有恶，故云"有善有恶意之动"。意念之动而执于物，这是意之所在；但意念复有其根本，依阳明言"心之本体便是知"，即"意念"当以"良知"为本体。依阳明看来，所谓的"良知"是"一个真诚恻怛"，即此"真诚恻怛便是他本体"，可见"良知"是必然要发用的（其不发用则是昏蔽），既发用则以此真诚恻怛必知善知恶。即此"知"便是"行"，所以"知善知恶"必会"为善去恶"，为善去恶正是革除意念之执而复正其理，而此即是"格物"（"意之所在是物"，故"格物"者，格意之所在也）（《传习录》〈导读〉第26—27页，金枫出版社，1999年4月革新一版）

涉到对“道的理解”“道的体悟”。所以不可能有一种人文学的解释,叫惟一的、客观的。除非说这个解释是非常外在性的,那就一定不会错。因为他不是内在义理的阐发,是外在的一种共同约定,大家看的很清楚。譬如说林安梧是谁?“林安梧”就是一个姓“林”,名字叫“安梧”的人。那就对了,这个话不会再有第二个解释,这个话不会有质疑。但如果是属于内在的诠释,那就会有各种不同的解释。人文学的有趣就在这里,它没有标准答案。解释只有范围,没有定点。你要记得它只有范围,没有定点,你越出它的范围是不行,是错的,只有范围,没有定点。解释像变形虫一样。它可以扭来扭去的,但是它不可能乱扭,乱扭到毫无章法。

“哥伦布发现了新大陆”,这个话本身有问题。那里老早就有人类了,比哥伦布不知道要早几千年,几万年啊!哥伦布是发现了白种人不了解的新大陆,他们是世居于那里而理解那里啊,是不是?发现了新大陆,那我们“中国的哲学”“中国的义理”“中国的思想”需要新发现吗?这也要想一想。

有很多人就像哥伦布发现新大陆一样:喔,发现了孟子有海德格尔有康德的思想,胡扯!孟子他里面老早就有很多东西,我们是内在的理解他,不是我通过西方的思想来理解啊,这是完全错误的一种想法啊!到最后就是我们像矿物一样,要被开矿。我们是死的,他来开矿,在以前不就是用科学的方法来开我们文化的矿。什么运用西方的新方法,才能够了解中国的旧学问,这思考我是百分之百不能接受,哪有那回事儿?

鲁实先先生有读过西方的新方法吗,鲁实先先生做的学问不是学问啊,他做的学问比现在很多新方法的人做的学问还要伟大。所以,我的想法绝对不是,用西方的新方法去开中国的矿,不是这个想法。它其实是一种互动,一种交谈,它是多元的,它有各种可能。方法也没有一定嘛,这以前我们最先讲方法的时候,“法无定法,道有其道”。所以怎么样的一步一步上升于道呢?

做学问不能够繁琐,我从来就不赞成“上穷碧落下黄泉”,要找尽所有的资料才能作学问,如果那样的话,你学问就不要做了,因为你找不完。你是感冒的病症,一看就知道,马上就下药了。还要把所有你的身体都检查完了,检查完了,再来治病,那你就死了,是不是?所以现在做学问不是有人做的非常的繁琐吗?作《孟子》研究,你把《孟子》读熟嘛!你了解吗?你不要把一大堆说三道四的，有关于孟子的，通通都收齐了，要是你《孟子》的原文反而没读，那你做这个研究有意义吗？我觉得没意义。现在常常是舍本逐末，所以文本的阅读很重要。

譬如说有关朱子的格物致知，那最重要的一段文献在哪里？就是《四书章句集注》里头，那《大学章句》有一个《格物补传》，这是朱熹为《大学》所补的一个解释，就是关于格物的解释，因为朱熹把《大学》分成经一章、传十章，那有关格物他发现这怎么没解释，（其实不是没解释，而是经过他那一分析以后变成没解释），所以朱子的《大学》的版本，跟王阳明的《大学》的版本就不同，朱子《大学》的版本就做那个分别，做经一章、传十章的这样的分析，跟阳明用《大学》古本不同。所以你可以发现到，原来解释有这么大的一个学问。

你站在不同的立足点，你所看的就不一样，我现在站在这里，我如果画一幅图，或照一个像，跟我站在另一边照，这虽不同，它还是相通的，也就是这一群人，虽“异”而实“通”。解释的多元，是讲到他的差异，而这个差异他之所以可能，这就叫做“通”，殊途而同归，这个部分在我们华人的文化传统里面其实是非常好的，我们是强调存异求同，尊重多元。我们这个族群文化尊重多元的态度远过于其他族群，这很独特的。

虽然我们被误认为是非常单元的思考，那为什么呢？因为民国初年以来，很多思考是很单元化的。你戴着黑色的墨镜看这个世界，举世皆墨。中国人戴着黑色的墨镜去看中国文化传统，中国文化传统真的是漆黑一团；戴着吃人的墨镜，所以看到都是吃人。那为什么他戴着吃人的墨镜呢？因为他所处的那个年代所累积下来的趋向非常的强，所以使得你这样看那个问题。所以这个地方，我们发现到一个很重要的问题就是，这个 intention，你这个心灵意义的指向，会决定你对图象的选择，会决定你对结构的把握，决定你对整个语句记忆本身，你怎么样展开整个解释系统，这个非常重要，这是一个诠释的意象，我往那边诠释，往这边诠释，完全不同。

“诠释”是站在某个“视点”展开的理解活动，再给出一套语言文字符号的建构

我一向不喜欢神神怪怪的东西！我的原则接近孔老夫子所讲的“敬鬼神而远之”①。孔老夫子有没有鬼神的观念？有啊！要不然他怎么会讲：“敬鬼神而远之”。“敬鬼神而远之”充分体现从以前巫祝传统转成道德理性的传统，这是一种转化。这可以与我们刚才所讨论的衔接起来。所以说孔子没有鬼神的观念是错的！“夫子之言性与天道，不可得而闻也”②，这是子贡听不懂，非孔老夫子不言性与天道。我们不能把《论语》讲得太简单，它其实是很深厚的。孔老夫子删诗书、订礼乐、赞《周易》、修《春秋》。《易传》不是孔老夫子所写的，但他一定拿《易经》来当教材讲过，然后一代传一代，后出转精，到后来你看《易系辞传》是那么美的文字！它的文体当然不是孔老夫子那时代的文体，很显然地是到战国时候的文体。“天尊地卑，乾坤定矣；卑高以陈，贵贱位矣…”③排比得非常简洁有力，又有韵味，非常好！我们不能太简单化去看孔子，要对道理有所理解。像《庄子》这部书，它当然是整个庄学累积而成，庄子及其后学累积而成。但是很可能庄子那个年代已开始有私人著述了，所以《庄子》主要的部分是庄子自己写的。《孟子》还不是，《孟子》还是学生的记录。而到底《庄子》〈内篇〉〈外篇〉〈杂篇〉分法一定那么整齐吗？这很难说。这背后有一套判教的观念，有一套分判的观念。任何一个理解跟诠释，它都有一个立足点：这也就是当我们去理解任何一个存在的事物的时候，都有它的“视点”（perspectives）。所以“诠释”是站在某个“视点”展开的理解活动，由这个理解活动再给出一套语言文字符号的建构。

学问须见“道”：因而通之，皆可以造乎君子之道

除此之外，我们要问有没有一个超乎“视点”之上的东西？有的。那东

①《论语·雍也篇》：“樊迟问知。子曰：‘务民之义，敬鬼神而远之，可谓知矣。’问仁。曰：‘仁者先难而后获，可谓仁矣’。”

②《论语·公冶长篇》：“子贡曰：‘夫子之文章，可得而闻也。夫子之言性与天道，不可得而闻也。’”

③《易传·系辞上传》，第一章。

西就是我们所讲的“道”。“道”进到“视点”，就生出不同的“图象”；不同的“图象”落下来，就是不同的“结构”，然后用“语句”把它凸显出来。我们读的时候则逆着回去：得意忘言——以意逆志——志通于道。“得意忘言”，然后再“以意逆志”，这个意者，是意义；志，即意念、意向(intention)，这个意义相当整个结构性的把握。最后，再“志通于道”。任何一个理解的活动皆如此。学问当然要见道，学问若不见道，那还叫学问吗？那样的学问就属于我们所说的“象－构－言”这三个层次，甚至是“构－言”的层次，仅是堆积了一堆资料。很多学问其实做得很小，你不要以为它做得很大，它其实是不必那么做。这就是我们刚刚所讲的：你病兆看两个就已经知道病症为何；你要累积了两百个病兆，然后才得出一个病症，那未免太费事了！学思想比较可以这样，学历史就很麻烦了，考据要一堆东西。我有一些朋友在“中央研究院”的历史语言研究所，做“中国思想史”的工作。以我看步骤太繁复，得出的结论太简单。因为他们的重点不在思想的诠释，重点乃在于一个事件以及文献的厘清及判断。这是学问性格的不同：史学的性格注重结构、语句，哲学的性格注重图象、意向、道。所以史学做到一个地步的时候会不满意的，就会往哲学走。这就是钱宾四先生[1]，他不只是一个史学家，他其实也是一个思想家。司马迁不只是史学家，他亦是一位思想家。“通古今之变，究天人之际，成一家之言。”[2]你要“究天人之际”的时候，其实就是要回到“成一家之言”，再度建构。“通古今之变”那在“为学日益”这层次，它是一层一层的，从“学”到“道”，从“道”再成之为“学”。“成一家之言”是把你所体会的，以一个一大套的语言文字符号系统，把它表达出来；但是你要“究天人之际”后，才能“成一家之言”。如何“究天人之际”呢？那你要“通古今之变”，通过历史的流变而去体会天人关系，证得那个道，使得道为之开显之后，你才因其道而“成一家之言”。整个过程是这样，这个部分从这样的角度可以去理解。所以如果连着王夫之在《庄子通》《庄子解》二书，他讲：“因而通之，皆可以造乎君子之道。”[3]因者，随顺其脉络也。随顺其语句之脉络而通彻之，都可以

① 钱穆(1895—1990)，字宾四，江苏无锡人。著述很多，有《先秦诸子考辨》《国史大纲》《中国文化史导论》等。

② 司马迁：《报任安书》。

③《庄子通》叙：“然而予固非庄生之徒，有所不可，‘两行’，不容不出乎此，因而通之，可以与心理不背……凡庄生之说，皆可因以通君子之道。”

到达那“君子之道”。其实,“君子之道”的“君子”是多了,“造乎其道”就好了。“造乎君子之道”显然地有一个转化,从庄子转到儒家,因为王夫之是站在儒家的立场。所以我们的“学习”就是要理解、观看、体会各方面种种的能力。

由“技”进乎“道”——学问不能停留在“语句、结构”层次,要到达“道”的层次

我有一个朋友在雕刻艺术方面,非常有成就。他跟着杨英风学习。这个朋友原做大理石雕刻,但他不能满足,他想做艺术家。于是他把工厂卖掉,拜杨英风为师。杨老先生起先只要他做整理环境的工作,种草、锄草……做了三个月,不教他什么。之后朋友对我说,他起先很纳闷,但还是耐住性子。三个月后,杨老先生问他:“你是否发现到植物的生长有其生长的道理呀?”这就是很重要的东西呀!这东西就是上升到“道”的层次。《庄子·养生主》里的“庖丁解牛”,“由技进乎道矣”[①],何等动人的文章!描述解牛的过程……最后那头牛就豁然而解了。读那段时,第一件事情就是“我这一生能如那条牛这样也可以了!”我刚讲的那位朋友,雕刻技术已好得不得了了,但仍然不免匠气。会有匠气跟没有匠气,最重要的就是你有否体会到那“创造性”;把创造性显露出来,匠气就不见了。所以这个朋友跟我讲这一段,他是很高兴的!他终于体会到,学了那三个月是很重要的进境。

三个月未学雕刻,仅做整理打扫的工作,在现在正规的教育里,那老师早就被fire掉了!正规的教育里学的是“技”。你们写硕士、博士论文,学得了一套高度的语言文字管理技术,而不见得懂它。我这感触很深!有一年我在中央大学哲学所开一门课,为“当代儒家与佛教论争”。有一个学生大学对哲学从来不理解,只是在很短的时间背了很多东西而考进来。然后我们要轮流报告,轮到他报告时,他报告得有条不紊,然后他讲完了说:“老师,对不起!你们不要再问我问题,因我真的不懂!”那一次给我很大的震撼!因为他真的是语言文字管理的高手,但是他真的不懂,他对语言文字背后的道理是什么并未深入。这样的情形很多呀!所以要入于其中啊!要入到那里面,不能只是在技术上转。要写一篇好文章,写到“语句、结构”的层次不难;但真正要进到

---

①《庄子·养生主》:“庖丁释刀对曰:‘臣之所好者道也,进乎技矣。’”

“意向、道”的层次就难了。因此学问不能只停留在“语句、结构”层次，要到达“意向、道”的层次，“学”一定要至于“道”。须知“因而通之，皆可以造乎君子之道”。

因道而开显——王夫之“造乎其道”的诠释学

王夫之另又提：“展转以绎之。”①王夫之可能是整个中国历史上，对于整个学问的理解之广度及深度，恐怕为第一人！他的东西难读，非常地深。你看他的用字，很精确，又很艰深，所以会让很多人读不懂。他对于各个经典的诠释，我讲给你听：

《尚书“引义”》;《老子“衍”》;《庄子“通”》;《庄子“解”》;《四书“训义”》;《读四书大全“说”》;《读宋“论”》;《读通鉴“论”》;《周易“内传”》;《周易“外传”》;《周易大象“解”》;《相宗“络索”》;《诗“广传”》;《楚辞“通释”》;《春秋“家说”》。

王夫之对中国经典上的解释，他可以说是解释学大师。他用语如“引义”“衍”“通”“解”……，各有不同的指向，这是大学问。这是我当时做学位论文时就想到的，想要去做一篇“王夫之的解释学”，从他各个书名里头去做；我认为这文章很难写，因为要全部看懂、读懂。他的用字他都思考过。有一个错误的理解说：中国的文字是含糊的，不清楚的，西方的语言文字才是清楚的。这想法是错误的！王夫之在《老子衍》里面，他说：“盖人其垒，袭其辎，暴其恃，见其瑕。见其瑕而后道可使复也。”②他讲怎样吸收整个的《老子》的精华：进入到它的堡垒里面，把它的装备通通吸取了，把它所依恃的东西暴露出来，把它的缺点显现出来。

附记：2000年夏七八月间我在台湾师范大学国文学系研究所讲授“思想方法与教学”一课。本文就是当时上课的第六章，由郑芳郁同学及刘韵苹同学记录，经我几次润饰修订而成。

---

① 王夫之：《尚书引义》卷四〈泰誓中〉：“善读书者，绎其言而展转反侧以绎之，道乃尽，古人之辞乃以无疵……展转以绎之，道存乎其间矣。”

② 王夫之：《老子衍》自序。

本体诠释学体系的建立：本体诠释与诠释本体

成中英

本文旨在论说本体诠释学是基于对中西哲学中的理解及诠释传统发展出来的。它代表了两个重要的认识：一是中西哲学及文化的差异不仅在本体概念的差异，也在对本体的理解进向的差异。这就是本体诠释与诠释本体的差异；二是中西哲学与文化的沟通与融合必然显现，也必然在于本体诠释与诠释本体形成的本体诠释圆圈（onto-hermeneutical circle）的建立。此一圆圈代表人的存在的内在性与外在性的相合之道，也代表人与人、社群与社群、文化传统与文化传统或文化系统与文化系统之间的对话与沟通。甚至也代表人与天地万物，宇宙历史与未来的互动与交融。本文首先提出本体诠释与诠释本体的分野，并以之作为中西文明与思路的根本差异。其次说明此差异的发生与发展渊源，以及何以在各自发展的自我批判与超越中走向共同及共通之点，印证了本体诠释与诠释本体在本体上的同源性与同基性，同时也说明本体认知或觉知与诠释活动的互参性与互含性。可用“本体即诠释、诠释即本体”表达之，并指出此一认知切合中国传统哲学中的“体用相即”“本体即工夫、工夫即本体”的含义。当然此处的新义在于显示了诠释的工夫就是诠释的艺术和诠释的应用，而且必然涉及历史文献与历史文明的理解与整合。本文还将勾画出中西哲学传统中的本体与诠释的重要发展阶段，以突显当代西方哲学家伽达默尔的“哲学诠释学”对中西哲学的会合与融合的重要性，从而必须导向本体诠释学的发展。为使吾人对理解与诠释的体现过程有所认识，本文提出了一个理解与诠释的分析架构。

本文原刊于《安徽师范大学学报》2002年第3期。

作者简介：成中英（1935—），男，湖北阳新人，美国哈佛大学哲学博士，美国夏威夷大学哲学系教授，国际中国哲学会创会会长。

本体诠释与诠释本体

我在1991年出版的《中西文化哲学的融通》一书中即提出"自本体的诠释"与"对本体的诠释"的区分。①此一区别的重点在本体可以是诠释的泉源,也可以是诠释的对象。这也标示本体可以是思想的泉源,可以是思想的对象,因为诠释是以语言与文本为资源与媒体的思想活动,泉源是就主体性的自觉而说的,故是以主体为泉源,对象也是就主体的对象而言,故是以客体为对象。自本体的诠释与对本体的诠释两者的差别是,本体作为主体并不在意与主体相应的对象在形式上如何被主体掌握,重点在主体如何自我掌握以掌握本体,掌握主体即掌握本体,掌握本体即掌握主体。自我掌握后的本体主体已自然能够显示客体的形象,故如何描写客体并不必要作为问题提出。换言之,因为本体的主体性的表达即被视为具有一定的真实性。简言之,本体已实现于主体之中,故此问题已不重要。当然,这并不表示客体不存在或主体不可对客体可作更精致的描述。事实上,往往由于主体本身的变化,对如何表示本体的方式也可以有所不同,而此不同也可能在主体实现本体的程度、范围和层次上面。

易文言曰:"同声相应、同气相求。水流湿、火就燥、云从龙、风从虎。"

显示主体与客体有一定的相应关系,或可称之为感应关系。感应关系之可能是因为主体与客体同属于一个本体之道,而主体即为本体之道的自觉,其所描述的客体也尽在其自然的感应关系之中,甚至信任可借主体的行为自约来改变外在的事件,而不必对之有所质疑。这又自然地表现了一种"信任"的逻辑,与我下面要说的"质疑"的逻辑大异其趣。"信任"的本质是一体两面的对应与互动,有如道之阴阳,你中有我,我中有你。至于"质疑"的可能乃在相反相对之面处在一个对立紧张的状态,主体无法与客体建立任何沟通含涉的关系。如加以主体也无法自我体现地掌握本体,主体对客体的关系出路只有走向质疑,在价值与知识上漠视或否认客体的存在,而在主体的心灵上只求安泰平和,不做知识的投射,不作想象的冒险,此即西方古

① 成中英:《论中西哲学的会通与融合》,知识出版社1991年版;《论中西哲学精神》,东方出版中心1996年版。

典怀疑主义的精神所在[1]。但事物的外在性却并未由此消除,各种发生的事故必须视为无可比拟对抗的命运,但却绝对不可信。

主体丧失了本体的意识,与客体的分裂因对客体的质疑而加深。但主体也可以因意志与欲望的理由激起化解质疑为对客体积极追寻与探讨,并以之为本体的所在。此即为质疑的逻辑或辩证性(logic dialectic of doubt),显示质疑含有求实的积极性。要掌握此客体化的本体,首先就要消除在知的追求的过程中主体的自我的主体性与价值的意欲性,使其在主体对客体探求中不产生任何主体性的影响。此一自我心态的出现即是理性意识的体现。对客观化的本体的追求就成了对真理与真实的追求,也就是对普遍性的、规律性的知识的追求。但在实质上是以主体相对的压抑来换取主体对客体的长远的统制。当然我们也可以解释此一追求为以客体为本体的追求,其目的在取得本体的认知中获得主体的安顿。为了追求客体化的本体,主体性要放在一边,主体要完全自我超越。但即使如此,客体化的本体仍可视为不可捉摸的对象。因为事实的经验显示任何主体性的语言都无法对客体进行精确的描绘或任何主体性的把握。在此一情形下,主体必须宣告本体为不可知的物自体,正如康德所为。同时也可以宣告主体对本体化的客体将是一个永无休止的过程,体现在科学知识的追求上面,一如科学家所为。在科学的知识的探求中,知识的不定性、理论的非单一性、经验的开放性、知识的全然客观性、知识系统的典范革命性等等都打上了本体为不知的烙印。

以上所述说明了"对本体的诠释"之所以不同于"自本体的诠释"的地方。我们可以名自本体的诠释为"本体诠释"(interpretation from ontology),名对本体的诠释为"诠释本体"(interpretation of ontology)。我们可以明显看到本体诠释是传统的中国哲学的思想特征,而诠释本体却是传统的西方哲学的思想特征。

在本体诠释中,诠释的主体是主体持本体的立场,所诠释的是人所面临或经验到的现象,可说是以人为中心,而把外在的事物视为对主体的人的事件发生,不一定具备本质性与永久性,因之很看重事物的变化性,甚至以变化为事物的本性。由于重视人的内在思考,对人的心性结构也就多所发

① 纪元前第三世纪希腊Elis的Pyrrho提出不作任何知识判断的心里平和状态,名之为"ataraxia"。

挥。此即中国易学的开端,并逐渐形成了周易的本体宇宙论思想。对周易内涵的本体宇宙论的诠释是中国哲学中最根本与持续的重要课题,但周易作为对人所经验到的现象的诠释却是本体诠释的真正原始起点①。

此处用诠释一词以表明对宇宙的理解必须以文字与语言的发生与假设为前提。关于这一要点下面还会论及。相对来说,诠释本体是以客体的对象为本体来进行理解、说明与解释的,重点放在客体,故对如何认知本体以及本体的性质如何,构成诠释的主题。

哲学差异的根源与同源性

如果我们探讨中西方哲学传统何以有以上的差别,回答显然可以很复杂也可以很简单。简单的是:人类是环境的产物,其原始的心态与意识必然受到外在现象与事物发生变化的影响、冲击而形成原始的回应模型,并在此模型中进行路向的选择,以达到其整体与未来发展的目的。此一原始的感应的过程正好说明,人的意识心智是从一个共同的起点因处境与环境而趋向差异化与专业化。易系辞言"寂然不动,感而遂通天下之故",可以说明从静态的意识潜力向动态意识活动的过程。但易系辞指出的是,感通天下之故的心智将因阴阳互补的原则产生不同的进路以完成其潜能的发展。但此一发展却可以是非常曲折的,它可以陷入一个或数个发展的"利基"(niche),而此利基又可以是陷阱,无以自拔,而必须等待新的批判自觉来重新定位与重组。此即哲学思路的复杂性之所在。此处我们强调中西文明发展的根源为人心与人的一般自觉的同源性:同源于在大环境中人之为人的心态与意识的形成,以及在同一个大环境中对不同环境的不同感应,以及对不同处境的不同适应。此一能异性正是人的潜能之所同的一面。但问题在于:产生差异后,对差异的穿透与超越能力是否能够在适当的关头理解与突显差异所掩盖的同一性与差异指向的会合。伽达默尔(Hans-Georg Gadamer,1900—2002)所说的基于传统所产生的偏见或荀子所说的蔽,都需要理性及与外在的沟通来解除与超越的。

我在此提出西方本体概念的形成是以对外物的惊异与着重为主导的。

① 由外观而内省,此一本体宇宙论为本体的体验,形成实质上的本体与主体的同一,也可说是天人合一的原初形态。

其根源在古代希腊时空生存条件的影响。故在希腊哲学的发展中,从自然哲学到理性哲学,以及存在哲学,都是一贯的探索不变的对象存在的真理与真实。巴门尼德的思维中不变之物乃是此一对象的本质。其他自然发生论者均着重原质或本质的概念,即使强调变化之流的赫拉克利特也不例外:他并不以变化为中心思想,而是以变化作为精神显示的模式,这是与周易哲学以生命的不息创造之变化为宇宙存在的本质不一样的[①]。

包含希腊在内的西方本体论的发展是以下列相互对立的系列概念范畴组左边选项为主导的:

外在性与内在性	神圣性与平常性
分化性与统一性	抽象性与具体性
超越性与现实性	合理性与合用性
结构性与过程性	矛盾性与和谐性
静止性与变化性	分析性与综合性
对立性与包含性	思考性与体验性

此处强调"主导"一词,在于说明历史的发展并不是没有选择的,而往往由于有效历史的趋势而呈现一种自然选择的方向,也可以看作历史的重力与惰性所在。以上所举的概念范畴大致为归纳所得,表现了哲学家对本体的本质的理解以及采取的重点评价态度与认知方式。更需要注意的是:这12组概念范畴的左边选项是否或能否构成一个相互蕴涵的概念系统,又是否或能否说明西方哲学中的本体架构,乃为我认为值得进一步探讨的两个重大问题。我在此处并不假设它们的系统性,但却假设它们之间的相互引申与相互容忍的可能性,并以之为作为主体的现代人必须要面对与探索的一项工作。但这也是一种严肃的挑战:在现代的理性的整合中是否能进入自由的选项以避免矛盾,乃是后现代理性是否成熟的考验。后现代是要求现代性的解构的。我们可以这样观察:以静态理性的分析必然面对矛盾性的挑战,也因而必然面对解构的危机。只有挑出选项的约束与历史的重力,体现自由展现的视野,才能看到与严肃对待历史性的偏见与成见问题,而获得一种自我理解、自我有限性的理解、自我批判与自我批判后的自我超

① Simon Blackburn. *The Oxford Dictionary of Philosophy*, edited by, Oxford: Oxford University Press, 1996:171.

越。如此方能走出现代性的局限而包含现代面向自由，此即后现代化的建立的可能①。此一后现代的本体与自由理性，即是诠释本体走出其有限性、走向其相应的本体诠释而又能回归其诠释性本体的原点，完成一个本体诠释的圆圜（onto -hermeneutical circle）。在实践中这个圆圜的完成一圜，象征了中西或西中哲学传统与文明的密切会合与融通。

西方本体哲学发展五个阶段

如果我们把西方哲学史中的本体哲学的发展作一简单阶段性的陈述的的话，我们提出如下看法：从前苏格拉底（6th Century BCE）经苏格拉底与柏拉图到亚里士多德（384—322 BCE）一个圆熟的本体概念已然形成，其特征为理性的抽象的思考及分析的一个超越的静态的具有终极目的性的永恒存有，并名之为"不动的动力来源者"（unmoved mover）。此为本体概念发展的第一阶段。此一终极的动力因与目的因，再经过与犹太人传统的上帝概念结合，而形成了超越体的创造主或上帝或神（人格化、价值化的神）。注意：此处所说的上帝与神已具有强烈的宗教信仰的色彩，但从本体论而言的理论性来说，上帝为超越抽象与不可知的他者，人只能在信中求知。康德在《纯粹理性批判》一书中说明其为不可知的物自体。此一概念的本体在当代仍出现在法国哲学家列维那斯（Emmanuel Levinas，1905—1995）的绝对的他者性（alterity）中。此为西方本体概念发展的第二阶段。在这个阶段中，本体的存在被明确地认定为一个对象化的本质，而人只能用宗教的神学的语言刻画其存在。此一阶段可从纪元前第一世纪基督教新约的形成算起，经奥古斯丁（Augustine，354—430）到阿奎那（Aquinas，1225—1274），一直到马丁·路德（1483—1546）都为其涵盖。

西方进入近代，外在超越上帝概念持久未衰。我认为在康德（1724—1804）之后，本体概念的发展出现两个转向：一是向主体性的精神理念发展，构成了德国唯心主义的潮流，从施莱尔马赫（Schleiermacher，1768—1834）、谢林（Schelling，1775—1854）、费希特（Fichte，1762—1814）到黑格尔（Hegel，1770—1830）而达到高潮。值得注意的是此一主体化的、精神化的本体并非

① 见成中英：《第五阶段儒学的发展与新新儒学的定位》，《文史哲》2002年第5期。

具体的个人所修持出来的心性本体如在中国哲学本体概念发展中所见者。它仍是一个超越的、非现实的客体化的主体形式的本体存在,只是它的内容从不可知性的物自体换为可知的精神实体而已。它的外在超越性是与宋明理学中的内在超越性相对照的。故不可视为本体性的诠释或自本体的诠释,而仍为诠释性的本体或对本体诠释的衍生。但在这一阶段的发展中,施莱尔马赫却因探求神学文本(基督教圣经)与法律文本的意义,而觉悟到从外在的文字与语言进入到内在的理解作者意向的需要。这是一个非常重要的问题,而逐渐演变成一个显著的哲学理解学的课题,因而向哲学诠释学的开创走出了第一步。以上的发展历经18与19世纪,可说是西方哲学本体概念发展的第三阶段。

上述施莱尔马赫的贡献可说有三:一是他认识到一般理解能力的存在,而此能力明显地表现在对语言、文字、文本等的意义的掌握上,但也表现在透过语言与文字对文本作者的心意或意向的掌握上面。理解的正确与完美,是一门掌握文字之道(文法)与知己以知彼的艺术,需要自我的刻意修持发展的。二是他提出诠释学为知人意向与心意的学问,而他对如何理解他人心意与思想提出的基本原理是:人是基于自我理解以理解他人,故理解他人即是由于理解自我或自我理解的投射。这又由于人有人的共性,所谓人同此心、心同此理。由于此,人能在心理上发展进入他人内在心性的能力。此亦意涵着人对自我的心性有所悟觉,因而有可能向内在性的本体自我修持发展,而与中国哲学的本体论有所接循或汇合。但不幸的是施氏虽有此悟觉,却并未真正突破,因为他随即转向诠释学作为方法学的应用的探讨。而这却又是他第三方面的贡献。三是把诠释学看成诠释的方法学,这又把诠释学推向外在性的对本体的诠释:进入作者心灵是他所说的“预测法”。他又提出比较法的应用,此法在于比较多位作者或多种文本以建立更广阔的理解。由此他更推出整体文本网络中部分与全体的相应互摄关联,提出了“诠释圆圈”的概念。施氏之后,有狄尔泰(Wilhelm Dilthey,1833—1911)作为历史哲学家进一步地发挥了方法论的诠释学。狄尔泰以直观与体验的方法来体验生命的真实与价值内涵。

必须指出,施莱尔马赫的建树对后来伽达默尔建立哲学诠释学有极关键性的影响。伽达默尔接受与深化了施氏的前两点,发挥诠释学所预设的一般理解力与理解涉及语言的诠释性，也在海德格尔的内化存有的基础上进一步深化了内在本体性的认识与修持，有逐渐从诠释性的本体走向本体性的诠释的趋向。但伽达默尔抗拒并批判了把诠释学方法化的看法；相反的，伽达默尔把理解与诠释看成是人的心灵本体性的活动，而对此活动进行哲学的或本体论的思考与批判以见其种种特性，并以彰显人类人文活动中艺术、历史、语言等意义与概念的可能性与其正确性（相对本体性言），此即是哲学的诠释学。当然，我们也必须指出，伽达默尔的哲学诠释学是走向本体诠释学的一个必经之路，也是本体诠释学的一个必要的构成成分。因为哲学诠释学掌握了与显示了由诠释本体向本体诠释的转向，有可能兼合两者完成一个本体诠释的圆圈，但却必须展开其视野，进入到中西诠释传统与典范的比较方能克竟其功。也就是说，不经过中西比较诠释学的研究与认识（对本体诠释与诠释本体）的双向认知，哲学诠释学是不会进入本体诠释学的堂奥的。在发挥此一论点之前，我们还需要对西方哲学第四阶段的走向略作探讨。

19 世纪后期到 20 世纪上半期可说是西方哲学中本体概念的第四阶段的发展。此一发展的重点在进入非超越的外在性的理性探索。必须记得，第三阶段精神超越性的本体发挥的同时，也是西方科学基于外在因素（工业革命）更独立的发展时代，此一发展超越了、也掩盖了第四阶段的唯心本体学，而使其一蹶不振。但另一方面也挑起了诠释学作为对科学的批判的兴起。科学的发展可说是从理性立场一方面排除主体性与内在性，另方面排除超越性的对外在世界的经验认知。在这一意义上说，这是现代性的系统的体现。不但理性的科学知识有了系统的建立，科学方法更得以广泛的应用。发展至20 世纪 30 年代，实证科学的成就，导向哲学走向科学实证主义与语言和逻辑的分析主义。在此之外的哲学一概被视为无意义的语言游戏。本体与终极真实的概念已经无法提出，提出也无法给以理解。因为本体的语言被视为诗的语言，而当时主流哲学家如卡尔纳普（Carnap，1890—1970）与艾耶尔（Ayer，1910—1989）等均将之理解为无认知意义的情绪表达。

早期的维特根斯坦（Ludwig Wittgenstein，1889—1951）明白地宣告：“我

的语言的极限意即我的世界的极限。”[①]所谓“我的语言”乃是指知识科学认知的语言，其他非属于此语言者不可谈，谈了也毫无意义。当然这一极端的逻辑实证论的观点并不能说服其他的西方哲学者。但如何开辟新的有意义的本体语言也就成了西方新本体学的努力方向。这将是从20世纪到21世纪初的第五阶段的发展。在未论及此一阶段之前，我们仍须对科学知识主义及科学实在论稍作评述。显然，科学的发展是利用客观的方法进行的知识的探索，其本体的结构是外向的。科学的目的在于发展精确地方法以精确地表述客观对象事物的真相。故科学也可以从本体论的角度来加以评估。它所趋向的是一个外在化的能量物质世界，但科学不作最后的本体结论，因为对世界的认知是与日俱新。而且科学对人的理解也走向客观外在主义，把人的存在约化为物的存在。由于此，我们就能更容易地理解西方本体学的外向性的追求，也可以容易理解到第五阶段发展对外在性追求的逆反性。在此逆反中，海德格尔的兴起不是偶然的。但是我们也不可以忘怀科学知识的本体观，它在后现代的西方哲学的发展中仍然发挥着极大的影响。奎因（W.V. Quine，1908—2000）的“自然化的知识论”（naturalized epistemology）的提出并受到重视正好说明此一事实。

我所要举出的第五阶段是西方现代性（非超越的外在性与理性）的遭受批判、质疑而转向人的内在性的建立与探索。首开其端者是胡塞尔（Edmund Husserl，1859—1938）。他力求在人的纯粹意识中建立对事物本质绝对确定的知识。虽然他的内省的心理主义遭受到逻辑学家的严厉批评，但他却开创了一条内省自我存在内涵的思考之路，为其弟子海德格尔（Martin Heidegger，1889—1976）用来自觉地反思自我的自觉性与自疑性，并作为自觉表述人的存在内在感受的存在的存在，名之为“此在”（Dasein）。此一人的存在在内省的过程中显露丰富的意识与意欲内涵，包含对死亡的忧惧与生之烦忧等。虽然此等内涵并不等同中国哲学重新形质学中的心性内涵，此一揭露却概念地界定主体自我的本体形象。在这一自我的理解中，自我乃能依照自我的先存之执（pre-grasping）、先执之有（pre -having）、先有之见（pre -conceiving）进行对经验的知解与诠释，形成对存在之境的各种意向与情态关联与对事物不切实际的思考。再者，自我的此在充满了相对未来的

① Wittgenstein.*Tractatus Logico-Philosophicus*, 5. 6, New Jersey: Humanities Press, 1974.

可能性、不定性与有限性，而为时间三态的副产品，实无能进行对世上诸物的所谓认知。从此一观点，所谓诠释本体应是不可能的。此存的人只能以其自身的感、思、受、向、行、识来突显自我的存在，此亦可看成一种本体性的自我诠释。所谓诠释则不必看成思考语言的应用，而可看成存在形态语言（存在形态即语言可以自觉的表达）。海德格尔基于此一本体存在的诠释提出了对西方传统的形上学自柏拉图以来本体概念的严格批评，以之为"对存有的遗忘"。事实上，此一批评乃是从"本体诠释"的观点对"诠释本体"观点的批评，说明后者为不可能以及非真实（authentic）。海德格尔也知人之有理性的思考或计算性思考是难以避免的事。因之科学与技术的发展也是难以避免的事。但海德格尔认为人应超越科技及其造成的现代生活而寻求自由与安宁。他的思想接近道家，也有佛学消解存在的成分。

海德格尔的主体化存有化的本体哲学突显了人的存有问题，也影响了西方本体哲学发展的方向。但人与天、理与欲、有与无、存有与本质、自然与科技等的对立与冲突反而因之加强。如何化解，如何整合有待新一代的哲学来面对与处理。此新一代的哲学即是伽达默尔提出的哲学诠释学。作为海德格尔的弟子，伽达默尔基本接受人的存有本体思想，因之视人的思想意识知解活动为理解及诠释活动。这些活动是人的存在方式，是人记忆历史、参与处境、表达情感与思虑未来的存在行为。更重要的是：人的真实感受固然可以透过各种方式表现，但更可以透过语言来转达于他人。语言不但是沟通的工具，更是实现人的存在的可能性、创造性的媒体。在这一意义上，伽达默尔比海德格尔更多承认心灵理性的活动与其反映外在事物的能力，因为语言的作用显然是多项的与多层次的。心灵也必须透过语言的多项作用来实现其多种功能，包含对宇宙的认知与对历史的理解等等。

伽达默尔把理解与人的存在等同起来，由于人的存在活动的历史性，因之在人的各种活动中都能找到理解与诠释，在理解与诠释中找到历史性与时间性。历史与时间没有规律，故理解与诠释不必接受固定的法则与规律的限制。用方法进行理解局限了理解，但伽达默尔也不反对有用方法的理解。但先有方法却不一定能达到人生处境的真理，而往往是失却人的存在活动的真理。这点与海德格尔批判科学理性与科技制作的精神是一致的。基于海德格尔的存有本体思考，伽达默尔也革新了人对文字语言与文本的诠释观念,把施莱尔马赫与狄尔泰以来的方法诠释学转化为本体诠释学,把对本体诠释转化为自本体的诠释。他的意思是:不要问文本作者书写的原意或原来理解为何,问我如何用我的观念与观点来理解或诠释一个文本。由于人的存在的历史性,作者的原意与原义已不可得,我之如何与文本建立理解关系不但可能而且十分重要。因为我是对历史的文本发问,文本必须就我的问题回答方有其现实性与针对性。弦不必同意作者投射的意思,但我必须就我的问题来寻求我认为作者对我最好的回应。我可能有历史的偏见,作者可能被误解。但作为开放的对话关系,我与作者总有取得相互印证、和而不同、存同取异、扩大视野的历史效果。

伽达默尔把诠释看做开放的甚至无限的对话关系,是以主体性的理性思想为主导的:主体的我必须作出真假、是非、合理不合理、事实错误与意见错误、笔误/佚文/蓄意等判断。此等判断的基础都是以自我的历史性本体为出发点的。这种方式的对话存在与我和古人(透过文本)之间,更存在于人与人的沟通理解之间。对话及其成果界定诠释的方式与内涵,也就界定真理,此见之于伽达默尔对艺术、历史及语言的理解的分析。其实伽达默尔的理解和诠释性的真理观与科学的认知和解释是相一致的:科学也是透过科学家之间的反复论证与科学家自身与研究对象的反复"对话"(以现象为自然符号语言)。这一认识非常重要,因为仅就主体的本体进行诠释,是难逃相对主义与独我主义的批评。但何以人们不对科学知识作此批评?原因是科学家之间的对话往往形成共识。同理,我对艺术与历史的理解如能构成我与其他艺术与历史的理解者的对话主题,我的理解中包含的普遍性意向就昭然若揭,乃不必局限在一个处境之中而不能向一个共识迈进了。另一方面我们也必须认识艺术、历史、哲学、语言等人文思考所着重的也许正是独特性而非一致性。我们不必把此以一观点看作相对主义,而可看作多元主义。

关于伽达默尔所作有关实践与实用的诠释的本体转向,应该可以与儒家哲学作出极富意义的比较。但我在此处要表明的是伽达默尔不但积极发挥了海德格尔转向本体诠释的道路,而且具有涵括与整合本体诠释与诠释本体的意向。但他在《真理与方法》一书里未能提出如何整合及融合两者的架构。他对本体的思考也只限于海德格尔的主体化的存在本体,而未进行更开阔的认识与整合。他之未能跳出西方传统是其历史处境的限制。但综观东西方是必要的,此不但对本体思考极为重要,对诠释思想也同等重要。

就西方的本体哲学的发展而言,我们不能不提怀特海(Alfred Whitehead,1861—1947)有关过程哲学或过程宇宙论的创建。虽然怀特海的过程哲学影响了当代基督教神学思想,过程与创造性原理固然十分重要,但我们也不得不指出怀特海的本体宇宙论不能算对本体诠释的转向,而仍停留在去诠释对象化的自然宇宙。但他把此一对象化的自然宇宙过程化也可说在本体的形质的认识上面进行了一项创新。

以上我们已对西方哲学中的本体论作了五个阶段性的分析与回顾,目的在指出西方哲学中本体的客体化、外在化、超越化的模式。本体论的中心放在对本体的诠释。但我们也显示了在20世纪西方的本体哲学却有新的发展与转向,此即向内在化的本体思想进行,然后再向自本体的诠释的方向发展。这一转向的可能是建立在诠释学与本体学双重发展的汇合上面。故本体诠释学的发展在西方也不是偶然的。但这一发展却面对着科学诠释本体的持续挑战,如何解决此一问题就不能不参考及思考新的典范。如上所说,中国哲学提供了一个天人一体、本体与诠释统合的模型,而其出发点却是自本体以诠释,以求达到自本体与诠释对象的道或天的合一与谐和。此即为本体诠释学提出与发展的重要性,尤其在此东西文化渐趋也必要走向融合的关头。

中国本体哲学发展的五种形态

关于中国哲学中的本体论的发展,我关注易学的起源与中国哲学本体论的原初模型的建立,以及在此原型基础上发展及衍生出来儒道两家的分野。我也关注当代新儒家对宋明理学的分类与解释,尤其对牟宗三先生崇王(阳明)贬朱(熹)的看法的问题性。当然,我一直关注中国本体概念的转向与开展问题,致力于中国哲学中本体概念的分析,并发展结合东西方哲学资源的本体诠释学,强调自本体的诠释与对本体的诠释两相结合的重要性。

中国哲学中的本体概念也可就六个发展阶段来进行考察。第一个阶段是周易哲学系统的建立。第二个阶段是儒道的分野代表本体思考与诠释思考的两个基本方向。从两汉到魏晋可以看出。第三个阶段是隋唐中国佛学的发展,把一个佛性本体的概念推向一个至高无上的境地,并透过禅悟的方式来体现于具体的人生。第四个阶段是宋明的理气心性之学的建立,为中国的本体哲学进行了一次宏大的佛道儒的融合,而归宗于通古今之变合内外之道的易理。第五个阶段是清代的实用之学的发展,为本体概念向现代经济与社会的开放性奠定了重要的基础。第六个阶段则是当代新儒学的发展,体现了实质地吸取西方现代性的努力。但一个完整开放而又具有创造动力的体系尚待建立,尤其当此人类历史进入全球化与世界化的当头。面对中国本体哲学发展的历史阶段,我们在此拟提出六种中国本体哲学与本体概念的形态。如果问何以吾人论西方的本体哲学突显阶段之说,而论中国本体哲学则突显形态之说,我的回答是西方哲学中的本体概念在历史上经常处于被质疑与被批判的状态,往往是长江后浪推前浪,或群英争雄的局面,呈现出新的转向与新的坚持。而这也是与其以方法探索与诠释本体真理的思维方式密切相关的:此一思维方式的重点在方法。当方法面对外在真理黔驴技穷之际,也即新方法力求突破之时。故方法的变化刻画了西方本体哲学的大面貌。我们只有透过阶段的发展来捕捉本体的形态。在中国哲学的发展中,情形则恰好相反。本体的概念从最早的阶段到近代一直处于中心地位。所谓立本达道、持体致用的思想一直支配着中国本体学的发展。这也是我所说的自本体以诠释的进路。在此进路下方法的概念不发达、不精致,也不受重视,往往诸学派立本体之大以涵盖一切。故吾人可以从本体概念的形态中来掌握中国本体学的根源与关联,并进而见其实际应用与历史作用(历史有效性)。这一理解方式是从形态的分歧以明发展的渊源,并借以透视其发展阶段的辩证关系。

中国本体哲学的原创形态是周易本体宇宙论的形成。我所谓本体宇宙论(onto-cosmology)是指从本体以见宇宙、从宇宙以见本体之学。事实上,所谓本体即已涵蕴本体与宇宙的内在联系与发展关联。周易建立为一宇宙万物的象征系统即已含有自本而化生天地万物之义。卦辞中元亨利贞的元字即意涵万物之本源的意思。由元而亨而利而贞即显示了本源的发展致用与稳固贞定的过程,自然形成了一个保和太和的时空宇宙体系。故在原始的易文化的发展中包含自本而体而用的本体的概念已呼之欲出了。在周易的经文中乾、坤、屯、蒙、需、复、归妹等概念都含有本元的意义，而同人、大有、大壮、大蓄、丰、与既济等概念则含有体之大者的意思。经文中常有“含章”“包蒙”“栝囊”等包含概念，也可见体系的容量。至于由本至体的发展则为一变动复杂、变化起伏的过程，可见之于周易经文的其他诸卦，我们可以举出比、履、泰、否、随、临、观、剥、噬嗑、坎、离、晋、升、睽、谦、损、益、革、鼎、渐、节等等概念为例证说明。事实上，所有的卦都可看成一个在原点的乾坤互动的基础上向开放创造性的宇宙体系的过程进展。

周易所包含及呈现的本体宇宙是一个上下、左右、内外、前后互连贯通的生命发展整体。它的符号系统是在人类观察天、地、水、火、山、泽、风、雷等自然现象的经验基础上发展出来的。故上下、左右、前后、内外都有一个广泛的经验基础。上下、左右为空间观念，前后为时间观念，内外则兼时空而言。内外结构上是空间，但其形成却是由内到外，故为时间过程。内外又可以就一个整体单元与外物的关系而说的。单元之属是内，内有中心为中，“中”实际说的是一种能力或潜力，发挥或发放出来与外物融合无间，《中庸》一书谓之中节，即是“和”。故和是内外的协调或结合。周易的符号系统显然可以看成为对此一四方八面由内而发外的生命力量的发展系统，其趋向是要在动态发展中求得整体平衡。此一整体动态平衡的特性是导向和能生物、生生而不息的生命实现过程。这就是周易经文所显示或意涵的本体宇宙观。在此显示与意涵之下，不但本体的概念已然呈现，对周易经文的理解导向易传十翼的诠释自是极其自然与合宜之事。

但我们如何去看待这一个自然与合宜的导向逻辑呢？这是需要清楚回答的问题，因为这关系到易传与周易经文义理贯通性的问题以及易经向易传发展内在逻辑问题。在对易的概念及易卜发展研究的基础上，我的观点是：易传十翼从不同的角度反映了或揭示了周易内涵本体宇宙观，因为此一本体宇宙观已经在易经文与易实践中显露出来了。对于易卜实践中形成的卦、爻辞所具有的意涵与意向，不但其本身的诠释性或义理性，而且我们对其理解的诠释性与义理性，均指向一个整体性的系统所预设的本体宇宙架构①。其中最为重要的是观的观点的事实性。前所提到本体宇宙系统的形成，是仅就周易的卦爻符号系统在组织与应用的义理上来说的（意义组织的

① 成中英：《易的象、数、义、理一体同源论》，《周易研究》1990年第1期。

逻辑与诠释实践的逻辑)，但就事实论之，系辞中说的伏羲画卦完全可从中国远古羊文化的发展来说明。故以持久广大开放的对大自然天地万象万物的观察，来说明易经阴阳符号的采用与周易8卦与64重卦的建立，是合理与合宜的。在观的经验基础上，伏羲发展了易经符号系统，也建立了具有实际所指的宇宙现象内涵的义理系统。[①]易传对此的诠释可说只是顺其理解的自然而已，当然此一理解也包含了一个社群共识的已然建立。

易传尤其是其中的彖、文言、象、说、系辞等部分，不但突显了中国哲学中最早的本体宇宙系统，更突显了对周易经文文本基于观的理解所作的诠释方式与方法。此一方式是观者实际从事于观而观者之观(所见之象)，与宇宙之观(呈现之象)在观的活动中完全契合为一，故观者的心灵与呈现之象的宇宙完全契合为一，或可说达到以一个天人合一于观的境界。观者的能知与所知也合而为一。以此为本所作的诠释就是对所体验到的宇宙的表述而已。诠释的语言针对原来的经文指向或提示的对象所产生的观的体验而进行的体验表述。至于诠释的方法则在于观的整体性、开放性、包含性、关系深入性与动态平衡宇宙的把握。此一境界是本体与主体合一自本体的诠释，也可以说是本体与客体合一的对本体的诠释，两者相通，交流互基，自然形成了一个本体诠释的圆圈。在这一个非常具有示范性的诠释模型中，不但原有的观得到透露，新的心灵意涵与新的语言指向(reference)也都获得表露与体现。这也说明了诠释可以是并应该是一个推陈出新、层层创新的经验与义理创造过程。易传之为最原初的本体诠释模型，可说是显示了以一个本体诠释的典型或范型。中国哲学的本体论的发展是以此一典范为其标准与归依的，到宋明更是以此为创新的灵感启发之源。

在易传对周易经文的诠释过程中，新的概念的明朗化与系统化是诠释的一个重要部分。周易的本体宇宙系统可以用新的语言来表达。新的概念包含一阴一阳之谓道、易有太极、生生不已之谓易等。事实上，彖、象、说、序、系辞等都为易的体验、观察、实践提供了新的语言与新的概念，使易的经验转化为易之道，易道的实践转化为时中的遵循。而易道的应用与作用也就更为广阔与深入。最后导致道家哲学与儒家哲学的产生。

道家与儒家的建立是中国本体哲学进入到新的模型与新的应用的时

① 成中英：《"观"之哲学涵义兼释"观卦"》，《国际易经研究》1995年第17期。

期，但也是易传原初模型分化的时期。道家以易之道的源泉处为其本体的关注点，静观天下，超脱凡俗。儒家则循着易道开展的潜力开拓生命的伦理与人文。但两者都涉及天的定位问题。天是中国古代人格神与祖先神的信仰对象。书经中的天有好德恶恶、关心民命的意志。诗经中的天则往往成为诉怨的对象，可见作为民间信仰的天其内涵并非一成不变。在易经的本体宇宙论的影响下，天转变为自然之天，并与地并举。最后，天被自然化了。天成为天之道，运行在天地万物之中。[①]但我们又不得不指出，天命所包含的道德性却由于人对自我反省的体验由外在之源转化为内在之源，即是外在的天命转化为内在的天命了。此一转化的体现与自觉即是儒家的诞生，为孔子开其端。

以老子为代表的道家接受天的自然化，而不接受天命的道德的内在化或曰道德的内在转化，不但以天之道即天命之所在，因之无所谓天命，而且举出道的本体观以涵盖天地。继老子之后，庄子以真知出入有无之间，不执著于本源而逍遥于天地万物之中，以天地的精神为本心，与天地生化之道通为一，既内在又超越而又不拘束于小知小德，所谓两行、所谓坐忘、所谓得其寰中以应无穷，都表现了道家之道本体哲学的另一形态，可谓圆融道之本与体于万物一体的变化与诸用之中。

孔子之后，墨子从肯定传统天与天命的角度，也不接受儒家对天命所作道德的内在转化，而标举出天志的概念与信仰。天志把天更人格化，是天具有强烈的正义感与公义心，类似基督教的上帝。但墨子的天是天生万物，欲其生不欲其死，故以天下生物之利为义，而主张修身、为人、治国都必须以公义为原则为尺度（所谓贵义）。他据此更主张兼爱、非攻、节葬、非命、尚贤、尚同等以公利为公义的治世原理。显然，他所说的天志鬼神都是外在的存在，但却也都是他基于理性的思考建立的功利伦理信条，以改善社会为目的，而非解决生死归宿的问题。因之，墨子天志的概念具有极大程度地内在于人的理性成分，而不必为超然不可知之存有。从这一个角度看，墨子坚持天志，把天命中的道德意志转化为天的积极与持续活动的意志是有其创见的。他赋予天志的理性成分又使天或天志不落于传统的上帝的概念之中。墨子之后的墨学继承者从事逻辑学与物理科学的研究，于是从原初墨子自

① 系辞谓“天尊地卑，乾坤定矣”，天地遂为乾坤或阴阳之道活动过程的一部分。

本体的诠释形态转向对物质宇宙本体作知识化诠释的形态。

以上我刻画了易传本体诠释模型后所衍生的三种自本体诠释的形态:儒家的超越内在天命观、道家的内外一统的天道(或道自然)观、以及墨家以内为外的天志观。道家的老庄又各有分疏。道家在先秦后的历史发展是一个值得详尽研究的课题,因为道家本体诠释的形态在后来的发展中也有新的分化与突出的表现,如魏晋结合周易的玄学(王弼)与唐代结合佛学的重玄学(成玄英)。唐后期道家与佛学的结合产生了禅宗,更为道家带来新发展。加以道教自汉以来的发展,也为道家本体诠释的思想形态注入趋向实际运气、培神、养生、食疗、保健等的应用性与实践性,值得进一步研究与彰明。

上面我对儒家的本体诠释形态的发展没有作较细致的探讨。这是由于我多年的研究偏向于儒家或儒学的哲学方面,已见诸多种文字,因而不拟在此多所着墨。但我仍然要指出儒学作为中国的主流思想,自汉以来,到五四期间,讫未丧失其显学地位。儒学代表的自本体的诠释形态应是中国哲学与中国文化中的诠释典型。但是我们不能不察的是儒学本体性诠释方式与方向有何等历史的发展以及它在当代的地位如何。我在近文中曾提出儒学发展的五个阶段,可简述如下①。

先秦原始儒学以孔子为中心,体现为孟子(德性内在)与荀子两家(理性内在)。我对此一原始儒学发展的诠释最为关键的认识是:中庸的"天命之谓性"明确体现了天命内化为人性之道德情操而走向一个儒学自本体以诠释的范型。大学的"明明德"在此方面的明显性则不如中庸,但大学开展了一个一以贯之的内圣外王为人与为君之道,更呈现了儒学本体诠释中的实践性,加强了合外内之道之中的知行合一的向面。当然这些都可以在孔子的言行中找到根据。如果我们结合帛书与楚简的出土资料,我们应该重视孔子晚年喜易与学易的事实,把易传显示的本体诠释模型看作是原始儒学一个重要的成分。但这些有关儒学古典资料的整合正需要运用本体诠释学结合自本体与对本体的诠释的理解来完成的。第一阶段的儒学发展之后,继之两汉经学的发展,突显于董仲舒的形上与形下的整合与融合以及不同诠释经文的模式的发展。韩诗外传以诗诠事与韩诗内传以事诠诗的不同即

① 成中英:《第五阶段儒学的发展与新新儒学的定位》,《文史哲》2002年第5期。

是一例。这是儒学发展的第二阶段。

宋明理学与心学的发展与建立则是儒学发展的第三阶段。其成就就本体诠释学的发展而言,值得重视的是儒家本体的概念在吸收道佛的智慧基础上接近圆熟,此见之于周敦颐的融通无极、太极与阴阳五行于一个本体宇宙论的建立表述;朱熹的融通理气与心性为一体的系统理解与王阳明的智仁兼包的本体明觉。但三者如何再统合却正是儒学再发展的一个课题。第四阶段儒学的发展则在致用于实学与经国济世的时务,是为清代中期的一个现象,但此一发展并不算成功。一直要到五四之后才真正面对经济现代化、科技现代化与政治现代化等问题。五四以后的儒学可说为第五阶段发展的儒学。此一阶段的发展当以当代新儒家的兴起为其主调。当代新儒学的中心问题乃在开拓对本体的诠释与自本体的诠释的交流,而不应局限于封闭的主体意识决定的本体意识之中。在这个关注下我乃有新新儒学的概念的提出,以相应于本体性(自本体)与诠释性(对本体)的结合、互动、互用与圆融。

应该简单一提的是中国本体哲学的第五种形态。此即中国隋唐佛学开展出来的一个本体诠释系统。隋唐学者以道家释佛学,再援道入佛、援儒入佛,使佛学具备了一个中国的特色,清楚的表现在天台、华严、净土与禅学诸宗之中。天台突显佛性的普遍性与多元性,为生命宇宙的净化提供了一个多缘实践的道路。华严在"一"即一切的观照中显示了一个理事无碍、事事无碍的理想本体境界。净土以信心为基容许凡人超凡入圣。禅学开顿悟之门,点化生命的全境,体现人的心性内在无限的自由与自在。这些佛学的本体思想都是外观生命内省心性合外内之道而获得的本体之境与智,是明显地体现了自本体以诠释生命与宇宙万象的成果。但它也面临着如何接应"对本体的诠释"带来的挑战,如何为佛学的再发展与现代化开启一个新的空间。

我们对上述中国哲学五种形态的本体哲学基本形态作初步的本体论整合,发现中国本体宇宙论有下列体现五种形态的不同层次:

空→(无极→(太极→(道→(天〈天道、天命、天志〉→(阴阳、五行→(人→(社会与科技)

针对此一架构,在何种层次进行自本体的诠释,或对本体的诠释,或求其两者的相应互动以发展,即是本体诠释学掌握本体意识与系统的一个有用与有意义的工作。

在以上中国本体哲学五形态讨论的基础上,我们也可以顺提本体诠释学与中国诠释学的关系问题。显然,对中国本体哲学(见之于某一哲学文本或某一哲学家的著述)的诠释,或自中国本体哲学(无论哪一形态或那一学派)诠释一个哲学或非哲学文本,都可看成中国诠释学的问题。但也可看成是本体诠释学的问题。因为中国诠释学必然涉及本体的概念与本体的思考,可视为本体诠释学的一个例证。本体诠释学还可以从西方本体哲学或对西方本体哲学进行诠释的活动。它进而还要思考中西本体哲学的比较与沟通及融合问题,以及在诠释者当前或当下的真实与人生观察与体会中,如何选择与评价本体诠释的模型、以及能否应否发展新的诠释模型。这自然就涉及到历史性与理论性的视野融合与冲突解决、科学与宗教人文、知识与价值、方法语言与方式、层次与向面以及对诠释的诠释与理解等问题。这都是本体诠释学的前结构、现结构与后结构的问题。

在正确地认清本体诠释学问题的基础上,我们也当认清中国诠释学独特的认知课题,这些课题包含中国哲学中或中国文学及历史文献中有哪些诠释的形态,哪些为范本,哪些为分化与发展,如何理解这些典范的建立、分化发展,并探索其哲学的或本体哲学的意义是否涉及本体思考问题,或仅及某一非本体的体系或独立于本体的方法。当然,我们还是要问无论哪一个诠释模型,它与一个本体思考或一般本体思考观点有何关联以及如何关联,以增加理解与诠释的深度与广度。

理解与诠释的五项考虑

理性思考与历史意识最大的不同在:理性永远寻求独立任何历史意识与历史经验之外的对真实或本体的认知,而这种认知也不反映任何观点或先入之见。我们可以想象一个理想化的理性能够成就这种独立性,但问题是此一对真理的认知如何表达与传告或沟通于他者? 对真理的认知如仅为纯意识的观照,而不受任何意识的影响,则没有沟通的问题,他人也无法借以获知真相。如果他人也具有此等理想化的理性来观照真实,他人也可以独立地认知真理而不必传告对方或第三者。如此,我们称此认知为"来自无何处之观"(view from nowhere)。也就是我所说的无观点的观。但这只是一个理想,事实上是难以实现的。我们无法想象任何具体的观不代表或反映一个观点,无论是历史的,时间的,地理的,空间的。因为我们是时空历史与具体生命的产物,我们的认知甚至观照都有其历史性与空间性,这可以从我们表达的方式与媒介的特点看出。意识的表达与传告需要媒介,意识凝聚成为概念,而传告导向语言。概念化的语言或语言化的概念就是意识认知真理的表达与传告媒介与工具。概念与语言都是从历史中的经验或意识中发展出来的。它们的开始就是为了表达与传告,同时也是在实际的表达与传告以及相互表达与相互传告(此即对话)之中形成了共识、共言、共观。这种共识、共言与共观仍然有其历史性与空间性的背景,同时在时间过程中会继续分化形成差异。因之共识共言与共观的维持必须持续地对话与沟通,使其涉及的个别意识、个别语言、个别概念都能够指向一个共同的真实或真理。

现在我们要问的是:如果我们不可能有一个理想化的理性,我们的理性的功能是什么?理性的功能是尽可能地减少历史性的影响,使我们尽可能地直接表述真理或表达真实。如此科学必须不断地与真实对话,不断地寻找一个更精密的语言符号来表达及陈述真实。在科学中与真实对话的意思,是用科学方法对意指的真实作理论假设、预测、经验证实与证伪、修订理论假设、面对真实的考验,再重复求证下去。这是一种概念的实验与建设工作。它的局限性在它的永远有限的涵盖性与有效性。在经验上此两者是无法绝对地保证的。故科学的工作必须发展下去而不见终点。因之也没有最后的科学真理。至于科学的语言是否能完全脱离历史性的有效影响呢?回答是不可能。因为作为表达的媒体,科学语言的意义必然建立在日常语言的基础之上,因为所谓理解必须透过生活的经验才能形成共识、共言与共观。科学的语言不能独立于此一共同的经验基础之上的。故科学的语言如要传告仍然有理解与诠释的问题:诠释的功能在此是使其语言接近真实,也衔接生活经验的共识。诠释因之是桥梁的搭建,使个别的心灵的理解(所谓概念 concept 与意义 meaning)符合理性意指的真实(所谓所指 reference),语言符号在此关系中扮演了一个能指(referent)其所指、能表其所思。语言因之既是能指又是所指，既是意义又是对象，既显露真实又隐藏真实。

在此一解说中，语言与真实或真理的关系既是逻辑的相连又是存在的互通。语言能指向真实与表述真实，因其为真实的一部分，真实也是其一部分。说明这一关系就是诠释，就是心灵对真实的理解。诠释是就语言与真实的关联说的，以语言明真实是我说的对本体的诠释，以真实（已有的理解）明语言是我说的自本体的诠释。伽达默尔的名言“存有能被理解即语言”（Being that can be understood is language）①，如用分析哲学的表述方式来表述，即是语言是基于存有对存有的理解，而所谓理解则可以就语言的表述或描述、指物、与对真理的主张与信念来说明的。建立此一理解（understanding）即是诠释（interpretation）。此处必须指出，中文“诠释”一词是对此一运用语言或针对语言以建立理解的最佳表达，因为“诠释”字面上指的就是“求语言之全以表达或体现理解”。如果我们具有对理解与诠释有正确的理解与认识，我们就可知道没有其他字眼能更好的表达。伽达默尔曾一再论述诠释经验（hermeneutical experience）的普遍性。诠释经验的普遍性乃在于科学的知识与真理也离不开现有理解的基础或前理解的基础，因之也离不开语言的表述与沟通以及其所依存的诠释活动。哈贝马斯（Juergen Habermas，1929—）反对这一说法，但哈贝马斯的论证正好假设了一个理想化的十全理性。

基于以上对理解、诠释、语言与真实或真理关系的初步说明，我们可以进一步探索一个对真实或本体的理解如何形成。我们在此处把真实的概念等同于本体的概念，因而可以有不同的对真实的看法，正如可以有不同的本体观一样。对真实的理解可名为真理。基于理解是用语言来表述与说明真实的经验，故理解即是诠释的活动。其对象可以是直接的世界经验，也可以是历史的文献或文本。在这个意义下，诠释或体现于语言的理解可以是知识，可以是信念，可以是明白于心的认识与看法。理解导向知识、信念、认识与看法。知识、信念（或信识）、认识、看法等之间的差异，我不拟在此处探讨，只想指出它们的差异可以是对真理的确证性的程度。显然，不管它们的确证性的程度如何，他们都必须预设诠释。

① Gadamer. *Truth and Method*.second edition, trans. Revised by Jel Weinsheimer and Donald G. Marshall. New York：Crossroad,1992：474 ；伽达默尔此言是对海德格尔所说“语言是存有的居屋”（Language is the house of being）的深化。

我们基于思考的结果与对哲学历史的理解，必须认定或假定理解或诠释的终极对象当是终极或完整真实的理解，此即本体的理解。语言既为理解真实的活动方式与成果，自然语言是在生活中自然发展出来的表述真实的符号意义系统，其实际的应用与共识的建立即是一般语言或日常语言，此所谓日常语言自然体现了一个日常生活的真实（可谓之生活世界）。但任何语言或其应用，都不能完全表达或显示人的经验（个人的经验是有限的，但人的存在指向未来，故人的经验就未来来说是无限的）。因之人必须依其不同的需要与目标，以及面对无限的未来不断地刻意地去改进他的语言，精密化他的语言，发展他的语言或创新他的语言。基于以上的分析，我们此处列举出形成理解与诠释活动所必须要考虑的五个因素：

一、意向性或意欲性（intentionality）：心灵活动的意向与意欲投射。

二、意义性或概念性（meaningfulness）：意向经过思考与经验形成的概念或意义内涵。

三、指物性或对象性（reference）：意向所指向或认定的对象为具体物或虚拟的象。

四、证据性或启示性（evidence）：可观或可感外物所透露的与真实的关联。

五、真理性或本体性（truth）：相对或终极的真实对象的意识与语言表述。

这五项因素是奎因在他的《真理的追求》一书中讨论知识与真理的追求中列举的篇章主题。[①]但奎因并未对此五因素的整体性关系进行探讨。甚至对为何列举此五个主体的理由与优先顺序也未进行说明。该书的篇章题目依序为证据（Evidence）、所指（Reference）、意义（Meaning）、意向（Intention）、真理（Truth）。此一顺序无疑显示奎因重视以证据为起点以达到真理的目标的自然化知识论的观点。我在此提出此五个因素是用来说明理解与诠释的需要以及说明原初本体观的由来。

基于理解的根源在认知内在于人的心灵的感受与外在事物的相应关联，我把意向性看成起点，而把真理性看成运用语言体现的目标，也是成就理解的标示。至于意义性与对象性，则为主体理解者的意向性在运用语言

① W.V. Quine. Pursuit of Truth. Revised edition Cambridge: Harvard University Press, 1990, 1992.

中或体现语言时所表现的两个向面:一是表示主体内在的心理或概念结构,一是表示外在的对象或现象存在,两者相互对照而又相互决定(如弗雷格[G. Frege]所说的sense/ reference)。更进一步,意义性可以投射为对真实的概念,即是真理性。同时与同理,对象性却可在实际经验的显示中被确定为证据,即是透露出真理或真实的一个征象或象征符号。证据性与真理性可相互含摄,达成原初意向性的所意向的真理内涵或真实对象。最后即可具体地表达为理解与知识的语言。语言作为主词(subject-term)、谓词(predicate-term)及客词(object-term)统一体的具体实现即是语句,代表了人的理解以及诠释的基本形式。语句发展为话语(discourse),话语形成篇章,篇章凝合为文本,遂成为理解与诠释的成果,又成为理解与诠释的新对象。

我们可以把以上有关理解与诠释的五个因素的动态发展及体现关系表示如下:

意义性或概念性→真理性

意向性→理解→知识→语言表示

指物性或对象性→证据性

在这个发展的架构下,理解与诠释显然同时具备这五个向面:意向性或意欲性,意义性或概念性,指物性或对象性,证据性或启示性,真理性或本体性。一个理解的建立必须考虑到或经历这五个因素的关联性的发展与体现。我们必须假设这五个因素之能导向理解或知识或信念与看法,甚至导向本体义理系统或本体宇宙观的建立,不是一项简单的知觉,而是经过思想推理、经验组合与观念或观点突破的过程才能完成的。如何透视理解建立及诠释体现的原则以及两者评价的标准,必须留在另文讨论。此处只拟指出体现思想整体动态的平衡是体现理解与诠释的基本原则,它也是经由对话实现真理的共识与视野的融合的基本原则。

本体诠释学体系的建立

本体诠释学是在结合中西诠释传统的基础上提出与发展起来的。中西哲学的差异也可以说是和谐化辩证法与冲突化辩证法的差异。这种差异一方面是方法学的差异,一方面是本体论的差异,显然中国哲学基本上不重方法，也可说法无定法。我已指出这是由于在中国哲学的源头上就重视综合直观、知觉与体验的本体思想，远超于方法思想之上。这是一种纳方法于本体体认之中的思考方式。我也指出，与之相反，西方人自希腊开始就追求理路分明独立经验之外或经验之上的实体对象，故视理性方法与规则为达致真理与真实之路。因之，它是一种纳本体于方法认知之中的思考方式。中式思考是本体境界体验性的。西式思考是方法所指求证性的。两者决然不同，故所营造出来的理解与诠释传统就大不相同。

有关西式思考方式的说明，我曾指出西方哲学史的发展途径是建立理论然后用方法突破理论以另造理论。建立理论之初，就有偏离日常现象与生活世界以追求抽象与普遍的思维方式，亦可说为方法的突显。所谓方法也就是界定真实或本体的一种手段：它是用人的主体的理性思考来界定真实，来区别出真与假。前苏格拉底的自然宇宙论的提出是如此，苏格拉底追求德性的意义更是如此。事实上，我们可说苏格拉底发明了方法，因为他发明了定义之说。苏格拉底之后，西方哲学史里的哲学大家无不以发明方法或方法论起家，如古代的柏拉图及亚里士多德。如此，中世纪哲学也以方法为重。讫至现代，笛卡尔、斯宾诺莎、莱布尼兹、洛克、休谟、康德等也莫不是揭橥方法为哲学的起点。20 世纪及当代西方哲学家也莫不如此：知识论上的胡塞尔、弗雷格、卢塞尔(Russell)及维特根斯坦显然如此，至于形上学上的海德格尔与怀特海也是标举出新的方法或思考切入方式来重建或改造传统的形上学。

中式思考是以本体体验理解与诠释现象和文字典籍(文本)的。在一个理解中首要立其大者，所谓大者就是宏观整体的本体架构。本为本源与根本，兼历史与基础两义，更有动而愈出以应无穷的意涵。体为整体与体系，是机体性的实体多元相关存在，可以用来说明形象之实际与功能之运用。但体系也可包含虚体与虚用，形成一个有无相生、虚实互发、体用互为体用的道的体系之体。用此理解来说明现象与某一特定文本就是我所说的自本体以理解与诠释的本体诠释。如不能由此本体体系的理解与体验，诠释就只是表象与功能的阐述，借以达到自我预设的目的而已。韩非的解老与喻老即是一例。此处假设韩非有其未加说明的本体论，是以合理的本体思考传统为背景的。我已指出，此一本体思考的背景与主流传统可以就易经的形成与易传的发挥，道家的根源反思与对生命变化的综观，儒家对一己与对他人的心智潜能与德性根源的内外省知三方面来加以说明。三者形之为理解就形成了一个中国人的一般道体，或本体宇宙论与一般本体人性论的思考传统。三者用之为诠释就形成了一套中国人的一般本体思考的本体诠释学。当然，这也是中国诠释学的一般基础。

诠释是以理解真实或本体为本源、为依归的，但却在文字上及概念上作出义理发挥与解说的功夫，所谓言之成理，言之有物，自圆其说等是。但只有针对或基于真实或本体的认知与解说以进行诠释，才是我说的本体诠释。故不论具体的或特定的本体何指，只要有本体的概念并纳方法于本与体的思考之中，即是广义的本体思考；如专就传统中特定的道家或儒家或其他诸子百家的本体论立言，则可谓之狭义的本体思考。宋明的理学、气学与心学能兼广义与狭义的本体思考获得创建，并进行自其本身与对其本身的诠释与理解，也为此两者运用的结晶。我人今日进行本体的理解与诠释，也不外于此两义的本体思考的运用，从而可以推陈出新，形成一种创造性的哲学思考。此一创造性的哲学思考过程理论上永无止息，正如伽达默尔所说“无限对话”的永无止息一样。

与中式相较，西方哲学重视批评、批判与逻辑，以突破现有的概念典范与体系为哲学思考的精神所在。因之，西方基本上并不重视疏注性的诠释，由于此等诠释，往往意涵先行接受一个已形成的本体体系。我们可举苏格拉底学派与苏格拉底所启发的创新性哲学家柏拉图与亚里士多德为例说明此点。此一批判与创新的理解或认知传统延续至今，仍为西方哲学的主流所在。但当代哲学诠释学的兴起，却隐含着主体对历史性的本体论的回归。在理性与方法思考的主流之外有宗教神学传统进行基督教神学的圣经文本诠释。这一传统可以看成自本体性的诠释，但我们仍不能忘记：西方近代哲学（如尼采）和当代神学（如怀德海）仍具有对本体之上帝作出拟似独立于传统的诠释精神。西方圣经与中国易经的诠释比较尤能显出中西本体思考本质性的差异。

当代西方哲学诠释学显然源于神学本体诠释。从阿斯特（Ast）到施莱尔马赫都是此一神学诠释学的系统化与哲学方法化的发展者。近代生物科学与生命科学兴起，狄尔泰想用一个新的科学方法来理解生命与历史，是当代哲学诠释学的前驱。但他却未能面对人的本体存在的实体体验与反思问题，欠缺了一个人与世界的本体思考架构。这是要到海德格尔的本体论或基本形上学革命，才真正发展了人存的本体论。有了此一人存的本体论，才有伽达默尔发展出来的哲学诠释学。因之，哲学诠释学是以人本或人存的本体诠释学为基础的，对人的历史体验、艺术体验、语言体验的解说与诠释，阐发了前所未有的有关历史、艺术、语言的深度认识，更批判了只重方法与概念的哲学传统，开辟了一个新的对理解的理解，并启发了人的历史性与理性如何整合的思考，以及人与人之间、文化与文化之间的沟通如何进行的思考，提出了历史偏见、有效历史、无穷对话、视野交融等重要概念。但伽达默尔尚未能进行有关伦理道德与宗教等现象的本体理解与诠释，可说仍有待继续的本体诠释工作。另一方面，伽达默尔也未进行新的本体论及广义的本体思考，当然更未能进行跨文化及跨哲学传统的本体思考。这些正是其哲学诠释学有待发展的重要课题。他与贝蒂(Betti)、哈贝马斯、德里达(Derrida，1930—)等哲学家的辩争又突现出哲学诠释学的内在与外在问题，可以为吾人借鉴。利科尔(Paul Ricour，1913—)站在现象学的立场提出折衷历史与理性之说，也并未解决本体诠释与诠释本体相互如何融合的根本问题。因之西方的当代哲学诠释学尚停留在迂回踌躇的关头，等待本体论的新发展，也等待方法论的新发展以及两者的更进一步的交融，来建立新的典范思考和解决哲学、科学与人的生活世界中的诸多问题。

总而言之，与西方相比较，中国哲学传统中诠释的主流与大体是本体诠释学中所说的自反本体诠释，而非对他本体诠释。因之，如要建立中国诠释学，就必须认识本体诠释学的主流与大体，自易传历经春秋、战国、两汉、魏晋、隋唐、宋明、清民的传统进行本体的思考。诠释的类型固有多样，但万变仍不离其宗，亦即不离一个重视本体思考、纳方法于本体之中的易与道的本体思考方式。此点反与西方近现代的人存本体思考有接近之处(但在狭义的实质的本体宇宙中，西方人仍有天人分离、上帝超越的思虑倾向，而中国哲学的本体思考却自然流入天人合一、道器互含、体用不二的体验)。因之，西方哲学诠释学的兴起所代表的本体思考的革命，更具有走向中西融合与汇通的重要意义。但西方近代发展出来的反本体论思考、非本质主义等却有走向虚无主义的倾向。再者，西方科学与技术所开启出来的知识与操作系统往往漠视或消除人的内涵精神与价值，也是本体诠释学所应克服的危机。因之，我们必须认识，只有在一个更深沉及更高远的人与世界的本体思考中，东西方或能找到一条通向人之所同本，及人之所同体的本体宇宙与本体真理。这就是沟通中西、借诠释以求同释异的本体致用的意涵，也就是本体诠释学兼具诠释本体与本体诠释的双重思考的功能之所在。必须说，中西诠释学的主流同隶属于一个一般性的本体诠释的网状体系之中。

诠释学中的存在接受性与意义创造性
——从伽达默尔到本体诠释学

成中英 著　管月飞 译

导　言

在诠释学的思考中，我们必须认识到与诠释理解攸关的两个面向：存在的接受性(receptivity of existence)与意义的创造性(creativity of meaning)，诠释活动的“存在接受性”见之于对已有事实的知觉与认知，对历史效果的观察，对基于未来可能性的投射的预期，以及对人的理解先设或先验条件与已定结构的发现或揭露；诠释活动的“意义创造性”见之于对人的知觉与感受能力与经验的实现与显示，建立在人的认知与意志活动形成的观念思考，对行为规范理想的追求，以及对达到个人或社群的价值目标最佳方式与方法的探索与开发。只有如此，才能彰显人的自主的存在，以及作为道德主体的存在。

首先，本文检视了西方世界诠释学发展过程所呈现的诠释两性的比重与特点。现代诠释学的发轫者阿斯特及施莱尔马赫提出的诠释方法思考显示出一种理性的接受性(不要忘记他们的时代是启蒙时代)，而对宗教文本进行先分析后综合的理解，使我们更理解文本中意义由何而来以及如何形成，认识到文本代表作者思想与时代精神之后，更导向重视作者原意与重建作者原意的方法思考。这显然见之于狄尔泰与贝蒂。但到了20世纪的海德格尔，西方诠释学有了一个本质的转向，从诠释方法的思考转向理解与诠释活动的存在结构的表述与探索。这由海德格尔的基本存有论开其端，再由伽达默尔建构成为现代的哲学诠释学。在此，我要特别强调两者的诠释

本文连载于《安徽师范大学学报》2014年第五、第六两期。

思考是在说明:诠释的存在接受性是存在的意义与文本的意思之所在。当然两者也未否认人作为意义创造者的位置,只是并未坚定明确的提出此一观点,而其认识的内涵相对的狭隘。就海德格尔而言,诠释重点放在人存的透现真实的活动,而此一显示最重要的是人存在性的先定结构。伽达默尔虽把存在(Being)转化为语言(Language),把语言作为人的理解与诠释活动的媒体,而由此显示出诠释意识的创造性,但伽达默尔却特别强调历史有效意识与来自传统的不可避免的人的偏执性或成见对理解活动的主导,可说是以历史有效存在的接受性,为诠释与理解提供了一个存在的方式,一个认知的方法,一个话语的手段。但由于伽达默尔强调真理与方法的对立,他似乎并未认识到方法与真理都是理论的化身。另一方面,伽达默尔的诠释经验论却的确显示了如何把历史有效意识,提升到主体的视野融合的扩展,与你我对话的自然与必然,而且并无极限。

其次,我即对我基于《易经》建立的**本体诠释学**进行疏导。从《易经》的研究中,我们得出了理解世界与理解人的自我的两个方法,即是"**周遍的观察**"(以观卦为起点)以及"**感受的反思**"(以咸卦为起点)。在此一方法架构中,我们看到了人对意义的创造性,在辩证的宇宙论与本体发展的本体论中,占有不可取代的地位,相对而言,远比人在海德格尔与伽达默尔的体系中更具有积极性与主动性。我们可以看到观察者与话语者,而不仅仅是观察或不仅仅是语言,乃是人的存在与生活世界的奠基者与表达者。语言在《周易》的符号角色,既是媒介又是工具,更是人能延伸潜存意义的载体,如系辞与象传所示,可以由人的观察与话语活动来彰显。语言统合了存在接受性的指谓,与意向能力以及人在语言沟通中的意义创新与主体论说中的超越。人基于人与人的相互体验开拓了人的艺术活动,宗教活动与文化交流活动。

我将特别提出两个论证以说明,**哲学诠释学与本体诠释学**在诠释活动中,存在接受性与意义创造两者的对照关系。首先我们看到了海德格尔有关存有结构显露的诠释循环。他的用具性的应手存在(Being-ready-at-hand)是一个整体与部分相互联系的意义网络,但他的对象性的现成存在(Being-present-at-hand)却不是。两个世界更非息息相连,而是人的"普遍的关切"(circumspect concern)的一种断裂。我们要问,为何人要在工具失效时才去探索对象的意义？显然，并非必然如此。另一方面，在《周易》的天地人三才关系的深层结构中，我们却看到了三才的相互依持交往，以及整体宇宙的有机组合与易道的贯通性与周遍流行性，因而实现了**本体的诠释循环**，而非只是历史性理解或语言性理解的循环。中西两套系统形成了强烈的对照。另一论证是有关海德格尔-伽达默尔系统中的人**存在的抛出性**(Geworfenheit)与周易系统中**存在的生生不已性**(onto-generative creativity)的对照。前者反映了希腊哲学中的物质本质(arche/matter)的先设，同时也反映了犹太民族上帝创世记中人的被抛出的处境。这显示了人的目的价值的危机，以及人的存在的虚无主义。但在周易的生生不已的生命体验中，人自始就赋有内在的目的与价值，并对未来具有积极发展的潜力，导向了孔子"人能弘道，非道弘人"的灼见。甚至在道家，基于对《易经》原始创造性的认识，人是在存在的接受之中，但人却能自然无为而无不为，把人的创造性纳入存在的接受性之中。

在本文的结论中，我将简明的介绍蒯因(W. V. Quine)作为分析哲学与建构哲学思考的诠释学的代表。此一思考的诠释学在建构一个整体主义的但却是自然主义的本体论与知识论，既以普遍观察为起点，又用逻辑与数学作为构建外在知识的方法与工具。在此了解中，也许我们可以把物理科学看成为一个具有极端外在主义性的诠释方法，目的在毫无保留地假设世界存在的给予性与客观性，并进一步对理解世界客观性的主体意识(包含诠释意识)进行对象性的消解。这是把诠释的创造性化除为物体对象的存在，取消了诠释的可能。当然这形成诠释意识的危机，必须透过哲学诠释学或本体诠释学来解决。基于伽达默尔与哈贝马斯的辩论结果，我们看到本体诠释学比哲学诠释学更有解决科学诠释学造成人文危机的潜力。最后，我还想提一提极端"否定诠释学"的可能，此一诠释学在消解世界与人的存在的全部，旨在否定存在接受也在否定人的意义的创造，但却是人的创造性的负面表达，显示人的创造性能为了一个人的目的消除人的创造性。此见之于近代的后结构主义者德里达与古代印度大乘佛学空宗的创造者龙树。

总结以上，我们可以提出一个"元本体诠释学"(meta-onto-hermeneutics)的概念，有类meta-physics与meta-ethics之分析探讨，让我们更好地认清诠释学的多元本体与文化内涵，同时探其异同，更好地发挥诠释学之用，不但用之于社会科学、法律学、美学，且能用之于伦理学与人的本体的实现。尤其在中西文化与哲学经典或方法与本体问题上，不能不清楚地认识到哲学诠释学与本体诠释学的互补属性，不能只知其一而不知其二。在对经典的诠释中，不能忘怀存在与本体的重要分野，以及两个层次的诠释循环——训诂的与本体的——的交相为用。我们应重视存在接受性与意义创造性的相互平衡与和谐发展，重视此点，亦即重视本体学与知识论的相互平衡与和谐发展，同时重视真理与方法，也为人类调解上帝与人，宗教与科学之间的关系同时开拓经验的与本体的新境。

本体论上的接受性与诠释学上的创造性

任何诠释学理解都存在着两个需要予以阐明的方面：作为接受性的本体论方面，以及作为创造性的知识论和方法论方面。诠释学的接受性见之于对已有事实的知觉与认知，对历史效果的观察，对基于未来可能性的投射的预期，以及对人的理解前结构的条件或视域的发现或揭露；诠释学的创造性，则见之于对人的知觉与感受能力与经验的实现与显示，也见之于建立在人的认知与意志活动形成的观念思考，对行为规范理想的追求，以及对达到个人或社群的价值目标最佳方式与方法的探索或开发。只有如此，才能彰显人的自主的存在以及作为道德主体的存在。

显然，当我们想当然地看待诸多事物时，并不总是知晓我们的理解中什么是接受的以及什么是创造的。关于知识的先验条件的观念，直到康德那里才被提出来，其内容也才得到分析。皮尔斯（Charles S.Peirce）试图回避作为先天的超验者，而发展了其基于对符号诠释的三重关系理论。但是，使诠释成为可能的东西仍可视作前设的或前理解的。为了理解人的条件，海德格尔从其时间性理论中导出了前理解的观念。而其时间性理论表明，如果不假设一个产生预期结果的过去和一个预期的未来，我们就不可能理解现在和自我。从中国哲学看，知识可以被看作是经由反思性经验来理解我们自己和实在。通过对世界的经验和对世界变化过程的积极参与，这种经验揭示自我和世界。存在的接受性和人的创造性总是在相互作用，接受性是预设的或给予的，而创造性则是通过学习和反思来培养与建构的。反思既扮演接受的角色，也扮演创造的角色。以这种方式，产生人之实在性的世界的实在性成为理解人的原始模型，因为它被看作是接受性与创造性（可分别命名为艮和乾）相互作用的开放过程。①

诠释学理解中方法和方法论的功能

在现代哲学诠释学的发展中，存在着这样一种转变，即从为人们所知的对文本的注经式说明（exegetical explanation）和评注式说明（annotational explanation）到作为解释（interpretation）的诠释学理解过程的哲学反思，或阐述出现于对读者、作者以及文本的理解过程的意义。我们不得不问，使得这种转变为可能的关键事件或问题是什么。要回答这个问题，需要我们明白对文本的注经式分析（exegetical analysis）翻译（translation）或评注（annotation）如何伴随着两种预设的理解：文本中有意义需要加以发挥的理解，以及我们对之有前理解的理解，这种前理解涉及如何阅读文本，这样文本的意义就会被显露出来。我们所相信的东西或知道的东西都已经体现在文本中，而我们的评注目标是弄清楚内在于文本语言中的东西。要求注经的理由是，我们可以说明文本的意义，以便他人理解。这是出于传递和保存其中的意义，以及由于内容的重要性而告诉他人和教育他人。传统的或语法的规则需要遵守，因为它们建立于传统中。可能存在着需要遵守或阐明的隐含的规范和礼仪，这样隐含的东西就会变成明晰的东西。这就是孔子字而上所说的“述而不作”（《论语·述而》）。

这种态度无疑也适用于汉代经师对儒家经典的传播或不同语言中的希伯来圣经或希腊福音书的早期翻译者。②但是，不久便产生了这些问题，即如何在对一个文本的众多不同解读中确立或决定一个真正的或真实的解读。甚至也产生这样的问题，即在被允许进行阅读前，如何验证一个文本为

① 但是人们必须注意到，量或太极的创造性的宇宙维度，理查德·威廉（Richard Wilhelm）所译的八卦并没有假定一个被接受的过去，对于作为一种宇宙的力量或太极的创造性的宇宙维度，它主要地是终极者的一种滋养的和提供能量的方面。

② 汉代存在着今文学派和古文学派之争，前者在诠释和重构经典文本时采取一种主动的、参与的态度，因为这些文本是由于经典文本的遗失而通过复述的方式被记录下来的。另一方面，古文学派则只是试图揭示他们认为体现在被发现和查明的原始文本中的原始意义。我们可以把何休看作是今文学派方法的代表，而将郑玄视为古文学派方法的代表。

真。我们把重点放在前一个问题上，而把后一个问题先搁置一旁，因为后者包含了验证的技术性问题，就像验证《死海古卷》或《郭店楚简》这两个例子一样。

某人的阅读是否正确，被看作是与他出于个人理解或相互交流的目的而如何去正确有效阐明文本的内容和意义相关联的。由此，也可以看作是提出了一种方法或方法论的要求：为读者——他可能同时也是注释者——构建文本的意义提供依据。在这里，解读的方法问题或对方法（方法论）的反思是相关的，因为我们喜欢有一种解读文本的方式或方法，这样其意义就会在我们的理解中变得具有启示性。我们现在必须假定，就语言而论，文本包含其意义。在这里，意义不仅要在语法和语义学的层面上被设想，而是也要在作者的不同信念的层面上被设想，这些信念包括从属于其认识论、本体论和宗教的信念。这还因为我们慢慢认识到文本的意义和我们作为读者以及从作者的心灵创造意义的认识能力有关。考虑到文本作者的心灵，我们认为作者或作者们创造了文本，伴随着其对想说的东西的理解，因此也伴随着指向其写作方式的意图。一旦我们引入作者的意图，我们马上就容易碰到关于如何认识作者心灵的许多问题。此外，还可能存在着由编辑者所编辑的文本，而他们也许并不理解原作者的意图或各种意图。因此，我们面临着理解或交流的问题，它们要求一种能够成为诠释学理解方法基础的解决之道。寻找和构造一种诠释或理解的方法就成为早期的现代诠释学形式的开端，正如我们在阿斯特（Friedrich Ast，1778—1841）关于柏拉图文本的批判性研究著作中所看到的那样。

在阿斯特的案例中，让我感兴趣的是他提出来验证或证实一个文本有效的方法问题。他主张，首先必须形成标准或方法，这样我们就可以决定对于作者来说何者是真的，何者不是。我们必须说到一个作者的含义和精神，如此我们才能证实文本中是何物。但是，有了一个阿斯特也许不可能遇到的更深层的问题，即虽然可能有了已确定的方法和规则，但仍旧有这样的怀疑，即这种方法是否揭示了真理，像任何方法一样，一种方法可能导致理想的结果，可能不会，也就是说，他可能导向真理，也可能不会。此外，每一种方法都有其局限性。因此，我们必须继续寻找新方法。正如我指出的那样，一种方法可以导致一种被发现为真理之物的理论，就像认可理论都可能被说成是预设了一种可以应用于发现被称为真理的东西的方法。关于这种方法的本质问题，它总是和某种理论相关，被命名为真理的东西可能仅仅是我们的理论定义为真理以及为我们的方法所发现的东西。因此，通过运用我们的方法，我们可以达到的东西总是能够受到质疑，因为我们的真理理论及其发现方式总是能够被怀疑。

鉴于方法之于理论的这种相关性，需要追问，在分析一个文本或按照对其意义或意义丰富性(meaningfulness)的就理解来解读它(而不只是文本的意义)时，我们在做什么，以及如何决定文本的这种意义或意义丰富性，这样对于一个给定的场合或一个给定的目的来说，文本意义的方法论产生或复得就有待辩护(justification)或成为可能。因此，为了满足读者一方所预设的理解，我们就要对文本的认知性质和逻辑性质作根本的分析思考。这不仅是一个心理学问题，而且是一个认知和逻辑的问题。由于这个缘故，我们可以要求一个文本必须符合一致性和融贯性的最低要求，如果没有相反证据的话，我们就可以援用卡尔纳普的宽容原则或蒯因的奥康姆剃刀原则来确定它说何物。但是也存在这样的问题，即为什么我们必须把文本中的一致性与融贯性看作意义和意义丰富性的决定性因素？特别是在考虑到佚名作者或多个作者，或考虑到许多文本庞大而递增的阐述有一个长期的发展过程的情况下。我们可能不得不去讨论不同的作者身份，或同一作者的不同时期的境况。

牟宗三对朱熹的“理”的观念的解读，为我们提供了一个如何理解和诠释朱熹哲学中的“理”的清晰案例。“理”被理解为心之虚空状态，还是被理解为和“气”一样具有活动力的根本原则呢？有证据表明，在不同的陈述中，朱熹把“理”看作具有不同的意义。因此，他在一类场合里把“理”当作一种虚空(vacuity)和照亮(illumination)的状态，而在另一类场合里又把“理”看作是事物的规则化和个体特性化的活动，然后在第三类场合里将之视为知性肯定的根据和理由。显然，“理”不但存在着，而且体现理之为本体的活动与呈现的一个终极状态。因而，我们没有理由指责朱熹把“理”解读为包含，或意味纯粹的存在而忽视其存在的的活动性，即理之为条理与整理活动性。牟宗三以此评价朱熹哲学的非属中国哲学的主流正统，是偏倚的与错误的，不但否定了朱熹哲学的创新性，也抹煞了朱熹理气思想在中国哲学历史发展中呈现的连续性成分。如果在把文本承认为一个作者之著作整体的适当部分时,我们采取一种宽容的方法论和开放的心灵,那么就可以挽救这种误导性的争论(polemics)。在这种情形中,阿斯特的原则就很重要,即追求精神中的意义,而不仅仅是词语中的意义。毫无疑问,这表明一种方法论的反思是如何相关于我们解读一个文本,对待一个文本,以及从何种视角对待。

在这种联系中,我们可以区别诠释学理解中的三种方法论的关切与路向:第一种:我们可以凭借时下与作者所处时代的一般性背景以及其包含的正反信念,依靠逻辑和语法对文本作出相关的意义与所指分析。第二种:我们可以通过注意文本背后的特殊前解或预设目的或文本内在蕴含,注意到作者的意图与理想,以此来规划文本的意义。第三种:我们整合文本中意义或概念的普遍性与特殊性,并澄清其相对位置与层次。这样就可以有对文本意义的更为彻底的把握。很明显,我们可以把这三种方法论的关切看作是欧洲早期现代注释的方法之标志。正如我们表明的那样,在阿斯特那里也看到了这些方法论的关切。具体说,阿斯特把作者的心灵和精神当作是文本意义的来源。问题是,通过文本之外如何认识作者的心灵和精神。这里,阿斯特希望建议对作者的各种著作进行大规模的研究,这样我们就可以了解这位作者。在对柏拉图的研究中,阿斯特表明一个人如何研究尽可能多的以及尽可能相关的文本,如此就能够呈现所有细节信息以认识柏拉图哲学的意义。

这三类方法论的关切无疑一直持续到施莱尔马赫(Schleiermacher,1768—1834)的著作中。按照他的观点,文本的意义有两个维度,他称之为语法和精神。为了理解一个经典作家,人们必须了解二者,以及明白它们是如何相互强化的。另一方面,狄尔泰(Dilthey,1833—1911)后来甚至走到了极端,主张那种通过对历史的活生生的精神之真理的直觉来重建作者心灵的方法。这就是体验(Erlebnis)的方法,这样我们就能够在历史文献中复活作者的精神。[①]这种重获意义的方法在贝蒂(Emilio Betti,1890—1968)的著作中可以说达到了顶点。他创造了四条基本原则来揭示作者在一个文本中的原始意义。这四条原则代表了从一个与给定作者相关的给定文本中重获

①和狄尔泰一起的问题是,他是否把经验当作是认识作者或时代精神的独有的或重要的方式。他招致了伽达默尔的批评,因为他似乎主张经验提供了理解一个文本的唯一线索。在这里,人们当然需要考虑其它因素,包括决定文本意义的历史事实。

真正意义的那种精致的方法论思维。当然,我们必须要说,存在一个理智假设,即作者必定有一个融贯的和逻辑的心灵,他希望将其观念表达为重要而又真实。也存在这样的道德假设,即作者不想欺骗其读者,也不愿肯定或表达那已知为错的东西。这可以被假定为那些希望通过考虑作者的意图,以及贝蒂所表明的语言使用方式来进行诠释的前设。这可以被认为是通过运用四种原则作为重新获得作者意义和意图的方法论途径。我们必须明白,文本的语言和文本的作者意图,对于文本的意义和重要性同样重要。该文本也将会通过对作者方法意识的理解而得到新的阐明。即使我们也可以看到,仅仅依据这一点我们仍然是不可能充分理解一个文本的。

基于方法论开放性的研究结果,导致对作为诠释行为的理解的研究,或对作为理解中介的理论的研究,后者与我们对语言的诠释性理解相关。为了产生意义而诠释文本的一般方法,就是为了通过对语言的使用,来确定我们的诠释行为而投射被解读或被诠释的东西,以及我们必须遵循的原则。对于当代的保罗·利科(Paul Ricour)来说,我们的语言行为是为了技术目的而阐明的精神行为(mental acts)。因为我们可以将自己的言语行为看作是包含我们意图去理解的精神行为(mental acts)。而理解则可被看作是一种"言外行为"(illocutionary acts),但它必须在我们使用的语言形式中实现为言内行为(locutionary acts)。当然,他把诠释看成是一个人的本质直观(eidetic intuition)的认知并以之为基础是有用的,但是我们的本质直观或直觉可能仍然要作出语言学上的解读,也即需要实现于某种语言形式。因此,我们必须把解读或诠释看作是一种能产生文本意义的语言形式,同时也是建立文本意义与诠释中翻译为另一语辞的对等性基础。

伽达默尔强烈主张,诠释语言中的语言性或表达是理解或诠释的关键条件。因此,这对那些纯粹谈论直觉和了解作者意图的人提出了极大的挑战。另一方面,我们需要将理解的语言性问题区别于理解的非语言重建,准确地说,它诉诸于消除一种特殊的或任何一种特殊的语言性。显而易见,要谈论阅读诗歌或者遭受其奴役的乐趣,我们就必须具体地去体验它们,但由于体验的本质,我们所体验到的东西也许无法用语言形式准确地加以描述或表达。可以设想,对诸如直觉或知觉这种经验的理解,不需要直接等同于一种给定的语言形式,然而,我们也不应该否认,语言仍旧可以显示或揭示我们对其使用方式的深层体验。因此,这也不应该是语言私人性的论证,因为语言无需就是我们的情感,而情感也无需就是我们的语言。它的意思是说,这种经验可以很丰富,所以需要加以仔细考虑,这样不同水平的,以及不同方式的语言表达,就成为开放的和必然的。我们是否拥有一种适合于我们现在经验或过去经验的语言形式,取决于我的判断或心灵的决定。最终,我们可以达到对经验的语言表达,并且对所包含的意义系统作出调节,但是我们必须看到,在语言之前被直觉地感受到的东西要在这种意义的体系中得到表达。语言是一种要求认可和表达的我们的情感形式。

为进一步诠释这种意义中的意向平衡功能,就要弄明白意义的诠释学循环是如何建立起来的。因为我们必须看到,一个单元的意义取决于一个更大的单元,正如一个语词取决于一个语句中,而一个语句的意义又确立于一个段落或语篇中一样。换句话说,我们能够看到,语言情境的格式塔整体如何必须包含在我们的理解中以助于意义的出现。这样,它就会逐渐地被决定。因此,我们就认识到那被了解为意义的诠释学循环的东西。

这里,指出这一点很重要,即在解读中我们每一次阅读都有一个诠释学循环,也就是说,每一次我们阅读时都会确立一个新的诠释学循环。我们必须去发掘哪些东西与对一个篇章中的语词或语句的理解有关,为了了解语词或语句就必须去了解某个篇章。进而类推,为了了解某个篇章就必须去了解其中的语词或语句。整个篇章的意义逐渐被发现和揭示,就像语词和语句的意义逐渐被发现和揭示一样。被预设为整体的东西是在本体论上被给予的或被接受的,而以对本体论的更深刻理解使之明晰或加以定义的诠释学努力,需要在个体的理论创造和方法创造中的创造性的可能性,个体揭示或定义了理解所需要的东西。

我们的确可以考虑翻译活动作为基于文本的译者的诠释学努力是如何发生的。这里,我们有一个案例可以弄明白理解的诠释学行动的两个方面:我们揭示那要被翻译的东西,以及通过判断按照一个诠释行为来说是最好的或更好的东西,我们所翻译的东西。这是因为在翻译中,我们所拥有的是两个意义诠释学循环,它们提供了一种在翻译中固着术语或语句的意义的方式。在每一个循环中,我们都有一个整体到部分的关系,这种关系并不需要相互精确相等或相似。这等于说,我们认为两种语言中同义的术语可能会产生两种相互区别的说明体系，一个语言一种。重要的是，一个术语或一个语篇的主要意义相对于意义的两种不同体系而被决定。我们需要一个理解的中介，这样我们就可以为选择一个术语或语句的合适翻译作出恰当的判断。毫无疑问，和情境中所出现的意义的接受性(这些情境使创造性行为变为可能)相比，这是创造性的结果。施莱尔马赫早就提到过诠释的诠释性活动。因此，可以说他指的是为诠释而使用语言中的建构性要素。但是作为清楚说明语境中的意义的诠释，仍旧是去看或理解那在本体论上被给予者的接受性方式。创造性的东西就是所作的努力与所获的行动，以确立和语言中的文本有关的两种语言之间的可接受翻译或意义和真理的等价物。

最后，我们可以说，我们能直接察知诠释的两个方面，作为接受性的诠释和作为创造性的诠释，按照决定意义的必要性和接受性之潜在性的实现。前者通过德语 Auslegung，或阐明意义传达，后者则由德语和英语共有的术语解释 Interpretation 所表达。它意味着发展和确立与作者和读者或诠释者和翻译者相关的理解的意义。对我们来说，非常重要的是在接受性和创造性两种意义上理解诠释。我们将看到，意义的诠释学循环可以被看作是一种语境化的自然现象或一种积极的理解方法，这种方法探究的是和一个文本有关的我们的实在经验。伴随着这种理解，我们必须还要在三种层次上看待诠释学循环：语言性-语义学层次、宇宙论-本体论层次，以及诠释-建构层次，最后一种就是诠释学的创造性层次。

揭示真理的方法论中的本体论转向

我们必须承认，现代西方的诠释学思想发展中存在一个本体论的转向。人们说语言学转向和维特根斯坦联系在一起。但是我们要说，本体论转向与海德格尔和伽达默尔联系在一起。从某种意义上说，他们试图把他们的本体论关切和语言联系在一起，使语言成为存在的工具，而维特根斯坦和其他人则努力地切断语言的用法和意义与本体论和形而上学的联系。但是，这种本体论转向在海德格尔和伽达默尔那里得到更好理解之前，我们必须首先认识到这种转向是如何以发现真理，或揭示真理的方法论的形式出现的，并按照对文本理解中诠释学循环的理解切入。既然诠释学循环的观念源于施莱尔马赫，我们就必须研究，对于施莱尔马赫来说，“诠释学循环”首先是什么意思，以及它在翻译或对话中如何被用作一种方法论。我们就从施莱尔马赫的下列说法中开始：

在给定的段落中每个词的意义必定取决于其和周围的语词的共在关系。①

对单一段落的每一理解都是通过对整体的理解被决定的。②

之所以如此，是因为我们的心灵为我们的语言提供了一种思想的单元，这样，所有的语词加上相关的意义，就形成了决定语词个别意义的整体。虽然施莱尔马赫区分两种成分：文本意义的语法部分和技术部分，其中每一个都拥有整体-部分关系，但是这两种整体-部分关系也必须形成一种部分-整体的支持性关系，以使翻译和按照另一个文本来理解这一个文本成为可能。我们必须看到，施莱尔马赫是从一种神学的观点达到这种对阅读或翻译的理解的。正是他的神学为其对《圣经》术语，如上帝的意义作诠释学的诠释提供了基础。上帝这个术语也可以在一个阅读或翻译成一种新语言，或安装某人自己的语言对上帝作全部理解的新言说中得到诠释或阐明。人们可能甚至暗示，正是在他将其神学肯定为真理当中，他才能提供一个原始神学文本的感觉性的或生动的阅读或翻译。换句话说，正是他的整个信念-理解开启了他的心灵，因此当遇到圣经文本中的术语或语句时，能够使他为表达或翻译找到正确的意义和语言。在这一点上，我们必须承认，施莱尔马赫是第一个把作为理解艺术的诠释学变成一种表现出两种诠释学根本原则的哲学的人：本体-神学的前理解原则和文本中的意义的诠释学循环原则。很显然，前理解原则预示并指导按照第二原则的意义形成。在这点上，我们没有任何理由看不出，我们能够使用部分-整体双向决定的原则，从我们对文本的阅读中，将其理解成的东西中，找出那被假定为暗示于和明示于文本中的东西。它就是在意义和所指中，用整体来确认部分，以及用部分来确认整体，我们则只需从一个预设的理解结构中，决定什么是整体和什么是部分。这个整体和部分可以纯粹是主观的和观念化的，或者纯粹是客观的和

① Friedrich Schleiermacher:*The Heremeneutics:the Handwriten Manuscripts*,translated by Heinz Kimmerle, Scholars Press,1977:127.

② Gayle L. Ormiston, Alan D. Schrift:*The Hermeneutic Tradition:From Ast to Ricoeur*, State University of New York Press,1990:77.

经验的。从本体论上说，这个整体和部分可以是一个思想统一体中的主观性的整体和客观性的整体。

施莱尔马赫在这三种可能性上都有歧义。他对诠释学循环的形式性描述让人相信，整体和部分是语法的和概念的，或语义的关系。但是他的神学考量似乎暗示，存在一种意义的客观维度或超验维度，这种维度有助于文本中的语词的意义，因此包含某种语言自身之外的东西。在处理上帝和世界的实在性的语言总体中，人们甚至希望从主观中确认客观，以及从客观中确认主观。如果情况果然如此，从一种本体的诠释学观点出发，我们必须看到，存在两种诠释方式，即从某人自己的理解出发对客观物的整体和部分的理解——而不只是作为理解客观物模型的前理解，以及依据我们的经验发现物对整体和部分的理解。

在这里，我们可以看到运作中的创造性的方法论。这种方法论使我们通过对我的理解的主观投射，或者诸如科学中的客观方法来学习客观物。从某种意义上说，方法论的问题须从一种有效的和积极的理解观点来提出。要明白我们是如何产生预期效果的，准确地说，就是我们如何才能拥有一种方法。在何物存在，以及何物正在发生的问题上，方法论必定发生在本体论之后。考察这样一个过程，就是要看一个人如何认真构造理解过程的规则，说明这个规则可以为理解实在或真理的最佳结果而被应用。因此，我们看到，发现真理不一定要和构造方法论相分离。它毋宁就是说，方法论必定预设了一个真理的本体论。事实上，我们没有任何理由不把我们理解真理或理解文本中的意义与所指，看作是既是本体论的又是方法论的事，这导致了我们对两者相互涵摄以及相互支持的认识。

现在我们来谈伽达默尔。我们看到，为了回应理解的要求，他通过使之成为反思的形而上学而进一步发展了诠释学哲学。他继承施莱尔马赫的两条原则，但加入了自己的原则，其依据是将这些原则应用于他对作为知识形式的艺术的反思和理解，以及对处于历史性、沉思的语言能力和意义表达中的历史事件的反思和理解，这些都有待于在诠释的创造性时刻中得到揭示。我们能看出，所有这些都成为他的哲学诠释学的组成部分。我们也可看出，伽达默尔须要从某种存在性的预设中发展出其诠释学思想，这种预设构成其立场的基础，也就是说，他需要按照他的艺术、历史和语言而没有任何本体论基础来构建他的生活世界。这当然与海德格尔的“此在”的形而上学有关,这个存在者是从乌有之地被抛出的。虽然伽达默尔很少谈到他的哲学诠释学的这个方法,但是他一直承认他是靠海德格尔来为他的诠释学提供形而上学的基础。这的确导致了他赋予传统以超越理性的权威观念,以及对我们需要相互交流和对话而并不一定能达成一致的意识。虽然他看到方法的重要性,但是他的观点的有效性,在他关于那并不清楚的和没有根据的实在的洞见和经验上,有待得到合理的说明。问题是:我们需要认识我们对话间的意义和所指的交流性的来源,或根基,或基础。但我们要如何认识呢?

我们可以问,构成伽达默尔的诠释学理解理论的一些新概念和原则,是否无论如何都受到海德格尔的此在形而上学观念的影响。突出的一件事是他的对话观念和真理观念:我们可以用什么原则说,对话的视域融合揭示了真理,或者说揭示的是更多的真理而非更少的真理。有没有我们可以依赖的至善视域的意义,即使后来这种至善视域是由伽达默尔所表达出来的?或者,存在一个我们可以由之诠释我们达到共同视域的来源吗?或者,按照最后的分析,我们必定发现自己困在一个移动的沙土中?也许,这些终极问题在伽达默尔的诠释学上投下了阴影,它经常被批评为相对主义的,如果不是虚无主义的话。

另一个关于伽达默尔诠释学经验的问题是:“距离”如何萌生出诠释学诠释的需要,以及意义如何由此产生?显然,我们需要理解“存在”与“道”的相关性,以便依据“道”和“存在”的这种相关性看出“距离”如何产生以及事物如何可能因距离——无论是时间的距离,还是空间的距离——而关联。这样,历史中的事物和事件的地位就可以在现存的关系中得到理解。按照这种方式,我们也许能够从道或存在的开放性与其内部事物的潜在放置的新位置中重获新意义。当然,在伽达默尔那里,有待确立的东西是一个作为在我们自己的自我理解和对世界事物的理解中的同一性和差异性之潜在来源的中心意义单元。我们需要这样一个意义单元,这样,在任何研究领域,一个概念的整体(boat)或体系就可以得到发展和被理解。事实上,伽达默尔在其《哲学诠释学》中说道:

哲学诠释学把以下事情作为自己的任务:充分揭示诠释学的所有领域,

指出它对我们关于世界的整个理解的根本意义，以及它对这种理解展示其自身的各种形式的重要意义。这些形式包括：从人与人之间的交际，到对社会的控制；从社会个体的个人经验到他同社会打交道的方法；从由宗教、法律、艺术和哲学等构成的传统到通过解放的反思使传统动摇的革命意识。[①]

正如我们看到的那样，诠释学的范围的确是广泛的。但是存在这一问题，即哪一种诠释学原则可以应用于在其各自不同领域中的不同主题，这样我们就能说存在着一种方法的统一性和经验的统一性。所有这些社会科学和人文科学，是不是因为它们具有作为人类主体和社会主体的某些普遍本质，就要求某种理解的普遍方法呢？诠释学意识是所有这些领域中的经验现象吗？或者，因为这些领域，与人类自我和人类社会思维的某些特征有关，我们就的确拥有一种，并且是一种普遍地使它们变得可理解，甚至使之成为相互关联的方法，而我们的一般方法会产生某些结果，对于我们把人理解为一个整体有名副其实的效果吗？也许，为了处理人文科学和社会科学诸如艺术、宗教、语言、哲学、伦理学和法律、政治、历史的多样性，我们在寻找的是某种统一的方法论。为整合有关人类现象的人文研究和社会研究的所有主题，我们当然也需要一种更深刻的诠释学理解原则。

在缺乏这样一种理解来源统一性意义的情况下，我们将看到，哈贝马斯是如何通过将伽达默尔的诠释学意识归为任何产生效果历史的历史传统的先验条件的残余领域，来拒绝其对诠释学问题的普遍性要求。按照哈贝马斯的观点，“社会行动只有在由语言、劳动和控制共同构成的客观框架中才能被理解。”[②]就是说，科学可以定义其条件，来使知识发生，而不依赖需要诠释学理解的历史意识。对于哈贝马斯来说，存在着知识有效性的单一标准和规范，它支配着不受诠释学怀疑的科学研究实践。然而，对伽达默尔而言，产生的问题是，科学研究是如何向诠释学批评开放的，并因此服从于历史诠释的。我们如何来解决这二者之间的矛盾？我们必须首先看到，这种矛盾的本质是一个在基于自然律之上的客观知识，与基于人的情境性和追求理解的诠释学问题的历史理解，以及基于历史意识的理解之间的矛盾。

---

① Hans-Georg Gadamer:*On the scope and Function of Hermeneutical Reflection,Philosophical Hermeneutics*,translated by David E. Linge, University of California Press,1976:18.

② Juergen Habermas:*review of Truth and Method*// Zur Logik der Sozialwissenschaften, Suhrkamp, 1970 :251—290.

很明显,我们需要某种更深刻的诠释学理解原则,而不是由伽达默尔明确给予的东西。更深刻的原则就是,知识和科学拥有作为回答某个诠释学问题的时间的,因此也是历史的根基。因此,存在一种含蓄的人的主体性,它使科学也成为一个容易受到质疑的诠释学理解问题。在历史性和科学的客观性之间,并没有真正的矛盾,因为这是一个历史与理性的统一性问题,以及追求来源理解和追求系统理解的问题。如果我们明白这一点的话,即二者都植根于人类理解中的我们的需要,其中时间和理性统一于反思经验和期望理论的统一感之中。在这个问题上,我们甚至可以参考一下蒯因对知识的理论不确定性以及概念化中的不确定性的考察①,因为这和某种关于实在和语言、历史和逻辑的统一感有关。我不能说,蒯因为了回应哈贝马斯而在心里为伽达默尔辩护。但是蒯因对翻译问题的考察表明,我们必须承认意义的不确定性,因为甚至可能存在相同语言的不同版本。无疑,这必定会引起诠释学质疑。这就导致诠释学理论的第二个问题:和实在相关的理论背后是什么?和意义相关的文本背后是什么?也许,我们拥有一种两个层次的植根于语言使用的人类理解之理解:科学的语言与人文科学和艺术的语言。为了理解人性,它们彼此需要。此外,只要我们谈论人类语言,于是存在的就是诠释学的问题。②

最后,考虑到文本中的意义决定,和情境性的意义充满性决定之意义上诠释学的终极基础问题,我们可能需要某种形式的本体论,它使我们重获或建构一种关于实在之经验的整体论,这种整体论与像科学制造的自然化认识论并不是不相容的。为此,需要注意我们对世界的理解,以及我们对作为世界部分的人性的理解。毫无疑问,作为人,我们总是喜欢从不管是科学,还是艺术的概念支配中,追求一种自由状态,然而我们既需要科学,也需要艺术,来确信我们所理解的东西从历史的方面来说是适宜的,从科学方面是相关的和有成果的,从创造性方面来说是令人满意的。这就是我们在观念

① W. V. Quine. *Pursuit of Truth*, Harvard University Press,1990 : 101—102.

② 但是我们可以看到,一旦我们决定了一个符号体系所指的是什么实在,那么就不存在任何历史语言意义上理解的诠释学问题。然而,仍然可能存在一个意义的不确定性(uncertainty)问题或不明确(indeterminacy问题,因为我们可以不同地设想实在,而且可能的反常经验可以指向这样一种可替代的实在。在这种意义上,我们能看到,正是蒯因的不确定性论题,把伽达默尔从哈贝马斯的反驳中拯救出来。

上将之确定为一种诠释学独立性的理解状态，以及不服从任何先天质疑的自由。

海德格尔-伽达默尔：周遍的关切和诠释学经验

为了理解《真理与方法》中诠释学经验理论中的历史基础和形而上学基础，我们需要探究实践和理论如何成为人类理解和理性的两个方面，它们内在地关联着，并且被认为与诠释学的接受性和创造性相一致。当人在这个世界中生存时，实践理性就在起作用，因为它关心着人的生存的持续性和支持。另一方面，理论要扮演认识的角色，以及为解决实践之局限问题而思维，因此也为了延伸或提高实践的目的。在这种意义上，理论对于沿着实现更多的价值和更多自我实现的能力这个方向，把实践从一个水平改造为另一个水平。正是伴随着这种理解，我才将海德格尔的“周遍的关切”（Umsicht）观念和功能看作重要，并且作为最终将被超越到一个更高水平的理解和关切的基础。

海德格尔的“周遍的关切”概念是什么？它是一种关于在世之物的周遍的观点，这种观点使得一个人以一种关切的方式关联于在世之物，这样世界就成为我的世界，而在世之物则成为应手之物的东西。没有这种周遍的关切，世界就只是有待于我们去认识的具有各种属性的事物。我们可能在实际上将此看作是一种把事物想当然地当作此在的投射和活动的方式。但是事物可能会分解，于是我们被迫反思和仔细地看那存在的东西，以及事物可能拥有什么属性。换句话说，我们必须改变对于冷静研究之关切性关注（concernful absorption）的态度，并且追问自己，在这世界的对象之中我能看到什么。带着这种态度，应手之物就变成了现成在手之物①。正是通过这种方式，事物向我显露为或揭示为在世之在。显露的东西就是其本身也是存在的一种模态的事物自身。一个事物可以通过许多方式来揭示，就像我们可以在不同的情境中看待事物，而其中每一种方式都决定事物之存在的模态，不存在任何事物自身的最后的和终极的模态。对于人，我们可以说，由于我们的态度和经验而被暴露于在世之在的不同模态中：因此，存在着科学

① Martin Heidegger: *Being and Time*, translated by John Macquarrie&Edward Robinson, Basil Blackwell,1962:104.

研究的对象世界、艺术活动的世界、和他人打交道的世界。就此而言，海德格尔可能对世界是关于什么的不持任何立场。对他来说，世界仅仅是我们的具有许多特性的环境，我们可能去探究，也可能不去探究。这个世界就是一个符号世界，它可能用自己的方式向我们表示我们为自己的目的而需要注意的东西。海德格尔说，“符号总是首先暗示，一个人居住在‘哪里’，一个人的关切存在于何处，和某物包含在一起的是何物。”[1]当然，存在着被包含的整体主义立场，因为在实践上人是与其环境交织在一起的，它构成了一个联系着的或指涉性联系网络（web of referential connections）的所指之总体的应手之物。这些联系以我自己为中心，以被描述为从（from ）、去（to）、和（with）、为了（for the sake of）这些关系为中心。很明显，此在的世界是一个应手之物的世界，这似乎也表明，此在总体上并不是没有生活目的和目标的，因为他的确有生活目标，他把他的世界当作追求其目标的器具。然而，人们不得不想到，这个世界是漂浮于一个无目的的大海之上的，因为人是从乌有之地被抛出的，没有起源与来源，甚至也没有起源感和来源感。

我们也需注意，对于海德格尔来说，周遍的关切，就像他的现身情态（Befindlichkeit）一样，是一种我们于其中，按照作为此在的我们的生存结构来经验世界并理解它。按照这种理解模式，我们把被称为“诠释”（Auslegung）的东西或对这个世界的看，作为展示和解决此在之理解中的可能性。在这种意义上，诠释就在我们的存在之和的状态中被给出了。它要区别于包含理解的有意识的努力，或通过我们的研究来认识实存物（entities）的那种理解。在这种意义上，我们能看到，诠释如何成为接受性的，而诠释又如何成为创造性的和积极的，因为它包含了对此在的观点和意志的投射。按照海德格尔的观点，这种诠释发展自我们的非本真的日常状态，但是它把我们对某物的看，呈现为某物。事实上，这既是我们源初的认识，它在海德格尔的理解之前结构观念（前有、前见和前概念）中得到说明。

在此基础上，“周遍的关切”与“人们”（They）“此在”（being there）和“共在”（ being-with）这些非本真的模态交织在一起。它以操心（care）为基础，而操心又以时间性为基础。但是，按照海德格尔的观点，“周遍的关切”并不是

① Martin Heidegger: *Being and Time*, translated by John Macquarrie&Edward Robinson, Basil Blackwell,1962:110—111.

直接以时间为根据或以时间为中心,而是存在的一种接受状态,它将我们对世界的理解呈现为日常性。与诠释学中的建构性的和创造性的东西相比,这是其中接受性东西的强例证,前者需要我们从应手之物看事物到现成上手之物看事物,这将导致对理解的诠释学循环的不同实现。注意这一点也很有趣,即对伽达默尔来说,其主要著作《真理与方法》并不真的有诠释学循环,然而它含蓄地存在于和他对传统偏见的概念,及对历史效果的良心的关联中。甚至他的视域融合观念,也可能需要诠释学循环作为一个决定性因素。正如偏见形成于传统,我们的偏见或前判断,也必须依据那种体现前设之前结构的传统来理解。在我们所拥有的偏见和构成我们理解世界的传统之间,明显存在相互的含义。它可以说是对传统的反思性分配。在把理解看作是来自语言的使用,以及表达正在被理解的东西时,伽达默尔担心客观诠释的问题。我们是否可以直接达到目标并不重要。重要的是,伽达默尔将他的诠释学目标看作是哲学的和现象学的,而不是规范性的和方法论的。如果理解产生于历史的条件作用,那么它就是效果历史意识,仿佛这种理解已经包含着一部历史,因为在我们对理解新标准的诉求中,不可能逃脱历史的效果,因为新标准也必须产生于效果历史或者预设了它,因为我们就是它的一部分。考虑到他的视域融合观念,视域由一个人的传统所定义,一个人可以获得与另外一个人的视域融合,因为这里到来的是,呈现在问题与答案中的两种传统的交叉。但是一个人仍旧可以说,这些视域是不同的,因此对话会产生视域的差异而不是它们的融合。再者,我们必须假定一个整体,这样整体的各部分就可以保持其个别的特性,即使它们可能共有一个更大的传统,这个传统既允许差异,也允许融合。

伽达默尔的本体接受性

谈到伽达默尔,我们会发现,他继承了此在本体论,也为将存在翻译成为人类语言做出了积极而伟大的贡献。在某种意义上,他把海德格尔关于人类的亚里士多德式的天主教哲学世俗化了。他将海德格尔本体论中已然孕育的创造性提出来,并试图以时间来揭示变化。虽然他承认海德格尔的基础本体论是他的诠释学的**基础**[①]，但是他把我们生存中的这种预设的存在改造为历史和社会科学，甚或公共生活之对话中的理解的具体事件。在这种意义上，他就把海德格尔的本体接受性，改造为一种被描述为哲学诠释学的诠释创造性的形式。下面选自他的《真理与方法》第一部分的段落，在构成这种转变中非常显著：

此在的结构就是被抛的筹划，此在按其自己存在实现而言就是理解，这些即使对于精神科学里所进行的理解行为也是适合的。理解的普遍结构在历史理解里获得了它的具体性，因为习俗、传统与相应的自身未来的可能性的具体联系，是在理解本身中得以实现的。向其能存在筹划自身的此在总是已经"存在过的"。这就是被抛状态的生存论环节的意义。"[②]

对伽达默尔来说，重要的是此在没有简单地沉沦于非本真性的常人生活中，而是在作为显示于艺术、历史和法律这些人文社会科学的自我理解之积极行为中，确然显露自身。需要强调的是，在世之在实际上在世界中忙碌，并且以这种或那种方式实现其潜在性，这样其源初的被抛状态就成为有目的性和有意义的。在一种深刻的意义上，伽达默尔把语言看作是人的本质，所有的人的活动和传统都体现于其中。但问题是，我们如何理解语言。

这里需要注意两个关键点：语言是被理解的存在；理解则是由我们的存在而来的语言构造。在第一点中，我们看到，伽达默尔是如何追随海德格尔而将语言看成是"存在的家"(House of Being)，它被给予我们，所以我们能在语言中发现存在。在这种意义上，语言就是那种万物依人的活动偶然发生的中介。正是在语言中，我们来理解我们自身。这里我们再次把语言看作是理解，它来理解自身，并因此使得交流、对话、艺术评价、历史意识，甚至阅读和写作诗歌成为可能。在这种意义上，伽达默尔并不是在谈论特殊的语言，而是一种人们可以交流其观念的语言，其他人能够理解这些观念，人们可以洞见可达到的实在，这样他人就能得到启示或启蒙。在这种意义上，语言就是那种体现在一种特殊语言形式中的理解的精神。但问题是，作为我们的理解形式的语言，可以沉淀于文本的谈话中，这些文本需要激活，这样人们才能理解。这意味着，语言需要学习，正如我们的心灵需要塑造和培

① 2000年5月我们交谈时，他对我说起这一点。

② Hans-Georg Gadamer:*Truth and Method*,translated by Joll Weinsheimer and Donald G . Marshall, Continuum, 2004:254.

养一样。这就导致这个根本性的问题,即语言的形式或语言的内容是否是理解的关键。答案当然是两者都是,然而伽达默尔并没有作此区分,他坚持认为语言是理解的中介,而没有看到作为心灵或精神的语言,可以改变作为形式的语言,所以,它可以使用语言的形式来理解,以及使用语言的形式来创造另一种形式,因此使得以新语言形式的诠释和理解成为可能。

伽达默尔是如何区分作为中介的语言和作为使用和根据的语言的,这一点并不清楚。令人困惑的是,既然我们的确把语言作为工具来使用,以获得外交、礼仪、商业谈判甚至哲学争论中的目标,我们如何能不考虑语言的使用功能呢。语言必须是我们的情感和思想的中介这个观念暗示,语言被用作中介,因此服务于被用作表达我们的情感和工具这个目的。这就意味着,语言不可能停留在仅被用作表达性的,而是必定也服务于其它目的,诸如注意、所指以及唤醒他人。毫无疑问,即使当语言被用作工具时,它仍旧是表达性的,并且可以被看作是具有内容的中介。因此,在作为语言语法的语言之使用功能与中介功能之间,不存在任何排斥。这表明,语言不一定必须总是某种语言,而是有待超越的对象。必须指出,在我们直觉地和习惯性地使用语言时,可能会忘记我们在把语言用作一种工具,也就是说,用作被海德格尔认为是应手之物的东西。如果我们说不出语言,我们就会开始把语言当作一个现成上手之物。正是作为对象的语言,我们用之作为工具,因为如果我们把它作为对象来认识,它因此就可能被用作工具。①

伽达默尔担心,我们可能用语言来操纵或控制他人。然而,这决不是拒绝把语言看作工具的理由,它可以被用于一个善的目的而不是一个恶的目的,比如控制或支配他人。这种担心暗示一种观点,即语言可以用于理解,但是也可以用于恶的目的或仅仅是意识形态宣传。于是,这个问题就不是关于作为工具的语言的本质,而是作为工具的语言的中立性。正是在这种意义上,我们可以把语言说成是一种偶像,一种索引,或者一种指涉或象征某物为某物的方式,因此也可以被作为象征体系来研究。伽达默尔可能不同意这一点,而坚持认为,我们必须把语言仅仅看作是我们生存的中介,但

---

①正是当语言被用作一个工具时,我们才能把我们的实际生活扩展和提升至一个更高的水平,就像任何对已发明的工具的使用。当然,我们也必须承认使用工具的危险,而其中最小的就是我们会为这个工具所束缚或控制(of course we have to recognize also the dangers involving in using a tool the least of which is what we can become thrilled or controlled by the tool)。

是问题在于，这不是一个决定语言是什么的我们的中介概念，或根据概念的问题，而是作为工具或中介的对某物的经验，它决定了作为工具或作为中介的对某物的理解。

使语言变得重要的是，当语言使用于一个给定的处境中时，它展示并吸引我们对自己心灵的意识和情感。在一种处境中，某种使用中的语言可能会展示我们的看、感觉和思维的视域。举个例子。如果我朝上看一片移动的云彩，然后告诉我的儿子说，这片云看上去像一匹马。他可能会被指引着向上看那片云，但是可能看不到我所看到的东西，尤其是考虑到我看到的对象一直在变动之中这个事实。然而，他把云看作像一只老虎并且这么说，我会认为我们拥有一个视域，但视域里的内容不同，这无疑使一个共同的视域成为可能。在一个给定的或不同的处境中的不同语言，会带来事物的不同远景，我们可以把这些看作是属于我们的共同的语言，如果我们互相承认，并且有意义地（带有重叠的同意）和有效地交流的话。那种被共享并具有不同内容的视域不可能是无所事事的语言，而只能是作为展示一个有机的和有组织的心灵的语言。仍旧可以说，语言的确提高我们的理解与作为意义丰富性或语言谈话（口头的或书面的）的意义之接受者的理解。这就导致了这一点，即当我们阅读一个文本时，我们是从我的心灵来阅读，而不同于某个从他的心灵来阅读的人。基于我对语言的认识的我的理解，使得理解文本就像我阅读它的那样，然而它同时也被他人所理解。在某种意义上，我们可以说我们拥有相同的理解，因为我们阅读的是相同的文本。这就是对诠释学意识的本体接受性：它也是偏见或理解形成的方式。正如我们将要看到的那样，如果我们用前设的观念或已采用的视角来诠释文本，那么我们就会通过诠释达到不同的理解。在这个意义上，诠释代表诠释学意识的一种积极的和创造性的方面，这需要读者主动的行使理解。

追随海德格尔，伽达默尔说被理解的东西就是语言。[①]关于这个简单的命题，我们可以看到对语言和本体论之间关系的有用呈现，另一方面则是对语言和理解以及理解和本体论之间关系的有用呈现。让我先图示我心中的一个理解：

---

① Hans-Georg Gadamer:*Truth and Method*,translated by Joll Weinsheimer and Donald G . Marshall, Continuum, 2004,第三部分。

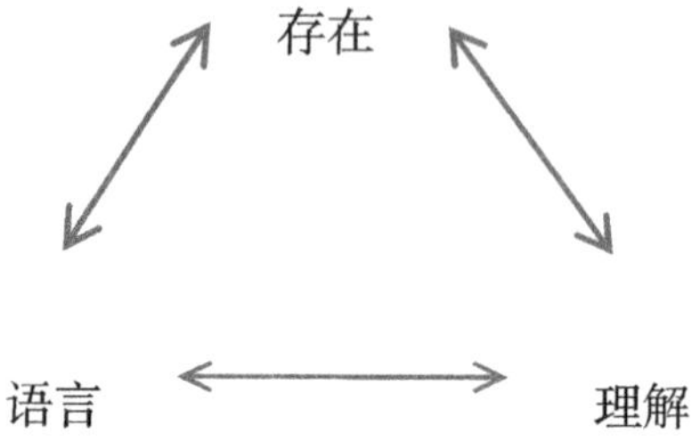

图1　语言、理解和存在

人们可以从图1看出，存在与作为通过语言来中介的理解相关，正如存在和作为通过理解来中介的语言相关，或语言与通过存在来中介的理解相关一样。非常勉强的是，人们虽可以宣称理解存在就是在语言中理解存在，语言扮演理性或合理性认知的角色，然而理性不是别的，就是理性的语言。但是，我们仍需把存在设想为理解的超验条件，这导致了语言的显现。在这种意义上，语言就可以被看作是声音和形成的具体构成的复合体，作为决定于和形成于理解的游戏，这里的游戏按伽达默尔的设想，就是一件权衡在一个实际的处境中，我们如何恰当表述我们的情感和思想。我们现在明白，语言来自于存在和理解的互动，这样存在同时就变成了语言和理解。也许，这将说明，权威偏见的传统，是如何作为语言中的理解的巩固，和理解中的语言的固着之结果而形成的，因为语言必须在历史过程中负载理解的重量和标记。不仅偏见是在传统中形成，而且书写的文本也可以被写下以体现这些偏见或判断。我们必须把语言的在场看作是，以及承认为文本的决定性因素（作为诠释学对象），就像文本的理解和诠释一样（作为诠释学行为）。所有这一切最终都可以说显示了正在谈论的存在。

虽然伽达默尔并没有宣称是一个黑格尔主义者，但是在接受的意义上的确存在一个黑格尔主义者，这里我们受缚于一种语言的存在者，这样通过我们的理解存在就变成了语言，这种理解预设由于语言的存在我们的理解变得可能。伽达默尔说："存在就是语言——即自我呈现——由存在的诠释学经验显示给我们。"在这种意义上，我们必须把自己设想为语言之中的存在者（beings in language），正如海德格尔把我们设想为在世之在（beings-inthe-world)一样。不可否认的是,存在着一种相对的活动,它使创造性成为可能,这种创造性是为了某种特殊目的的诠释的理解角色的诠释学经验。

当然,上述三角关系并不代表存在这一方与语言和理解另一方之间的所有可能的关系。在对《易经》文本诠释的"易理之理-本体诠释学方法"的形成中,王弼谈到了在言、象和意这些概念中的语言,和世界一级世界和理解之间的值得期待的关系:"得意在忘象,得象在忘言。"(王弼《周易略例·明象章》)这等于是使理解吸收和淹没语言,或者使存在或世界吸收和淹没语言。这就是为什么世界之在可以无需语言而持存,一个人的理解也可以从世界之在中来,因为当它用老子的"无-本体论"来诠释时,它就成了世界之源。如此,不管世界是否必定显示于语言中,不管心灵是否揭示了世界,都变成形而上学中的思辨问题。为了对照,伽达默尔认为,世界之在必定既在客观的,又在主观的意义上显示语言,因为主观意义上的语言就是人类的理解,而客观意义上的语言就是世界。这就是本体接受性,我们在语言、世界、理解这三角关系中,必须对此有所认识。

伽达默尔的诠释学创造性

在伽达默尔对"诠释学经验理论"的要素的描述中,我们发现至少有三个地方可以看到,他在其理解中发挥了诠释学的创造性方面。

第一,我们的理解是一个辩证过程,其中我们经验的东西是对我们的观念的"否定"。我们可能会把这种否定看作是质疑,而这会导致诠释学理解和实在之间的富有成效的交流。也许这种观点回溯到了苏格拉底,他曾要求我们考察自己的生活,以便弄清是否隐藏着一种我们本该真诚追求,却实际上加以蔑视的至关重要的实在。我们必须提出问题,并且要求回答,这构成了在我自己或任何可能对真理,也即实际为真的,或最终为真的东西感兴趣的人之间的对话。正是在这种对话精神中,柏拉图写作了他的《理想国》以表明他对正义的关切,以及他对如何获得正义的洞见。诠释学经验因此开始于人生的根本问题和议题。柏拉图认识到这一点:我们遇到的任何问题都必定包含另一个人的答案,或者就是必须回应这一问题的某人自己的答案,或者就提出另一个问题。伽达默尔反对黑格尔把辩证法带至一个无限的心灵和绝对精神。他认为我们的心灵是有限的，我们必须继续从事和他人的对话之辩证过程，而这个过程自身必定是无限的，没有尽头。

这与《易经》中的变和易之不完全性观念是一致的，因为如果没有终点之前的某个东西，就不存在终点。但是真正的问题是，我们是否会来到生命中的这一点，在这里不会提任何问题，也不会提出任何难题。如果没有死亡，那么这有什么意义呢？这个问题会导致对实在和人类自我本质的根据和来源的深刻反思，这样我们就能明白，为什么新事物会现身，以及为什么我们总是需要为新知识和新的生活调节来获取经验。当然，存在这样的必要性，即追求摆脱现存结构支配的自由，以及投射那些使自我超越成为可能的理想的社会目标。在所有这些当中，我们的诠释学经验必须依靠我们所提出的问题和我们所遭遇的难题。提出问题是一种创造性行为，而能够获得答案则是对我们的理解之接受性的展示。

海德格尔提出来关于实在和上帝的非常根本的问题：存在一个上帝吗？我们如何谈论上帝？我们如何生活在一个没有上帝的世界中？这反映了海德格尔对人之存在的本质的洞见，而人是被预设在我们对世界的理解中的。毫无疑问，这激发了伽达默尔要弄明白的，为了理解一个问题或答案，语言和历史意识（他称之为"效果历史意识"）如何必须因为我们的理解或诠释被预设。

依据其概念和结构，我们的语言的意义总是一个朝向问题开放的前设。重要的是，应使用我们关于世界的经验，来回答我们关于这些概念和结构的问题，并找到一种解决它们的真正方法。

这个原则就是，我们不该逃避我们的生活，相反，我们应追问关于人生的问题。这相当于是在深入地检查我们的语言，因为语言是表达我们的生活的中介。这也等于是为了更多的发现我们的世界和我们自己，而用我们关于世界的经验来发展我们的语言。很明显，我们必须假定或预设，世界会允许我们去做着两件事。这样我们的对话式理解才可以无限地继续下去。这种对话过程，就是我们让我们的语言和实在打交道，以及让我们经验到的实在和语言打交道的地方。因此，语言在伽达默尔那里所代表的含义，必定就像理性在康德那里所代表的东西。我们必须认识到，以这样一种对话的具体方式来对待辩证法，而对不断产生的人生问题和理解问题（尤其是通过语言)正是对我们的诠释学经验中之创造性的贡献。这就是一种诠释学创造性的形式,我认为它与那种预设的权威,或人们发现的作为描述伽达默尔对传统之理解的另一方面的偏见完全不同。

第二,作为包含自我相关性的我与你关系的对话的本质。在这么说时,伽达默尔以这样一种方式谈到我与你之间的相互约束,即,你被承认为和我一样的人,实际上就是你认作我或肯认我,这样我们就可以分享我们的观点,并且解决我们每个人都可能遇到的那些问题,因此导致一种具有共同视域的理解。这并不意味着,我们必须相互同意,而是说我们可能会由于对我们的不同处境的考虑而一起看到差异。这是承认我们的生存之历史性,其中,我们受缚于对实在的历史经验;也是尊重我们从历史中所得到的东西,它会超越历史,然而又丰富历史。伽达默尔所关切的是,我们应该倾听这个你,而不是用一种忽视历史情境的方法论来批判的对待你。这最终会导致这样的认识,即诠释学经验总是一种伴随着产生偏见和假设传统或历史的开放性经验。这意味着,我们总是能够挑战我们对于传统和历史的理解,同时,我们总能觉察到基于历史意识形成的偏见所作之权威主张。

基于我们所能看到的东西,伽达默尔展示了充分的理解,这是建立在我们努力更好地去理解,或者回答那些提出问题的基础之上的。在作为也朝向未来开放的理解过程这一方面说,仍存在着创造性和能动性。

基于其对艺术和历史的理解,伽达默尔把真理看作是一件游戏的事情,把历史良心,当成是一件把我们自己理解为传统一部分的发现的事情。虽然他允许我们的经验成为开放性,这样我们可能会面对我们的处境,体验并提出问题,但是在我们把对经验的理解看作是人类理解过程的部分时,我们必须找到一条出路,而不是使之成为一个对象或一个绝对物,然后看它如何与一个处境相关,或者它如何产生于一个历史过程。但是有两个领域,伽达默尔可能并不清楚,就是我们如何可能用方法论理解的方式达到真理。首先,存在着这样一种伦理学,其中人能够以这种方式返回自身,即一个人可以把自己培育成一个人格和精神生长,这样人就可以改变本地的处境。另一方面,在科学中,人们能够追求客观性而无需指涉自己或其主观的观点。永远存在产生于理解过程的价值和真理的问题,它不可能仅仅通过其他形式的理解,或改变我们理解的行动模式而得到解决。也就是说,我们必须承认自我转变，但并不仅仅是对人类自我的呈现。因此，语言也向这种转变过程开放，因为它必须而对未来，面临总体的需要，因而并不将自己局限于过去或现在。但是我们也必须面对这些问题并说出它们，从语言上表达它们并不容易，或者最好不要从语言说出和发现它们以表达它。我们必须面对的问题是，语言既不能替代我们关于存在的视域，也不能替代我们对语言是一种手段和曾被缜密组织的对象所表露的关切这一事实。

接受性与创造性如何融合在效果历史意识中

第三，人们必须看到，伽达默尔的诠释学经验理论最重要的概念就是效果历史意识。我想表明，它是诠释学经验所有要素的来源，因此如果没有它，诠释学循环，作为先入之见的传统和理解的前结构都是不可能的。在这种意义上，我想把伽达默尔的效果历史意识（Historically Effected Consciousness，简称HEC）观念看作是他的“诠释学经验理论”的主旨。实际上，它和诠释学理解的经验是相等的。也就是说如果没有HEC，就不可能有诠释学的经验。[①]我们寻问意义的问题，并决定文本的意义性，因为我们把它看成是有历史的，它是从历史那里传递给我们的，我们只是希望评价我们如何坚持它，以及认识到其在历史中的位置之后，如何确定它和我们的关系。要由我们来看出，并减缩历史的距离，然后用我们对其历史位置的考虑，来把文本带至当前的处境，给予其意义。在当下理解中我们仍然需要阅读它，然而这种理解是受历史影响的。这个基本观念是说，我们属于这个历史，因此我能意识到这个历史，这一事实使我理解那被历史地传递的东西成为可能。我们的理解是关于历史对象的，在对其历史支持和来源的意识中，它又反映在我的理解中。这就像我所说的本体观念的东西，在这里我认识到本，然而要凭借体在文本及其来源的历史意识中对我所意味的东西，我才能权衡和理解体。

---

①因此，当伽达默尔说，“因此，我们将在**诠释学经验**（他的斜体字——原注，这里用黑体标出）中找出我们在对一般经验的分析中发现的那些要素”时，（见《真理与方法》，第352页）他有点儿省略了实际的内容（what actually is about）。而正是在他的HEC中，我们遭遇到导致诠释之诠释学问题的诠释学经验（It is in his HEC' that we encounter hermeneutic experience which leads to hermeneutic problem of interpretation.）。

正如我们可能看到的那样，我们必须通过指涉其在海德格尔那里的形而上学基础，来理解伽达默尔的基础概念和理论诉求。伽达默尔的HEC的基础是历史性，也即发生于故去的事物的存在，它们是作为我们理解的前设而被保留的。很明显，海德格尔在说到历史性时必定采取一种实在论立场，因为他把在时间中的事件之发生说成是我们的“彼此-共在”（being-with-another）中的过去，它是作为此在的我们之存在中的效果而“被传递给我们”。事实是，历史性就是一个时间性的问题，它在这种意义上构成了我们，即我们是被抛入历史以及未来的，这只是说，我们的存在充满着时间和时间中的事物，因此体验到从过去到现在的运动，以及向未来的投射。由于我们的生存是有时间构成的，所以它既向过去也向未来开放，是此在通过现在计算出从过去到未来的时间段。这说明了此在是如何到纠缠于其过去或其他此在的过去。对于海德格尔来说，这表示此在以这种或那种方式通过时间性的本质意识到过去，并且为这种意识所影响。在一种更强的意义上，此在的存在在其认识和行动的方式上，早已从生存论方面受到了其过去的影响，因此也就受到发生在过去的任何事情的影响，只要此在和其他的此在有关联。这应该说明了，作为此在的我们如何感兴趣于，以及如何能够感兴趣于认识一个甚至并不直接和我们相关的过去。重点是，它不是一个纯粹的兴趣问题，而是一个认识的问题。因为认识是存在的形式，所以任何存在都可以说是可知的，如果存在一种此在所关心的认识方式或存在方式。从本质上说，我可以把海德格尔诠释为，主张此在总是因为其时间性而处在历史的情境中，并为历史效果所影响，因此能够拥有关于过去的意识和对未来的关切。伽达默尔提及的效果历史意识，就是历史意识，它给予我们关于过去的偏见，并使我们能够作历史研究，以确立对作为传统传递给我们的东西的权威。

除了这些，就像我喜欢探究的那样，这将会使我们看到，我们如何提出关于过去的问题，因此拥有一个在我自己，与其他任何和我们一起提问的人之间的关于回答的对话。重要的是，我们可以和另一个人拥有共同的视域，因为我们每个人都有一个与当下处境相关的历史意识，由于这种意识是具有历史效果的和有效的，所以我们必定拥有某种共同的东西。当我们历史的看到事物时，因为我们每个人所拥有的HEC，我们在关于事物的观点上也会有所不同。这导致了许多问题的答案,这样更多的历史意识和时间的开放性就会发生,它指向一种进步分享历史的共同知识,和伴随被承认的过去,和未来中的所有差异的未来之共同远景的可能性。人们可以看到,因为HEC的本质,不仅对话是可能的,而且它也是无限的,不仅随后的视域融合在需要被澄清的双重意义上是可能的,而且一个共同体和相互关切也是可能的,它使伦理学或实践智慧成为可能。我也必须指出,由于对"本体诠释学循环"的解决,这仍旧是可能的。这个循环并不局限于解决一个谈话中关于整体和部分的理解,而是在于我们对存在或实在的知识,它是有历史效果的,并且能够被我们的效果历史意识所认识。

总结起来,我想作出下面的论断:由于我们是由穿越过去,现在和未来的时间所构成的(time-constituted),所以我们是向着对我们自己的历史或任何历史开放的,它可能通过生存论的前设而相关于我们自己的历史。这就是HEC的主题。有了HEC,我们就能够提出作为对过去、现在、甚至是未来加以研究的问题,因此使一个无限的对话成为可能。当然,这是有我们的处境性所引起的,它既是对现在的认识,也是对未来的投射观点。在两个人之间或在一群人之间,我们可以构成一个具有共享的历史和对历史及其未来具有共同关切的共同体。根据基本HEC的对话,我们开始更好地认识自己和他人,因此拥有了关于这种理解的"视域的融合"(Fusion of Horizons)。

至于视域融合可能表达的含意,我想用下面的图表来作说明:

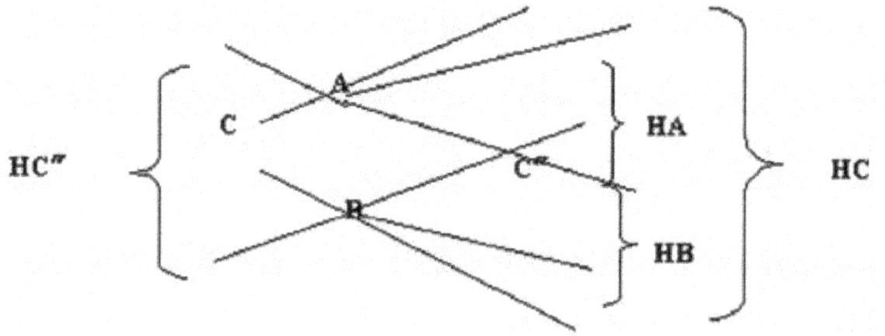

图2 视域融合可能表达的含义

从图2中人们能看到,A、B两个人可能分别拥有理解HA和HB的视域,其中每一个都包含其自身对未来的投射。当我们拥有对话或者通过处境性的参考点C，这种历史性会导致视域HC，而这需要包括各自不同的HA和HB，然而又要向着未来的共同投射开放。从这个示例中清楚的东西是我们不仅看到朝向未来的A和B的共享视域HC，而且看到（朝向过去的）A和B的共享视域HC。很明显，所有这些都是可能的。因为存在着起作用的效果历史意识，也因为“本体-诠释学循环”在起作用。这意味着，理解既是接受性的又是创造性的。它是接受性的，因为效果历史意识是历史效果性，或我们须认识到的效果历史的结果。另一方面，我们必须以这样一种方面锻炼我们的理解，即我们要通过一种可能的诠释看到历史差异的统一性和未来差异的统一性，人们将因为实践理性而引领。伽达默尔强调了实践理性的重要性：它为我们产生的不是过去的统一性，而是未来的统一性。这意味着，实践理性使我们在诠释中变得有创造性，反之亦然。正是我们的创造性保护我们的实践智慧，以及发展我们的实践知识。这进一步意味着，我们不能只是坐等历史对我们产生影响，而是可以思考和追求知识。这导致了我们的行动的自我调节性规范，不管是按照作为共同体的我们的实际利益，还是作为从我们的理性和经验的投射的可能的共同体。这会使得我们的诠释学经验成为可能，因为我们总是能够提出属于我们的过去的问题，以及属于我们的未来的问题。应该指出，诠释学经验并不仅仅是一个关于可能之物的意识问题，而且也是一个关于可能之物的投射问题。因此，正是在这种意义上，我们可以主张，诠释学的普遍性问题，不仅是一个诠释学经验的问题，而且也是一个诠释学投射可能性的问题，而这导致了各种可能性的诠释的问题。

还要作两个与我对伽达默尔的诠释学经验理论的整体性说明以及与被强调的它们的创造性方面和接受性方面有关的评论。首先，伽达默尔强调作为人类有限性经验的诠释学经验。他说：“因此，经验就是关于人类有限性的经验。真正有经验的人是将此放在心上的人，是知道他既不是时间的主人也不是未来的主人的人。有经验的人知道，所有的前见都是有限的，而所有的计划都是不确定的。在他那里，经验的真值实现了。”毫无疑问，这是由于“真正的经验就是一个人自己的历史性”[①]这一事实。伽达默尔所说的

① Martin Heidegger: *Being and Time*, translated by John Macquarrie&Edward Robinson, Basil Blackwell,1962:351.

是对的，只是除了这一点，即他似乎过于强调我们的经验的接受性，而没有产生这种经验的积极挑战，这种经验正是我们作为人所拥有的，并且在正常条件下会导致我所称的诠释学的创造性东西，因为我们能够在视域统一性之生产性视野的发展中，创造性地追求诠释，对于任何实践伦理学所要求的必然行动来说。第二个评论与其说和伽达默尔，还不如说与海德格尔更直接相关。我们必须承认，历史性由于事件(Geshehen)之发生而发生。问题在于，什么使事件成为可能，以及事件的本质是什么？对于海德格尔来说，被某些以某种方式前决定作为一种接受性生存(receptive existence)的我们命运的发生之事抛入到这里或那里。我们的存在是否也包括那些原始事件之创造性的部分要素，这个问题甚至不曾提出过，更不用说得到回答。正如我们将要看到的那样，这个问题可以在中国《易经》诠释学传统中得到回答，正是在伽达默尔那里，我们见证了一种说出或引起此在的这种内在创造性的趋势，而这是伽达默尔的哲学诠释学对海德格尔现象学诠释学的影响。但是，在伽达默尔那里，这种内在创造性既没有明确的阐释，也没有含蓄的说明。事实上，他把“被抛状态”看作是一个其中没有假定或承认任何创造性的事实。因此，正如我们在《易经》的“本体-诠释学”中所见，这对理解此在的潜在创造性而言，依旧是个开放的问题。

海德格尔-伽达默尔诠释学中的被抛问题

海德格尔对此在作为“在世之在”，在世界之中发现自身的状态是如何描述的呢？他称为之为它的被抛状态。那么什么是“被抛状态”(Geworfenheit)呢？虽然海德格尔愿意揭示此在在其被抛状态中，发现自身的各种有限的未来之可能性，以及如何在时间中将其推进，但是在被抛概念中，仍旧存在着不确定起源的含蓄意义，这个意义暗示出生的无助性、无目的性以及无根据性。它也含蓄地暗示认识到无处可去，因此产生一种服从于更深刻偶然性的无家可归感的意义。不管海德格尔是否意指“被抛”一词的这些含义，我们都须在一种决定于我们直觉情感的生存论态度中来理解它，这种情感可能归因于我们理解的前结构。他明确把被抛状态描述为本体论的，因此我们获得心灵状态的第一个本质特征，这些心灵状态在其被抛状态－近似地以及大部分地——在一种闪避的方式中——揭示此在。[①]换句话说，我们能够逃离我们的被抛状态，即使我们可以从铭刻在此在身上的各种有限的可能性中进行选择。因此，作为生存形式的我们的理解，非常局限于作为呈现在一个人的被抛状态中的各种可能性的存在状态。我们必须看到，被抛是一种也决定此在是什么，以及这个此在所处的偶然性状态是什么的状态。海德格尔没有说明为什么选择被抛状态这个术语。他要集中阐述作为在世界中透射各种可能性的我们的“在世存在”。正如我们受限于我们的被抛状态，我们生来就以某种为我们的被抛状态所限制的方式，投射我们自己。换句话说，我们被抛入一种理解事物的方式，一种做事的方式，一种投射各种可能性的方式。我们的被抛状态不仅构成我们理解的部分，而且也构成我们存在之结构的部分。

因此，它不可能以理想的方式逍遥于我们的行为之外。因为我们受限于各种可能性，所以我们就是我们投射到未来中的东西，我们可以意识到它们。虽然儿童和动物意识不到他们的被抛，但是，他们会有所行动和感觉，仿佛他们被抛一样，尽管人们不这样去理解。我们需要看到海德格尔试图把我们的生存处境描述为总是由过去的投射和投射至过去和未来构成的存在。就其本身而言，被抛的概念实际上提供了描述作为其它特征的我们的在世之在的基础，海德格尔也试图描述这些特征，即“事实性”(facticity)、非本真性(inauthenticity)及其情态和情绪(moodsand feelings)，尤其是沉沦(falling)，尤其是“周遍的关切”和畏惧(fear)，最后是时间性(temporality)。

我的目的不是要表明，存在的这些状态，或此在的生存情态实际上如何能从我们的被抛状态中获得，而是要表明，这些状态必须植根于存在的某种根本状态中，它趋向于最终为此在所感觉和表达的这些存在状态。在存在上可得到的东西，最终会表现为那个其自身也是存在一部分的存在者的理解和诠释。注意到这些是有趣的，即作为被抛的此在没有任何内在的同一性，然而，这并不是说此在不可能拥有它。从根本上说，此在没有同一性这一点就会使其变成空虚，然而，作为在世之在，其存在上的遭遇则使其变成有意识的，并且忧虑其作为存在的存在。

---

① Martin Heidegger:*Being and Time*,Trans.by John Macquarrie&Edward Robinsin,Basil Blackwell, 1962:175.

于是,按照海德格尔对此在的存在结构之分析和揭示,此在有三种方式来确立自身。很明显,这是他通过自己的经验,根据反思和观察所得。第一种方式就是达到一种日常状态(everydayness),这是我们的自然生存氛围中的所有人的公共世界。它不是此在的本真的生存,因为此在没有发现自身,而且就是其被抛入世界中的自己的惰性,在这个世界中,每个存在者都是和其他的存在者在一起的。正是在这种日常世界中,我们体验到闲谈、好奇和生活的模糊性。我们也会体验到怕(fear),它不指向任何对象。这是一种沉沦于常人(everybody)、人们(they)或没有任何内在含意的公共世界惰性状态。但是,这这么做的时候,我们被阻止于和隐藏于我们自己的"最能存有"(most potentiality-for-the-thing),并把自我和人们混在一起。然而,生活并没有完全消失在这种应手之物中,因为我们仍旧可以试着努力达到一种真正的本真自我生存。

虽然海德格尔没有清楚地表明这是如何可能的,因为我们的被抛总是拉回到沉沦,并回避遭遇我们的潜在性或可能性。可以说,为了成为我们可能成为的东西,我们被时间推动着去投射至未来。因此,我们仍旧能按照我们的前理解,也即前有、前见和前概念来达到自我理解状态,这样我们就可以把事物A理解为B。相似的是,我们可以把自己理解为在手之物(things at hands),它们可能并不反映我们的真实存在。然而,作为时间中的一个事件的我们的被抛状态,也可能按照我们由之构成的各种可能性来推动我们投射自己。正是以这种方式,我们可以追求一种我们的最本己的自我的本真生存,如此我们就能面对如其所是的自己。"畏之所畏者就是在世之在本身。"①

我认为,一个人所面对的这个自己,准确地说就是虚空状态或作为我们的被抛由之而来的世界之世界,以及需要我们走向可能的未来和无限的时间的世界。在这种状态中,海德格尔说畏包含着"无家可归"感。②我们的被抛,最终是我们意识到我们可以占用的可能性,这样我们就能够决心将它们变成我自己。我可以把自己抛入未来,在这么做的时候我们不仅理解我们

---

① Martin Heidegger:*Being and Time*,translated by John Macquarrie&Edward Robinson,Basil Blackwell,1962:230.

② Martin Heidegger:*Being and Time*,translated by John Macquarrie&Edward Robinson,Basil Blackwell,1962:233—330.

自己，而且诠释自己，如此我们既和过去相联系，又前于我们自己而生活。我们把当下的自己既看成是被抛的，又看作是投射的，并且将决定我为我自己制作意义。此在之畏会变成操心(care)，而所有这些都是可能的和可实现的，因为我们把自己看作是时间性的，因为我们能够控制我们的可能性，并通过对存在的真理的理解和诠释，将我们的非本真性转变为本真性。我们可以看到，我们的存在，变成了一个成为存在的先验条件的存在者。

虽然并不清楚海德格尔会继续做什么，如果他完成《存在与时间》的话。但是，在他的晚期著作中，很清楚的是他找到了这样一个存在者，个别的此在在追求存在个体性之本真性时，必须由之占有其自己的存在。根据其早期对此在的虚无主义观点，海德格尔有一个关于此在的不同的本体论。在这种转变的过程中，我们看到，理解可以在追求一个人本体论。在这种转变的过程中，我们看到，理解可以在追求一个人的未来时生长，而诠释则是一种理解，它反映了此在的生存方向和变化。此在进行理解，而且能够在一个人的新经验和生存论的存在以及生活中创造新意义。在这种意义上，海德格尔把此在说成是“承袭自己的被抛状态，并在其当下时间中居于愿景的一刻”[①]。贯穿他的基础本体论，海德格尔表明了对于此在在其自己的理解和诠释中所揭示的东西的接受性态度。此在的接受性与在本体论上被预设为接受性的东西，也就是此在的被抛状态有关。

我们的分析也表明，不仅海德格尔对存在的本体结构之预设的揭示方法显示了隐藏于我们对不同模态的生存理解中的东西，而且我们也须认识到被揭示的东西，以及根据这种揭示过我们的生活和进行诠释。特别地我们需要认识到，我们的在世之在地位，并追问我们在这个世界中的角色。海德格尔使我们看到这一点成为可能，即为了重获自己在生存中的本真性，此在最终需要克服其捉摸不定的非本真性和“沉沦”处境。此在必须于对其自身的“不－存在”(being-not)，并且走向本真性中的“内在－存在”(being-within)。这等于是在定义其自己的本体论地位并且使其成为自身的。海德

① Martin Heidegger:*Being and Time*,translated by John Macquarrie&Edward Robinson,Basil Blackwell,1962:437.译者按：本段成文原文为“In this sense Heidegger speaks of Dasein as inheriting and taking over its own thrownness and he in the moment of vision for its time.”此一翻译为成中英所提供，与陈嘉映、王庆节1987年中译本相较“把继承下来的可能性承传给自己本身之际承担起本已的被抛境况并当下即是就为‘它的时代’存在。”更能达意和简易。

格尔表明，这是一个决心朝向可能性之未来的自我超越的事情。这采取的形式是“具有期望的决心”(anticipatory resoluteness)以及其反复达到一个人之独立的高度，并在其个体性中获得全部的自由和此在的本真性。就是我称之为诠释学之创造性的东西，因为只有通过这样一种个别存在者的创造性努力，它才可能在本体论上不同于，以及在良心上独立于那决定并使其生活成为可能的存在者。它要分享存在之本体论的内在的和潜在的创造性，以及创造一个作为人的有意义的生活。这表明了个体要成为其自己和实现这种潜能的努力的极大创造性。但是，不必否认，对于海德格尔来说，本体接受性仍旧是我们诠释学经验的首要关切，因为作为本体接受性的诠释学经验铭刻于作为在世的我们之存在。

最后，我想主张，在海德格尔那里，没有任何观念比他的“被抛状态”这个观念更重要、更关键。在《存在与时间》的最后一部分，海德格尔谈到上面引述过的此在如何通过“承袭其自己的被抛状态，并当下就是为它的时代存在”而变成本真性的。此在可以做到这一点，因为它能让自己通过收养(by adoption)被抛回到事实性的在此(factical there)。因此，我们可以看到，被抛拥有某种走进未来可能性的东西，并且向他开放，其中存在着对事物的远见和生活的统一性。所以，人们是否能达到一种本真状态，取决于他们是否能抵制沉沦的力量。它就是要回到那种状态。此外，本真性要求，我们在期待决定时会保持我们的决定，这样一个人就能够选择成为一个英雄，而认出他则是在命运中，并且由于其自身的死亡而自由。[1]正如我们将要看到的那样，被抛状态就是这样一个时刻，即人们成为他自己，然而并没有发展的任何潜在性，就像在“生”的例子中一样。一个人成为真，以及成为他自己就是一件“成己”的事件。在成己中可能存在着某种相似性。但是对于《中庸》文本来说，真正的成己就是“赞天地之化育”。它不只是一种状态或面对自己的命运的时刻，而是忠实于自己。[2]

---

① Martin Heidegger:*Being and Time*,translated by John Macquarrie&Edward Robinson,Basil Blackwell,1962:437—438.

② Martin Heidegger:*Being and Time*,translated by John Macquarrie&Edward Robinson,Basil Blackwell,1962:443.

哲学或哲学理解之起源的多重注解

还有一个海德格尔所提出的哲学起源的问题。早在《存在与时间》的写作之前，他已经强烈主张，古希腊传统中除了phyusis(大自然)的本体论起源外，没有哲学的起源。尽管他在构筑思的方式时容纳了老子、庄子和曾参的方式，但他反对任何将哲学与他所称呼的亚洲思想联系起来的观念。他只是不能想象，存在着另一种及可替代的在理性的和有序思维意义上的哲学的开端，这种理性和有序思维见之于希腊的逻格斯及其相关的他者，即犹太人对上帝的理解。当然，这是完全无意义的，而且缺乏仔细的反思，如果不是一个封闭心灵的狭窄性的话。心灵的狭窄性使他也批判狄尔泰和米施(Misch)的历史哲学，其中米施认识到，生活可以有在各种不同历史条件下获得的多种形式的经验。正是作为活生生的经验的生活哲学，使得起源的多元性成为可能。但是对于海德格尔来说，他询问的是起源之差异的统一性，因此就拒绝了任何哲学思维的历史开端，除了希腊哲学中的存在者哲学之纯粹的和原始的开端。①不幸，海德格尔从来没有研究过《易经》及其评

① 埃里克·内尔森(Eric Nelson)在他富有启示性的论文《海德格尔、米施和哲学的起源》(《中国哲学》2012年增刊)中说："不像大多数20世纪的哲学家，海德格尔自从1920年代以来就对亚洲的思维形式有持续的兴趣，当时他在社交聚会上大声朗读《庄子》。海德格尔多次吸收道家翻译，而不是禅宗文本中的看法和短语。"在这个例子中，他尤其关心道德的"空"的论述和"道"这个词本身，将之作为中国思维的根本概念和指导语。海德格尔发现了在庄子的《逍遥游》与他所描述的没有预定目标或终点的"路"(Weg)以及"在路上"(Unterwegssein)的思维之间的亲缘性。海德格尔经常被描述为和他的亚洲学生及拜访者们热烈地讨论亚洲的诗歌与思维，甚至还在1940年代打算和萧师毅一起合作翻译《道德经》。海德格尔与中国的以及日本的学生和拜访者的实际对话占据了他的许多著作。尽管海德格尔的真实兴趣，以及利用海德格尔的概念和策略来诠释亚洲文本和人物的大量东西方文学作品，但是这种注意不应和对作为哲学性的亚洲思维的认可混为一谈。相反，海德格尔自己始终明确反对一种中国的或其它形式的非西方的——也就是说非希腊的——哲学的可能性。在一篇典型的谈话中，海德格尔断言，"一切西方的——欧洲的哲学风格——不存在任何别的哲学，既没有中国哲学，也没有印度哲学——决定于这种'在者-在之中'的二元性"。对于海德格尔来说，坚持希腊起源以及哲学特有的欧洲本质，"西方和欧洲，只有这些，在历史的最内在的进程中，在起源上才是'哲学的'。海德格尔主张，"古代印度、中国和日本"这些民族并不是"没有思想"，虽然这种思想不可能是思维"本身"(as such)。东方的思想并不决定于希腊的逻各斯概念及其命运，它描述了海德格尔称之为"思维'本身"，以及"我们的西方思维"的东西。海德格尔和西方哲学的逻各斯取向的解构性，相遇与其作为本质上和必然性上西方的历史概念化联系在一起，正如后来雅克·德里达和理查德·罗蒂所发展的对逻各斯中心主义的批判一样。不幸的是，海德格尔的说法既无论证又狭隘主观。

注，也没有过写过有关《论语》的东西。而我们知道，孔子在对《易经》的评注中提到“殊途而同归，一致而百虑”；类似地，我们在《论语》中也读到“吾道一以贯之”的说法。

值得注意的是，思想和德行中多识的统一性观念可以应用于起源或来源的观念的时候就是，可能存在一个来源，然而，这个相同的来源可以在作为不同起源的不同情境，以及条件中表达自己和实现自己。这就是程颐和朱熹也看出的礼仪风俗。在多中之一和一中之多里并没有任何矛盾，一对多和多对一也是如此。事实上，人们必须明白，作为原初的原初起源（primordial origin as primordial），是从一切可能的方式世界中实现自身，因为正是创造性使得不同的形式，不同的内容以及不同的事物成为可能。我们甚至可以看出并断言，在一天或一个时间段的开端处既是那个原初的开端（primordial beginning），也是一个历史和文化情境中的开端。它是一个生存的开端。这个开端既是本体论意义上的现在，也是本体-生成意义上的现在。因为成为本体的就是成为本体-生成的。二者之间不应该有任何断裂，也就是说，存在着偶然发生于非历史的东西和本体-生成的东西中的历史的和现在的东西，以及发生在历史的或现在的东西中的非历史的东西和本体-生成的东西。正是海德格尔困惑于那个纯粹来自希腊的历史起源的真正本体论起源的东西。希腊语碰巧是希腊语，欧洲语碰巧以希腊语为基础，这既不应该使希腊语成为决定什么是开端的规范，也不应该使希腊语成为决定什么是开端的标准。

在希腊人开始思考的时候，也有其他伟大的民族开始思考。当希腊人开始思考的时候，还有其他伟大的民族也开始思考。认为仅有希腊人和欧洲人在做哲学的思考，只不过是一种令人遗憾的、从业已枯竭的思考方式中产生的偏见。这种思考的习惯尽管有用，但当它流于傲慢自大时，就会一叶障目，看不到其他的种种可能性，甚至看不到有助于实现更高大、更宏阔的生活目的的更优越的思考方式。此外，还存在错位的二元论谬误问题（和怀特海错位的具体性相对，怀特海本人可能也在某种程度上犯了这种错误，因为他看到了逻辑的思想模式代表着西方，而美学的思想模式则代表着东方，但是没能看到，无论在东方还是在西方，这二者之间都存在着重叠）。一个人如何能够回到希腊的起源处，如果那个起源已经发生过了？而且，如果我们允许那个原初的起源现在可以发生在任何历史起源中，那么他为什么不能发生在其他民族的不同历史起源中呢？

本着这种对新的哲学——它在中国已经发生并正在发生——开放的精神，我们来讨论《易经》中接受性和创造性的本体－生成式起源。这不是要否认前面陈述的伽达默尔范式，而只是要对海德格尔的被抛状态展开批评，因为它隐藏了存在中的存在者之起源这一观念，而这个观念导引我们在《易经》语境中对"仁"所蕴含的存在者生成有一个更好的诠释。

《易经》中的本体－生成性中的接受性是什么

与海德格尔和伽达默尔所描述的诠释学中的接受性和创造性相比，《易经》传统的创始人伏羲描述为"仰则观象于天，俯则观法于地，观鸟兽之文，以类万物之情"，他这样做乃是要识别那些并非应手之物。他是在确认那些并非应手之物的东西。但是，他只是在怀着作为人的关切，或关心对自然或对世界进行非周遍的但却是全面的观察吗？他是不是因为它们不可能总是被指望为应手之物，也即我们可能很容易用于我们的计划的器具而在做某件只与在手之物（things at hand）相关的事件，而遗忘了或担心事物之所是的实际利益呢？

不，他在把事物看作是具有其本质（而不只是属性的对象），以及伴随对事物如何与我们相关联的全面关切的对象。他同样也关心作为在手之物的事物，以及作为应手之物的事物。这只是暗示，他同时有实践兴趣和认识兴趣，这样，虽然他对事物本质的兴趣可以回应他对实践生活的兴趣。但是，他对实践生活的关切相似于存在的事物及其如何运作并影响我们。他含蓄地认为，关于事物的全面知识和我们作为在世界中的人的本质紧密地、深刻地相关。在这个方面，他不仅关心现成上手之物，而且也关心遥远的，以及遥远而巨大的事物，诸如天和地。他在研究近至人的身体，远至远距离的事物。因而，他能够创造象征世界中不同类型事物和时间的卦象，以便我们能理解世界中各种创造性活动的德行和呈现万物的实际状态。因此，《周易·系辞下》说：

古者包羲氏之王天下也，仰则观象于天，俯则观法于地，观鸟兽之文，与地之宜，近取诸身，远取诸物，于是始作八卦，以通神明之德，以类万物之情。

值得注意的是，对于伏羲来说，在作为对象的事物与作为人的工具的事物之间，不存在任何鸿沟。作为伏羲所例证的人，既是认知的，又是具有道德意义的，而这可以被诠释为世界的本质以及人的本质，因为我们将认识到，世界就是我们的一部分，而我们又是世界的一部分——简单说就是上天之仁和人之仁。作为圣人，伏羲当然地承认，作为人的我们在发展和这个世界相关的我们自己时，就会变得更智慧，并且实现具有宿命感的人生。因此，据《周易·说卦》说：

昔者圣人之作《易》也，将以顺性命之理，是以立天之道，曰阴与阳；立地之道，曰柔与刚；立人之道，曰仁与义。兼三才而两之，故《易》六画而成卦。分阴分阳，迭用柔刚，故《易》六位而成章。

以伏羲为代表的圣人有其认识世界和世界中的人的地位的终极目标。他通过观察来认识天地之道，他通过自己反思和自己的关系，以及和他人的关系，来认识人之道。"仁"和"义"的原则当然就是孔孟所说的那些原则。在这种语境中，我们可以看到，正是基于作为宇宙论事实的我们对天地本质的观察，我们才明白诸如"仁"和"义"这些规范性价值和目的。道德建立于德性与德行伦理学之上，而德性与德行伦理学，又建立在我们对天地的全面观察之上。我们所看到的东西，就是在理解天/地和人之间的关系时，对人性价值的积极的和创造性的投射。

我们必须去探究伏羲如何能够在广泛观察的基础上创制出其八卦体系。很明显，它必须呈现事物的变易和变化方面，相对稳定的方面，交换的过程、冲突的处境与和谐的情境。当你考虑了所有这些时，你必定会看到，最好让万物同源，并将其有限的持续当作是由事物的一些基本特征所构成。人们可以想到在亚里士多德的例子中实体和属性的观念，但是如果变化更有持续性，就将不可能存在任何不是由基本变化所构成的实体。那么，什么是基本变化？这是一个要回答，且有更深刻的观察和经验来回答的关键问题。结果就是，把对"阴"和"阳"的观察和体验，作为一个生存事物的两个阶段。这意味着，事物是在尚未形成的实在之情形中以某种形式和结构所构成的。对于那个已形成的事物来说，尚未形成之物可以继续支持已形成之物，或者逐渐地以不同的形式取代它，因而，已成之物就会退回到未成之物。在这个过程中,人们也可以看到,这个事物可以通过联系另一个已成之物而产生另一已成的存在者。这种产生过程被视作从一个生成过程中的未成之物那里而来的已成存在物的出现。在这件事情上,一个事物的阴阳构造,将会产生另一个以及许多阴阳的存在,它们也会以同样的方式继续。结果就是,世界将在一个阴阳生产链条中变得越来越分化,而无需必然托付给任何实体。

这不是说,这个世界中没有任何真正的具体事务,而这种区分也不会增加到无限的程度,因为当新事物发生这种区分时,一物就将成为更早的已成者和相应的未成者的流逝。在已成物和未成物的变化中,会存在一种大体的平衡和均衡。从起源上说,一切都来自于一个永恒的来源,这个来源可以被设想为原初的未成物。考虑到卦的开创者这幅图画,我们看到这个卦的体系是如何最终产生为一个符号体系的,这个体系呈现了阴和阳的结合及其进一步的结合。出于实际目的和依据实际有限数字(在新事物的阴阳的生成和产生过程中)卦体系因此现实地被设置在数字64上,它是由开端处而来的阴阳二进制的6次方。

我们已看到,基于观察,我们如何获得反映一个变化之世界的卦系,我们也能看到,如何用这个体系来投射已成物的处境,然后按照阴阳的本质,地位和转变,依据一般法则和变化的本质来判断已成物,这样我们就能涉及和计划一种生命,它最和谐适宜,而且有助于我们的情感和理性的本质。事实上,人们能看出,我们的本性和理性,情和心性是如何能在这种实在的本体-宇宙论的基础上得到理解的,这种实在就是生命和实在的不断恢复活力的来源,我们将之描述为太极。

我们看到,我们并不是真的处于“被抛状态”,因为我们被视为具有和来自一个存在者的体系,它们要过自己的生活,并且希望在基本的提供者和来源的基础上工作。这个提供者和来源我们现在称之为创造性,它是不确定的,无限充沛的,而且不息的创造新事物。我们并不需要一个超验的上帝,也不需要永恒观念的贮藏所来推动这个我们就是其一部分的日新的宇宙。卦系是如何用于占卜以预测未来,以及每一个世界状况如何能被定义,以便人们来揭示或发现一个活的环境中重要的东西,关于这些则是另一个与让人的创造性有关的问题。人们甚至可以断言,正是在诠释占卜结果的情境中,出于期望一个人生的计划,而使用占卜,占卜或卦系才成为进行外诠释的中介。正是在这种诠释的努力中,我们能认识未来。甚至当占卜被我们的实验知识和投射所替代,卦系仍旧扮演着使我们能够诠释我们的知识和经验这个角色,这样我们就看到人生和行动的开放问题和可能的方向。

因此,我们能够看到,中介的功能和工具使用的功能一起存在,二者之间没有任何冲突。正是通过卦,我们参与到世界之所是的以及世界之关于的那个创造性中。我们的认识的意义以及决定和行动的意义,并不是单独来自终极者的创造,而是首先来自我们自己的肯定和参与。在卦系中形成关于我们的未来的判断,需要我们拥有判断的能力,以及在对我们的世界和终极命运的沉思中游戏的能力。正是在这种意义上,我们通过我自己理解了世界,同时通过世界理解了我自己,因为我就是世界的价值论条件,虽然对我自己来说,世界是个构成性条件。在这里,我们在变成创造性是有一个深刻的"本体-诠释学循环",因为我们就是终极者之创造性的一部分,正如终极者就是我自己的创造性的一部分。创造性有三个维度,即终极的、人的和二者间的创造性之相互参与。我们在这里想起怀特海的一段话,他在此处谈到了上帝和世界之间的关系:

正如我们可以说上帝是持久的,而世界是流动的一样,我们可以说世界是持久的而上帝是流动的。正如我们可以说上帝是一,而世界是多一样,我们可以说世界是一而上帝是多。正如我们可以说世界内在于上帝之中一样,我们可以说上帝内在于世界。正如我们可以说上帝超越世界一样,我们可以说世界超越上帝。正如我们可以说上帝创造了世界一样,我们也可以说世界创造了上帝。

上帝和世界是相对照的对立面,根据这种对立,创造性获得其把具有其处于对立之中诸差异分离的多样性,转化为具有处于其对立之中诸差异合生统一性的最高任务。[①]

如果我们把上帝换作人,以及把世界换作天地,那么我们就拥有一个对人和天地之间的"本体 - 诠释学循环"的完美呈现。它就是一个日新的生存/生成、生命之网。对天和人的意义和价值。像伏羲和《易经》一样,怀特

① 怀特海:《过程与实在》,自由出版社 1978 年版(Whitehead.*Process and Reality*. New York: The Free Press,1978)。这也就是修正过的怀特海自 1927—1928 年的吉尔福德讲座(Gilford Lectures)。

海强调了终极来源或根基的重要性，这个来源或根基就是那产生无人持存物中的生命和创造性日新的冲动的东西。这个体系必定是个开放的体系，就像太极体系，卦系及其转化一样。

事实上，人们可以看到怀特海的思辨哲学中的四种类型范畴与《易经》的本体-生成宇宙论中的三个阶段的发展是一致的。第一类型的范畴、终极性范畴（category of the ultimate）和太极是一致的，太极导致了阴阳分化，因此也导致了多和一的关系，这种关系永远包含着物的世界的生产及生成性生产（generative generation）的终极来源。

于是，我们就拥有了发展成存在者和事物的不同水平的过程，这与怀特海的“范畴义务”（categoreal obligations）是一致的，而这些范畴义务又是创造世界中的八个类型实存物的必要条件。它是一个阴阳之中的阴阳过程，这样不同的实存物的分化才成为可能。这就是本根（root）如何发展为个别的体。怀特海把构造原则说成是预设在他的生存范畴（categories of existence）中，而《易经》则诉诸于我们对构成事物的阴－阳的理解。最后，我们拥有可以解释实存物内部结构的说明范畴（categories of explanation），这种内部结构定义了实存物的象征性存在，也定义了它们的潜在关系。

这属于《易经》体系中的对体的构造，这个体系要在观察和反身性思维的基础上得到诠释。我们如何理解：我们是有着能感觉和思维的心性的实存物，以及有维系这些功能的本质的实存物？对于怀特海来说，这似乎也是对理解事物的辩护。我们将看到，人的实际创造性是如何实现于其内部结构，并导致外部行动和转化的，而天的实际创造性则要实现于天，或太极的永恒的，或本体论的构造中。正是在这里，《易经》本体论变得更复杂，所以我们能看到整个的“本体-伦理学”（onto-ethics）和“道德形而上学”（moral metaphysics）的信徒就会到来，作为儒家对人的创造性的理解和诠释的标志。

我们说明了，对《易经》文本的分析，为理解世界实在的本体性和作为本性与心性的个体之自我的构造，提供了一个“本体诠释学”（或写为“本体－诠释学”以突显“本体”）（onto-hermeneutics）的思维框架。世界实在（world reality）和人类实存（human existence）表明世界有一个能动的特征，这个特征怀特海称作“过程性”，而我则称为“本体－生成性”（Being as rooted and as generative)。

在这种意义上,我们似乎只见证了自然和人的创造性,而没有看到接受性的东西。在形而上学上,接受性的东西,就是通过创造性的运作世界的自然的和自发的呈现,这种运作产生接受性的东西,或产生创造性东西的接受性之物。接受性的东西是背后的力量与(构成创造性的)潜在的未成物,这在《易经》中被表示为“坤”。但是还存在另一种意义上的接受性,它是人这一方面进行全面观察的需要。这是要排除一个人的主体性和偏见,如此人们就能够尽可能自然地看待事物,如此,人们就能够在整体中看待事物。当全面的观察使其变为可能时,整体就会出现,反之亦然。正是由于产生新事物和反常物的接受性,我们才需要研究(呈现给我们的)世界,以及用与其本质和功能有关的创造性猜想和理论来研究它。我们所能看到的东西,是事物形成中的接受性和创造性之相互作用。也正是同样的卦的接受性与卦的创造性之间的相互作用,才产生了卦系中所有的卦象,或生存体系中的自然事物。

我也想提及接受性形式的一个极端,它把创造性还原为接受性的一种状态。这个案例就是王弼在对《易经》的再诠释时,反对象数学派所说的东西。王弼希望“得意在忘象,得象在忘言”(《周易略例·明象章》)。但这里有一个悖论:一旦人们达到了对终极性的象征性理解,他们就应变得更有创造性,以及在起源上是创造性的而不是接受性。

《易经》本体诠释学中本体创造性的三种形式

在这里我们拥有的诠释学循环原则可以作如下应用:要理解天,就必须理解天与地的关系,而要理解天与地的关系,就必须理解它们对人的关系,反之亦然。正是通过对自然现象和事件的观察,我们得以断言天地之间的关联;正是通过对人类生活及其重要性的反思,我们得以察知它依存于天地,并且将理性和道德赋予世界,就像彰显天地的内在价值一样。我们看到,我们是如何达到对天、地、人这些部分所构成世界的宏观的和整体的理解的。不去作广泛的观察和深刻的反思,我们就不可能有如此开阔的理解,因为正是这种广泛的观察和深刻的反思,导致了我们认知的发展和价值的发展。这在中国哲学中,被认为是表明了人如何成为天地力量的产物,并因此包含了一种我们在《中庸》中见到的与天地参的潜在能力。这就是理解人与天之间的第三种本体-诠释学循环,以及人与天之间的本体-诠释学循环。

鉴于作为人的经验和人的理解之两条基本原则的全面观察和深刻反思的重要性,整体和部分之间的意义之诠释学的扩展,就不只是语法、语言或人心的观念,因为,我们必须把诠释学循环看作是一种本体论,但不就是本体论本身,而是作为一种建立在对作为生成性的和有机的世界或宇宙的经验和观察之上的"生成性本体论"(onto-generative ontology),这样一个事物就可能导致另一个事物或更多事物扩展相互依存和交互性。我们可以称此为"本体-生成的诠释学循环"(onto-generative hermeneutical circle),或就是"本体-诠释学"的主要观念。需要注意的是,它并不是语言或语法的诠释循环,而是产生天-地-人三者互生互存的本体发展的循环。语言是作为一种经验表达的方式或形式,根本的经验会导致对某种根本语言的表达,这种语言可能来自于日常的生活经验,来自于早期的人类历史。当我们拥有作为本体-生成三位一体的天地人的经验时,就能够在其作为天、地、人的创造性的存在模态中命名以及描述我们关于实在的根本经验了。下面这些根本经验定义了天、地、人之本质:

一阴一阳之谓道,继之者善也,成之者性也。富有之谓大业,日新之谓盛德。生生之谓易,成象之谓乾,效法之谓坤,极数知来之谓占,通变之谓事,阴阳不测之谓神。(《周易·系辞上》)

正如我早指出,也正如我们能看到的那样,"之谓"的使用在《易经》的"十翼"中是独一无二的。它是对"谓之"的反转。我已经提示过,后者正式提出惯例中的用法,而前者暗示了对变化之实在新的敏锐洞见,对于我们理解实在而言,这是革新的,然而又是本质的。它肯定了创造性的承认以及确认了我们关于实在的经验,我们可以称之为确定性的诠释,这种诠释结合了描述的功能与命名或所指的功能。

伴随这种基于全面观察和深刻反思的本体-诠释学循环,人就能够在理解世界与我们自己时作出创造性的贡献。世界不只是接受性地被经验到的,而是创造性地被经验到的,这将导致在人这一方面的创造性行动。正如我们所知,正是基于这些本体-诠释学的理解,人性才被激起并得到培养,这样才有可能构造一种世界的宇宙论,它会为人的行动的道德抉择以及道德德性的培养提供激励和动机。这就是我所说的诠释学理解的创造性方面,它不仅可以用于道德行动,而且也可以用于朝向目的价值的政治行动。建立在本体-诠释学循环诠释学理解的创造性另一方面是64卦和384爻整个体系的构造,它形成了一个动态的和变化的本体-生存的宇宙论体系。这一体系的意图是把宇宙的创造性行动带进我们的理解,伴随它的则是对古代占卜用处的挑战。

本体-诠释学理解中的创造性一个非常重要的形式是,与人的(情)感有关的创造性,就像我们在说明理解自我的方法论时看到的那样。正是(情)感导致思和学,因此反思导致自我和拥有(owning)概念的形成。由于苦乐感,人们趋乐避苦。这也意味着,我们能够趋乐避苦,达到一种有利于生活和幸福的形态。但是我们必须了解,苦乐感与生活条件之间关系的复杂性,这可能并不总是象征人生的相应性质或希望。我们必须区分不同种类的苦与乐,这样就可能达到正确的人生状态,它会产生、区别于短期的或具有欺骗性状态的真正快乐。同样,对于苦来说,我们也要做出明确的分别,有些苦带来未来更多的快乐,有的苦则相反。前者的苦能导致健康和健康的产生,后者的苦则会降低生活质量,或弱化了生命。占卜的一个很大的理由就是,我们想知道什么条件和行动会导致真正的快乐和幸福,以及别的什么会导致真正的痛苦和不幸。在这里,隐藏的区分标准就是主动性或生活的亲-主动性(pro-activity)以及否定性和生活的反-主动性(anti-activity),这样生活就会被还原为零。正是在这个基础上,《易经》把吉和凶(这两个词代表朵颐之快的经验与束缚于洞穴中的痛苦经验)作为占卜的基础:我们需要知道什么条件有助于生活的好运,以及什么通过不幸而否定了生活。我们必须观察和反思,以认识这些经验教给我们得到好运的好的方法以及坏运的坏的方法,这是逃不掉的。对和错可以说产生于一开始时的好坏运的区分。我们必须学着定义什么是好运的一般和深刻的意义,以及什么是坏运的一般和深刻的意义。

最终,我们明白了好运的正确方法,以及坏运的错误方法之间的区别。这表明了我们是如何与世界和他人相联系的。我们必须明白,为了获得好的关系和好的结果,或者导致坏的关系或结果,我们自己的态度以及性情、甚至我们的情感是如何相关的。但是在我们能谈论什么构成善,和对以及什么构成坏和错之前,需要定义和我们相关的目标和目的,以及确认与目标目的相关的我们自己。正是通过这种反思和观察的方式,才能根据我的观察和我的理解来形成判断,这种观察和理解给予我们直觉和作决定的规则,这最终又导致主体之间的判断和观察。

因此,我们能够把对与错,善与恶,说成是在对待他人或我自己时,支配我们行动的根本规则。对于儒家哲学家来说,这也导致了对修身的追求,在这里修身致力于二者,并且通过知识达到对世界的理解以及建立一种定义我自己的真实意图和心的情感。这就是孔子为何赞成修身。在《论语·宪问》中,子路与孔子有一段有趣的对话:

子路问君子。子曰:"修己以敬。"曰:"如斯而已乎?"曰:"修己以安人。"曰:"如斯而已乎?"曰:"修己以安百姓。修己以安百姓,尧舜其犹病诸?"

孔子所说的是,我们必须修身以成为君子或道德的人。但是君子的实际意义就是"自我治理的人"(self-ruling person)(这是我认为对"君子"一词最正确的翻译),因为君子的基本意义是统治者。但是孔子说每个人都能够成为君子,并且暗示统治者成为统治者,是因为他获得了一种自然使人能形成社会秩序的能力,以及为礼仪和文化所教化的能力。这种能力从什么而来?答案就是,它就来自人的内部,因为他潜在地就拥有这种能力。

这就是一个人可以发自于内的德性与德行。最根本的和最重要的德性与德行是,通过认识和感觉他人的存在而来的关系和爱我们的能力。这就是孔子所说的"仁"(仁道的和仁爱的情感),仁是考虑他人的情感以及真正关心他人的幸福。为了达到这种仁,孔子说要人必须"克己复礼"。仁当然是唯一基本的德性与德行,它可以被构成一种原则,其它的德性与德行规则可以由之而来。在这个基础上,我们能看出义的原则、礼的原则、智的原则和信的原则。用这种方式,一个人必须在走向成为一个成熟的道德的人这条路上发展自己,这样的人才知道如何在一个共同体中尽其才。这意味着,必定存在着道德意识和道德理由,这样我们就不仅决定要成为道德的人,而且在成为道德人时始终保持自己。

人们可能想知道,这种力量来自于哪里,人们又如何保持这种力量。答案还是全面的观察和深刻的反思。孔子曰:“天何言哉?四时行焉,百物生焉(《论语·阳货》)。孔子也用卦或对一个人行为的观察来看其言行是否一致。另一方面,他也把“知言”说成是一件认识他人的心性,以及一个人如何表达自己与他人交流谈话的事情。基本的目标是获得知和行的统一,其目的是发展一个真正的整体的人,这在于保持生活所有方面的融贯性,就像宇宙的本质一样。在这种意义上,我们能看出,这种宇宙论的理解,对于人性的道德发展如何成为至关重要的,由之我们又能看出它对于发展一个道德的共同体,以及一个道德人的世界如何成为至关重要的。在这种道德的意义上,我们看到,对于善及幸运和快乐存在着一致性,而错与恶及不幸和痛苦,则存在着相反的一致性。很明显,人们必须拥有创造性的洞见以作出正确的决定,并在其持续的修身中一直保持它,而这包含了无穷的观察和反思,以及在正常基础上的对一个人行为与性向对错善恶的考察。

那么,什么是包含在创新和持存的道德意识与道德决定的诠释学理解或经验呢?答案还是我们所讨论的两个原则。一个是作为发展于,以及出现于宇宙实在的人的创造性,这反映在“生生”的观念中。它肯定了在宇宙生存和生成的整个结构中的生活的目的性,与内在的意义丰富性。[①]这是善的,而这种植根于天之创造性的原始的善,是善恶感的基础和来源,其中人们在快乐时感到善,而在缺乏善以及在痛苦时则感到恶。世界是人的家,而不只是存在的家。存在的不是被抛状态,而只是生活意义感受和希望的可能感受。正是在这里,我们引入《中庸》里的“性”的概念。《中庸》说:“天命之谓性。”“人之性得之于天,率性之谓道,修道之谓教。”根据“性”这个概念,我们看到,人的生存是如何通过其自身的创造性而得到发展的,这种创造性应该和宇宙的创造性一起得到继续。在某种意义上说,我们能看出,《中庸》一直在表明,一个人的真实存在如何会导致对天道的理解,以及对天道的理解又如何导致对人的真实存在的理解。理解是反思和追求一个人的同一性时对自我的确证行为,或者说“人之成为人”(诚)导致了对道或天的理解。既然如此,人们能够看出,人性的本真状态是如何表现和保持自己身上的“中”,在这里,人的情感之发就是把世界变为和自我之外的事物相一致或相

① 参看丽莎·冈瑟:《他者的礼物》,纽约州立大学出版社2006年版(Lisa Guenther, *The Gift of the Other*, Albany: State University of New York Press, 2006)。作者探究了作为时间礼物的出生的伦理学的、政治学的以及本体论的意义。它与《易传》中的生产性创造性精神一致。

和谐。在这种意义上，人的本性真的是起作用的和有创造性的，可以说有能力参与天地的创化。

第二个原则是把道德德行的发展理解为人的修身的主题。需要诠释的是，一个德性与德行如何导致了另一个，以及生活的事实性如何导致了道德生活的规范性。这个问题的答案也是应手的，也即存在着借助于“本体－诠释学循环”的扩展和提升。“本体－诠释学循环”的基本事实就是，正如我们在反思性自我中所观察和感觉的那样，终极实在的创造性存在就是一种本体－生成性，它产生了不同水平、维度、生命和存在，就像卦系构造所表示的那样。卦系的一个方面是关于自然的8卦导致了由基础的8个自然的卦象构成的关于人事的64卦。当你把地置于天之上时，要表明位置的密切关系就是创造性和幸福的记号，但当天和地分离时，就存在匮乏和枯竭。同样地，我们在卦的自然形式中看到了人道的和道德的意义，正如通过观察卦的自然结构，我们看到文化和技术的形式是被发明的一样。①

既然如此，我们可以看到，符号的本体论体系和心灵的状态，可以是多维度的实存物或过程，它不应该局限于存在的基础水平或终极水平，诸如自然之道或根），因为作为宇宙本体论的整个的道或存在，是一个开放的和上升的创造性之创造性部分。基于这种理解，我们看到，《大学》是如何论证一个人从格物致知到正心诚意的。因此，人能够修身、齐家、治国、平天下。最后，人们希望这个道德人可以居高位，从而给整个世界带来和平与秩序，这样，更多的生命就可以从消除战争，以及获得普遍的正义而得到挽救。在这种情况下，每个人都可以找到他/她自己的幸福和成功。儒家这种极为一致的理想和视域当然是理想主义的，但是它又是植根于世界的创造性以及人的创造性之中，从理论上说，这使这个地球上的生命变得有价值。

因此，我们在这里可以引入下面关于人的创造性的展示以区别于和此前所示的伽达默尔相比较的人的接受性（图3）。

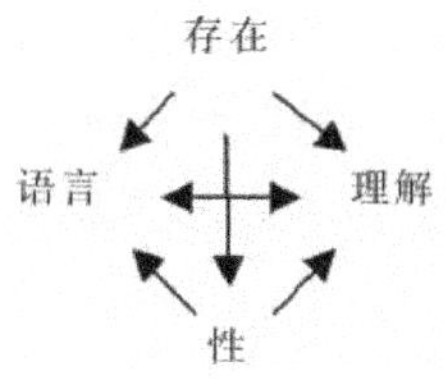

图3　人的创造性的展示

① 可以提醒人们，我们是如何模仿鸟类发明飞机以及模仿人脑发明电脑的。

可以产生的另一个哲学论点就是，在儒家对人性的理解中，人是一个从“本体－生成性”上按照性(nature)和心性(heart-mind)构成的人，就像我们看到孟子在其人性理论中将其明确表述为善的。说人性是善的，就是肯定这个宇宙的创造性的善，它也肯定了，我们人不是分离于这个世界的。于是，这就导致了儒家道德心理学中有关道德能动性的一个非常重要的论点。到目前为比，存在着一种带偏见的观点，即儒家没有道德能动性，因为每个行动都来自“性”，因此是被“性”所决定的。许多西方学者和汉学家怀疑，儒家哲学没有道德选择和道德决定的观念，因此没有道德行动，没有道德。这反映了一种应归之于西方传统的根深蒂固的偏见，和对儒家的“本体－生成性”思维的根深蒂固的无知。

实际上，人们需要按照从“本体－诠释学循环”而来的人的规范性思维的创造性，来理解整个关于心和心性的理论。这种“本体－诠释学循环”就包含着自然的创新(emergent innovation)和具有创造能力(power to create)的创造性宇宙。相似地，既存的事实是心和性不可分离，这样人们就不能说心独立于性而作决定，或者心只是反映自然之情(natural feelings)，就像孟子可能看到的那样。但是回到孟子，孟子的观点是性显示道德情感(moral sentiment)，它取决于心的自由发展；以及性显示自我教化(self-cultivation)的能力，它可以成为行动的动机和道德教化的规范性原则。(所以)心性没有分离，心也不可还原为性。

正如宇宙创造性表明的那样，世界是从其自身创造的，因为它植根于一个创造性的来源，并且它取决于一个人在一个给定的状态自身要进一步发展方向，而非为其源头或已有事物所完全决定。相似地，它取决于心来发展人性，这样它就变成了一条道德原则和一个道德德行，它们会创造性地有益于这个世界中的共同体。[①]另一方面，在西方传统中，要么你有一个与控制道德决定和行动的本质相分离的自由意志，要么我们有一个只能以过去的方式行动的物质性的情感本质。这个例子可以表明，人性中的创造性的含义，是与一个俯瞰的上帝或存在有关的本质的接受性相对照的。同样地，当“理”或“本体－生成性”的理性被引入以便把“性”作为“心”的基础时，人们

① 可细读我对朱熹的心-意控制情、性的理论(theory of the mind-will commanding feelings and nature)研究的相关文章。

必须看到人性不会被还原为“理”，而是把“理”用作借助“心”来发展“性”的中介或资源。

通过对人在诠释学理解中的创造性的这种阐述，我们看到为了把人发展为一个规范性的行动者，伽达默尔是如何依靠亚里士多德来提供实践智慧(phronesis)的概念的。很明显，海德格尔的形而上学哲学并没有提供这样一种出路。注意到这一点很有趣，即海德格尔依赖于亚里士多德，以及就此而论的柏拉图来把存在定位为此在的存在个体化的俯瞰式来源，而伽达默尔则依赖亚里士多德，也许还有黑格尔，来提供其关于语言和世界的诠释学经验的道德实践感。当然，伽达默尔可以把实践理性变为内部道德洞见的一个独立来源。这意味着，伽达默尔得把儒家的“本体－诠释学”领会为、以及承认为一种有待发展的跨文化诠释学的终极来源和基础。另一方面，建立在《易经》和儒家洞见基础上的“本体－诠释学”无疑补充了伽达默尔的哲学诠释学中所需要的东西，而且把它诠释为，以及整合为一种更加宏观发展的《易经》与儒家的“本体－诠释学”的一个可能体系。

结束语

从文本注释到诠释的方法论，以及最后到理解的本体论，以此为标志的西方诠释学传统展示了一个演变中的文本、世界和人的辩证过程。它可以说一个通过诠释学经验而来的人的创造性的逐渐发展过程，这种诠释学经验又要经由对存在和语言的世界的接受性揭示。毫无疑问，这深化了我们对蕴含于关于理解和诠释的本体论之中的人性之理解。我们所看到的是，作为一个自然的存在者我们属于自然，而作为一个文化的存在者，我们则属于一个我们所创造的文化传统的世界。我们经常阅读文本，追求诠释的方法，以及反思我们的本体论处境性，所有这些都是不能分开的。然而，在这个发展中，还存在着很难理解的两个问题，也即我们的起源之的“被抛状态”，如何以及为什么导致对我们的存在的理解，而这又将导致对道德和艺术，甚或历史意义的理解。我们对本体与方法论之本体论的联系感到困惑和担忧，它们也以诠释学中的主观性与科学中的客观性之间的对立形式存在。

也许,答案来自于诠释学理解的另一种模型或范式,也即“本体－诠释学”的模型或范式。对于第一个问题,我们必须把人性看作是出自一个我们将之视为有意义的世界即意义世界。对于第二个问题,我们必须承认,诠释中的主观性与知识中的客观性,须被理解为一种在我们关于世界知识的指导下,追求和实现世界中人的目的或目标。为了作为世界之发展的一部分的人的创造性发展,我们必须承认人心和世界秩序的“本体－诠释学”的统一性。二者中都存在着存在的接受性,正如二者中都存在着存在的创造性一样。我们必须把自我和世界看作是在自然的语言,以及文化的语言中被给予的,而它们又必须由我们的理解来建构。如果没有一个作为功能的本体生成性的来源,那么就不可能有任何道德的建构与认识的建构。我们的语言不只是一个中介或解决问题的接受性平台,而是一个表达我们的新思想与理论或技术洞见的手段。

这是一种我们在中国哲学传统中所看到的关于诠释学理解的新视域,它强调事实与规范的关系性相互依存和本体－生成性。我们必须看到,世界是如何采取其生存和呈现两个方面的。接受性与创造性是紧密联系的两个存在范畴。其中一个更多地是个观察或观察什么是自然发生的问题,而另一个则更多地是个导致规范和行动的反思问题。海德格尔与伽达默尔的本体论似乎更支持本体接受性,而不是道德和科学中的诠释学的创造性。在某种意义上,我们关于世界的接受性,总是提出问题并挑战来自我们的理解的回应。我们理解的任务不是拒绝理解,但是要扩大它以适应于世界中存在的任何差异或任何不同点。这就是“本体－诠释学”理解的目标,它强调人的创造性,就像强调宇宙理解中的接受性一样。我们也看到,诠释学要认识理解的问题,因此关心一种负责任的理解。

作为一个人,我们经常面对理解的问题。我们必须注意理解的方法,这样就能达到一种自我确证的和包罗广泛的理解状态,这样没有任何差异不可以在我们的诠释学意识中占据位置。与伽达默尔所阐述的对我们的健康的理解相比,这就是我们必须面对的问题:我们的存在正如我们的身体经常接触到环境的各种挑战,所以,我们需要为我们存在的完整性以及追求生命整体的知识－价值体系奉献真诚与创造精神。

后 记

本论文集最初想叫做《走向理解之路》，因为这一题名不仅契合主题，而且具有某种纪念意义。曾经担任《安徽师范大学学报》（人文社会科学版）主编、现为华东师范大学终身教授的潘德荣先生，是我国诠释学界颇具影响的学者，对学报“诠释学栏目”的建设贡献颇丰。他第一次从德国留学归来后，在《安徽师范大学学报》1992年第1期发表了《走向理解之路——施莱尔马赫哲学述评》一文，在国内学术界较早地将诠释学研究的视角从德国哲学诠释学转入到一般诠释学，使人们对西方诠释学的认识更具有历史的维度。把本论文集命名为《走向理解之路》，无疑是一件富有纪念意义的事情。但饶有趣味的是，我们后来发现，潘德荣先生2014年在安徽人民出版社已经出版了一本诠释学研究论文自选集，书名就叫做《走向理解之路》，于是，我们决定更换论文集的名字，称之为《理解之路——诠释学论文选粹》。前不久与潘德荣先生聊到此事，他还以调侃的口吻说：“真是英雄所见略同！”的确，无论是潘德荣先生，还是学报“诠释学栏目”，抑或是诠释学本身，都在致力于探究“理解”问题。路漫漫其修远兮，吾将上下而求索！这也算是我们心有灵犀而产生出的思想共鸣吧！

本论文集的出版，是诸方合力的结果。感谢1990年代以来安徽师范大学文科学报的历任主编，没有他们的慧眼独具，就没有“诠释学栏目”的率先设立和顺利发展；感谢安徽师范大学诠释学研究所、安徽省本体诠释学研究中心、华东师范大学诠释学研究所等单位，他们为学报“诠释学栏目”的持续发展付出了卓有成效的努力；感谢伽达默尔先生、哈贝马斯先生、舒尔茨先生、帕尔默先生、成中英先生等海内外诠释学家的鼎力支持，他们富有创造性的论文刊发在《安徽师范大学学报》“诠释学研究”栏目，为本论文集的编选提供了足够的文献；感谢学报编辑部杨柏岭主任的创意，使我们有机会将诸多优秀的诠释学研究成果结集出版；感谢安徽师范大学政治学院哲学专业的硕士生王骏、陈绿洲、李亚杰、刘金玉、张琦、程亮亮、张学安、窦婧、府知玄、江梦蕾等在遴选论文的格式转换和校对等方面所做的工作。

在本论文集的编辑中，我们对已知的部分作者简介作了更新，对由于论文格式转换、计算机文字识别造成的错误，以及原刊论文存在的错误，作了修正和技术处理。由于诠释学研究领域的特殊性，涉及古今中外多种语言文字和理论学说，限于我们的学识水平，本论文集在编辑过程中难免还会有疏漏，还望得到学界同仁的指教。

本论文集的出版，得到了“安徽师范大学学术著作出版基金”的资助，还得到了安徽师范大学特色优势研究领域“马克思主义中国化的理论与实践”的资助，也得到了“安徽省高校振兴计划‘省学术和技术带头人资助项目’”的资助，特此感谢！

还要特别感谢安徽师范大学出版社，特别是总编张奇才教授对本书出版的大力支持，感谢本书责任编辑郭行洲、郭宇的辛苦努力和卓越工作。

彭启福　陆广品

2015年5月于镜湖之畔